国家级新文科研究与改革实践项目（2021080014）
黑龙江省新文科研究与改革实践重点项目（2021HLJXWZ007）
基于"行知教育书院"的"新师范"卓越教师培养创新与实践项目

现代教育技术理论与实践教程

缪丽萍　杨艳娟　主　编
李宏博　徐　媛　副主编
王冬梅　李雪靖　编

电子工业出版社
Publishing House of Electronics Industry
北京·BEIJING

内 容 简 介

本书以 OBE 教育理念为指导，以社会需求、学生的能力培养为导向，紧密结合当下中小学及学前教育对现代教育技术的需求和学生就业的需要规划内容。书中通过大量案例讲授信息技术应用软件的基础应用和操作技巧，通过综合训练拓展设计思路、提升实战应用能力，以达到知行合一、学以致用的效果，从而培养学生的创新精神和实践能力。

本书是基于"行知教育书院"的"新师范"卓越教师培养创新与实践项目的"现代教育技术"课程的配套教材。本书分为理论篇、技能篇和实践篇，共 15 章，包括现代教育技术的理论基础、多媒体素材的获取与编辑、多媒体课件设计与制作、微课设计与制作等内容。

本书内容翔实、案例丰富，既可作为高等师范院校和高中等职业教育学校教师的相关课程教材，也可作为师范专业学生的职业技能培训教材，还可供各领域从事现代教育技术相关工作的人员参考。

未经许可，不得以任何方式复制或抄袭本书之部分或全部内容。
版权所有，侵权必究。

图书在版编目（CIP）数据

现代教育技术理论与实践教程 / 缪丽萍，杨艳娟主编. —北京：电子工业出版社，2024.3
ISBN 978-7-121-46914-5

Ⅰ. ①现… Ⅱ. ①缪… ②杨… Ⅲ. ①教育技术学－教材 Ⅳ. ①G40-057
中国国家版本馆 CIP 数据核字（2023）第 244097 号

责任编辑：石会敏　　　　　　特约编辑：田学清
印　　刷：大厂回族自治县聚鑫印刷有限责任公司
装　　订：大厂回族自治县聚鑫印刷有限责任公司
出版发行：电子工业出版社
　　　　　北京市海淀区万寿路 173 信箱　　邮编：100036
开　　本：787×1092　1/16　　印张：21.75　　字数：614 千字
版　　次：2024 年 3 月第 1 版
印　　次：2024 年 3 月第 1 次印刷
定　　价：69.00 元

凡所购买电子工业出版社图书有缺损问题，请向购买书店调换。若书店售缺，请与本社发行部联系，联系及邮购电话：（010）88254888，88258888。
质量投诉请发邮件至 zlts@phei.com.cn，盗版侵权举报请发邮件至 dbqq@phei.com.cn。
本书咨询联系方式：shhm@phei.com.cn。

前 言

中国特色社会主义新时代开启了加快教育现代化、建设教育强国的新征程，推动教育信息化进入 2.0 时代。新时代人才培养理念以强化能力为先，教育信息化支撑和引领教育现代化的发展，推动教育理念更新、模式变革、体系重构，信息化 2.0 时代对教师的现代教育技术应用能力提出了新的要求。

"现代教育技术"作为高等师范专业教师教育专业的必修课程，是一门理论与实践并重的课程，旨在培养信息时代教师良好的现代教育技术应用意识和应用能力，使他们学会合理地应用现代教育技术并与专业学科进行有效整合，能够高效、合理地应用现代教育技术开发优秀的课程资源，创设良好的学习情境，优化教育教学过程，深化教育教学改革。

2002 年大庆师范学院开设了"现代教育技术"课程，2010 年建设成为校级精品课程，2015 年出版视频教程，2018 年建设成为校级精品在线课程，2021 年被评定为省级一流本科课程，2022 年成为国家级新文科研究与改革实践项目"行知教育书院"课程。在课程建设过程中，我们不断更新教学内容，丰富线上教学资源，重塑课程框架。

本书以 OBE 教育理念为指导，以社会需求、学生的能力培养为导向，紧密结合当下中小学及学前教育对现代教育技术的需求和学生就业的需要规划内容。书中通过大量案例讲授信息技术应用软件的基础应用和操作技巧，通过综合训练拓展设计思路、提升实战应用能力，以达到知行合一、学以致用的效果，从而培养学生的创新精神和实践能力。

本书分为理论篇、技能篇和实践篇，共 15 章。第 1～4 章为理论篇，主要介绍了现代教育技术的内涵、相关理论的基本思想及教学设计的基本理论，并介绍了4种信息化教学设计模式；第 5～13 章为技能篇，主要介绍了信息化教学资源的概念，网络信息资源的检索策略与技巧，文本、图形图像、音频、动画、视频等素材的获取与编辑，摄影摄像设备的使用，多媒体教学环境等；第 14 章和第 15 章为实践篇，主要介绍了多媒体课件设计与制作，以及微课设计与制作。

本书的编写注重"全面、精选、实训"：一是内容"全面"，包含多媒体素材的获取与编辑、多媒体课件和微课的设计与制作等；二是结合师范专业的特点"精选"案例，使学生在任务的引导下循序渐进地学习多媒体素材的获取、编辑与整合知识，提升其信息技术应用能力和信息素养；三是重在师范生教学技能的"实训"，即案例结合专业特点，可操作性强，有助于激发学生的学习兴趣。

本书由缪丽萍、杨艳娟担任主编，李宏博、徐媛担任副主编，参与编写的人员还有王冬梅、李雪靖等，他们都是长期从事教育技术、多媒体教学工作的教育工作者。其中，李宏博负责第

1～4章的编写，徐媛负责第5章和第6章的编写，杨艳娟负责第7～11章的编写，王冬梅负责第12章的编写，李雪靖负责第13章的编写，缪丽萍负责第14章和第15章的编写，书中案例由赵秀华、胡海洋、马英瑞设计与制作。

  书中引用了大量专家与学者的著作、论文和网络资料，大庆师范学院的领导和教师在本书编写过程中给予了热心的帮助，电子工业出版社的工作人员也为本书的出版付出了艰辛的努力，在此一并表示衷心的感谢。

  书中内容虽然经过多年的教学实践检验，但由于编者水平有限，难免存在不足和疏漏之处，恳请广大读者不吝指正。

编者
2024年2月

目 录

理论篇

第 1 章　现代教育技术概述 2
  1.1　信息时代的教育 2
  1.2　现代教育技术的内涵 4
  1.3　现代教育技术的发展 6
  拓展学习资源 8
  课后思考题 8

第 2 章　现代教育技术的时代意义 9
  2.1　助力教育信息化 9
  2.2　促进教育改革发展 10
  拓展学习资源 13
  课后思考题 13

第 3 章　现代教育技术的理论基础 14
  3.1　视听教育与传播理论 14
  3.2　学与教的理论 20
  3.3　系统科学理论 26
  拓展学习资源 29
  课后思考题 29

第 4 章　信息化教学设计 30
  4.1　教学设计概述 30
  4.2　目标导向式教学设计 38
  4.3　任务驱动式教学设计 41
  4.4　问题导向式教学设计 44
  4.5　翻转课堂式教学设计 48
  拓展学习资源 51
  课后思考题 51

技能篇

第 5 章 信息化教学资源 ... 53
5.1 信息化教学资源概述 ... 53
5.2 信息化教学资源的特点 ... 54
拓展学习资源 ... 55
课后思考题 ... 55

第 6 章 网络信息检索与获取 ... 56
6.1 网络信息资源 ... 56
6.2 网络信息检索 ... 56
6.3 网络信息资源的检索策略与技巧 ... 57
拓展学习资源 ... 62
课后思考题 ... 63

第 7 章 文本素材的获取与编辑 ... 64
7.1 文本概述 ... 64
7.2 文本素材的获取 ... 66
7.3 文本素材的编辑 ... 67
拓展学习资源 ... 86
课后思考题 ... 86

第 8 章 图形图像素材的获取与编辑 ... 87
8.1 图形图像概述 ... 87
8.2 图形图像素材的获取 ... 88
8.3 图形图像素材的编辑 ... 91
拓展学习资源 ... 104
课后思考题 ... 104

第 9 章 音频素材的获取与编辑 ... 105
9.1 声音概述 ... 105
9.2 音频素材的获取 ... 107
9.3 音频素材的编辑 ... 112
拓展学习资源 ... 126
课后思考题 ... 126

第 10 章 动画与动画素材的编辑 ... 127
10.1 动画概述 ... 127

10.2　动画的类型和格式 128
　　10.3　动画素材的编辑 129
　　拓展学习资源 136
　　课后思考题 136

第 11 章　视频素材的获取与编辑

　　11.1　视频概述 137
　　11.2　视频素材的获取 139
　　11.3　视频素材的编辑 143
　　拓展学习资源 152
　　课后思考题 152

第 12 章　摄影摄像设备的使用

　　12.1　摄影摄像概述 153
　　12.2　硬技术——摄影摄像器材和配件理论 155
　　12.3　软技术——摄影摄像中的技术 160
　　拓展学习资源 166
　　课后思考题 166

第 13 章　多媒体教学环境

　　13.1　多媒体教学概述 167
　　13.2　多媒体教学环境的种类 168
　　13.3　交互式电子白板 170
　　拓展学习资源 173
　　课后思考题 173

实践篇

第 14 章　多媒体课件设计与制作

　　14.1　多媒体课件概述 175
　　14.2　多媒体课件的设计原则、开发流程与评价 180
　　14.3　线性课件制作 184
　　14.4　交互式课件制作 200
　　14.5　歌曲 MV 课件制作 217
　　14.6　语言类课件制作 223
　　拓展学习资源 238
　　课后思考题 238

第 15 章　微课设计与制作 239

　　15.1　微课概述 239

　　15.2　微课的选题与设计 244

　　15.3　录屏式微课制作 251

　　15.4　拍摄式微课制作 277

　　15.5　创新式微课制作 289

　　拓展学习资源 336

　　课后思考题 337

参考文献 338

理论篇

现代科学技术的迅猛发展推动了信息资源的激增与更新，促进了教育手段和方法的不断变革。以信息技术为主要依托的现代教育技术是当前信息时代教育改革的制高点和突破口。本篇主要介绍信息时代的教育和现代教育技术的内涵及发展；阐述现代教育技术的时代意义；介绍现代教育技术的理论基础；讲述信息化教学设计的理论。

学习目标

1. 知道什么是信息技术、教育技术、现代教育技术。
2. 清楚国内外现代教育技术的发展历程和发展趋势。
3. 了解视听教育与传播理论、学与教的理论及系统科学理论。
4. 了解教学设计的概念、发展和教学设计过程的一般模式。
5. 理解信息化教学设计的概念与内涵。
6. 了解信息化教学设计模式。
7. 理解目标导向式、任务驱动式、问题导向式和翻转课堂式教学设计的内涵。

学习脉络

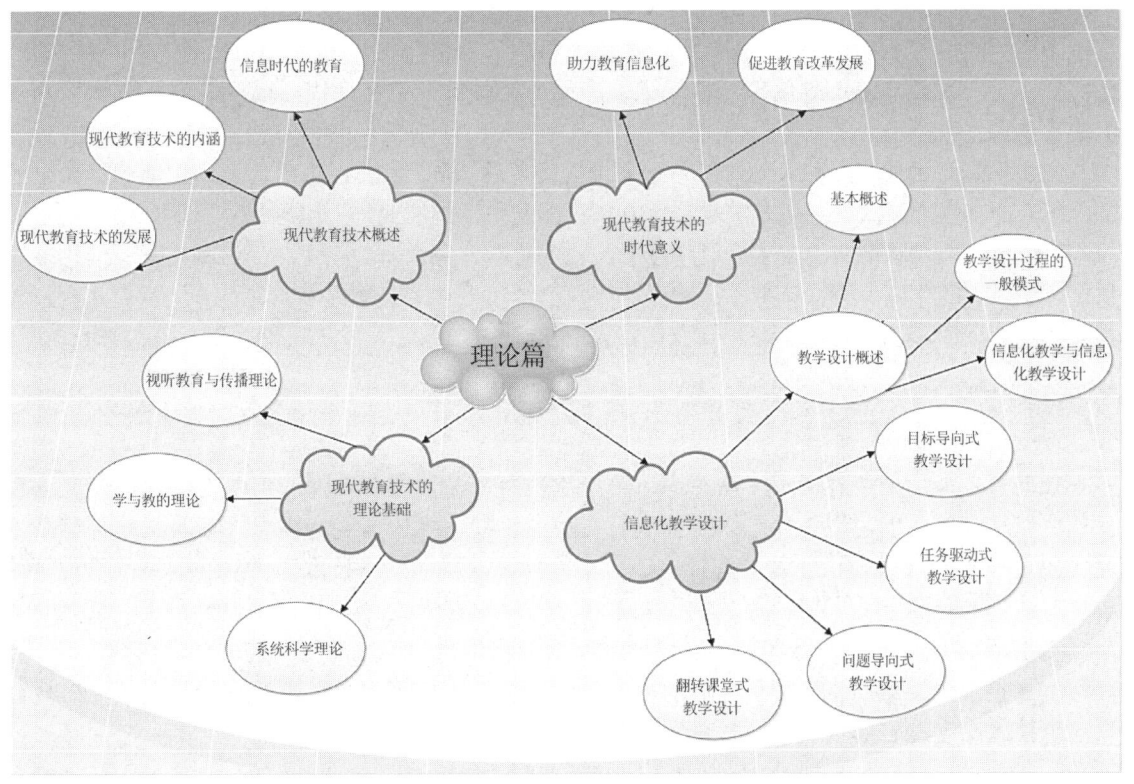

第 1 章　现代教育技术概述

随着互联网、多媒体、移动通信、虚拟现实等信息技术的飞速发展和广泛应用,人类已进入了充满活力的信息时代。信息时代的教育迎来了前所未有的发展机遇,同时又面临着巨大的挑战。现代教育技术是信息时代教育信息化的突破口和制高点,我们要充分理解现代教育技术的内涵,认识到现代教育技术的重要意义。

1.1　信息时代的教育

在信息时代,新兴技术以其广泛的渗透性对教育产生着巨大的影响,对学习者学习、掌握和运用知识提出了新的挑战,对人才的培养提出了新的要求,同时人们的学习速度在不断提高,这就要求教育教学也要适应新的特点和新的模式。

1.1.1　信息时代的特征

进入 20 世纪以来,在强大的经济实力和先进的技术手段的支持下,人类认识自然的能力以前所未有的速度增长。联合国教科文组织的统计数据显示,人类近 30 年来所积累的科学知识占人类有史以来积累的科学知识总量的 90%,而在此之前几千年所积累的科学知识仅占 10%。英国科学家、哲学家詹姆斯·马丁说过:人类的知识在 19 世纪是每 50 年增加一倍,在 20 世纪初是每 10 年增加一倍,在 20 世纪 70 年代是每 5 年增加一倍,而在近 10 年大约是每 3 年增加一倍。知识总量以爆炸式的速度增长,知识像产品一样频繁地更新换代,已成为信息时代极为突出的特征。

随着信息技术的普及和人们对信息社会价值的普遍认同,信息已经成为人们生活的重要组成部分,人们的生产方式、生活方式及学习方式正在发生深刻的变化。信息社会因信息技术的发展而不断发展,但信息社会的发展早已超越了技术的范畴,像设备数字化、交流网络化、信息多媒体化、工具智能化、大数据分析、云端存储等,已经实现智慧全面共享,并且一切都在改变,教育自然也发生了和正在发生着深刻的变化,人类已经完全进入一个全新的时代——信息时代。

1.1.2　信息时代的教育变革

在教育发展历史上经历了 4 次革命。第一次教育革命以专职教师的出现为标志,第二次教育革命以文字体系的出现为标志,第三次教育革命以印刷术的出现为标志,第四次教育革命以现代教育技术的形成与快速发展为标志。以多媒体计算机和网络技术为代表的信息技术与学科教学的结合改变了传统的课堂教学讲授模式,正在构建 4A 模式。4A 指的是 Anybody、Anytime、Anywhere 和 Anycontent,即任何人在任何时间、任何地方都可以获得所需的任何内容。

信息技术的发展逐步改变着世界的方方面面,教育领域也正在经历着巨大的变革。在教育与信息技术深度融合的过程中,教育发生了哪些变革呢?

1. 教育观念的变革

现代教学由以教为中心转变为以学为中心,由以传授知识为中心转变为以解决问题为中心;学习由在校学习转变为随时随地的终身学习;过去的教师是知识的象征、知识的权威、知识的化身,而当今的教师正在成为学生学习的引导者、指导者和帮助者;学生已由知识的被动接受者转变为学习主体、思考者和探索者;知识载体转变为认知工具;当今社会培养的人才是一专多能的复合型人才、具有开拓精神的创新型人才;课程已由原来的知识中心、课本中心转变为以人为本、特色化、个性化和多媒体化。

2. 教学环境的变革

教学工具由传统的"老三样"——黑板、粉笔、教科书走向了计算机、交互式白板、触摸一体机等现代数字媒体。教室由传统的教室走向智慧教室。传统的教室里面有的只是粉笔、黑板,教学过程就是教师的语言加上文字,以及教师的肢体表述;而智慧教室将给未来的教学带来全新的变革。传统校园将走向智慧校园。

3. 教学内容的变革

在信息时代,人类的知识正在以前所未有的速度增长,知识的更新速度越来越快,学校教育中要传授的知识和技能也越来越多,使得教育教学面临的挑战越来越多。信息时代不仅关注知识的传授,更注重培养学生的信息素养、信息社会的适应能力和创新意识,即关注学生的综合发展和综合能力。

4. 教学方式的变革

传统的班级授课形式已经不能适应信息时代的学习要求,不断出现诸如网络课程、慕课、微课、翻转课堂等新的课程形态。翻转课堂具有少讲多学的特点,将传统课堂几十分钟的讲解细化为一个个短小(10分钟左右)的知识点教学视频;形成一对一的家教式辅导,教师由内容的呈现者转变为学习的辅导者来参与小组学习,使学生的学习更加轻松、自由;由于教学时空的翻转,教师在备课时已经将一部分学习内容上传,学生在课前可通过教学视频完成自学并反馈学习结果,教师可以根据反馈的数据掌握学生的学习情况,针对反馈的问题集中讲解难点;学生可以根据自己的学习情况随时、反复观看教学视频,也可以充分利用网络丰富课程资源、拓宽知识面;教学数据的共享为同一学科的教师提供了丰富的教学资源和参考。这些新的课程形态、教学方式在教育领域不断发展,给传统课堂教学带来了深刻变革。数据挖掘、学习分析等技术的发展给学生的自主学习、探究性学习和个性化学习提供了支持,实现了真正意义上的因材施教。

5. 教学方法的变革

在新的技术、媒体、理念的支撑下,教学方法不再只包含讲授法、演示法、案例教学法、问题驱动式教学法、讨论法,而更加关注高效课堂、自主学习、探究性学习、个性化学习等。这些教学方法体现了学生学习的主体地位,激发了学生学习的主动性与积极性,增强了学生的创新意识,使学生的学习方式也变得多样化、多元化。

6. 教学制度的变革

知识总量的爆炸式增长意味着教育不再只针对在校学生,教育不只是学校的任务,需要全体社会成员共同参与,所以泛在学习、社会化学习、终身学习将是信息时代对每个公民的基本要求。在这种情况下，教育的内容、方式将会日益丰富、便捷，一种新的、面向全体社会成员的教育体系和教育制度将成为21世纪信息社会的重要组成部分。

7. 教学模式的变革

传统的教学模式和信息时代的教学模式有着明显的差异。传统的教学模式是以教师讲授为主的说教式教学，在教学过程中，教师是知识的垄断者和传播者，教学是分学科的、定时的，学习形式是缺乏个性的、集中式的，学习内容是以年龄和成绩划分的，学习评价是分门别类的单一评价。信息时代的教学模式是以学生探究为主的交互式教学，在教学过程中，教师是学生学习的帮助者和指导者，学习形式是多样化的、个性化的、合作式的，学习内容是真实的、多门学科交叉的，学习评价是多元化的、综合化的。

在教育信息化的进程中，教学各个环节的改革已经迫在眉睫。以学为主的信息化教学支持学生的探究、交互、合作学习及过程性评价，为学生创设了一种全新的学习环境，改变了传统的教育教学方式，进而改变了传统的教学模式，培养了信息时代所需的创新人才。信息技术与教育教学的融合使我们走进了一个全新的、信息化教学的时代。

1.2 现代教育技术的内涵

教育技术在教育教学中的应用优化了教学过程，已成为除教师、学生、教材等传统教学过程基本要素之外的第四要素。随着现代教育科学和现代信息技术的发展，人们对教育技术的理解和认识不断深入，教育技术的理论、定义和方法也正在不断完善。

1.2.1 教育技术的定义

上海教育出版社于1990年出版的《教育大辞典》将教育技术定义为："人类在教育活动中所采用的一切技术手段的总和，包括物化形态的技术和智能形态的技术两大类。"

美国教育传播与技术协会（Association for Educational Communications and Technology，AECT）是国际教育技术学领域极具影响力的学术团体之一，该协会先后5次，分别在1970年、1972年、1977年、1994年和2005年对教育技术的定义进行了阐述。这说明教育技术是一门发展的学科，随着技术和媒体的进步而丰富着它的内涵。现在较有影响力的是AECT'94定义和AECT'2005定义。我们将从这两个定义入手，对现代教育技术的内涵进行分析。

1. AECT'94 定义

1994年AECT对教育技术的定义为：教育技术是为了促进学习，对学习资源和学习过程进行设计、开发、利用、管理和评价的理论与实践。

"教育技术是为了促进学习"，这是一个十分重要的表述。教育技术AECT'94定义的结构如图1-1所示。

教育技术的一个根本目标是促进学习，即追求教育效果的最优化；有学习资源和学习过程两个研究对象；有设计、开发、利用、管理和评价5项研究任务；有理论和实践两大研究领域。教育技术不仅讲技能、讲方法，还在理论层面上进行了深入的研究。AECT'94定义强调理论与实践并重，教育技术的核心方法是系统方法，与学习相关的过程是教育技术研究与实践的重要对象，而学习资源是改善与优化学习过程的重要条件。在该定义中并未直接提及技术，但实际上教育技术是以技术方法和方法论为主体的学科,信息技术是学习资源和学习过程的技术支撑。

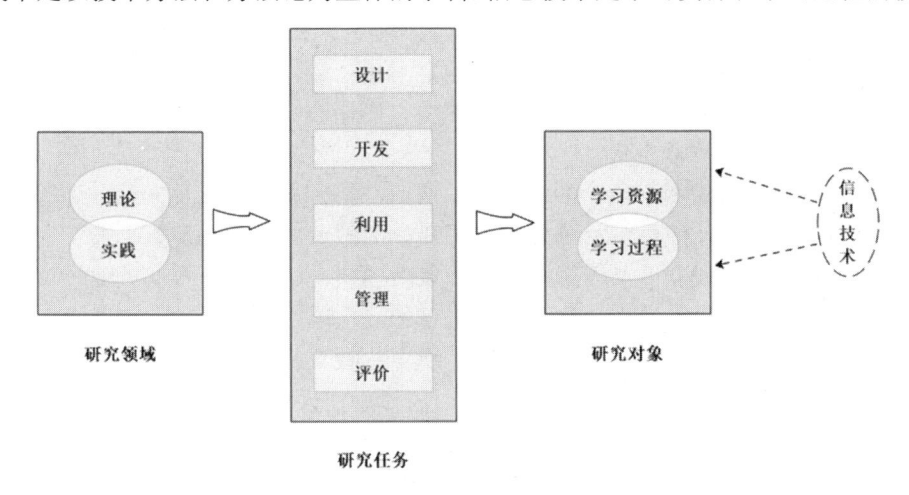

图 1-1　教育技术 AECT'94 定义的结构

2．AECT'2005 定义

2005 年,AECT 发布了经过多年研究而重新界定的教育技术的定义:教育技术是通过创设、使用、管理合适的技术性的过程和资源,以促进学习和提高绩效的研究与符合伦理道德的实践。

可以这样理解其内涵:一是它包含"研究"和"符合伦理道德"的"实践"两大研究领域;二是它追求"促进学习"和"提高绩效"双重目的;三是它有"创设""使用""管理"三大研究任务;四是它有"合适的技术性"的"过程"和"资源"两大研究对象。AECT'2005 定义的主要特征在于其技术性。

通过对上面两个定义的讲解,以及对其内涵的分析,考虑 AECT'94 定义在研究领域的划分和概念的表述等方面是比较明确和规范的,是对教育技术的科学性认知,本书采用 AECT'94 定义。

3．现代教育技术

我国的现代教育技术发展起始于 20 世纪 80 年代,引自美国,当时国内称之为电化教育。它与教育技术在本质上的定义相同。国内学者对于现代教育技术较具代表性的定义有两个:一个是何克抗教授提出的,他认为现代教育技术是指以计算机为核心的信息技术在教育教学中的运用;另一个是李克东教授提出的,他认为现代教育技术是指运用现代教育理论和现代信息技术,通过对教育教学过程和资源的设计、开发、应用、管理和评价,以实现教学优化的理论与实践。

现代教育技术一方面更加强调现代信息技术,比如计算机、多媒体、网络技术、人工智能、虚拟现实等的应用,另一方面并不忽视或抵制传统媒体技术的应用。

1.2.2　几个常用概念的辨析

1．教育技术与电化教育

电化教育一词在我国早已存在,目前在一些场所中依然保留着这个称谓,如电教馆、电教中心、《电化教育研究》期刊。电化教育这个概念对我国教育技术的发展有着深刻的影响。那么,教育技术和电化教育之间究竟是一种什么样的关系呢？它们之间的区别和联系是什么呢？

教育技术通常指教育中的技术，是人们在教育活动中所采用的一切技术手段和方法的总和。而电化教育是本土化的概念，南国农教授给出的定义是：电化教育就是在现代教育思想、理论的指导下，主要运用现代信息技术，开发教育资源，优化教育过程，以培养和提高学生信息素质为重要目标的一种新的教育方式。

教育技术与电化教育这两个概念的本质是相同的，其特点、功能及分析、处理问题的方式相近。两者都具有应用科学属性，目的都是取得最好的教育成果，实现教育过程的最优化。它们都利用新的科技成果开发新的学习资源，并采取新的教与学的理论方法控制教育过程。

但教育技术与电化教育名称的来源不同、概念的涵盖范围不同、处理问题的方法不同。教育技术这一概念最早形成于美国，是外来之词，而电化教育是国产的、本土化的一种表述；教育技术的研究范围比电化教育的研究范围更加广泛；教育技术所涉及的资源指的是所有的学习资源，而电化教育所涉及的资源主要是利用新的科技成果发展起来的声像教学媒体；教育技术主要采用了系统的方法，考虑的是整个教育的大系统，而电化教育虽然也采用了系统的方法，但它考虑的是媒体的选择、组合和应用的小系统，侧重于关注媒体的使用方法。总之，电化教育是教育技术发展到一定阶段的产物，是注重现代媒体开发和利用的阶段性的教育技术，是狭义的教育技术。

2. 教育技术与现代教育技术

从概念的本质上来说，教育技术与现代教育技术是相同的。现代教育技术可以界定为将数字媒体技术及网络技术与教育技术相融合，形成新的理论与实践研究领域。

现代教育技术中的"现代"主要体现为数字化、网络化、多媒体化、智能化、虚拟化。

3. 教育技术与信息技术

有的人认为教育技术就是信息技术，有的人认为信息技术包含教育技术。教育技术与信息技术之间虽有较密切的联系，但二者属于不同的学科，并且有各自的研究对象和研究任务。教育技术属于教育学科，它关注技术在教育中的作用，其研究对象是学习过程与学习资源，研究任务是学习过程与学习资源的设计、开发、利用、管理和评价；信息技术则属于技术学科，其研究对象是与信息相关的技术，研究任务是信息的获取、存储、加工、传输与呈现。

信息技术是指能够支持信息的获取、存储、加工、传输与呈现的一类技术。其中，应用于教育领域的信息技术主要包括电子音像技术、卫星电视广播技术、多媒体计算机技术、人工智能技术、网络通信技术、仿真技术、虚拟现实技术等。

所以说，信息技术并不等同于教育技术。

1.3 现代教育技术的发展

1.3.1 国外教育技术的发展

国外教育技术的发展经历了萌芽阶段、起步阶段、迅速发展阶段、系统化的发展阶段及网络化的发展阶段，如表1-1所示。

表 1-1 国外教育技术的发展

阶 段	时 间	媒体技术	理论基础	名 称
萌芽阶段	19 世纪末	幻灯	班级教学理论	直观教育
起步阶段	20 世纪初至 20 世纪 20 年代	电影、录音、广播等	有关视听觉理论	视觉教育
迅速发展阶段	20 世纪 30 年代至 20 世纪 60 年代	有声电影、电视、程序教学机	"经验之塔"理论、程序教学理论、行为主义心理学	视听教育
系统化的发展阶段	20 世纪 60 年代至 20 世纪 80 年代	计算机、卫星、闭路电视	系统论、传播论、心理学等	教育技术、教育传播学
网络化的发展阶段	20 世纪 80 年代至今	多媒体、计算机网络	建构主义学习理论、绩效理论、认知心理学、社会心理学	现代教育技术

1.3.2 我国教育技术的发展

我国教育技术的发展经历了萌芽阶段、奠基阶段、重新起步和快速发展阶段及深入发展阶段,如表 1-2 所示。

表 1-2 我国教育技术的发展

阶 段	时 间	媒体技术	理论基础	名 称
萌芽阶段	20 世纪初至 20 世纪 40 年代	电影、广播、幻灯	—	—
奠基阶段	1949 年至 20 世纪 60 年代	电影、录音、广播、幻灯等	行为主义	电化教育实践
重新起步和快速发展阶段	20 世纪 70 年代至 20 世纪 80 年代	电影、录音、幻灯、电视、录像、计算机	行为主义、认知理论	以音像为主的电化教育
深入发展阶段	20 世纪 90 年代至今	幻灯、投影、广播、电视、电影、录音、录像、计算机、网络、仿真教学	行为主义、认知理论、建构主义、人本主义	以计算机和网络为主的教育技术

1.3.3 现代教育技术的发展趋势

随着数字媒体和网络技术的发展,现代教育技术在教学实践中的运用越来越广泛。

现代教育技术的发展趋势:现代教育技术作为交叉学科,与相关学科的融合性越来越突出;更加关注现代教育技术的实践性和学习支持性研究,比如教师的培训、教学资源的建设、学习的支持;更加注重各种教学媒体应用实效性的全面研究,包括内容目标的针对性、媒体应用条件的可能性、应用的有效性;逐渐关注技术化环境中的学生心理研究;信息技术与中小学学科教学的融合更加深入;更加关注教学的系统化设计,等等。

现代教育技术的未来展望:智能机器人将成为学生的学习伙伴;3D 打印将颠覆学生实践的范式;开源硬件和创客运动将夯实技术课程"做中学"的教学模式;体感技术将带来数字学习新体验;教育游戏将进入课堂教学;虚拟世界将被引入真实课堂;移动卫星车将助力经济欠发达地区的信息化课堂教学;云计算环境将延展课堂教学的边界;社会性虚拟社区将支撑大规模的合作学习;学习分析技术将支撑规模化教学的形式变革,等等。

现代教育技术在教育教学领域的应用将会越来越广泛、越来越深入,将会带来教育教学的新发展、新局面。

拓展学习资源

1. 傅钢善. 现代教育技术[M]. 2 版. 北京：高等教育出版社，2021.
2. 祝智庭. 现代教育技术——走向信息化教育[M]. 北京：教育科学出版社，2002.
3. 何克抗. 论教育信息化发展新阶段[M]. 北京：北京师范大学出版社，2016.
4. 任友群. 40 年教育信息化发展"变与势"[N]. 中国教师报，2018-12-26（4）.
5. 胡钦太. 融合与创新：教育信息化理论发展[M]. 北京：高等教育出版社，2017.

课后思考题

1. 查阅资料并结合自己的专业知识，谈谈你对现代教育技术的理解。
2. 查阅资料，了解我国教育技术的发展历程，总结一下教育技术的发展趋势。
3. 线上学习《中小学教师教育技术能力标准（试行）》，总结一下其中对教师专业素质都提出了哪些要求。

第 2 章 现代教育技术的时代意义

党的十九大以来，教育信息化由以数字化、网络化技术领跑的 1.0 时代升级到以大数据、智能化引领的 2.0 时代。2018 年 2 月，教育部等五部门联合印发了《教师教育振兴行动计划（2018—2022 年）》，指出要"研究制定师范生信息技术应用能力标准，提高师范生信息素养和信息化教学能力"。同年 4 月，教育部发布了《教育信息化 2.0 行动计划》，并在"信息素养全面提升行动"这部分内容中明确提出要"创新师范生培养方案，完善师范教育课程体系，加强师范生信息素养培育和信息化教学能力培养"。全面提升师范生的信息化教学能力是教育信息化 2.0 时代赋予我们的重要任务，对我国教育信息化的发展有着深远的影响。

2.1 助力教育信息化

信息技术的发展一日千里，从早期的 PC 时代到多媒体时代，到互联网时代，再到现在的大互联网时代，以 Web 3.0、移动互联网、大数据技术为代表，信息技术重塑了我们的工作、生活和学习方式，教育教学进入物联网时代和虚拟现实时代。

教育信息化浪潮一波接着一波。从早期的计算机辅助教学（Computer Assisted Instruction，CAI）到多媒体计算机辅助教学（Multimedia Computer Assisted Instruction，MCAI），到网络学习（Online Learning），再到近年来的混合学习和翻转课堂等，学习技术层出不穷，我们已步入信息时代的学习型社会。

我国历来重视教育信息化。1998 年，《中国教育报》"制高点专题新闻"提出现代教育技术是教育改革的制高点和突破口。2000 年，在全国中小学信息技术教育工作会议上，陈至立提出要普及中小学信息技术教育，以信息化带动教育现代化。2010 年，《国家中长期教育改革和发展规划纲要（2010—2020 年）》提出，信息技术对教育的发展具有革命性影响，必须予以高度重视。2012 年，《教育信息化十年发展规划（2011—2020 年）》提出，我国的教育信息化整体上接近国际先进水平，对教育改革和发展的支撑与引领作用充分显现。2015 年，在第二次全国教育信息化工作电视电话会议上，刘延东提出要以教育信息化全面推动教育现代化。

什么是教育信息化？教育信息化是指教育领域的各个方面与信息技术深度融合，以推动教育的全面改革与发展，促进实现教育现代化的过程。

教育信息化是促进实现教育现代化的过程，教育信息化程度的高低已经成为衡量一个国家综合国力的重要标志，教育信息化是国家意志的充分体现。

教育信息化的基本要求就是基本建成人人可享有优质教育资源的信息化学习环境，基本形成学习型社会的信息化支撑服务体系，基本实现宽带网络的全面覆盖，教育管理信息化水平显著提高，信息技术与教育融合发展的水平显著提升。

教育信息化建设的指导思想是坚持以育人为本，以现代教育思想和理念为指导，以优质的教育资源和信息化学习环境建设为基础，以体制机制和队伍建设为保障，密切结合我国教育发展的实际统筹规划建设，不断提高现代信息技术在教育教学活动中和教学管理过程中的应用水平，全面推进素质教育与创新人才的培养，以教育信息化促进教育现代化。

2.2 促进教育改革发展

2.2.1 促进教师专业发展

1. 信息化环境下教师的专业标准

为了提高我国中小学教师的教育技术能力水平，促进教师的专业能力发展，2004年12月25日，教育部正式颁布了《中小学教师教育技术能力标准（试行）》，这是我国颁布的第一个中小学教师专业能力标准。为了构建教师专业标准体系，建设高素质的专业化教师队伍，2012年2月10日，教育部印发了《幼儿园教师专业标准（试行）》《小学教师专业标准（试行）》《中学教师专业标准（试行）》，其中都包含对"具有适应教育内容、教学手段和方法现代化的信息技术知识"专业知识和"将现代教育技术手段整合应用到教学中"专业能力的要求。为了全面提升中小学校长的信息化领导力，促进信息技术与教育教学深度融合，加快基础教育信息化步伐，2014年12月，教育部教师工作司印发了《中小学校长信息化领导力标准（试行）》。为了加快教育现代化和教育强国建设，推进新时代教育信息化发展，2018年4月13日，教育部印发了《教育信息化2.0行动计划》，成为加快实现教育现代化的有效途径。没有信息化就没有现代化，教育信息化是教育现代化的基本内涵和显著特征，是"教育现代化2035"的重点内容和重要标志。教育信息化具有突破时空限制、快速复制传播、呈现手段丰富的独特优势，必将成为促进教育公平、提高教育质量的有效手段，必将成为构建泛在学习环境、实现全民终身学习的有力支撑，必将带来教育科学决策和综合治理能力的大幅度提高。以教育信息化支撑引领教育现代化，是新时代我国教育改革发展的战略选择，对于构建教育强国和人力资源强国具有重要意义。

2. 信息化时代教师扮演的角色

《中小学教师教育技术能力标准（试行）》对教学人员、技术人员和管理人员的教育技术能力进行了明确规定。教育信息化需要这三类人员互相配合、协同创新。教师应同时在意识与态度、知识与技能、应用与创新、社会与责任四个维度上达到相应的标准。《中小学校长信息化领导力标准（试行）》规定，校长是学校信息化工作的带头人、组织者和践行者。校长要引领学校的信息化发展，组织教学人员、技术人员和管理人员协同创新，不断提升全体教师包括自身的信息素养。校长的职责概括起来就是规划设计、组织实施和评价推动。

教师在学校信息化工作中扮演"攀登者"的角色，要不断跨越信息技术门槛，协同实现学校的信息化发展规划。信息化时代的教师应该是信息化教学的设计者、数字化学习资源的开发者、信息化教学的评价者和研究者、网络化学习的示范者和个人知识管理的高手。

（1）教师作为信息化教学的设计者，要学会运用系统方法，以学生为中心，合理利用信息技术，恰当利用信息资源，科学安排教学各环节和各要素，优化教学过程。

（2）教师作为数字化学习资源的开发者，要学会与他人合作，依据信息化教学设计，构建信息化环境，获取网络教学资源，制作多媒体素材与课件，录制微课，建设微课程、慕课与专业教学资源库。

（3）教师作为信息化教学的评价者，要学会运用量规量表、电子档案袋、电子作品集、网络问卷、QQ、微信、电子表格、在线测验、信息化评价系统等手段进行教学评价。

（4）教师作为信息化教学的研究者，要在微课、慕课、翻转课堂、混合式教学及QQ、微信、云平台、虚拟现实等新媒体、新技术的教学应用等方面进行理论研究和实践探索。

（5）教师作为网络化学习的示范者，要熟悉网络化学习相关理论、技术、方法、策略，善用网络学习环境、网络学习资源、虚拟学习社区和网络学习评价，提高学习效率、学习成效和学习质量。

（6）教师作为个人知识管理的高手，应在知识发现、知识获取、知识保存、知识共享、知识转换、知识应用、知识融合、知识创新等方面成为学生学习的榜样。

伴随着知识经济社会和信息时代的到来，教师这个职业面临越来越多的机遇和挑战。未来，教师不仅要拥有良好的师德与个人修养、完整的知识架构、全面的教学技能，还要兼具良好的信息素养。

3．现代教育技术促进教师专业发展

（1）现代教育技术为教师提供了学习与教学的工具、实践与反思的利器、交流与协作的平台。

（2）现代教育技术促进了教师专业素养的提升，激发了教师的探究动机，促进了教师的主动探究。现代教育技术促进了教师专业能力的提升，包括信息化教学能力、信息化教学管理能力、教学监控能力、组织协调能力、教学反思能力和教育教学研究能力。

（3）应用网络技术探究问题，可以在一定程度上优化提出问题的环节，能够唤起教师发现问题的欲望和解决问题的热情。为了适应探究性学习的需要，教师应积极主动地利用现代教育技术改进自己的教学方式，通过课堂教学实现现有知识的迁移。

（4）现代教育技术加快了教师专业发展的进程。信息技术介入教师职业培养，可以提升师范生培养质量；信息技术介入教师职后发展，可以缩短教师专业发展各个阶段的时间，帮助教师迅速走出高原期，突破专业瓶颈，有效适应新时期的教学挑战。

（5）现代教育技术引发了教育的变革，促进了教师教育观念的转变。

2.2.2 促进创新人才培养

创新人才是指具有创新精神的创造型人才，也就是具有创新意识、创造性思维和创新能力的人才，核心是具有创造性思维（通常简称"创造思维"）。

根据当代心理学和神经生理学研究成果提出的关于创造性思维的"内外双循环理论模型（DC模型）"指出，创造性思维由发散思维、形象思维、直觉思维、逻辑思维、辩证思维和横纵思维6个要素组成。在这6个要素中，发散思维主要解决思维目标指向，即思维的方向性问题；辩证思维和横纵思维主要为高难度复杂问题的解决提供哲学指导思想与心理加工策略；形象思维、直觉思维和逻辑思维则是人类的3种基本思维形式，也是实现创造性思维的主要过程（主体）。

现代教育技术将信息技术与教育教学深度融合，从以人为本的教学理念出发，运用丰富的教学功能和教学手段，通过对学生的发散思维与横纵思维、直觉思维与形象思维、逻辑思维与辩证思维的训练，培养学生的创新意识、创造性思维和创新能力。

2.2.3 促进基础教育改革

当前各国都提出信息化正引领着基础教育的改革，这与以教育信息化推动教育现代化正在成为国际基础教育变革的重要驱动力有关。

（1）信息技术对基础教育具有革命性的影响。各国都非常重视构建技术支持下的学习型社会，把信息技术渗透到教学、学习、评价、管理等方面，力图通过信息化基础设施为学生提供数字化学习环境；通过数字化资源的建设、共享为学生提供优质的学习资源；通过信息技术应用能力培训促进教师的专业发展；培养学生在信息技术方面的应用能力，以此来提高学生的综合素养，从而实现基础教育系统的根本性改变。

（2）着力推动信息技术与教育教学融合，重视学生在信息化环境下学习能力的培养。各国都非常重视推动信息技术与教育教学的融合，提倡构建教育信息化生态系统，促进技术、人、社会和谐发展，实现由以知识传授为主的教学方式向以能力素质培养为主的教学方式的转变，实现由以知识传授者为中心的学习方式向以学生为中心的学习方式的转变。同时，各国都注重培养学生使用信息技术学习的意愿，以及运用信息技术发现、分析和解决问题的能力。为了帮助学生掌握更多的知识、技能并满足个性化学习的需求，各国都提倡学生应当具备信息化环境下的学习能力。

（3）重视信息化基础设施的建设，强调利用信息技术促进教师专业发展。从各国的信息化战略愿景中可以看出，各国首先关注的是信息化基础设施的建设，如各类学习场所计算机设备的配置、网络接入、多媒体配备等；其次，强调利用信息技术促进教师专业发展，主要是让教师利用网络空间进行线上学习，培养其信息化学习意识、交流互动能力及问题解决能力，教师也可以利用信息化平台创新开发信息化课程资源。

（4）现代教育技术促进了教学方式的变革。教学的重心从重教转向重学；学习的方式从学会转向会学；丰富了课堂资源建设的形式和内容；革新了教学管理与评价体系；新一轮课程改革强调建立促进学生全面发展、教师不断提高和课程不断发展的评价体系，强调建立多元主体共同参与的评价制度；重视评价的激励与改进功能；现代教育技术催生了信息化的评价工具和评价软件，实现了评价的综合化、多元化和全面化。

2.2.4 促进教育均衡发展

李克强在第十三届全国人民代表大会第四次会议答记者问中指出，"教育公平是最大的公平"。教育公平的发展关乎千家万户，教育公平的实现有助于社会和谐稳定发展，有助于全民素质的提升，有助于基础教育发展站在同一起跑线上。教育公平所产生的影响力是深远的，推进工作也是艰巨困难的。所谓教育公平，可以从两个方面来解释：一是在政府主导下对教育资源进行合理的分配，使人民群众能够享有同等的教育资源；二是不受时间、地点、方式的限制，使人民群众能够随时随地获得优质的教育资源。实现教育公平或者城乡教育均衡发展一直是我国政府及学术领域关注的重点任务和使命。教育信息化的出现为实现教育公平提供了新的方式。教育信息化的发展能够使人民群众不受时间、地点、空间等条件的限制，借助科学技术的力量，享有同等的教育资源。

数字化生存能力是信息社会中每个公民必须具备的基本生存能力。为了使教育更好地面向未来，使教育者更加适应信息社会的发展需要，数字化生存能力教育已经成为现代发达国家教育的核心目标之一。2010年，《国家中长期教育改革和发展规划纲要（2010—2020年）》颁布，其中明确提出，"信息技术对教育发展具有革命性影响，必须予以高度重视"。为此，在《教育信息化十年发展规划（2011—2020年）》中将教育均衡作为教育信息化的目的，明确提出，"以促进义务教育均衡发展为重点，以建设、应用和共享优质数字教育资源为手段，促使每一所学校享有优质数字教育资源，提高教育教学质量；帮助所有适龄儿童和青少年平等、有效、健康地使用信息技术，培养自主学习、终身学习能力"。可见，作为革命性要素的信息技术能够促进义务教育的均衡发展，必然成为义务教育均衡发展的重要工具。

有效的资源供给是义务教育均衡发展的基础。信息技术在信息传递方面的优势为信息化教育资源供给模式提供了发展空间。在信息技术支持的教育资源共享中，利用信息技术快速进行信息交流的功能可以促进教师和资源设计人员、技术人员之间的有效深层次交流，缩短教师和资源设计人员、技术人员之间教育资源需求信息、供给信息流通的通道及周期，减少资源供给中的流通环节，提高资源的流通速度。

教育云是信息社会数字化学习的基础平台，对学习者个人学习空间（环境）构建、学校资源（空间）建设和教育信息系统开发等产生了积极影响。通过教育云提供的各种教育资源与服务，学习者可以自由选择学习内容和学习方式，开展自主化学习、个性化学习；教育管理者和教育科研工作者可以摆脱繁重的重复性工作，更好地管理教育资源、开展教学设计、优化教学过程、提高教育教学质量。设计良好的教育云可以实现诸如在线教学、教育管理、在线学习、互动社交等教育功能和交流功能，可以同时为学习者、教育管理者、教育科研工作者等相关人员提供各种教育资源与服务。

综上可以看出，现代教育技术促进了教育的均衡发展，促进了优质教育资源的共建、共享，促进了教育机会均等。

现代教育技术是现代教育的重要组成部分，是当代教育改革的制高点与突破口，对教育的发展具有划时代的意义。作为师范生和未来的教育工作者，要努力学习和积极实践现代教育技术，关注信息技术的应用，关注国家教育信息化的推进进程，为今后的职业生涯奠定良好的基础。

拓展学习资源

1. 何克抗. 现代教育技术与创新人才培养（上）[J]. 电化教育研究，2000（06）：56-57.
2. 何克抗. 现代教育技术与创新人才培养（下）[J]. 电化教育研究，2000（07）：90-91.
3. 《国家中长期教育改革和发展规划纲要（2010—2020 年）》。
4. 《教育部关于实施全国中小学教师信息技术应用能力提升工程 2.0 的意见》。
5. 《教育信息化 2.0 行动计划》。
6. 《教师教育振兴行动计划（2018—2022 年）》。

课后思考题

线上学习《中小学教师教育技术能力标准（试行）》及教育信息化的相关文件，谈谈你认为教师应该提升哪些专业素质。

第 3 章　现代教育技术的理论基础

3.1　视听教育与传播理论

20 世纪 30 年代至 20 世纪 50 年代，随着广播、有声电影等视听媒体进入教学领域，视听教育的概念在美国得到广泛应用与发展。1947 年，美国教育协会视觉教学部（Department of Visual Instruction，DVI）正式更名为视听教学部（Department of Audio-Visual Instruction，DAVI）。视听媒体的运用从学校扩展到军队、企业和社会机构，对视听教学的研究也逐步发展到与课程相结合的深层探讨，形成了一系列的视听教学方法与理论。

3.1.1　视听教学理论"经验之塔"

1946 年，视听教学专家埃德加·戴尔在《教学中的视听方法》一书中提出了"经验之塔"理论。

"经验之塔"理论根据各类视听教具与方法提供的学习经验的抽象程度，将学习经验划分为三大类 10 个层次，形象化地阐明了学习者获取知识与技能的经验从具体到抽象有不同的层级，从直接参与"做"的经验到模型替代"观察"的经验，再到语言符号"抽象"的经验。

戴尔对教育学的一项重要贡献是"从经验中学习"观点的提出。他认为多数丰富的经验具备 5 个共同的因素：第一，感觉（Sense）经验的充分参与是丰富的经验最重要的特征；第二，新奇性（Newness）也是丰富的经验的一个因素，即发现的感觉和新鲜感；第三，丰富的经验都有明显的情感色彩（Emotion Tone），可能是快乐的，也可能是悲伤的，但绝不会是中和性的；第四，一项丰富的经验往往是其他经验的升华或实现（Culmination or Fulfilment），最美满、充实的经验是旧的经验的综合或新旧经验联结成为新的、有意义的组合；第五，一项丰富的经验必须带有个人成就感（Personal Achievement）。

戴尔对教育学的另一项重要贡献是"经验之塔"理论的提出，如图 3-1 所示。

"经验之塔"理论根据抽象程度将人类的学习经验分为三大类 10 个层次，从底层的直接经验开始，提出了学习经验依据具体-抽象程度的阶层划分，论述了具体学习经验的重要性，强调抽象的学习经验必须以具体的学习经验为基础，为视听教学理论的发展奠定了基础。其理论要点可以归纳为以下几点。

塔的底层经验最具体，越向上越抽象。在"经验之塔"的底层，学习者通过直接参与实践活动获

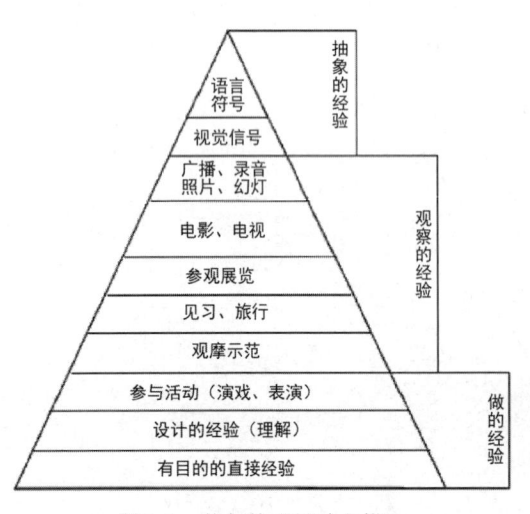

图 3-1　戴尔的"经验之塔"

得知识与经验；塔的最高层经验最抽象，学习者通过解读语言符号来获得概念。但这并不意味着教学一定要从底层经验开始，或者说底层经验比上层经验更有效。戴尔的"经验之塔"阐述的"仅是解释不同的视听材料相互关系的一个视觉工具"。

学习经验的具体-抽象程度与学习的难易无关，各类学习经验是相互联系、相互重叠的。教学过程中的学习经验应该加以混合运用，使学习者的直接经验和间接经验能够产生有机联系。

人类学习应遵循由直接到间接、由具体到抽象的渐进原则。教学应从具体经验入手，逐步过渡到抽象经验，谨防"言语主义"，从概念到概念，缺少具体经验的支撑。要引导学习经验向抽象、普遍发展，形成概念。

位于"经验之塔"中部的视听媒体能够为学习者提供一种替代经验，能够突破直接经验的时空限制，相对于语言符号能够提供更具体和易于理解的经验，起到具体事物与抽象概念之间的桥梁作用。替代学习经验成为教学过程中媒体应用的主要理论依据。在选择媒体时，应充分考虑教学成本和时间成本，优先选择那些符合学习者认知水平的抽象媒体，先前所获得的具体经验可以帮助他们理解抽象的内容。

3.1.2 传播理论

传播是人类社会普遍存在的信息交流的社会现象，是由传播者运用适当的媒体，采用一定的形式，向接收者进行信息传递和交流的一种社会活动。教育其实就是一种信息传播活动，它是按照确定的教学目标，通过教学媒体将相应内容传递给教学对象的过程。传播理论是现代教育技术的理论基础之一。

1. 传播的概念

传播的含义众多，如交流、沟通、通信、交际、交往等。在传播学中，传播被定义为带有社会性、共同性的人类信息交流的行为和活动。传播是自然界和人类社会的普遍现象，从远古时期的生物进化到现在形形色色的社会活动，无不涉及信息的传播和利用。广义的传播可以理解为大自然中一切信息的传递或交换；狭义的传播主要是指人所进行的信息传播，又分为人的内在传播（自我传播）和人与人的传播。人与人的传播是指人们通过符号、信号来传递、接收与反馈信息的活动，是人们彼此交换意见、思想、情感，以便互相了解和影响的过程。传播通常包括人际传播、组织传播、大众传播、教育传播和网络传播等类型。

2. 传播模式

传播是一种信息传递和交流的复杂过程。传播学者研究传播过程，往往先将这个过程简化为若干个组成要素，然后分析这些要素在传播过程中的地位和作用，以及这些要素之间的相互联系和相互作用，这样就构成了多种多样的传播模式。在这里介绍几种当前比较有影响力的传播模式。

（1）拉斯韦尔传播模式。1948年，美国政治学家哈罗德·拉斯韦尔（Harold Lasswell）在一篇论文中提出了一种用文字形式阐述的线性传播过程模式，后被称为拉斯韦尔传播模式，如图3-2所示。

Who → Says What → In Which Channel → To Whom → With What Effect

图3-2 拉斯韦尔传播模式

该传播模式简要阐述了传播行为包含的5个要素：谁（Who）、说什么（Says What）、通过什么渠道（In Which Channel）、对谁说（To Whom）、有什么效果（With What Effect），这就是著名的"五W模式"。从拉斯韦尔传播模式的5个传播要素中可知，传播研究包含控制分析、内容分析、媒体分析、受众（对象）分析、效果分析5个方面的内容。

拉斯韦尔传播模式在大众传播中获得了广泛的应用，对现代媒体教学具有一定的指导作用。但这种传播模式过于简单，具有以下明显的缺陷：首先，它忽略了"反馈"，它只是一种单向的传播模式；其次，这种传播模式缺乏对传播动机的研究，如受众为什么使用传播媒体、传播者和传播组织为什么进行传播等。

（2）香农-韦弗传播模式。香农和韦弗在研究电报通信问题时提出了一种传播模式，这种传播模式原是单向直线式的，后来加入了反馈系统，并用来解释一般的人类信息传播过程，如图3-3所示。

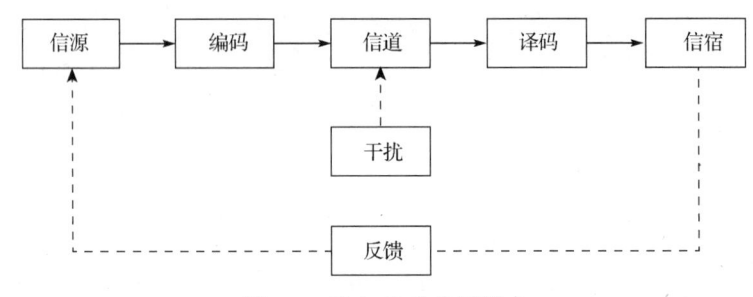

图 3-3　香农-韦弗传播模式

香农-韦弗传播模式认为传播过程包含7个组成要素，即信源、编码、信道、译码、信宿、反馈、干扰。该传播模式认为，传播的过程就是"信源"（传播者）把要提供的信息经过"编码"（转换为某种符号，如声音、文字、图片、图像等），通过一种或多种媒体传出；"信宿"（受传者）对经过"编码"的信息符号进行"译码"（解释信息符号的含义），最终接收并利用这些信息；受传者在接收到信息后，必然会在生理、心理上产生反应，并通过各种形式给传播者"反馈"信息。

此外，在传播过程中还存在干扰信号，干扰信号可以对信源、编码、信道、译码、信宿等要素产生影响。

（3）贝罗传播模式。贝罗（D. Berlo）传播模式综合了哲学、心理学、语言学、人类学、大众传播学、行为科学等新理论来解释传播过程中的各个组成要素。这种传播模式把传播过程分解为4个基本要素：信源、信息、通道和受传者，如图3-4所示。

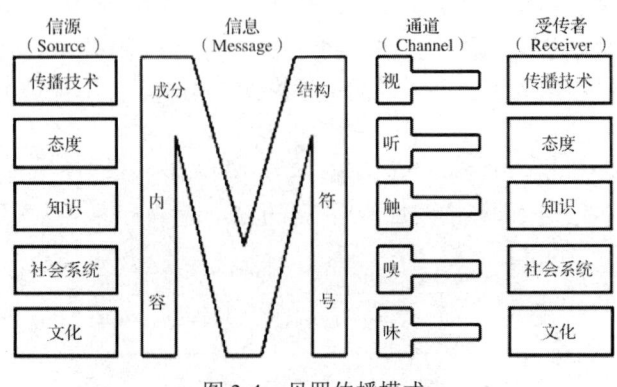

图 3-4　贝罗传播模式

贝罗传播模式明确而形象地说明了影响信源、受传者和信息传播的条件，说明信息传播可以通过不同的方式和渠道进行，最终效果不是由传播过程中的某一部分决定的，而是由组成传播过程的信源、信息、通道和受传者四部分及它们之间的关系共同决定的，传播过程中的每一组成部分又受到其自身因素的制约。

信源就是信息的来源，影响信源的因素有传播技术、态度、知识、社会系统和文化。传播技术是指信息的传播只有采用一定的传播方式，才能保持信息本身的真实性和趣味性。传播技术包括语言（如语言的清晰和说话的技巧）、文字（如文字写作的技巧）、思想（如思维缜密）、手势（如动作自然）、表情（如逼真）等。态度是指传播者对信源的态度，如是否喜爱这个主题、传播目的是否明确、对受传者是否有足够的了解等。知识是指传播者对传播的内容是否足够了解，传播者自身是否有丰富的知识。社会系统是指传播者在社会中的地位、影响力与威信。文化是指传播者的学历、经历和文化背景。

受传者即译码者，也就是信息的接收者，与信源虽然处在传播过程的两端，但是，在传播过程中，信源可以转变为受传者，受传者也可以转变为信源。所以，影响受传者的因素与影响信源的因素相同，也是传播技术、态度、知识、社会系统与文化诸项。

信息就是传播的内容，影响信息的因素有符号、内容和处理。其中，符号包括语言、文字、图像、音乐等；内容是为达到传播目的而选取的材料，包括信息的成分与结构；处理是指传播者对选择及安排符号和内容所做的种种决定。

通道就是传播的媒介，是传播信息的各种工具，如各种感觉器官，承载信息的声、光、空气、电波、报纸、杂志、播音、电影、电视、电话、唱片、图画、图表等。在传播过程中，信息的符号、内容及处理方式均会影响通道的选择，如哪些信息适合采用语言方式传播？哪些信息适合采用视觉方式传播？哪些信息适合采用触觉、嗅觉、味觉方式传播？通道的选择会影响信息的传播与接收效果。

贝罗传播模式适用于研究和解释教学传播系统的要素与结构，如 S-M-C-R 相当于教育者-教学内容-教学方式-学习者。我们还可以以其揭示的条件为依据，联系实际传播场合及要素的具体情况，预测教育传播的效果，发现可能存在的问题。

3.1.3 教育传播

教育传播指的是教育的实施者根据特定的教学目标，选择合适的教学内容，通过一定的传播渠道，将教育信息向传播对象进行传播的行为。其中，教育信息包括教育知识、技能、思维方式等。

1. 教育传播的构成要素

教育传播是一个由若干要素构成的传播系统。教育传播系统由教育者、教育信息、受教育者、媒体和通道、教育传播环境等要素构成。各要素之间相互作用，形成动态的教育传播过程。

教育者是教育传播系统中具备教育教学活动能力的要素，是教育信息的组织者、传播者和控制者，如教育机构中的教师、社团中的指导者、学生家长等。在教育传播活动中，教育者起着"把关人"的作用，传播什么内容、利用什么媒体，都是由教育者决定的。因此，教育者必须能实现教育传播系统的整体目标，使学习者在德、智、体、美、劳各方面都得到和谐发展。要完成这一重任，教育者必须做好设计、组织、传递、评价等工作。

教育信息是教育传播系统的重要构成要素之一。教育传播过程是一个信息交流的过程，自始至终充满了教育信息的获取、传递、交换、加工、存储和输出。在教育传播过程中，语言符号擅长描述事实与知识，而非语言符号则擅长表达态度和情感。合理运用各类传播符号，形成各种类型的教育教学传播活动，是提高教育传播效率的有效措施。

受教育者是施教的对象，通常就是接收教育信息的学习者。在教育传播过程中，作为受传者的学习者，首先要接收信息，然后要对接收到的信息进行加工与存储，最后要将这些信息和已有的经验进行比较、分析、判断，得到信息符号的本义。但在教育传播系统的运行过程中，学习者对教育信息的接收并不是机械的、被动的，在大多数情况下，学习者都在主动地接收教育信息，甚至有选择地接收与理解教育信息。在信息传播过程中，学习者的学习行为可概括为目标性行为、主动性行为和选择性行为。目标性行为是学习者区别于一般大众传播中受者的重要特征，教育传播要按照培养目标的规定，有组织、有计划地向学习者传播教育信息。主动性行为是指树立正确的学习动机，主动地进行学习。选择性行为包括选择性接收、理解和记忆。

媒体和通道是教育传播系统必不可少的构成要素。教育传播媒体就是载有教育信息的物体，是连接教育者与学习者的中介物，是人们用来传递和获取教育信息的工具。承载教育信息的所有物质形式都必须是教育传播双方的感官所能感受到的，这样才能实现有效的沟通。教育传播通道是指教育信息传播的途径，只有经过一定的通道才能完成教育信息的传递任务，达到传播的目的。通道的构成要素包括各种教育媒体、教学环境、人的感觉器官、处理和传播信息的方式。通道也包括教育信息由一方传递到另一方所建立的联系方式，如师生间面对面的教学就是一种口耳相传的联系方式。随着信息技术及多媒体网络技术的发展，多媒体、网络教育传播途径已成为师生间重要的联系方式。

教育传播环境是影响教育传播效果的重要因素，其内容是复杂的、多方面的。社会、经济、科技、文化、背景、风俗习惯及各种天然物、人工物等，都是教育传播环境中不可忽视的因素。

2．教育传播的基本方式

依据教育传播中教育者与受教育者的关系结构，教育传播可分为以下 4 种方式。

（1）自学传播。自学传播是指没有专职教师当面传授的一种教育传播方式。自学者自定学习目标，从周围可能的环境中寻找合适的教师替身。

（2）个别传播。个别传播是指教育者与受教育者单独面授知识和经验的一种教育传播方式。

（3）课堂传播。这是学校教育普遍采用的一种教育传播方式。受教育者的学习主要借助学习环境，通过面对面的语言和文字符号等传播媒介进行信息传播。这种传播方式有利于发挥教育者的主导作用，教育者能科学地组织教学过程，充分发挥情感因素在教学过程中的重要作用，使受教育者快速掌握知识与技能，有利于培养受教育者的合作精神和竞争意识。

（4）远程传播。这是一种非面对面的教育传播方式，包括电视教学、网络教学，以及现在如火如荼的微课、慕课等教学方式。

3．教育传播过程

教育传播过程是指教育者借助教育媒体向受教育者传递与交换教育信息的过程。教育传播过程是由教育者、教育信息、教育媒体、受教育者及编码、译码、噪声、反馈效果等要素构成的连续的动态过程，这一过程可以分为确定教育信息、选择教育媒体、通道传送、接收解释、评价反馈和调整再传送 6 个阶段，如图 3-5 所示。

```
确定教育信息 → 选择教育媒体 → 通道传送 → 接收解释 → 评价反馈
                      ↑           ↑                      ↓
                      └───────────┴──── 调整再传送 ←──────┘
```

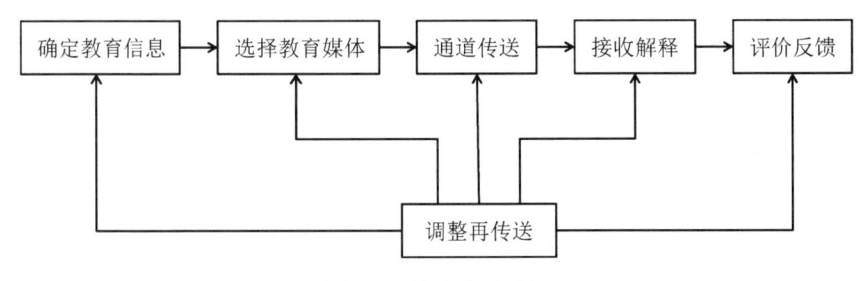

图 3-5　教育传播过程

（1）确定教育信息的依据是教育目的和课程的教学目标。在我国，中小学的教育内容一般来说是通过课程计划、课程标准和教科书表现出来的。在这一阶段，教育者要认真钻研教科书，对每个章节的教学内容进行分析，将教学内容分解为若干个知识点，并确定受教育者要达到的每个知识点的学习要求。

（2）选择教育媒体来呈现要传送的教育信息，实质上就是编码的过程。教育者应在分析媒体的功能、教育信息和教育对象的特点的基础上，考虑主、客观条件来选择教育媒体。

（3）在通道传送阶段，教育者要利用教育传播通道将教学内容传送出去，也称施教阶段。在进行通道传送前，教育者应做好每一次传送的结构设计，然后有步骤地按照结构设计方案来传送教学内容。在传送过程中应尽量减少各种干扰，以确保教学内容的质量。

（4）在接收解释阶段，受教育者要接收信息并将其解释为信息意义。受教育者首先通过视觉、听觉、触觉等感官接收传送来的信息，信息对感官的刺激通过神经系统传输至中枢神经，经过分析将信息转换为相应的符号；然后依据自身的知识与经验，将符号解释为信息意义，并将它存储在大脑中，形成一定的知识结构。

（5）在评价反馈阶段，要评价受教育者接收到的信息意义与教育者发送的信息意义是否一致，即是否达到预定的教学目标。评价的方式方法有很多，可以观察受教育者的行为变化，也可以采用课堂提问、课后作业及阶段性考试等方式。评价的结果是教育传播过程中一种非常重要的反馈信息。

（6）在调整再传送阶段，教育者要通过比较反馈信息与预定的教学目标，发现教育传播过程中的不足，再次调整教育信息、教育媒体和教育传送通道，再次传播教育信息，以保证传、受双方信息意义的一致性。

4．教育传播效果理论

教育传播效果理论是教育传播学中的重要理论之一。传播者要想在教育传播过程中获得更好的传播效果，就需要遵循教育传播效果理论。学者施拉姆和余也鲁共同撰写的《传媒·教育·现代化》一书中明确地概括了教育传播效果理论的内涵。该理论包含 4 个基本原理：共同经验原理、抽象层次原理、重复作用原理、信息来源原理。

（1）共同经验原理。教育传播是一种信息传递与交换的活动，教育者与学习者的沟通必须建立在双方共同经验的范围内。要想传播学习者缺乏直接经验的事物，就要利用直观的教育媒体帮助学习者获得间接经验，在教育媒体的选择与设计方面必须充分考虑学习者的经验。

（2）抽象层次原理。抽象层次高的符号能简明地表达更多的具体意义。但抽象层次越高，理解便越困难，引起误会的概率也越大。所以，在教育传播过程中，信息符号的抽象层次必须控制在学习者能理解的范围内。

（3）重复作用原理。重复作用是指将一个概念在不同的场合下或用不同的方式反复呈现。

它包括两层含义：一是将同一个概念在不同的情境中反复呈现；二是将同一个概念用不同的方式反复呈现。重复作用原理非常适用于概念类知识的学习。

（4）信息来源原理。在教育传播过程中，教育信息的传播者、来源都会对传播效果产生非常大的影响。有权威、有信誉的人说的话更容易为对方所接受。信息来源会直接影响传播的效果。因此，在教育传播过程中，教育者应树立被学习者认可的形象与权威，教学中所用教学资源的来源应可靠。

3.2 学与教的理论

学习理论是对学习规律和学习条件的系统阐述，是心理学的一门分支学科，它主要研究人类与动物的行为特征和认知心理过程。近百年来，教育学家和教育心理学家围绕学习是如何发生的、学习有哪些规律、学习是以怎样的方式进行的等问题，从不同的角度、采用不同的方式进行了各种研究，由此形成了各种各样的学习理论。这些学习理论各有特点并相互补充，适用于不同的情形，为人们提供了探讨学习中基本问题的不同视角，促使人们尽可能全面地了解学习的本质、条件和规律，从而为教学理论和实践提供了科学的基础。

教学理论以学习理论为基础，依据人的学习过程来研究如何教的问题。学习理论为教学理论的一般原理提供了切实的起点。针对如何才能有效控制教学情境中的关键因素这一问题，可靠的答案大多来自学习理论的研究。可以说，有效的教学理论必须建立在有关学习理论的基础上。

3.2.1 行为主义学习理论

行为主义者认为，学习是刺激与反应的联结，他们的基本假设是：行为是学习者对环境刺激所做出的反应。他们把环境看作刺激，把伴而随之的有机体行为看作反应，认为所有行为都是习得的。行为主义学习理论应用在学校教育实践中，就是要求教育者掌握塑造和纠正学习者行为的方法，为学习者创设一种环境，尽可能最大限度地强化学习者的合适行为，消除不合适行为。

1. 行为主义学习理论的基本观点

（1）学习是刺激与反应的联结。巴甫洛夫（Pavlov I.P.）用狗作为实验对象，提出了广为人知的条件反射理论。条件反射理论揭示了人和动物学习的最基本的机制。他认为学习是大脑皮层暂时神经联系的形成、巩固与恢复过程。

（2）学习是尝试错误的过程。桑代克（Edward Lee Thorndike）被公认为联结理论的首创者，他把学习归结为刺激（S）-反应（R）的联结形式。他设计了"猫开门"实验，把学习看作刺激与反应的联结，即 S-R 之间的联结。这种学习过程是渐进的，是通过"尝试与错误"直至最后成功的过程。桑代克的联结说又称尝试与错误说。

（3）学习是一种行为。斯金纳（Burrhus Frederic Skinner）在巴甫洛夫经典的条件反射理论和桑代克的学习理论的影响下，于 1937 年提出了操作性条件反射学说。他根据操作性条件反射的强化观点提出了自己的学习理论，并把在动物学习实验研究中确定的一些规律用于教学，提倡程序教学与机器教学，以改革传统教学方式，一度得到广泛的支持。

2. 行为主义学习理论对教育技术的影响

行为主义学习理论认为，人类的思维是与外界环境相互作用的结果，即"刺激-反应"，刺激和反应之间的联结称为强化；通过对环境的"操作"和对行为的"积极强化"，任何行为都能被创造、设计、塑造和改变。在教学中，不仅要对学习者理想的行为给予表彰和鼓励，还要尽量少采取惩罚的消极强化手段，只有强化正确的"反应"、消退错误的"反应"，才能取得预期的效果。

斯金纳所倡导的强化理论及程序教学理论对教育技术的理论发展产生了巨大的推动作用。其中，程序教学理论推动了 20 世纪五六十年代的程序教学运动，促进了学习理论的科学化，加速了心理学和教育学的有机结合，推动了教学手段的科学化和现代化。

教学过程的系统化设计（教学设计）是教育技术的重要组成部分，程序教学理论推动了教学设计的发展并取得了良好的效果。程序教学理论要求首先阐明学习者应达到的教学目标，即明确行为目标，目的是将学习者的学习任务具体化、明确化；然后根据行为目标进行测量，以了解学习者能力所达到的程度。这种标准参照评价适用于个别化学习的评价，可提供学习者个人学习进步的情况，可使教育者了解所设计教材的优缺点，进而做出及时调整。程序教学以其精确组织的个别化、自定步骤的学习，确立了许多有益的指导原则。它建立的一系列学习原则和开发程序教材的系统方法直接影响了教学设计理论与实践的发展。

3.2.2 认知主义学习理论

认知主义学习理论认为，学习在于内部认知的变化，学习是一个比 S-R 联结更复杂的过程。认知主义学习理论注重解释学习行为的中间过程，即目的、意义等，认为这些过程才是控制学习的可变因素。

认知主义学习理论的主要特点是重视人在学习活动中的主体价值，充分肯定了学习者的自觉能动性；强调认知、意义理解、独立思考等意识活动在学习活动中的重要地位和作用；重视人在学习活动中的准备状态，即一个人学习的效果不仅取决于外部刺激和个体的主观努力，还取决于一个人已有的知识水平、认知结构、非认知因素；重视内在的动机与学习活动本身所带来的内在强化的作用；主张人的学习的创造性。

1. 克勒的顿悟说

学习的认知理论起源于德国格式塔心理学派的完形理论。格式塔心理学派的创始人是德国心理学家魏特墨（Max Wertheimer）、科夫卡（Kurt Koffka）和克勒（Wolfgang Kohler）。克勒历时 7 年，以黑猩猩作为研究对象开展了 18 项实验，依据实验结果，撰写了《猩猩的智慧》一文，他发扬了格式塔理论，提出了"顿悟说"。他认为学习的实质是在主体内部构造完形，而不是刺激与反应的简单联结；学习是通过顿悟过程实现的，而不是通过尝试错误实现的。顿悟说重视的是刺激和反应之间的组织作用，认为这种组织表现为知觉经验中旧的组织结构（格式塔）的豁然改组或新的组织结构的顿悟。

2. 皮亚杰的认知结构理论

认知结构理论的代表人物是瑞士心理学家 J.皮亚杰（Jean Piaget）。他认为，认知结构就是学习者头脑里的知识结构，它是学习者全部观念或某一知识领域内观念的内容和组织。他还认为，学习使新材料或新经验与旧材料或旧经验结为一体，从而形成一个内部的知识结构，即认知结构。皮亚杰指出，这个结构是以图式、同化、顺应和平衡的形式表现出来的。布鲁纳认为，学习不在于被动地形成反应，而在于主动地形成认知结构。学习由一系列过程组成，要重视研究学习者的学习行为，教学应注意学习各门学科的基本结构。他们重视教材的知识结构。这个学派还系统地阐述了认知结构及其与课堂教学的关系。近年来的教学实践和实验研究表明，采用一定手段有意控制学习者的认知结构，提高认知结构的可利用性、稳定性、清晰性和可辨别程度等，对于有效的学习和解决问题是有作用的。

3. 布鲁纳的认知学习理论

布鲁纳（Jerome Seymour Bruner）的认知学习理论受托尔曼（Edward Chase Tolman）完形说思想和皮亚杰认知结构理论思想的影响，认为学习是一个认知过程，是学习者主动地形成认知结构的过程。布鲁纳的基本观点表现在三个方面：第一，学习是主动地形成认知结构的过程；第二，强调对学科的基本结构的学习；第三，通过主动发现形成认知结构。布鲁纳认为发现学习的作用有四：一是提高智力的潜力；二是使外部奖赏向内部动机转移；三是学会将来做出发现的最优方法和策略；四是帮助信息的保持和检索。认知-发现说强调学习的主动性，强调已有的认知结构、学习内容的结构、学习者独立思考等的重要作用。这些观点对培育现代化人才是有积极意义的。

4. 奥苏伯尔的认知同化论

奥苏伯尔（David Pawl Ausubel）认为"学习是认知结构的重组"，他着重研究了课堂教学的规律。奥苏伯尔注重学习材料本身的内在逻辑关系，认为学习变化的实质在于新旧知识在学习者头脑中的相互作用，那些新的有内在逻辑关系的学习材料与学习者原有的认知结构产生联系，进而同化和改组，在学习者头脑中产生新的意义。其主要观点有二：第一，有意义学习的过程是新的意义被同化的过程。他将认知方面的学习分为机械学习与有意义学习两大类。机械学习的实质是形成文字符号的表面联系，学习者不理解文字符号的实质，其心理过程是联想。有意义学习的实质是个体获得有逻辑意义的文字符号的意义，是以符号为代表的新观念与学习者认知结构中原有的观念建立实质性的而非人为的联系。第二，同化可以通过接受学习的方式进行。接受学习是指学习的主要内容基本上是以定论的形式被学习者接受的。

5. 加涅的信息加工学习理论

加涅（Robert M. Gagné）是将行为主义学习理论与认知主义学习理论相结合的代表。加涅认为，学习是学习者神经系统中发生的各种过程的复合。学习不是刺激与反应之间的一种简单联结，因为刺激是由人的中枢神经系统以一些完全不同的方式来加工的，了解学习也就在于指出这些不同的加工过程是如何起作用的。

（1）加涅的信息加工学习理论对教育技术的影响。信息加工学习理论解释了人对环境中的有关信息怎样经由感官察觉、注意、识辨、转换、记忆等内在心理活动吸收并加以运用的历程，它认为学习的实质是学习者主动建构认知结构的过程，同时将学习心理研究与教学结合起来，大大促进了学习心理研究的发展，也引发了一场学习观念的变革。此外，信息加工学习理论还促进了计算机辅助教学向智能教学系统的转化，它通过对人类的思维过程和特征进行研究，建立了人类认知思维活动模型，使得计算机能够在一定程度上完成人类教学专家的工作。

（2）加涅的信息加工学习理论对学习的启迪。一是刺激选择不是一种随机的过程。在进行教学设计时，不能仅仅考虑刺激的特征，还要关注学习者已有的信息或认知图示。由此可知，在进行媒体设计时要注意引导学习者的注意力。二是人类记忆加工信息的容量是有限的。在进行信息设计时必须注意短时记忆的容量，注意留有相应的信息加工时间。三是"组块"理论。为了尽可能使学习者在短时间内学习较多的知识，必须把知识组成有意义的块状，减少机械学习。信息编码不仅有助于学习者对信息的理解，还有助于信息的存储和提取。

加涅根据信息加工心理学原理，提出了学习与记忆的信息加工模型，并据此提出了九段教学法。他在学习方法上主张给学习者以充分的指导，使学习沿着精心设计的程序进行。信息加工学习理论为教与学提供了重要启示，教育者在教学实践中可有意识地灵活加以运用。

3.2.3 建构主义学习理论

建构主义（Constructivism）也可译为结构主义。作为一种新的认知理论，建构主义的兴起是近20年的事情，但建构主义的思想并不是什么新鲜事物。在谈到建构主义的起源时，新西兰学者诺拉（R. Nola）指出，"在反对用直接教学方式以形成知识基础的原因方面，苏格拉底（Socrates）和柏拉图（Plato）是教育上最早的建构主义者"。

按照建构主义的观点，苏格拉底的"产婆术"无疑是建构主义教学的成功范例。近代，意大利哲学家维科（Giambattista Vico）被当代建构主义者尊奉为建构主义的先驱；德国哲学家康德（Immanuel Kant）对理性主义与经验主义的综合具有明显的建构主义色彩；瑞士心理学家皮亚杰因创立了认知结构理论，被视为当代建构主义理论的最早提出者。

其后，在皮亚杰认知结构理论的基础上，科尔伯格（Lawrence Kohlberg）对认知结构的性质与认知结构的发展条件等方面的进一步研究、斯滕伯格（Robert J. Sternberg）和卡茨（D.Katz）对认知过程中如何发挥个体主动性的探索、维果茨基（Lev Semenovich Vygotsky）创立的强调认知过程中学习者所处的社会历史文化背景作用的"文化历史发展理论"、奥苏伯尔的有意义学习理论、布鲁纳的发现学习理论等研究成果和理论观点为当代建构主义的形成奠定了基础。

1. 当代建构主义学习理论的基本内容

（1）建构主义的知识观。知识不是对现实的纯粹客观的反映，任何一种传载知识的符号系统都不是绝对真实的表征。它只不过是人们对客观世界的一种解释、假设或假说，它不是问题的最终答案，它必将随着人们认识程度的深入而不断地变革、升华和改写，出现新的解释和假设。

知识并不能绝对准确无误地概括世界的法则，提供对任何活动或问题解决都适用的方法。在具体的问题解决中，知识是不可能一用就准、一用就灵的，而是需要针对具体问题的情境对原有知识进行再加工和再创造的。

知识不可能以实体的形式存在于个体之外，尽管通过语言赋予了知识一定的外在形式，并且获得了较为普遍的认同，但这并不意味着学习者对这种知识有同样的理解。对知识的理解只能由学习者自身基于自己的经验背景而建构起来，取决于特定情境下的学习活动过程；否则就不叫理解，而叫死记硬背，是被动的、复制式的学习。

（2）建构主义的学习观。当代建构主义者主张，世界是客观存在的，但是对于世界的理解和赋予意义却是由每个人自己决定的。学习不是由教育者把知识简单地传递给学习者，而是由学习者自己建构知识的过程。学习者不是简单、被动地接收信息，而是主动地建构知识的意义，这种建构是无法由他人来代替的。

学习的过程是对新信息的意义的建构，同时又包含对原有经验的改造和重组。这与皮亚杰关于通过同化与顺应而实现的双向建构的过程是一致的。只是建构主义者更重视后一种建构，强调学习者在学习过程中并不是发展一种仅供日后提取出来以指导活动的图式或命题网络，相反，他们形成的对概念的理解是丰富的、有着经验背景的，从而在面临新的情境时，能够灵活地建构起用于指导活动的图式。

学习意义的获得是每个学习者以自己原有的知识经验为基础，对新信息进行重新认识和编码，从而建构自己的理解。在这一过程中，学习者原有的知识经验因为新知识经验的进入而发生调整和改变。

（3）建构主义的教学观。建构主义者强调学习的主动性、社会性和情境性，对学习和教学提出了许多新的见解。

建构主义注重合作学习（Cooperative Learning）。教学应当把学习者原有的知识经验作为新知识的生长点，引导学习者从原有的知识经验中生长出新的知识经验。教育者是教学的引导者，是意义建构的帮助者、促进者。教育者从传统的传递知识的权威转变为学习者学习的辅导者，成为学习者学习的高级伙伴或合作者。学习者是学习信息加工的主体，是意义建构的主动者，并将监控学习和探索的责任也由以教育者为主转向以学习者为主，最终要使学习者达到独立学习的程度。

（4）提倡情境性教学。建构主义认为，学习者的知识是在一定的情境下，借助他人的帮助，如人与人之间的协作、交流、利用必要的信息等，通过意义的建构而获得的。理想的学习环境应当包括情境、协作、交流和意义建构四部分。学习环境中的情境必须有利于学习者对所学内容的意义建构。在教学设计中，创设有利于学习者意义建构的情境是十分重要的环节或方面。协作应贯穿于整个学习活动中。其实，协作学习的过程就是交流的过程，在这个过程中，每个学习者的想法都为整个学习群体所共享。交流对于推进每个学习者的学习进程是至关重要的。意义建构是教学活动的最终目标，一切教学活动都要围绕这个最终目标来进行。

2．当代建构主义学习理论支持下的教学

（1）随机通达教学（Random Access Instruction）。随机通达教学也称随机进入教学。斯皮罗（Spiro）认为，学习可以分为初级学习与高级学习两种层次。初级学习是学习中的低级阶段，教育者只要求学习者知道一些重要的概念和事实，在作业中学习者只需将他们所学的东西按原样再生出来即可，初级学习的内容主要是结构良好的领域（Well-Structured Domain）。而高级学习则与此不同，它要求学习者把握概念的复杂性，并广泛而灵活地运用到具体情境中，这时，概念的复杂性及实例间的差异性都显而易见，因而高级学习的内容大量涉及结构不良的领域。斯皮罗认为，传统教学混淆了高级学习与初级学习之间的界限，将初级学习阶段的教学策略（如将整体分割为部分、着眼于普遍原则的学习、建立单一标准的基本表征等）不合理地推及高级学习阶段的教学中，使教学过于简单化。斯皮罗等人根据对高级学习的基本认识，提出了"随机通达教学"。

由于学习过程中对于信息意义的建构可以从不同的角度入手，因而可以获得不同方面的理解。随机通达教学的核心主张是，对同一内容的学习，要在不同时间、在重新安排的情境下、带着不同目的及从不同的角度多次进行，以达到获得高级知识的目标。由于在各次学习的情境方面会有互不重合的方面，这种反复并非为巩固知识技能而进行的简单重复，而是把概念具体到一定实例中，并与具体情境联系起来。每个概念的教学都要涵盖充分的实例，分别用于说明不同方面的含义，各实例都可能同时涉及其他概念。在这种学习中，学习者可以形成对概念的多角度理解，并与具体情境联系起来，形成背景性经验。这种教学有利于学习者针对情境建构用于指引问题解决的图式。

（2）抛锚式教学。抛锚式教学有时也称"实例式教学"或"基于问题的教学"。这种教学要求学习者到实际情境中去感受和体验问题，而不是听这种经验的间接介绍和讲解。在实际情境中一旦确立一个问题，整个教学内容和教学进程就被确定了。抛锚式教学与情境教学、情境认知及认知的弹性理论有着极其密切的关系，只是抛锚式教学主要强调以技术学为基础的学习。约翰·布朗斯福特（John Bransford）是抛锚式教学的代表人物。

抛锚式教学的主要目的是使学习者在一个完整、真实的问题背景中产生学习的需要，并通过镶嵌式教学及学习共同体中成员间的互动、交流，即合作学习，凭借自己的主动学习、生成学习，亲身体验从识别目标到提出和达到目标的全过程。总之，抛锚式教学是使学习者适应日常生活，学会独立识别问题、提出问题、解决真实问题的一条十分重要的途径。

抛锚式教学有两条重要的设计原则：一是学习与教学活动应围绕某一"锚"来设计，所谓"锚"应该是某种类型的个案研究或问题情境；二是课程的设计应允许学习者对教学内容进行探索。

（3）支架式教学。支架式教学源于苏联心理学家维果茨基的"最邻近发展区"理论。维果茨基认为，在儿童的智力活动中，对于所要解决的问题和原有能力之间可能存在差异，通过教学，儿童在教师的帮助下可以消除这种差异，这种差异就是"最邻近发展区"。最邻近发展区是指儿童独立解决问题时的实际发展水平（第一个发展水平）和在教师指导下解决问题时的潜在发展水平（第二个发展水平）之间的距离。可见，儿童的第一个发展水平与第二个发展水平之间的距离是由教学决定的，即教学可以创造最邻近发展区。

建构主义者从维果茨基的思想出发，借用建筑行业中使用的"脚手架（Scaffolding）"作为上述概念框架的形象化比喻，其实质是利用上述概念框架作为学习过程中的脚手架。通过这种脚手架的支撑作用，不停顿地把学习者的智力从一个水平引导到另一个新的、更高的水平，真正做到使教学走在发展的前面。

随着建构主义思潮的不断发展，当前国外流行的支架式教学实际上融合了情境教学、合作学习、最邻近发展区等多种理论观点，以理论整合为特征，以实现学习者的自主学习为归旨，其教学环节如下：

❶搭建支架。围绕当前的学习主题，按"最邻近发展区"的要求建立概念框架。

❷进入情境。将学习者引入一定的问题情境（概念框架中的某个节点）中。

❸独立探索。让学习者独立探索。探索内容包括确定与给定概念有关的各种属性，并将各种属性按其重要性大小顺序排列。在探索开始时，要先由教育者启发引导（如演示或介绍理解类似概念的过程），然后让学习者自己去分析；在探索过程中，教育者要适时提示，帮助学习者沿着概念框架逐步攀升。起初的引导、帮助可以多一些，以后逐渐减少——越来越多地放手让学习者自己探索，最后要争取做到无须教育者引导，学习者自己能在概念框架中继续攀升。

❹协作学习。进行小组协商、讨论。讨论的结果有可能使原来确定的、与当前所学概念有关的属性增加或减少，各种属性的排列次序也可能有所调整，并使原来多种意见相互矛盾且态度纷呈的复杂局面逐渐变得明朗、一致起来，在共享集体思维成果的基础上达到对当前所学概念比较全面、正确的理解，最终完成对所学知识的意义建构。

❺效果评价。对学习效果的评价包括学习者个人的自我评价和学习小组对个人学习的评价。评价内容包括自主学习能力、对小组协作学习所做的贡献、是否完成对所学知识的意义建构等。

3. 建构主义学习理论对教育技术的影响

（1）自上而下的教学设计。自上而下地展开教学进程，即首先呈现整体性的任务，让学习者尝试进行问题的解决，在此过程中，让学习者发现完成整个任务需要完成的子任务及需要的知识与技能。在教学过程中，选择与学习者生活经验有关的问题（并不是过于简单化的问题），同时提供用于更好地理解和解决问题的工具。然后让学习者单独或在小组中进行探索，发现解决问题所需的基本知识与技能，在掌握这些知识与技能的基础上，最终使问题得以解决。

在认知主义学习理论下，教学设计基本上是以线性的方式进行的；而建构主义学习理论为教学设计提供了非线性、网络化的设计思想，更符合人类的学习特征。在教和学的活动中，不必使知识组成严格的直线型层级关系，因为知识是由围绕着关键概念的网络结构所组成的，它包括事实、概念、概括，以及有关的价值、意向、过程知识、条件知识等。学习可以从网络结构的任何部分进入或开始。教育者既可以从要求学习者解决一个实际问题开始教学，也可以从给定的规则入手。

（2）情境教学。教育技术可以有效地创设各种教学情境，这有助于学习者对新知识的意义建构。以多媒体技术为基础的计算机辅助教学和网络教学都得到了建构主义学习理论的支持，使得这类教学形式做到了以学生为中心进行自主学习，从而实现教学效果最优化。

（3）重视社会性互动。建构主义学习理论重视教学中教育者与学习者、学习者与学习者之间的社会性相互作用，合作学习、交互式教学在建构主义的教学中广为采用。建构主义认为，每个人都在以自己的经验为背景建构对事物的理解，因此每个人只能理解事物的不同方面，不存在对事物的唯一标准的理解。教学需要使学习者超越自己的认识，看到不同的见解，看到事物的另一面，而通过合作和讨论，可以使人们相互了解彼此的见解，看到自己的不足，从而形成更加丰富的理解，有利于学习的广泛迁移。在小组讨论中，学习者通过不断反思自己的思考过程，对各种观念加以组织和改进，有利于建构能力的发展。合作学习与维果茨基对社会性相互作用的重视及最邻近发展区的思想是一致的，学习者在与比自己水平稍高的同伴的交往中可以将潜在的发展区转化为现实的发展区，并创造更大的发展可能性，这也为基于网络的协作学习提供了理论基础。

3.3 系统科学理论

系统科学是一门总结复杂系统的演化规律，研究如何建设、管理和控制复杂系统的科学。它是以系统为研究对象的基础理论和应用开发的学科组成的学科群，着重考察各类系统的关系和属性，揭示其活动规律，探讨有关系统的各种理论和方法。

系统科学的基本理论主要包括系统论、控制论和信息论。它把事物、对象作为一个整体来进行研究，主要研究系统的要素、结构和功能的相互联系，通过信息的反馈和传递来实现系统之间的联系，从而有目的地控制系统的发展，获得最优化的效果。

3.3.1 系统论

系统是指由处在环境之中相互作用和相互依赖的若干部分（因素）组成的具有一定结构和确定功能的有机整体。现代科学认为，世界存在物质（材料）、能量和信息三大要素，任何系统都是物质、能量和信息相互作用和有序化运动的产物。构成系统的条件包括：要有两个以上的要素；要素之间要相互联系和相互作用；要素之间的联系与作用必须产生功能。系统具有以下特点：系统是由若干部分（要素）以一定结构组成的相互联系的整体；系统可分解为若干基本要素；整体有不同于各组成部分的新的功能；系统中存在着物质、能量和信息的流通；系统存在于一定的环境中，系统与环境又组成一个更大的系统。

一般系统论是由美籍奥地利生物学家贝塔朗菲创立的。一般系统论的基本出发点是把研究对象作为一个有机整体来加以考察，以寻求解决整体与部分之间相互关系的模式、原则和方法。

系统论的基本观点认为系统整体功能大于部分功能之和。从一个系统中分解出来的部分与在整体中发挥功能的部分是不同的。系统的性质是不能仅用孤立部分的性质来加以解释的，还取决于复合内部各部分的特定关系。系统论认为事物不是一成不变的，系统是动态变化的。对于开放系统，系统与外界环境会不断进行物质、能量与信息的交换。稳态系统维持的是动态平衡，系统有相对稳定的一面，它是系统存在的根本条件；同时，系统又是动态的。一般系统论认为各种有机体都按严格的等级组织起来，具有层次结构。系统的层次越高，可变化和组合的可能就越复杂，其结构和功能就越多种多样。坚持层次观点，要求我们注意整体与层次、层次与层次之间相互制约的关系。

3.3.2 控制论

控制论的建立是 20 世纪伟大的科学成就之一，现代社会的许多新概念和新技术几乎都与控制论有着密切的关系。控制论的应用范围覆盖了工程、生物、经济、社会、人口等领域，成为研究各类系统的控制和调节一般规律的科学。1948 年，维纳（Norbert Wiener）的奠基性著作《控制论》出版，成为控制论诞生的一个标志。

所谓控制，是指按给定的条件和预定的目标，对一个过程或一系列事件施加影响的一种活动。系统一般都会有若干种可能的状态，控制的实质就是在各种可能的状态中选择一种。从信息角度来看，控制是获取信息、处理信息和利用信息调整系统的结构以实现系统所追求的目的的过程。所以信息论是控制论的理论基础。控制的作用就是使系统可能的状态数减少，即使不确定性减小。控制论的核心问题是从一般意义上研究信息提取、信息传播、信息处理、信息存储和信息利用等问题。控制论是从信息和控制两个方面来研究系统的。

控制论应用于教育领域而形成的理论被称为教育控制论。教育控制论是以提高教学效率为控制目标、以信息流为主要传播形式的系统理论，用来研究教育系统中运用信息反馈来控制和调节系统的行为，从而达到教学效果最优化的目的。

3.3.3 信息论

信息论的创始人是美贝尔电话研究所的数学家香农（C. E. Shannon），他为了解决通信技术中的信息编码问题，把发射信息和接收信息作为一个整体的通信过程来研究，提出了通信系统的一般模型；同时建立了信息量的统计公式，奠定了信息论的理论基础。

信息是指音讯、消息、通信系统传输和处理的对象，泛指人类社会传播的一切内容。人通过获得、识别自然界和社会的不同信息来区别不同事物，得以认识和改造世界。在一切通信和控制系统中，信息是一种普遍联系的形式。香农认为"信息是用来消除随机不确定性的东西"，控制论创始人维纳认为"信息是人们在适应外部世界，并使这种适应反作用于外部世界的过程中同外部世界进行互相交换的内容和名称"。

科学的信息概念可以概括为信息是对客观世界中各种事物的运动状态和变化的反映，是客观事物之间相互联系和相互作用的表征，表现的是客观事物运动状态和变化的实质内容。

从物理学上来讲，信息与物质是两个不同的概念，信息不是物质，虽然信息的传递需要能量，但是信息本身并不具有能量。信息的显著特点是不能独立存在，信息的存在必须依托载体。

3.3.4 系统科学的基本原理

作为一种复杂的社会现象，教育是一个多因素、多层次的整体系统。系统科学理论把教育作为一个整体加以分析研究，为优化教育效果提供了重要的思维模式和手段。系统论、控制论和信息论是一个相互关联的整体，由此归纳总结出来的三大原理——整体原理、反馈原理和有序原理都是利用现代教育技术优化教育效果的重要理论基础。

1．整体原理

任何系统都是由若干要素以一定结构组成的相互联系的整体。系统中各要素之间相互联系、相互作用、相互依存，发挥整体功能，即系统整体功能不等于系统内各部分功能的简单相加，系统整体功能大于各部分功能之和。因此，在进行教学系统设计时，教育者应重视对教学整体各要素的分析，要综合考虑教学过程中教育者、学习者、教学内容、教学媒体等要素，注意各要素之间的配合、协调，以发挥系统的整体功能，优化教育效果。

2．反馈原理

系统是通过反馈信息来实现有效控制的。如果反馈信息能够加强控制信息的作用，就称为正反馈；如果反馈信息的作用与控制信息的作用相反，就称为负反馈。在教学过程中，教育者要随时根据正、负反馈来了解教学情况，对教学系统进行协调控制。高效率的教学过程必须是有效的反馈控制系统。在现实的课堂教学过程中存在多种反馈形式，如课堂练习、回答问题、讨论等，教育者要根据有效的反馈手段，及时获得教学信息，从而调整教学方法，完善教学效果。要想实现预定的教学目标，在教学或学习过程中就要随时通过反馈信息来掌握现状与目标内容之间的差距，表现在教学设计过程中就是要注重学习效果的形成性评价，教育者据此来调整教学的内容、方法和进度，而学习者据此来了解自己的不足、改进学习方法，这样才能不断提高教学质量和学习效率，最终达到预定的教学目标。

3．有序原理

系统联系是以结构形式表现的，指系统内部各要素之间相互联系、相互作用的方式或秩序。系统内部各要素之间的稳定联系形成有序结构，这是保持系统作为整体存在的基本条件。在教学过程中，有序原理强调处理好教学系统内部要素之间及内部要素与外部环境之间的关系，使信息交换处于有序的状态。教学系统应该是一个开放的系统，教育者要能从教学系统以外的其他社会系统中获取有益的信息，进行调整、优化甚至变革，从无序走向有序，以满足社会发展对教育提出的要求。

系统科学方法简称系统方法，就是按照事物本身的系统性把对象放在系统的形式中加以考察的一种方法，它侧重于系统的整体性分析，从组成系统的各要素之间的相互联系和相互作用中发现系统的规律性，从而指明解决复杂系统问题的一般步骤、程序和方法。系统方法实施的一般步骤是：第一步，从需求分析中确定问题；第二步，确定解决问题的方案和可替换的解决方案；第三步，从多种可能的解决方案中选择问题解决的策略；第四步，实施问题解决的策略；第五步，确定实施的效率；第六步，通过反馈信息对系统加以修正，实现有效的控制。

系统方法是人们认识、调控、改造、创造复杂系统的有效手段，为人们制定系统最佳方案提供了新的思维模式和手段，是应用极为广泛的现代科学方法之一。教育技术的系统方法是在系统科学和教育实践基础之上产生的，用于指导具体的教育教学实践活动，是为了更好地实现教育教学目标和相应的实践活动目标而对教育系统的构成要素、组织结构、信息流动、教学环境等进行分析与设计的一种方法。

拓展学习资源

1. 张剑平. 现代教育技术——理论与应用[M]. 北京：高等教育出版社，2006.
2. 段爱峰. 美国教育技术思想发展研究[D]. 保定：河北大学，2016.
3. 吉丹霞. 教育传播理论视域下的高校德育实效性研究[D]. 北京：北京工业大学，2020.

课后思考题

1. 谈谈你对各种不同流派学习理论的理解。
2. 观看一堂优秀教师的多媒体课，根据本章学习的相关教学理论进行分析和讨论。说一说该教师在教学过程中运用了哪些传播手段、传播方法和传播规律，根据视听理论来分析课程教学中所用教学媒体的处理和应用，并对存在的问题提出解决建议。

第 4 章　信息化教学设计

随着教育信息化 2.0 时代的到来，教学环境将由教学一体机和可以随意分合的课桌构成，学生上课不再只是携带书包和纸笔，而是左手拿着平板电脑，右手拿着抢答器，对课堂问题进行投票和抢答，教师利用交互式触摸屏对学生的表现进行实时跟踪。处在网络畅通的环境下，教学活动可以通过小组学习交流进行，也可以通过更大范围的协作学习进行，这就是人们所说的信息化的教学环境。那么，在信息化的教学环境中，教师应该怎么组织教学呢？如何充分利用这些媒体工具呢？

信息化的教室、信息化的校园，未来我们的教学环境就是这样一个信息化的环境，这就要求我们的教学要从新的角度出发进行设计。那么，本章我们便来学习信息化的教学应如何设计。信息化教学设计是现代教育技术课程的重要组成部分，也是每一位教育者必须掌握的基本技能。

4.1　教学设计概述

4.1.1　基本概述

1. 设计的概念及特点

设计是指为了解决某个问题，在开发某些事物和实施某种方案之前所采取的系统化计划过程。它充分运用各种有效的手段和方法来规划组织问题对象及其相关因素，并对其进行有效的决策控制，其本质在于问题的分析、决策、求解和创造。设计主要具有以下特点。

（1）问题的不完善性。需要设计的问题往往是定义不完善的问题，所谓不完善，通常是指问题的解决方案和结果不是唯一的，问题的解决过程存在多种可能性；而设计的目的就是根据各种条件尽可能提供最有效的决策并获取最佳的问题解决方案。

（2）过程的动态性。随着问题解决的设计过程不断变化，在设计过程中，设计者对问题的认识和理解会随着设计进程而不断加深，即在问题探究的过程中，设计也在不断地调整和完善。

（3）过程的周期性。设计过程一般可以分为几个阶段，如提出问题、分析问题、设计方案、实施方案和反馈评估等。在设计过程中，通常先把一个完整的问题分解为若干个不同层级的简单子问题，再根据子问题之间的关系来组织、设计、实施方案。

（4）活动的多重性。设计具有科学性、技术性、艺术性和创造性等多重特性。设计的过程需要运用理性思考去分析问题、描述目标和实施控制等，同时需要靠直觉思维来发挥设计者的主观能动性和想象力。设计的过程需要理性和直觉的有机结合，通过自组织和评估反馈控制，明确如何根据情境进行活动设计，适时调整问题的解决方案。

2. 教学设计的含义

教学设计（Instructional Design）通常又称为教学系统设计（Instructional System Design），指运用教学系统方法来分析教学问题，确定教学需求，设计、实施教学方案，评价实施结果，并在此基础上不断改进教学规划和决策的系统过程。

教学设计是根据教学对象和教学目标,确定合适的教学起点与终点,有序、优化地安排教学诸要素,形成教学方案的过程。它以教学效果最优化为目的,以解决教学问题为宗旨。

教学设计在教学中所起的作用使得它在教育技术领域占有重要地位,与教学论、教学法、教案既有区别又有联系。教学论是研究教学的一般规律的科学。它的研究对象包括教学在整个教育活动中的地位和作用、教学的目的和任务、教学过程、教学原则、教学内容、教学手段和方法、教学组织形式、教学效果,以及学习成绩的检查和评定等。教学论注重理论探讨,因此,它是应用性的理论科学,对教学设计具有直接的指导作用。教学法包括普通教学法和分科教学法。普通教学法研究各门学科共同的教学任务、教学过程、教学原则、教学方法等;分科教学法则分学科进行研究。普通教学法的主要特点是对教学的方法展开细致和深入的研究;而分科教学法则为各门具体学科的教学设计提供了理论依据。教案是以课时为单位设计的实际教学方案,是课堂教学活动的重要依据,通常包括班级、学科、课题、上课时间、课的类型、教学目标、教学方法、教学内容、时间分配等内容,有时还包括教学媒体的使用、练习题、板书设计和测验题等内容。教案是教学设计的具体产物之一,是教学设计指导教学过程的具体体现。但教学设计并不局限于得出一套针对某项教学内容的教案,它需要对教与学的各个方面进行系统分析,提出并不断修正教学方案,是一个不断改进和提高的过程。

3. 教学设计的特点

教学设计具有以下特点。

第一,教学设计是把教学原理转化为教学材料和教学活动的计划。教学设计要遵循教学过程的基本规律,选择教学目标,以解决教什么的问题。

第二,教学设计是实现教学目标的计划性和决策性活动。教学设计以计划和布局安排的形式,对怎样才能达到教学目标进行创造性的决策,以解决怎样教的问题。

第三,教学设计是以系统方法为指导的。教学设计把教学诸要素看成一个系统,分析教学问题和需求,确定解决问题的程序纲要,以使教学效果最优化。

第四,教学设计是提高学习者获得知识、技能的效率和兴趣的技术过程。教学设计是教育技术课程的组成部分,它的功能在于运用系统方法设计教学过程,使之成为一种具有操作性的程序。

4. 教学设计的发展

在学习教学设计的理论与技术之前,我们先回顾一下教学设计理论发展的历史轨迹。

(1) 教学设计的思想萌芽与早期发展(20 世纪初至 20 世纪 60 年代)。最早提出教学设计设想的是美国哲学家、教育家杜威(John Dewey),他提出应发展一门所谓的"桥梁科学(Linking Science)",目的是建立一套将学习理论与教学实践连接起来的理论体系,以便优化教学效果。但受限于当时的条件,教学设计仅仅处于萌芽状态,并未形成理论体系。

教学设计理论体系的建立和发展主要取决于学习心理学的发展和社会的需求。在心理学研究领域,斯金纳、加涅和奥苏伯尔等人发挥了重要的作用。行为主义学习理论代表人物斯金纳提出了刺激-反应理论,并将它应用于教学实践,出现了程序教学和教学机器,对教学设计理论体系的发展产生了重要的影响。在这一时期,奥苏伯尔的渐进分化的思想、布鲁纳依据学生成绩而逐渐提高学习复杂性的思想、马克勒(S. Markle)和墨里(J. W. Moore)等运用教学设计理论促进概念获得的思想都对教学设计理论体系的发展做出了较大的贡献。

(2) 认知主义学习理论对教学设计的影响(20 世纪 60 年代至 20 世纪 80 年代)。在 20 世纪60年代末，以及整个20世纪70年代，认知主义学习理论逐渐取代行为主义学习理论，成为教学设计的指导思想。教学设计研究者的研究方向开始从教学的行为模式转向以学习者心理过程为基础的教学理论。他们试图详尽阐述学习者学习的内部过程和内外条件，并据此进行教学分析。他们希望通过此类研究确定学习的规律和特点，并通过教学促进有效的学习。加涅等人也将自己的教学设计与认知理论相结合，将学习结果分为5类，即言语信息、智慧技能、认知策略、动作技能和态度。除了学习过程中的一般因素，如联系和强化等，该理论还强调依据不同的学习结果类型确定学习的内外条件，教学应与学习者先前的学习行为相联系，为教学设计理论体系的发展及应用奠定了理论基础。

（3）整合化的教学设计理论（20世纪80年代至今）。到了20世纪80年代，教学设计研究者开始倾向将不同的教学设计理论整合成一个有效的总体模式。

美国教育技术学家瑞格鲁斯（Charles M. Reigeluth）的精加工理论要求教学设计者通过分析，将概念按照其重要性、复杂性和特殊性进行排列。教学先从大的、一般的内容开始，逐步集中于任务成分的细节和难点，然后又整合成一个较大的观念。通过这样的反复过程，学习者可以获得对这一知识的细致化的理解。这一理论整合了多种不同的理论观点，包括加涅和奥苏伯尔等人的理论观点。

20世纪90年代，学习者与教学媒体、教学情境的结合是教学设计理论发展的一个重要特征。根据建构主义的观点，学习者具有积极的自我控制、目标导向和反思性特点，通过在学习中的发现过程和精加工行为，学习者能够建构自己的知识。因此，教学设计者可以利用灵活、智能化的处理来满足学习者变化着的学习需求。建构主义这种强调教学整体性、变化性的思想导致了教学设计理论中一个重要的思想变化：学习者学习的内容应该是知识与技能的整合体，而不是各种子能力或任务的分解；教学设计的内容应该是与特定教学情境相联系的学习者对整体知识的获得与运用。

4.1.2 教学设计过程的一般模式

模式是再现现实的一种理论性的、简化的形式。教学设计模式就是在实践当中形成的运用系统方法进行教学设计的理论指导模型。

教学设计过程有许多不同类型的理论模式。完整的教学设计过程由分析教学对象、制定教学目标、选择教学策略、开展教学评价4个基本要素构成，这4个基本要素相互联系、相互制约。教学设计过程的一般模式由学习需要分析、学习内容分析、学习者分析、教学目标的阐明、教学策略的制定、教学媒体的选择和运用及教学设计成果的评价7部分构成，如图4-1所示。

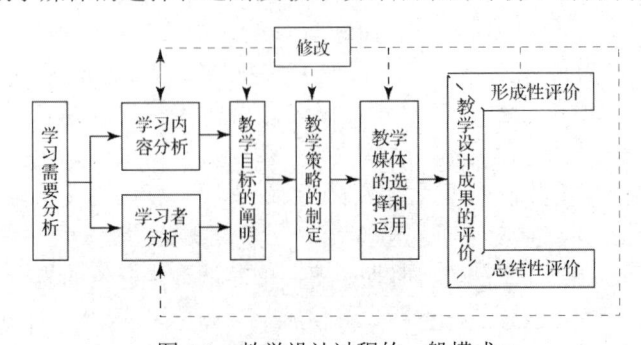

图4-1 教学设计过程的一般模式

教学设计过程的一般模式描述了教学设计的基本过程。这个过程可以分为4个阶段，即前端分析阶段、教学目标的阐明和评价试题的编写阶段、教学策略的制定阶段、教学设计成果的评价阶段。

1. 前端分析阶段

前端分析是美国学者哈利斯（Harless. J.）在1968年提出的一个概念，指的是在教学设计过程的前期，先分析若干直接影响教学设计的问题，主要包括学习需要分析、学习内容分析和学习者分析。

学习需要分析是指通过系统方法找出学习者的现状和期望达到的状态之间的差距。学习需要分析的核心就是确定需要解决的问题，以及解决问题的必要性和可行性，以此来确定教学设计解决问题的主要途径。

学习内容分析是对教学目标规定的期望水平及将学习者的实际水平转化为这一期望水平所需的各项知识内容的详细剖析过程。在确定教学目标的前提下，分析学习者实现教学目标需要掌握的知识、技能或态度。教学设计者通过对学习内容进行分析，确定教学内容的广度和深度，并确定教学内容间的内在联系，为教学顺序的安排奠定基础。

学习者分析主要包括起点能力、一般特征及认知风格分析。起点能力指在教学前原有的知识与技能、认识与态度。了解学习者的起点能力不仅可以方便地确定教学目标，还可以方便地确定教学内容的重点和难点。学习者的一般特征包括年龄、性别、知识背景、个人对学习的期望、学习兴趣与动机、工作与生活经历、文化背景等方面。了解学习者的一般特征有助于选择合适的教学媒体和教学方法。认知风格是人的心理特征，了解学习者的认知风格同样有助于选择教学媒体和教学方法。

2. 教学目标的阐明和评价试题的编写阶段

通过前端分析确定了总的教学目标、教学起点、教学内容的广度和深度及教学内容间的内在联系，在此基础上需要阐明具体的教学目标，并完成评价试题的编写。教学目标阐明的是学习者在教学活动结束后应获得怎样的能力，因而必须明确、具体、可观察、可操作和可测量。教学目标的编写必须以某种教育目标分类体系为基础，比较有代表性的是布鲁姆和加涅的分类法。

3. 教学策略的制定阶段

教学策略就是如何帮助学习者达到预定的教学目标。在教学策略的制定阶段主要完成教学过程的确定、教学方法的选择、教学组织形式的确定及教学媒体的选择4项任务。教学过程就是为了实现教学任务和达成教学目标，通过对话、沟通与合作，以动态生成的方式推进教学活动的进程。教学方法的选择就是要通过讲授法、演示法、讨论法、练习法、实验法、示范-模仿法等不同方法的选择，激发并保持学习者的注意力和兴趣，传递教学内容。教学组织形式主要有集体授课、小组讨论和个别化自学3种形式，这3种形式各有所长，需根据具体情况进行相应的选择。各种教学媒体都具有各自的特点，需根据教学目标、教学内容、教学对象、媒体特性、实际条件等因素，运用一定的媒体选择模型进行适当的选择。

4. 教学设计成果的评价阶段

经过前3个阶段的工作，形成了相应的教学方案和教学材料，然后实施教学，最后确定教学结果，即进行教学评价。在教学设计成果的评价阶段，要依据前面确定的教学目标，运用形成性评价和总结性评价等方法，分析学习者对预期教学目标的完成情况，对教学方案和教学材料的修改和完善提出建议，并以此为基础对教学设计各个环节的工作进行相应的修改。评价是教学设计的一个重要组成部分。

教学设计过程的 4 个阶段之间是相互联系、相互作用、密不可分的。在这里应强调说明的是，教学设计过程是由诸多要素构成的一个动态传播系统，在实际设计工作中，要从教学系统的整体功能出发，保证"学习者、目标、策略、评价" 4 个要素的一致性，使诸要素间相辅相成，产生整体效应。教学设计工作具有灵活性的特点。在学习、借鉴各类教学模式的同时，要充分掌握教学设计过程的诸要素，根据不同的情况来决定教学设计从何处着手、重点解决哪些环节的问题，创造性地开发适合自己的教学模式，因地制宜地开展教学设计工作。

4.1.3 信息化教学与信息化教学设计

1. 信息化教学的定义

信息化教学是信息化教育的主体和核心。相对于传统教学，信息化教学突出并强调现代信息技术的应用和先进教学理念的指导。专家、学者对信息化教学有不同的定义。

南国农认为，"信息化教学是指教育者和学习者借助现代教育媒体、教育信息资源和方法进行的双边活动，它既是师生运用现代教育媒体进行的教学活动，也是基于信息技术在师生间开展的教学活动"。

祝智庭认为，"信息化教学是与传统教学相对而言的现代教学的一种表现形态，它以信息技术的支持为显著特征，涉及现代教学理念的指导和现代教学方法的应用"。

鬲淑芳指出，"信息化教学是以现代教育技术为基础的新教育体系，包括教育观念、教育组织、教育内容、教育模式、教育技术、教育评价、教育环境等一系列的改革和变化"。

南国农对信息化教学的定义相对简明，重点强调了"技术"因素在教学中的突出作用和地位，明确指出了信息化教学的关键特征是技术的应用；祝智庭对信息化教学的定义不但强调了"技术"在教学中的介入，还强调了"现代教学理念和方法"的重要性，这个定义赋予了信息化教学技术与理念双重变革的内涵，使得信息化教学的意义变得更加深刻且丰富；鬲淑芳对信息化教学的定义从宏观的角度指出信息化教学是一个系统工程，是一种信息化环境下的新型教育体系。

从上述信息化教学的定义中可以看出，学者们对信息化教学内涵的理解经历了工具论、教学论、系统论的逐步深入和延展。有学者指出，从工具论到系统论的转变是信息化教学应用逐渐成熟的标志。

在这里我们认为，信息化教学是以现代教学理念为指导，以信息技术为支持，应用现代教学方法，师生恰当、有效地运用教育媒体和信息资源开展的教与学的双边活动。

与传统教学相比，信息化教学具有两大重要特征：其一，教学活动和过程强调先进教学理念的运用；其二，教学活动和过程基于信息技术的支持。技术可以强化传统教学，也可以变革传统教学。技术带来的不仅仅是教学工具、手段的改变，还有伴随技术而产生的思维模式、教学理念、教学模式、教学方法的改变。

2. 信息化教学设计的定义

祝智庭提出，"信息化教学设计是充分利用现代信息技术和信息资源，科学安排教学过程的各个环节和要素，为学生提供良好的信息化学习条件，实现教学过程全优化的系统方法。其目的在于培养学生的信息素养、创新精神和综合能力，从而增强学生的学习能力，提高他们的学业成就"。

黎加厚认为，"所谓信息化环境下的教学设计（信息化教学设计），是指运用系统方法，以学为中心，充分利用现代信息技术和信息资源，科学地安排教学过程的各个环节和要素，以实现教学过程的优化"。

钟志贤的观点是："所谓信息化教学设计，是在综合把握现代教育教学理念的基础上，充分利用现代信息技术和信息资源，科学安排教学过程的各个环节和要素，为学习者提供良好的信息化学习条件，实现教学过程最优化的系统方法。"

张筱兰的定义是："信息化教学设计以现代教育理论为指导，运用系统方法，在信息化教学环境的支持下充分利用信息技术和信息资源，科学地安排教与学过程的各个环节和要素，以实现教学过程的优化。"

总的来说，我们可以认为，信息化教学设计以现代教育教学理论为指导，以现代信息技术为支持，运用系统方法对教与学的各个环节和要素进行合理规划和安排，以达到提升教与学的效果、效率、效益的目的。

从上述定义中可以看出，信息化教学设计的基本特征包括：以现代教育教学理念和理论为指导；强调现代信息技术的应用；追求促进学习、优化教学；关注教与学过程的各个环节和要素；强调系统方法的运用。

3．信息化教学设计的原则

信息化教学设计是在现代教育教学理论的指导下，以多媒体和网络技术为基础，以设计教学情境和发展问题解决能力为核心的教学规划与组织过程。它强调学生是认知过程的主体，注重学生的主动探索和自主发现，目的是激励学习者在信息化环境下，通过协作、探究、实践、反思、综合、问题解决等高级思维活动，来培养探索精神、创新意识和实践能力。信息化教学设计应遵循以下原则。

（1）以学习者为中心，注重学习者学习能力的培养。如何体现以学习者为中心呢？一要在学习过程中充分发挥学习者的主动性，体现学习者的首创精神；二要让学习者有更多的机会在不同的情境中应用他们所学的知识；三要让学习者根据自身行动反馈的信息来形成对客观事物的认知和解决实际问题的方案。

（2）教育者作为学习指导者，要充分利用现代信息技术营造优化的学习环境。教育者要选择和组合各种信息技术，创设"学习者可以相互合作和支持的地方，在那里他们使用多种工具和信息资源参与问题解决的活动，实现学习目标"，而不是创设一个只能孤立地进行学习、不重视知识的实际应用的场所。

（3）注重利用"任务驱动"和"问题解决"开展学习探究活动。教育者要注重在有意义的相关情境中开展教学活动，并充分利用各种信息技术工具支持学习者的学习过程。

（4）强调学习过程中的协作学习与团队合作。这一原则要求学习者要与周围环境交互作用，这对于学习内容的理解（对知识的意义建构）起着关键性的作用。协作学习与团队合作不仅包括学习者之间、教育者与学习者之间的合作，还包括教育者之间的合作，要注重对各种学习结果的交流、讨论和共享。

（5）强调针对学习过程的评价。教学评价的目的一是检查教学活动的结果，二是具有激励的效能。以往的教学评价更偏重检测功能，而信息化教学环境下的教学评价应该两者兼顾，以评价来促进学习者的发展。

4．信息化教学设计的模式

信息化教学设计的模式是对信息化教学设计的要素及其结构关系的揭示和描述，是指导信息化教学设计实践的重要理论框架。信息化教学设计在传统教学设计的基础上突出并强调信息化教学资源、环境、手段对教学过程的支持,主要影响教学策略选择和教学评价设计两部分内容。

教学目标的编写要求定位准确、层次清楚、表述规范;重、难点内容是教学设计中需要使用信息化手段进行重点突破、有效解决的关键点。在信息化教学设计中必须解释、强调和说明信息化手段对解决教学重、难点的必要性。

信息化教学设计要以学生为中心,根据教学目标、教学内容、教学对象、学习环境等因素来灵活选择教学策略、设计教学活动。

信息化教学评价要注重诊断性评价、过程性评价和总结性评价的结合。在评价过程中,可以充分利用网络学习平台、试题库、评测系统、电子书包、教育 App 等技术工具和手段,实现准确、高效的数据统计和分析。

技术应用设计是信息化教学设计的一个关键环节。在教学实践中,技术应用主要用来解决三个问题:一是解决教学重、难点;二是优化教学过程;三是支持教学评价。其中重点关注解决教学重、难点,技术支持学习活动要充分、合理,切忌华而不实的应用方式。

以下简要介绍当前运用比较广泛的 ADDIE 模式和 ASSURE 模式。

(1) ADDIE 模式。ADDIE 模式是一种教学设计通用模式,包括分析(Analysis)、设计(Design)、开发(Develop)、实施(Implement)、评估(Evaluate)5 个阶段。在这 5 个阶段中,分析与设计是前提,开发与实施是核心,评估是保证,如图 4-2 所示。

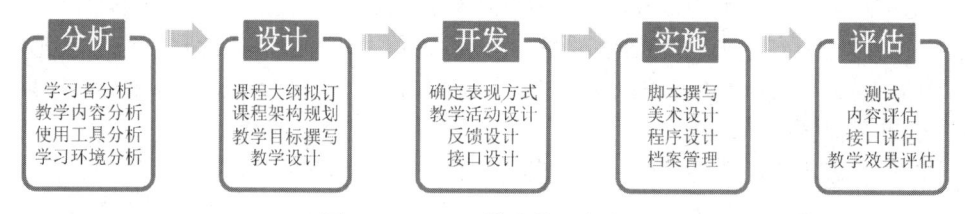

分析	设计	开发	实施	评估
学习者分析 教学内容分析 使用工具分析 学习环境分析	课程大纲拟订 课程架构规划 教学目标撰写 教学设计	确定表现方式 教学活动设计 反馈设计 接口设计	脚本撰写 美术设计 程序设计 档案管理	测试 内容评估 接口评估 教学效果评估

图 4-2 ADDIE 模式的 5 个阶段

A——分析阶段。分析是首要环节,是确定教学目标、制订教学计划的前提,也是决定教学活动是否开展的关键因素。在 ADDIE 模式的各个阶段都要有分析行为,目的是通过问卷、约谈、电话沟通等各种形式,了解对象、组织、课程的各方面需求。

D——设计阶段。设计阶段的主要任务是确定教学目标、教学形式等,要明确为什么学(Why)、何时学(When)、在哪学(Where)、教学目标(What For)、教学内容(What)、教学形式(How)、教学对象(Who),由此形成初步的教学设计。

D——开发阶段。开发阶段的主要任务是开发创建教学材料的方法和流程。在开发阶段,开发者创建并整合设计阶段构建的内容;程序员进行技术的开发及整合工作;测试者进行课程测试;项目组根据反馈进行教学设计的回顾和修订。

I——实施阶段。实施阶段的主要任务是采取不同的策略及方法,向教学对象传递信息。教学内容要符合各阶段分析出来的信息要求,对实际工作要有指导意义。

E——评估阶段。评估应该贯穿于整个教学过程中。在每个阶段的开始都应将上一阶段的评估报告作为分析的重点依据,并在后期不断改善和改进教学设计。

(2) ASSURE 模式。ASSURE 模式于 1989 年由美国印第安纳大学(Indiana University)的教育技术专家罗伯特·海涅克(Robert Heinich)、迈克尔·莫伦达(Michael Molenda)和普渡大学(Purdue University)的詹姆斯·罗素(James D. Russell)在他们的著作《教学媒体与技术》(Instructional Media and Technologies for Learning)一书中提出,在国外得到了广泛的应用,并

被推广到课堂教学、远程教育和企业培训等多个领域。

ASSURE 模式是以认知主义学习理论为基础，有机整合了加涅的九段教学法，以其可操作性、简洁性、逻辑性和以学习者为中心的思想而闻名的教学设计模式。ASSURE 模式是对整个课堂教学设计的计划过程和执行过程的系统化和步骤化，是一种在真实的教学环境中帮助教师设计媒体和技术的使用及整个教学过程的指南。

A——分析学习者（Analyze Learners）。学习者可能是在校生，也可能是培训者或社会成人学习者。对学习者的分析主要包括如下几个方面：一是学习者的一般特征，包括学习者的年龄、年级、工作类型、职务类别、宗教信仰、文化程度、社会经济背景等因素，通过查看学习者的学习成绩记录、直接向学习者提问、与学习者交谈等方式都可以帮助我们了解学习者的特征；二是入门能力，是指学习者在开始一定的学习任务之前已经具备或缺乏的知识、技能、情感态度等，教育者可以采用正式的方法（标准化测试）或非正式的方法（课堂提问、课下交谈）来了解学习者的入门能力；三是学习风格，是指影响学习者感知不同刺激的一组心理特质，如知觉的偏好和强度、信息的处理习惯、动机因素和生理因素等。

S——陈述教学目标（State Teaching Objectives）。教学目标是指经过学习，学习者能够做些什么。教学目标的确定有助于选择合适的教学方法、媒体和材料，确定合适的评估方案。但要注意教学目标是学习者应该达到的目标，而不是教育者在课堂教学中设计的目标；教学目标陈述的是获得什么，而不是如何获得。教学目标的描述应该是具体、可测量的。ASSURE 模式采用了由美国心理学家马杰提出的"ABCD"目标描述法，即行为主体（Audience）、行为（Behavior）、条件（Condition）和程度（Degree），并强调目标描述的精确程度和需要花费的时间也是值得考虑的因素。

S——选择教学方法、媒体和材料（Select Teaching Methods, Media and Materials）。通过对学习者进行分析，确定了学习者的一般特征和已经掌握的技能，找到了学习或教学的起点，并且教学目标的陈述指明了教学要达到的终点，接下来的工作是如何设计教学从起点到达终点。这一过程包括三个步骤：第一步，按照给定的学习任务确定适当的教学方法；第二步，选择与教学方法相适应的媒体格式；第三步，按照特定的媒体格式，选择、修改或设计教学材料。

U——运用媒体和材料（Utilize Media and Materials）。ASSURE 模式重视媒体和材料的运用。信息技术的发展使得越来越多的媒体可被运用于教学当中，教学材料的运用也从以"教"为中心逐渐向以"学"为中心转移。ASSURE 模式提出了"5P 法"，即预览材料（Preview the Materials）、准备材料（Prepare the Materials）、准备环境（Prepare the Environment）、让学习者做好准备（Prepare the Learners）及提供学习体验（Provide the Learning Experience）。

R——要求学习者参与（Require Learner Participation）。在课堂教学实施过程中，学习者的主动参与是不可或缺的。有效的学习应是教育者让学习者产生注意和反应并给予反馈。反馈可以来自学习者自身、印刷资料或者学习伙伴。小组讨论、随堂测验、形成性练习能够提供有效的反馈。ASSURE 模式认为最有效的反馈是人际反馈，即面对面的交流。

E——评估和修订（Evaluate and Revise）。ASSURE 模式的最后一步是评估和修订。评估的目的是检验教学目标是否达成，可以采用真实性评估和档案袋测试两种方式。此外，评估不仅仅针对学习者，还针对教学方法、媒体和教育者。修订的目的则是通过将各项评估结果与教学目标进行对比，得出教学内容和教学形式方面的优缺点，对整个教学环节进行反思，不断改进教学设计。

4.2 目标导向式教学设计

目标导向理论认为，人的行为既是人的有机体对于刺激的反应，又是通过一连串的动作实现预期目标的过程。任何行为都有其动机和目标。动机是指激发和维持个体进行活动，并导致该活动朝向某一目标的心理倾向或动力；目标是指人期望在行动中达到的结果和成绩，是动机性行动的诱因。人类的学习行为本身就具有一定的目标性和导向性。因此，当学习者已受到某个学习目标的牵引而产生学习行为时，这种学习方式便被赋予了一定的目标性和导向性。

4.2.1 概念及内涵

目标导向的信息化教学设计是指利用信息化的手段，以学习目标为导向，对教学过程进行总体和阶段性设计。学习目标是整个学习活动的决定性因素，它在每个教与学的阶段或环节中都起到了重要的导向作用。

学习目标是由课程目标转化而来的，学习目标是课程目标的具体化，是学习者经过某一阶段的学习后，在知识、技能、情感方面获得的预期收获。

美国课程论专家舒伯特（W. H. Schubert）认为课程目标的形式取向主要有 4 种类型。

（1）"普遍性目标"取向。"普遍性目标"取向是指有意识或无意识地依据一定的哲学或政治见解，推演出具有普遍或一般性质的教育宗旨或原则，再将这些宗旨或原则运用于课程领域，使之成为课程领域一般性、规范性的指导方针的课程目标选定方式。这一取向把一般教育宗旨或原则直接作为课程目标，使课程目标与教育的一般宗旨或原则混同起来，往往具有普遍性、模糊性、指令性的特点，可普遍运用于所有的教育实践中。

（2）"行为目标"取向。"行为目标"取向是指将具体的、可操作的行为作为课程所要达成的结果的目标陈述方式。它以课程与教学过程结束后学生所发生的行为变化为指向，具有目标精确、具体、可操作性强的特点。

（3）"生成性目标"取向。"生成性目标"取向是指对在一定的教育情境中随着教育过程的展开而自然生成的课程目标的描述。如果说"行为目标"是在教育过程之前或教育情境之外预先制定的作为课程指令、课程文件、课程指南而存在的，"生成性目标"则是教育情境的产物和问题解决的结果，它注重的是过程。

（4）"表现性目标"取向。"表现性目标"取向是指学生在从事某种活动后所得到的结果，它关注的是学生在活动中表现出来的某种程度上首创性的反应形式，而不是事先规定的结果，旨在培养学生的创造性，强调个性化。

基于舒伯特的课程目标的形式分类，学习目标大致可分为行为目标、生成性目标和表现性目标。

（1）行为目标。在本质上行为目标是受技术理性支配的，它体现了唯科学主义的教育价值观，指明了教学过程结束后学习者身上所发生的行为变化。其中以对行为的有效控制为核心。行为目标导向以具体的、可操作的形式陈述教学目标，是教育者和课程开发者预先强加给学习者的目标，对大部分学习者来说有着完全相同的要求，所以它具有精确性、具体性和可操作性的特点。

（2）生成性目标。在本质上生成性目标是对实践理性的追求，它强调学习者、教育者与教育情境的交互作用，因此，生成性目标是在教育情境中随着教育过程的展开而自然生成的教学目标。生成性目标导向不是教育者和课程开发者强加给学习者的目标,也不是一种指向未来的结果,而是教育情境的产物和阶段性问题解决的结果,是学习者和教育者关于经验和价值观生成的方向感,所以生成性目标导向的根本特点是过程性。

(3)表现性目标。在本质上表现性目标是对解放理性的追求,是指每一个学习者在具体的教育情境中所产生的个性化表现,它强调学习者的个性发展和创造性表现,强调他们的自主性和主体性,尊重他们的个体差异,指向人的自由与解放。当主体性得以充分发挥、个性得以充分发展时,学习者在具体教育情境中的具体行为表现及所学到的东西是不可预知的。因此,表现性目标导向所追求的不是学习者反应的同质性,而是反应的多元性,是一种个性化的评价模式。

4.2.2 教学设计的基本原则

1. 以学习者为中心原则

以学习者为中心原则强调学习者在意义建构中的中心地位,学习者的特征与需求具有动态性、差异性。动态性即学习者能充分发挥自主性,从认知、动机、情感、行为、环境等方面对学习过程和学习结果负责。差异性即不同学习者之间的水平是多层次的,不同的学习者有着不同的学习背景、心理特征和学习风格等。

基于学习者的差异化需求,在教学设计中,教育者必须考虑学习者的横向差异与纵向变化,要设计差异化的教学目标与学习活动,教学过程的各个环节都必须符合学习者的特征,有利于学习目标的达成。

2. 目标的可实现性原则

目标的设定要能够被学生所接受。设定的目标若不合理,则会让学习者产生一种抗拒心理,不利于教学活动的开展。在设定目标的过程中,教育者可以适当让学习者参与其中,与他们进行良好的沟通,使学习目标在传者和受者之间达成一致,这样能够激发学习者的内在学习动机,有效提高学习目标的实现概率。

3. 目标的可测量性原则

目标的设定应该有清晰的、可度量的标尺,而不能是模糊的。

4. 目标的时限性原则

目标的设定是有时间限制的。在教学设计过程中,教育者需要设定完成目标项目的时间要求,定期检查目标的完成进度,及时掌握项目的进展情况,以便根据突发情况及时、合理地调整教学过程。

5. 重视结果原则

以学习目标为起点,以学习目标完成情况的考核为终点。学习者的学习结果是评定学习目标完成程度的标准和依据。在完成学习目标的过程中,教育者只需给予适当的指导和帮助,不要过多地干预学习者的学习行为。教育者的参与程度要低,而对目标实现的控制要多。

6. 媒体最优化选择原则

合理利用教学媒体,充分发挥各种媒体各自的优势。选择教学媒体一定要满足教学目标、教学内容、教学对象、教学策略的要求,要充分考虑教学设计过程。媒体的选择受限于环境因素，只有在具体的教学环境中选用恰当的教学媒体，才能发挥出教学媒体的作用。这些环境因素包括教学双方对媒体的熟悉程度、教育经费、教学软件的质量及数量、对环境的特殊要求及管理水平等。

4.2.3 目标导向的信息化教学设计的一般流程

目标导向的教学有助于优化教学过程，达到有效教学的目的。教学目标在教学中主要有导学、导教、导测量的功能，即它能够指导教学方法的选择与运用，指导教学结果的测量与评价，指导学习者的有意义学习。在参考布鲁姆教学目标分类理论和加涅学习结果分类理论，结合皮连生教授的知识分类与目标导向教学理论的基础上，傅钢善教授结合教学实践形成了目标导向的信息化教学设计的一般流程，如图4-3所示。

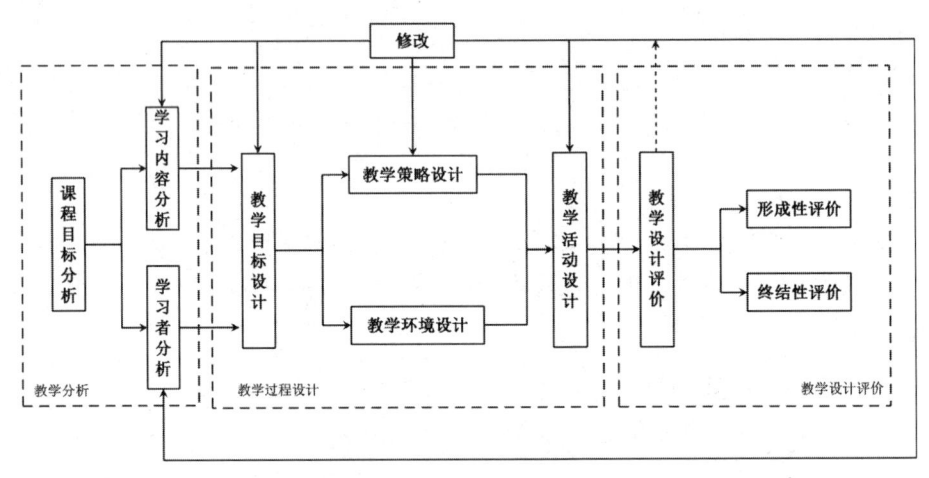

图4-3 目标导向的信息化教学设计的一般流程

目标导向的信息化教学设计由教学分析、教学过程设计和教学设计评价三部分内容构成。各部分内容不是独立存在的，而是相互联系的，形成了一个闭环系统。所以，在目标导向的信息化教学设计中，应该从系统的角度进行整体考虑，而不应该单一地追求某个具体的目标，目标不只是导向、牵引，还是教学追求的结果。

1. 教学分析

教学分析主要包括课程目标分析、学习者分析和学习内容分析三部分内容。在这个阶段中主要以各学科课程标准确定的教学目标和要求为依据，结合学习内容的范围和结构，根据学习者的学习特点、相关能力和认知水平，进行全面、综合的分析。此阶段是教育者确定教学目标、设计教学活动的基础环节。

2. 教学过程设计

教学过程设计主要包括教学目标设计、教学策略设计、教学环境设计和教学活动设计四部分内容。教学目标设计是教学过程设计的起点、主线和归宿，教学目标的编写必须体现"以学习者为主体"的教学理念；教学策略设计以有利于教学目标的达成为目的，采用适合学习者学习的最有效的教学方式和方法；教学环境设计包括媒体选择的设计、学习资源的设计、学习支持的设计等；教学活动是为了达到特定的教学目标而进行的师生行为的总和。教学过程设计应以教学目标为导向，不同的教学目标应该对应不同的教学活动设计模式。目标决定活动任务，依据任务的特点选择对应活动的组织策略，据此安排活动的次序，逐步细化每个学习环节。

3．教学设计评价

教学设计评价主要包括形成性评价和终结性评价两部分内容。在实际的教学中，应以目标的达成程度为衡量标准，进行教学设计的终结性评价。在教学过程中，教育者应根据学习者的反馈做出形成性评价。

在教学设计评价过程中，既要关注过程，又要关注结果。因此，教学目标由总目标和阶段性分目标构成，教育者应依据总目标来做出总结性评价，依据阶段性分目标来做出形成性评价。

总之，目标导向的信息化教学设计是指在进行教学分析的基础上，提出有针对性的、可操作的教学目标，然后围绕教学目标设计一系列教学活动，根据教学目标编制教学检测和教学设计评价，并以教学目标是否达成来评价教学效果、指导教学反馈，使教学目标在教学活动中实现其意义和导向功能。

4.3 任务驱动式教学设计

任务驱动式教学是一种建立在建构主义教学理论基础上的应用广泛的教学模式。教育者将教学内容隐含在一个或多个有代表性的任务中，以完成任务作为教学活动的中心，学习者通过对任务进行分析、讨论，在教育者的帮助、指导下，主动应用学习资源，在自主探索与协作学习的过程中找到完成任务的方法，最后通过完成任务来实现意义建构。

4.3.1 概念及特点

任务驱动式教学法是以建构主义教学理论为基础、以任务为载体，学习者通过完成某项任务来获取知识与技能的一种教学方法。

任务驱动式教学的本质是通过"任务"来激发学习者的学习兴趣和学习动机。在这个过程中，学习者拥有学习的主动权，教育者不断地挑战和激励学习者前进，从而使学习者真正掌握所学内容，并通过任务来举一反三，达到更好的学习效果。运用任务驱动教学法，学习者可以根据自己的爱好和兴趣进行自我设计、自我组织和自我评价，更能发挥学习者的主观能动性。

任务驱动式教学的基本特征是：以任务为明线，以培养学习者的知识与技能和情感、态度、价值观为暗线，以教育者为主导，以学习者为主体。

在任务驱动式教学中，任务确定是核心，如何驱动是关键，完成任务是终结，能力培养是目标。在整个教学活动实施的过程中都是围绕任务来进行的，并且任务多是可操作性强的技能性任务。任务驱动式教学中的任务具有以下5个特点。

（1）真实性。在教学活动中，任务应该具有实际意义，而不应是虚构的。只有符合实际、贴近学习者生活经验的任务才能有效地激发学习者的学习欲望。虚构的任务抽象、不易理解，容易让学习者产生抗拒心理，影响教学目标的达成。

（2）整体性。任务一般不应太小、太琐碎，而应是一个能够被分解成几个子任务的整体任务。

（3）开放性。开放性指多元化的学习环境、学习内容和学习方法。任务一般涵盖要学习的知识与技能，完成任务的方式可以多种多样，最后的成果也可以是丰富多彩的。学习者在完成任务的过程中以探究质疑的自主学习为主,不受时间和空间的限制,是一种师生互动的开放教学形式。任务的开放性不仅给学习者提供了一个创造的空间,还真正实现了学习资源的开放性。

(4)可操作性。学习者可以根据具体的任务要求采取行动。

(5)适当性。任务的难易程度要适当,太简单或太难都会影响学习者完成任务的积极性。

4.3.2 教学设计的基本原则

任务驱动式教学设计的基本原则如下。

(1)趣味性原则。教学要讲求寓教于乐,将枯燥的学习内容设计为有趣味的任务,只有学习者感兴趣,才能激发学习欲望,引起探究知识的好奇心。

(2)拓展性原则。教育者面对的是一个学习群体,由于受到自身素质、知识构成等因素的影响,学习群体中的学习者之间存在明显的差异,因而任务的设计必须以群体的共性为出发点,突出对群体的拓展思维和创新能力的培养。

(3)融合性原则。教学的最终目标是让学习者掌握所需的知识与技能,培养学习者的综合能力。因此,教育者应融合各方面的知识与技能,设计一项综合任务。学习者完成任务的过程就是学习教学内容的过程,也是综合运用教学内容的过程,这样不仅可以把知识的学习与运用有机地结合在一起,也可以使学习者协同合作,培养团队精神,增强学习者的成就感。

(4)以学习者为中心原则。任务驱动式教学与传统教学最大的区别就在于能够充分体现学习者的中心地位。在完成任务的过程中,学习者可以根据已有的认知结构,自己掌握学习进度和主攻方向,完成相关知识的意义建构,增强自主学习能力。同时,在此过程中,学习者不仅要与教育者进行交流,还要与其他学习者进行交流,在交流互动中,学习者更能审视自己,组织与改善自己的观点和结论。

4.3.3 任务驱动的信息化教学设计的一般流程

任务驱动的信息化教学设计以任务为核心,其一般流程包括前端分析、设计任务、分解任务、任务整合、评价与修订,如图4-4所示。

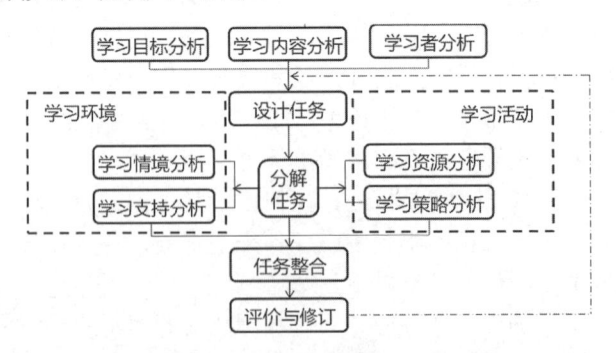

图4-4 任务驱动的信息化教学设计的一般流程

前端分析的主要任务是通过学习目标分析、学习内容分析和学习者分析,设计符合学习者知识水平的任务。

设计任务是教学设计的核心与重点。在设计任务时,教育者要注意多设计开放式、多元化解决问题的任务。设计任务的目标不是期望学习者给出完美的答案,而是鼓励学习者参与和探究。

任务往往是包含一系列相关联的子问题的复杂问题。教育者在教学过程中要帮助学习者从整体到局部对所学知识进行全方位的解读,指导学习者确定子任务,这通常有助于任务的简化和可行性方案的提出。在这个环节中,教育者要充分发挥主导作用,注意了解学习者的学习能力,提供解决问题的思路。

学习环境包括学习情境和学习支持。一方面,教育者应创设真实、完整的学习情境,缩小知识与实际问题之间的差距,注重学习者知识迁移能力的培养;另一方面,教育者应提供生动、丰富的学习支持,调动学习者学习的动机和兴趣,以达到学习者主动建构知识的目的。

学习活动包括学习资源和学习策略。在进行教学设计时,教育者要基于前端分析的结果给学习者提供解决任务的相关信息,如需要收集哪类资料、从何处获取有关的信息资料等,为学习者的自主学习提供有效的支撑。学习策略是指为了支持和促进学习者有效学习而合理安排学习环境中各个元素的模式和方法。在这个环节中,教育者要充分发挥主导作用,建立有效的信息资源系统,发挥学习者学习的主动性、积极性。

评价就是根据某些标准对学习者进行鉴定或价值判断,这有助于教育者和学习者进行反思和做出改进。这个环节是对任务驱动过程的归纳和升华,让学习者在明白自己"成就"的同时了解伙伴的"成就",同时对学习者的自主学习及合作学习能力进行评价。在这个环节中可以实现思维共享和多维评价。

任务驱动式教学法的实施过程一般为呈现任务、分析任务、完成任务、总结评价。整体教学围绕任务展开。在进行任务设计时,根据学习者的个体差异性,以及知识点的特点和难易程度,任务大致可分为封闭型和开放型两大类型。

封闭型任务是每个学习者都应自主完成的任务,主要包含一些学习者没有学过的新知识,新、旧知识间有一定的联系,要求每个学习者都必须掌握。这类任务规定了比较明确的学习目标、任务主题、任务要求和相关资源,教育者给出具体样例,每个学习者按照样例自主完成任务。由于新、旧知识间有一定的联系,所以教育者应针对任务主题所包含的重点问题引导学习者做出比较充分的分析,明确教学重、难点,使学习者少走弯路,同时也需要学习者在确定的任务主题内做出自己的特色发挥。完成这类任务多采用个体学习的组织形式,有时也采用松散的任务分组。学习者在完成封闭型任务后,获得了解决其他任务的基本或关键性的知识和技能。设置封闭型任务通常有三种情况:一是这些知识和技能非常重要,需要熟练和准确掌握,是学习后续知识和技能的关键与前提;二是根据学习者的学习水平和状况,将某些容易产生较多问题的基本知识和技能设计成任务;三是作为开放型任务的前导性任务。

开放型任务是指教育者只给出一些原则性要求,内容和形式由学习者自己组织和安排,一般需要由小组学习者共同探讨完成,任务结果通常采用作品形式呈现。这类任务主要涉及的是已经学过的知识,允许学习者在一个较大的框架范围内自主选择、设计任务类型和任务主题。大部分教育者倾向于先确定任务类型,允许学习者在此框架内自由设计任务主题,可以进一步整合学习者已经学过的知识和技能,较好地适应学习者的个性特点和能力差异,也是培养学习者创新精神和创新思维的催化剂,有利于提升学习者的综合能力。基于此类任务的教学,教育者扮演的角色相当于导演+顾问,而学习者扮演的角色则相当于演员+导演。教育者的作用主要在于提出任务框架,提供任务设计和实施的建议,以及完成任务过程中的有关思路点拨,并提供有关信息的咨询、对学习者的鼓励和表扬等,但不宜给予学习者直接的示范和方法指导。

封闭型任务适合基于任务的自主学习,即学习者自主学习的任务驱动,是指在同一时间、同一地点针对不同的个体提供多种任务选择。基于任务的自主学习是指在教学过程中,根据学习者的实际情况设置内容或安排不同的任务,供不同层次的学习者选择,这样每个学习者都能找到适合自己的任务,并且在完成任务的过程中可以确保绝大多数学习者学有所得。结合封闭型任务的特点和任务驱动式教学法的实施过程，基于任务的自主学习教学步骤如图 4-5 所示。

在基于任务的自主学习教学中，在进行任务设计时应尽量保证学习者能独立完成，教育者适时指导，也可以交互协作完成。首先从总体上设计任务，即针对一个模块甚至整个教材统筹考虑后提出总的任务目标，这样可以保证教材的系统性和完整性。然后根据每章、每节分解出子任务，以教材知识点为任务主线，根据调查情况，提出不同的任务，让学习者有选择地学习。在总任务的驱动下，学习者既可各取所需，也可根据自身特点分解子任务。教育者可以在课前构建综合辅导网站，提供各项任务及完成各项任务的重、难点辅导，提出各项任务的评价目标，同时在网络大环境中为学习者探索设计一些可行的练习任务等。

开放型任务适合基于任务的协作学习。这种方法将重点放在学习者解决问题和完成项目任务的概念和原则上，同时允许学习者构建自己的知识库，并与其他学习者进行交流，培养学习者的合作精神。教育者根据教学及学习者个体发展的需要，确定协作学习的目标。一般将协作学习的总体目标分解为许多子目标，子目标与具体的学习内容密切相关，子目标的确定及实现对总体目标的实现来说至关重要。结合开放型任务和协作学习的特点，基于任务的协作学习教学步骤如图 4-6 所示。

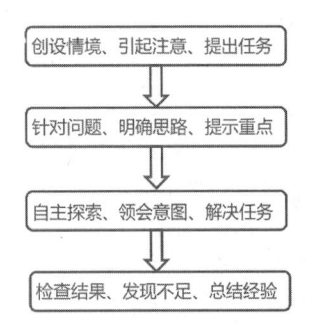

图 4-5　基于任务的自主学习教学步骤

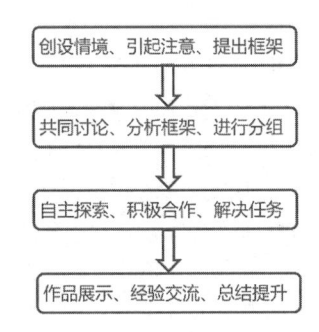

图 4-6　基于任务的协作学习教学步骤

4.4　问题导向式教学设计

问题导向式教学（Problem-Based Learning，PBL）是一种以问题为基础的重要的教与学的方式，也常被称为问题式教学、问题解决教学、基于问题的学习等。20 世纪 60 年代末，加拿大 McMaster University 医学院教授 Howard Barrows 创立了 PBL。这种教学是利用"问题解决"的方式进行教与学的，实现了由教与学"问题解决"向将"问题解决"作为一种教学方式的转变。问题导向式教学最初被应用于医学教育领域，随后逐渐被其他领域所采纳，包括文学、工程、化学、生物等领域，目前已成为国际上较流行的一种教学方法。

4.4.1　概念及内涵

1. 问题与问题导向

"问题"在《现代汉语词典》中的解释是："要求回答或解释的题目；需要研究讨论并加以解决的矛盾、疑难；关键、重要之点；事故或意外。"心理学领域对"问题"的定义是：当你想做一件事情，却又不知道怎样去做时，便产生了问题。国内学者林定夷对"问题"的定义是："问题"即某个给定的智能活动过程的当前状态与智能主体所要求的目标状态之间的差距。他认为，问题的本质是已知和未知的统一体。其结构要素主要有三部分：一是问题的指向，它表示问题所指向的研究对象；二是问题的疑项，它是问句中的疑问词；三是问题的应答域，它指的是问题中给问题解答规定的域限。

根据不同的标准，对问题有不同的分类。林定夷认为"疑难"也可看成问题，对科学背景知识的无知称为知识性疑难，对科学背景知识的分析称为科学探索性疑难。戴维·乔纳森（David H. Jonassen）根据问题特性的不同，将问题分为良构问题（Well-Structured Problem），即解决问题的方案是确定的；劣构问题（Ill-Structured Problem），即存在多种解决方案，有时没有确定的答案。而在从良构问题到劣构问题的连续统一区间内，他根据问题的结构性维度，区分了11种问题类型，分别为逻辑问题、算法问题、故事问题、规则应用问题、决策问题、故障排除问题、诊断解决问题、技巧/策略问题、案例/系统分析问题、设计问题、两难问题。

总之，问题是指在一定情境中人们为了满足某种需求或完成某一目标而可能面临的未知状态。问题导向是指人们为了处理问题而在一定情境中产生的一系列认知加工活动，泛指有机体对问题情境的适当的反应过程。这里的问题可以分为良构问题和劣构问题两大类。

问题导向学习是指把学习置于复杂且有意义的问题情境中，通过学习者彼此协作式解决问题的过程，学习隐含于问题背后的知识，发展学习者的思维能力、解决实际问题的能力及自主学习的能力，同时培养学习者的创新意识和合作精神。

2. 问题导向学习的基本要素

问题导向学习包含问题的选取和设计、小组合作学习、学习者的反思三个基本要素。

问题的选取和设计是问题导向学习的基础要素，是指教育者作为学习活动的指导者或学习者的榜样，鼓励学习者积极思考，促使学习者持续参与，监控和调整任务的难易程度，调控小组的驱动力，基于学习者熟悉的实际生活及社会环境选取和设计问题，使学习活动顺利进行。问题的选取和设计可以从三个方面入手：首先，"问题"设计要有明确的目标要求，将大的教学目标细化成具体的子目标，引导学习者从不同角度分析和解决问题，防止思维的绝对化和僵硬化；其次，"问题"设计并不要求有确定的答案或解决方法，大部分教育者在找到解决方法前往往觉得不安，事实上教育者和学习者同样需要体验"问题"所带来的不确定性和焦虑，因为教育者的使命之一就是让学习者明白在问题的解决过程中会不可避免地出现"死胡同"，但这绝不是失败；最后，"问题"设计要符合学习者的特点，充分考虑学习者的年龄、兴趣、知识结构和生活环境，循序渐进地展开教学内容，尽量体现"以学习者为中心、以教育者为主导"的教学策略。

小组合作学习是问题导向学习的核心要素，是学习者作为主动解决问题的行动者，主动参与学习，积极进行意义建构，分小组讨论和交流的学习形式。在学习过程中，学习者之间通过不断地补充、修订意见，加深对当前问题的理解。通常一个小组由5~8名学习者组成，可以为每个小组配备一位指导老师，或一位指导老师在各个小组中循环指导。指导老师的任务不是针对问题提供具体信息或举办小讲座，而是监督整个PBL过程中学习者分析问题和解决问题的顺利进行；学习者在小组中充当不同的角色，如组长、抄写员、计时员、问题阅读者、分析者等。

学习者的反思是问题导向学习的关键要素。学习者的反思从心理学角度来看是一种元认知，是发展学习者的思维能力、帮助学习者学会学习、培养学习者终身学习能力的重要策略。

"问题导向"旨在调动起学习者的大脑，把课堂变成思索的课堂；引导学习者横向拓宽、纵向深入地思索，把课堂变成思考的课堂；教会学习者多方面思考，把课堂变成思维的课堂；引领学习者学会运用多种思维方式进行逻辑推理，把课堂变成思辨的课堂。

3. 问题导向学习的优势

在问题导向学习中，不直接向学习者传递观点或提供与问题相关的信息，把学习置于复杂的、实际的问题情境中，或与应用知识的情境要具有相似性，只有这样才能更好地促进知识的获取，便于学习者在解决问题的过程中通过对概念、原理等的把握来完成对新知识的理解迁移。学习者只有独立探索，才能获得更多独立解决问题的方法与经验。

信息化环境能为学习者提供丰富的资源和支持，为学习者实现探索式、发现式学习创造有利条件。在信息化环境下，可以通过各种技术逼真地呈现问题情境，真实情境有助于学习者对问题的理解和融入问题情境，学习者的学习积极性与主动性会因此获得极大的提高。学习资源丰富源于渠道广泛，既可以提供多媒体教学资源，如文本、图像、声音、视频、动画等，也可以提供网络信息资源，如网络课程或网络课件、电子书刊、百科知识教育网站、网络数据库、虚拟资源库等；学习群体来源不受地域限制，不同地区、不同种族的学习者都可以组成学习群体，共同探讨关注的问题；在学习评价方面，学习者可以实时与多名教育者甚至相关专家联系，直接在线上交流，从而使得评价更专业、效果更佳。

4.4.2 教学设计的基本原则

1. 以学习者为中心、以问题为导向原则

问题导向学习是为了提升学习者自身的认知与元认知能力、批判思维能力、问题解决能力而发生的。问题导向学习的终极目标是解决问题；强调学习者在分析、解决问题的过程中自我导向学习，成为一个会学习的人。

一方面，学习者要置身于一定的问题情境中。问题导向学习从真实情境出发，弱化传统教学的直接性，强调将实际问题抽象成概念、模型的过程，有助于学习者在以后解决问题时知识、能力的迁移运用。另一方面，学习者要置身于结构不良的问题情境中。教育者要精心设计问题，问题的难度要适中，问题不能虚构，要来源于生活，问题应该以现实生活中遇到的一些错综复杂的问题为核心，要能够体现生活的价值。

2. 以学习者为主体、以教育者为主导原则

问题导向学习着眼于塑造学习者的独立自主性，以使他们具备在以后的生活和职业生涯中继续学习的能力。在问题导向学习中，教育者扮演的角色是资源提供者和学习者发展的促进者、指导者和帮助者。教育者的基本任务是在学习者解决问题的过程中引导学习者进步。教育者作为服务者，要保证学习情境适合问题域；问题情境既与学习目标密切相关，又是复杂的真实情境，教师应避免因问题域不适导致学生迷失学习航线。教育者作为元认知督察，要督促学习者自我导航、监控、质疑、诊断学习；教育者作为认知教练，要指导学习者的认知过程；在掌握学习者认知和元认知动态的基础上，教育者要提供阶段性学习的有效反馈，给予学习者适时的示范性指导和必要提示。

3. 学习者共同建构知识、协商合作学习原则

基于问题情境的复杂性，小组合作学习成为问题导向学习的主要学习形式。学习者作为学习小组成员，在组内合作学习中承担任务；学习小组与教育者形成学习共同体，协商合作解决问题。在小组合作学习中，成员间要做到各司其职，给组员提供力所能及的帮助，最终形成互帮互助的合作氛围。学习者通过小组分工合作解决教育者提出的问题，既能够增强学习者的合

作意识、协作精神，自由地共享知识和资源，又能够带动学习能力较差的学习者融入问题的探究中来。学习者是能力获得者，在问题的解决过程中边学边做、边做边学，获得合作、问题解决、批判思维、实践等多种能力。在小组合作学习中，不仅要充分发挥核心成员的作用，还要关注非核心成员的贡献，让每一位成员都能够实现自我价值。

4.4.3　问题导向的信息化教学设计的一般流程

为了发挥信息化环境中学习资源的优势，提高学习效率，培养学习者的自主探究能力和自主创新能力，在这里介绍陕西师范大学傅钢善教授在建构主义理论、人本主义理论和主导性教育思想的指导下构建的问题导向的信息化教学设计，其一般流程如图 4-7 所示。

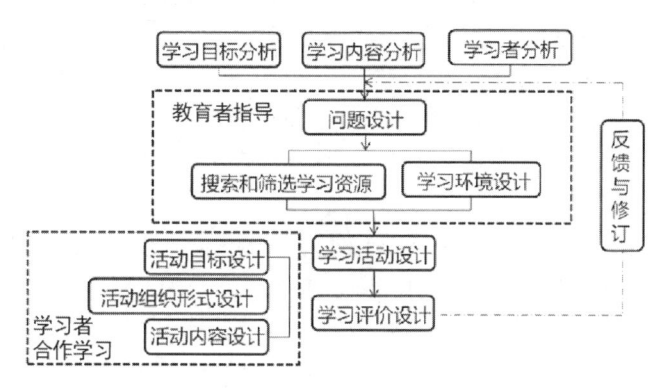

图 4-7　问题导向的信息化教学设计的一般流程

1．问题设计

问题设计是基于对学习目标、学习内容和学习者进行综合分析后得出结果的。明确问题是问题导向学习的首要步骤。问题导向的信息化教学设计是以解决现实生活中的实际问题为主线的，而不是以学科知识的逻辑结构为主线的，所以问题设计自然成为课程内容设计的核心，是凝聚、汇集、激活学习者知识与技能的"触发点"。

2．学习环境设计

在明确问题后，在一定的情境中发现问题、解决问题至关重要。教育者要先通过各种渠道搜索相关学习资源并进行合理筛选，再通过已有的信息化资源为学习者创建一个良好的学习环境。这个环境应该是一个可以反映真实世界问题的环境。

3．学习活动设计

问题导向学习以学习者的学习活动为主线。学习活动设计一般包括活动目标设计、活动组织形式设计和活动内容设计三部分内容。

4．学习评价设计

首先，教育者要引导学习者总结整个解决问题过程中的体会或者收获，反思存在的不足，评价的主要内容包含学习者对自己的评价、对小组成员在解决问题过程中的表现性评价。其次，教育者要对小组合作学习和学习者的独立作业做出总结与评价。最后，教育者与学习者要共同进行终结性评价，以便为下一次教学提出改进建议。

问题导向学习是一种新型的学习模式，具有较强的操作性，符合开放教育和终身学习的理念，突出了学习者个性化学习的特点。问题导向学习转变了学习者的学习观念，提升了学习者发现问题和解决问题的能力，培养了学习者的创新意识和创新能力，为其终身学习打下了坚实的基础，具有较强的实践价值，在教学中要合理运用。

4.5 翻转课堂式教学设计

翻转课堂也称颠倒课堂，是一种基于传统教学模式的革新。翻转课堂教学模式起源于美国科罗拉多州落基山的"林地公园"高中。2007 年，该校的化学教师乔纳森·伯格曼（Jonathan Bergmann）和亚伦·萨姆斯（Aaron Sams）对 PowerPoint 演示文稿进行讲课录制，上传到网络供学生观看和学习。学生在家观看教学视频，教师在课堂上对学生在学习中遇到的问题进行讲解，这便是翻转课堂的雏形。翻转课堂教学模式真正流行起来是在 2011 年，萨尔曼·可汗（Salman Khan）在 TED 大会上介绍了这种教学模式。2006 年，萨尔曼·可汗将他为表妹纳迪辅导功课时的教学视频上传到 YouTube，收获了一致好评，这为后来可汗学院（Khan Academy）的创立奠定了基础。

翻转课堂译自 Flipped Classroom 或 Inverted Classroom，是指重新调整课堂内外的时间，将学习的决定权从教育者转移给学习者。在这种教学模式下，利用课堂内的宝贵时间，学习者能够更专注于主动的基于项目的学习，共同研究解决本地化或全球化的挑战及其他现实世界面临的问题，从而获得更深层次的理解。教育者不再占用课堂时间来讲授信息，这些信息需要学习者在课前通过自主学习获得，他们可以在网络上观看视频讲座、听播客、阅读功能增强的电子书，也可以与其他学习者进行讨论，还可以在任何时间查阅需要的资料。教育者也能有更多的时间与每个学习者进行交流。在课后，学习者自主规划学习内容、学习节奏、学习风格和呈现知识的方式；教育者则采用讲授法和协作法来满足学习者的需要和促进学习者的个性化学习，其目标是让学习者通过实践获得更真实的知识。

4.5.1 概念及特点

1. 翻转课堂的概念

翻转课堂是指将传统的课堂教学与课外学习的活动顺序进行倒置，即由先教后学转变为先学后教。也就是学生先在自习课上或课外利用计算机从服务器上下载并学习教师预先录制的教学视频，再回到课堂上进行师生之间、生生之间的面对面交流、讨论，并完成练习。

在翻转课堂中，教师提供以教学视频为主要形式的学习资源，学生在课前完成对教学视频等学习资源的观看和学习，师生在课堂上一起完成作业答疑、协作探究和互动交流等活动。可以看出，翻转课堂教学模式和传统教学模式有很大的差异。正是因为翻转课堂的新颖性，以及它在实践过程中取得的良好教学效果，这一教学模式受到国内外广大中小学教师的欢迎，各大高校、职业技术院校也都在积极实践。翻转课堂不仅是教师积极探索实践的一种教学模式，而且还是学生给予高度评价的一种教学模式。翻转课堂将教学形式由先教后学转变为先学后教，由原来的课前阅读教材进行预习转变为在教师的讲解中学习，由先学习再独立思考、单独练习转变为先理解再交流、分享和应用，学生的认知过程得到优化，能够有效地促进后进学生的进步。翻转课堂可以有效地实现我们平常所说的差异化教学。

2. 翻转课堂的特点

翻转课堂教学模式与传统教学模式最大的不同之处在于它将知识的传授与内化进行了颠倒安排，改变了传统教学模式中的师生角色，并对课堂时间进行了重新规划。2012年，翻转课堂教学模式的"先驱"——乔纳森·伯格曼和亚伦·萨姆斯创设了翻转学习网络（Flipped Learning Network，FLN），他们认为，翻转课堂必须具备4个特征元素，即F、L、I、P。

（1）灵活的学习环境（F——Flexible Environment）。在翻转课堂中，教师可以灵活安排适合教学内容的学习模式，设计更多课堂活动，如调研、小组讨论等。在灵活的学习模式下，学生拥有更加舒适自在的学习环境，可以自由选择在何时何地完成教师布置的学习任务，还可以根据个人需要多次学习和自主收集资料。此外，翻转课堂允许教师灵活安排课程内容，教师可以根据学生的学习情况调整教学进度，并选择恰当的方式进行教学效果测评。

（2）新型的学习文化（L——Learning Culture）。翻转课堂改变了以往固有的师生角色，构建了新型的学习文化。在传统的以教师为中心的教学模式中，教师是知识传授的权威人士；而在翻转课堂中，教师鼓励学生思考、质疑、探究、提出不同想法，启发学生自己发现问题并解决问题。新型的学习文化能够促使学生自主学习，帮助学生积极求知并及时内化知识。

（3）定制的教学内容（I——Intentional Content）。虽说翻转课堂是灵活的，但并不意味着翻转课堂是一个无序的自由课堂。相反，在实施翻转课堂教学模式后，教师需要明确什么样的内容适合在课堂上讲授，而什么样的内容适合学生在课前自主学习。教师要时刻掌握学生的学习进度，运用精心设计的教学内容，采取多种教学方法，使得课堂上的教学时间可以最大限度地被有效利用。

（4）专业的教育者（P——Professional Educator）。翻转课堂的出现和推广非但不会取代传统教师的地位，反而急需一批具有现代化思维和技能的专业教师，这比传统意义上的教师更为重要，甚至要求更为严格。在翻转课堂的应用中，教师并不是仅仅把课堂中的内容照搬到教学视频中，而是有选择地让学生循序渐进地获取知识。教师将决策何时及如何开启学生的个性化学习时间，如何高效地利用课堂中的师生面对面互动时间。

翻转课堂实现了4个转变：一是教学结构的转变，从传统的由教到学转变为现在的由学到教；二是教学任务的转变，从如何"教教材"转变为如何"使用教材"；三是教学观念的转变，从以教育者为中心转变为以学习者为中心；四是教育者能力的转变，在翻转课堂中，教育者的信息化教学能力需要进一步提升。

4.5.2 教学设计的基本原则

1. 以学习者为中心原则

翻转课堂改变了传统的师生角色，教育者从知识的传授者转变为学习者学习的引导者和促进者，学习者从被动的知识接受者转变为主动的问题解决者。学习者可以根据自身的学习情况安排学习，控制学习进度。通过课前视频学习，学习者可以自由调整学习状态，有利于激发学习者的学习热情。因此，翻转课堂更加关注学习者的个性发展，以学习者为中心，从学习者的需要出发，充分发挥学习者的主观能动性。

2. 教学互动有效性原则

翻转课堂使课堂师生互动增加，课堂时间增多。教育者需要对课堂互动内容有准确的定位和深入的理解，重新分配课堂时间，通过将预习时间最大化来完成对教与学时间的延长。学习者拥有更多的课堂时间与教育者及学习伙伴进行互动。教育者需要根据学习者的课前学习效果，提出有针对性的互动问题，在教学过程中正确引导学习者展开讨论，使学习者能够积极参与到学习活动中，确保课堂互动的有效性。

3．教学注重探究性原则

在翻转课堂中，教育者利用信息技术把知识传授环节转变为学习者通过数字化资源进行课前自主学习环节。在翻转课堂的教学设计中应强调"授人以渔"而不是"授人以鱼"，尽可能为学习者提供自主学习和探究的情境，培养他们探究思考的意识和能力。

4.5.3 翻转课堂的信息化教学设计的一般流程

翻转课堂的信息化教学设计的一般流程包括前端分析、课前知识获取、课堂知识内化、评价与修订，如图4-8所示。

1．前端分析

前期分析包括学习目标分析、学习者分析和学习内容分析三部分内容。首先，教育者根据国家或地方课程标准，明确具体、规范的学习目标，保证教学有的放矢地按照预定的正确方向进行；其次，教育者分析学习者的特征，包括学习者已有的知识水平、心理发展水平和学习风格等；最后，教育者在上述分析的基础上确定学习内容。这是翻转课堂的信息化教学设计的起点。

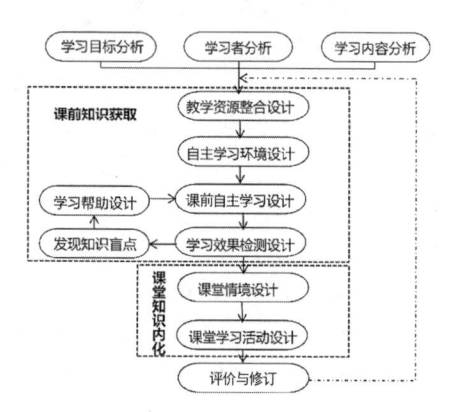

图4-8 翻转课堂的信息化教学设计的一般流程

2．课前知识获取

课前知识获取主要包括教学资源整合设计、自主学习环境设计、课前自主学习设计、学习效果检测设计、发现知识盲点和学习帮助设计等内容。

教学资源整合设计是指课前学习资源的设计。课前学习资源以教学视频为主，以其他资源为辅，设计符合不同学习者特征的个性化学习资源。学习者通过自主学习环境获取新知识。在设计自主学习环境时要注意，要为学习者提供在任何时间、任何地点通过移动学习终端开始无缝学习的机会，支持学习者与学习共同体随时利用网络交流平台与教育者、同伴展开讨论、分析疑惑，满足个性化学习的需要。教育者应对学习者的课前学习效果设计合理、有效的评价标准。教学评价是指以教学目标为依据，制定科学的标准，运用一切有效的技术手段，对教学活动的过程及其结果进行测定、衡量，并给予价值判断。有效的教学评价一方面能使教育者了解学习者的知识掌握程度，另一方面有助于发现知识盲点，使教育者有针对性地设计学习支持资源，达到帮助学习者解决问题的目的，同时也为课堂组织教学提供依据，确保课堂教学的针对性和有效性。

3．课堂知识内化

课堂知识内化主要包括课堂情境设计和课堂学习活动设计两部分内容。

教育者要根据学习者课前知识的获取结果，设计有探究意义的问题情境和相应的课堂学习活动，供学习者在课堂上探究学习，促进其知识的内化。在学习过程中，学习共同体之间基于学习中遇到的问题进行交流和探讨，从而促进学习者协作学习能力的提高。对于实践性较强的学习内容，教育者要创设真实的问题情境，让学习者运用所学的知识解决问题，从而提高学习者分析问题和解决问题的能力。

在课堂学习活动设计中，教育者应该注重培养学习者的独立学习能力。教育者要从开始时的选择性指导逐渐转变为学习者的独立探究学习，把尊重学习者的独立性贯穿于整个课堂学习活动设计中，让学习者在独立探究学习中建构自己的知识体系。

4．评价与修订

评价的目的在于了解学习者是否达到教学目标，同时分析学习中存在的问题，为后期学习提供指导。评价意味着教育者要根据某些标准对学习者进行价值判断，有助于教育者和学习者反思与改进教学设计。翻转课堂的信息化教学设计重视形成性评价。

在翻转课堂教学过程中，学习者参与了课前自主学习、小组合作学习、师生交流互动等环节，其中，课前自主学习能够提高学习者的自我管理能力，小组合作学习能增强学习者的团体意识和团队协作能力，师生交流互动能有效地提高学习者的自我表达能力和沟通能力。同时，在课堂学习活动中，解决问题的过程不仅增强了学习者对课堂所学知识的灵活运用能力，还提高了学习者解决实际问题的能力。因此，我们应结合多种评价方式，力求全方位、动态地评价翻转课堂的教学效果。

拓展学习资源

1．皮连生. 教学设计——心理学的理论与技术[M]. 北京：高等教育出版社，2000.
2．R.M.加涅，W.W.韦杰，K.C.戈勒斯，等. 教学设计原理[M]. 5版. 王小明，庞维国，陈保华，等，译. 上海：华东师范大学出版社，2012.
3．胡晓玲. 信息化教学有效性解读[J]. 电化教育研究，2012（05）：33-37.
4．尹俊华. 教育技术学导论[M]. 北京：北京师范大学出版社，1992.
5．何亚莉，杨成. 网络环境下基于问题解决的学习模式研究[J]. 中小学电教，2012（Z1）：68-70.

课后思考题

根据本章学习的内容，结合自己的专业知识，自选主题，尝试编制一种信息化教学设计方案。

技能篇

教育信息化是促进教育公平、深化教育改革、提高教育质量的重要手段。信息化教学资源的获取和处理是信息化学习环境下教育工作者开展教学实践的基本能力。本篇将助力教育工作者在面对海量的信息时，能够进行快速搜索、收集、关联、加工、集成，提升在教学中应用数字化教学资源的能力。

学习目标

1. 理解信息化教学资源的基本概念，熟悉信息化教学资源的特点和类型。
2. 熟悉网络信息资源检索工具，熟练掌握网络信息资源的检索策略与技巧。
3. 熟练掌握文本素材的获取与编辑技能。
4. 熟悉图形图像的定义、类型及文件格式，掌握图形图像素材的获取与编辑技能。
5. 熟悉声音的特性、类型、数字化及常用的音频格式，掌握音频素材的获取与编辑技能。
6. 了解动画的特性、类型和格式，初步了解 GIF 动画制作软件和 Animate 动画制作软件的应用。
7. 熟悉视频的基本参数和视频格式，掌握视频素材的获取与编辑技能。
8. 了解摄影摄像的基本概念，掌握数码相机的静态画面和动态视频拍摄技术，了解视觉语言的基本要素。
9. 了解多媒体教学环境的类型和特点，掌握电子白板的功能和应用。

学习脉络

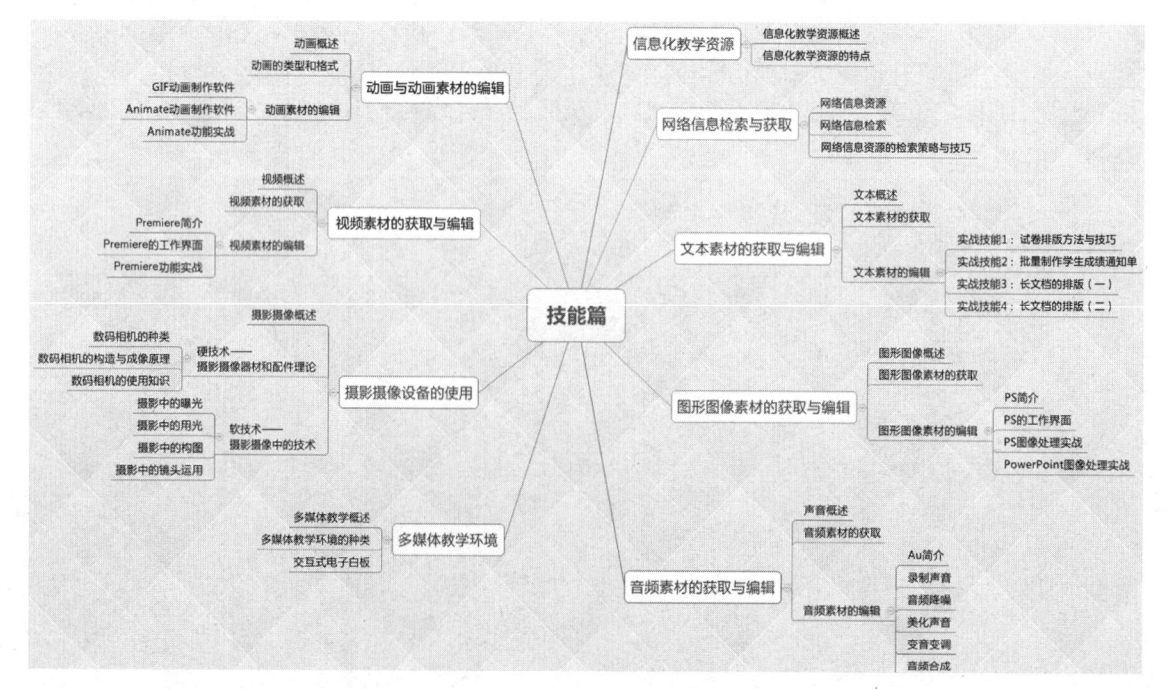

技能篇
- 信息化教学资源
  - 信息化教学资源概述
  - 信息化教学资源的特点
- 网络信息检索与获取
  - 网络信息资源
  - 网络信息检索
  - 网络信息资源的检索策略与技巧
- 文本素材的获取与编辑
  - 文本概述
  - 文本素材的获取
  - 文本素材的编辑
    - 实战技能1：试卷排版方法与技巧
    - 实战技能2：批量制作学生成绩通知单
    - 实战技能3：长文档的排版（一）
    - 实战技能4：长文档的排版（二）
- 图形图像素材的获取与编辑
  - 图形图像概述
  - 图形图像素材的获取
  - 图形图像素材的编辑
    - PS简介
    - PS的工作界面
    - PS图像处理实战
    - PowerPoint图像处理实战
- 音频素材的获取与编辑
  - 声音概述
  - 音频素材的获取
  - 音频素材的编辑
    - Au简介
    - 录制声音
    - 音频降噪
    - 美化声音
    - 变音变调
    - 音频合成
- 多媒体教学环境
  - 多媒体教学概述
  - 多媒体教学环境的种类
  - 交互式电子白板
- 摄影摄像设备的使用
  - 摄影摄像概述
    - 数码相机的种类
    - 数码相机的构造与成像原理
    - 数码相机的使用知识
  - 硬技术——摄影摄像器材和配件理论
  - 软技术——摄影摄像中的技术
    - 摄影中的曝光
    - 摄影中的用光
    - 摄影中的构图
    - 摄影中的镜头运用
- 视频素材的获取与编辑
  - 视频概述
  - 视频素材的获取
  - 视频素材的编辑
    - Premiere简介
    - Premiere的工作界面
    - Premiere功能实战
- 动画与动画素材的编辑
  - 动画概述
  - 动画的类型和格式
  - 动画素材的编辑
    - GIF动画制作软件
    - Animate动画制作软件
    - Animate功能实战

第 5 章　信息化教学资源

5.1　信息化教学资源概述

5.1.1　信息化教学资源的基本概念

信息时代的教育教学改革以信息技术在教学系统中的普及、渗透与应用为基础，以信息化教学资源在课程教学中的应用为突破口。

资源指的是一切可被人类开发和利用的物质、能量和信息的总称，它广泛地存在于自然界和人类社会中。教学资源是指在教育教学过程中能够为教与学提供支持和帮助的所有资源。信息化教学资源是指以信息技术为基础和核心，包含大量的教育信息，能够为信息化教学提供支持和帮助的所有有价值、有作用的物质、能量和信息的总称。

信息化教学资源属于信息资源的范畴，是从狭义理解上的一种特殊的信息资源，是"经过选取、组织，使之有序化的，适合学习者发展自身的有用信息的集合"。信息化学习资源是指蕴含大量的教育信息，能创造出一定的教育价值，以数字信号的形式在互联网上进行传输的信息资源。学习资源是指可以提供给学习者使用，能帮助和促进学习者学习的信息、技术和环境。学习资源既可以由学习者单独使用，也可以由学习者综合使用。

教育信息化资源包括物质资源和信息资源。其中，物质资源指硬件资源，主要包括网络教室、电子书包、触控一体机、数字课桌等；信息资源指软件资源，主要包括多媒体素材、课件、网络课程、电子图书等。

5.1.2　信息化教学资源的类型

由于分类标准不同，所以信息化教学资源有不同的分类方式。从学科角度进行分类，信息化教学资源可以分为语文、数学、英语、物理、化学、历史、地理、生物、政治等不同学科的教学资源；从语种角度进行分类，信息化教学资源可以分为中文、英语、法语、俄语等不同语种的教学资源；从资源的作用角度进行分类，信息化教学资源可以分为课件、模拟演示、教案、操作与练习等。

根据《CELTS-31：教育资源建设技术规范》，我国目前可建设的信息化教学资源主要包括九大类，分别是媒体素材、试题库、试卷、课件与网络课件、案例、文献资料、常见问题解答、资源目录索引和网络课程。

常见的信息化教学资源有 8 种类型，分别是电子图书、媒体素材、教学课件、教学案例、网络课程、认知工具、仿真系统和教育游戏。

5.1.3　教师应具备的信息化教学素养

《教育信息化 2.0 行动计划》（以下简称"《计划》"）推开了我国教育信息化 2.0 时代的大门。

《计划》提出到 2022 年基本实现"三全两高一大"的发展目标。"三全"是指教学应用覆盖全体教师，学习应用覆盖全体适龄学生，数字校园建设覆盖全体学校；"两高"是指信息化应用水平和师生信息素养普遍提高；"一大"是指建成"互联网 + 教育"大平台，推动从教育专用资源向教育大资源转变，从提升师生信息技术应用能力向全面提升其信息素养转变，从融合应用向创新发展转变。在教育信息化环境下，中小学教师和师范专业学生应具备的信息化教学素养主要包括以下几个方面。

（1）作为信息时代的教师必须掌握现代信息技术在教学过程中的应用方法，适应信息化教学环境的发展要求。信息技术在教育领域的广泛普及和应用使得现代教学环境具有多媒体化、网络化、数字化的特点。作为现代教学的指导者和促进者，教师只有充分掌握和熟练运用各种现代信息技术，才能够适应现代教学环境及教育信息化发展的要求。

（2）作为信息时代的教师必须掌握"互联网+"教育信息化时代的教学手段和教学方式。教师要构建起全新的现代教学观念体系，包括学习环境观、教学设计观、学生主体观及素质教育观等。学习环境是从学习者的角度相对于教学环境提出的概念，它主要强调通过各种学习资源和教学策略来支持学习者的学习活动。

（3）作为信息时代的教师必须熟练运用各种教学媒体，掌握信息的收集、加工与传播技术，了解并熟悉信息化教学环境和资源的类型及特点，熟悉信息化教学过程的特点、策略和管理方法，熟悉信息化教学的常见模式及教学设计的方法，熟悉信息化教学的评价方法及应用等。

5.2 信息化教学资源的特点

信息化教学资源突破了传统教学资源的局限，具有其独有的特点，认识和把握这些特点有助于我们从本质上理解信息化教学资源。从总体上来讲，信息化教学资源具有以下特点。

（1）处理数字化。利用多媒体计算机的数字转换和压缩技术，能够迅速、实时地处理和存储图、文、声、像等各种教学信息，既可以方便学习，增加信息容量，又可以提高信息处理和存储的可靠性。

（2）存储海量化、管理智能化。信息化资源一般包括大量视、音频数据，需要海量的存储设备，一般是大容量的磁盘阵列或者光盘库，通过大型数据库管理，可以实现快速查询和检索。

（3）显示多媒体化。信息化教学资源利用多媒体技术将教学信息（声音、文本、图形、图像、视频、动画等多种形式）恰当地组织呈现。

（4）组织的超文本化。传统教学信息的组织结构是线性的、有顺序的；而人的思维、记忆却呈网状结构，可以通过联想选择不同的路径来加工信息。超文本是按照人脑的联想思维方式非线性地组织、管理、利用信息的一种技术。信息化教学资源的组织是超文本化的，便于非线性地组织、管理和利用。

（5）传输网络化。学习者可以通过网络终端、移动终端随时随地获取信息化教学资源，有利于实现个性化的学习。

（6）交互性。交互性是以"学"为中心的信息化教学资源的核心特点，也是有别于传统信息交流媒体的主要特点之一。传统信息交流媒体只能单向地、被动地传播信息，而交互性的信息化教学资源可以实现人对信息的主动选择和控制。

（7）教学过程智能化。它包括教学软件对教学信息资源的实时监控、数据采集、分析、提供帮助等，能根据学习者的不同特征选择适当的教学内容和教学方法，并能对学习者进行有针对性的个别指导；不仅能发现学习者的错误，而且能指出学习者错误的根源，提出有针对性的辅导或学习建议。

（8）信息结构的动态性。对于各种学习资源，学习者可以按照自己的目的和认知特征重新组织信息，增加、删除或修改节点，重新建立连接。

（9）探索性。网络上的学习资源既是一座资源宝藏，也是一座全球性的数字图书馆，无论学习者需要什么样的信息，都可以在网络上找到。基于网络的探究式学习模式可以训练学习者发现、使用、加工信息的能力，培养其独立思考、解决问题的能力，有利于学习者创造性思维能力的形成。

拓展学习资源

1. 陈光海. 信息化教学理论、方法与途径[M]. 重庆：重庆大学出版社，2018.
2. 吴彦文. 信息化环境下的教学设计与实践[M]. 北京：清华大学出版社，2018.

课后思考题

1. 结合自己的教育学科特点，谈谈信息化教学资源的概念、特点及类型。
2. 说说你都知道哪些信息化教学资源，各属于什么类型，各具有什么特点。
3. 线上学习《中小学教师信息技术应用能力标准（试行）》，分析一下其对教师的专业技能提出了哪些要求。

第6章 网络信息检索与获取

在当今的信息社会中,因特网正以一股前所未有的汹涌浪潮冲击着世界,改变着人们的学习、工作、生活方式,同时它也是人们交流信息和获取知识的强有力工具。随着我国教育信息化步伐的加快,因特网教育资源的开发与利用正日益引起人们的重视。

6.1 网络信息资源

网络信息资源是一切投入因特网的电子化信息资源的统称。它具有与传统的信息资源不同的鲜明特点:数量庞大、增长迅速;内容丰富、覆盖面广;传输速度快;共享程度高;使用成本低;变化频繁、难测;质量良莠不齐等。

网络信息资源的种类有很多,根据不同的分类标准,可以将网络信息资源分为不同的类型。从内容范围上,可分为学术信息、教育信息、政府信息、文化信息、有害和违法信息五大类。从信息源提供信息的加工深度上,可分为一次信息源、二次信息源、三次信息源等。从信息源的信息内容上,可分为联机数据库、联机馆藏目录、电子图书、电子期刊、电子报纸、软件与娱乐游戏类、教育培训类、动态性信息等。根据网络信息资源的可使用程度及安全级别进行划分,可以将网络信息资源分为三类:一是完全公开的信息资源,每个用户均可使用,如各类网站发布的新闻和可以通过免费注册而获得的信息等;二是半公开的信息资源,这类信息资源可以有条件地获得,比如注册以后只有缴纳一定的费用才可以获得的较有价值的、符合学习者需要的信息资源等;三是不对外公开的信息资源(机密信息资源),这类信息资源只提供给有限的、具有一定使用权限的高级用户使用,如各军事机构和跨国公司等内部通过网络交流的机密情报和信息等。以上三类网络信息资源均面临着不同的安全问题,都需要采取一定的措施来保证信息的准确性、完整性和实时性。

6.2 网络信息检索

网络技术的发展使得世界范围内的信息交流、信息资源共享成为现实,打破了时空的界限,拓展了人类的信息空间。面对纷繁复杂、千变万化的信息海洋,及时、准确地获取所需信息并不是一件容易的事情,这就需要借助各种类型的网络信息检索工具。

网络信息检索工具主要指在因特网上提供信息检索服务的计算机系统,其检索对象为存在于因特网上的各种类型的信息资源。

网络信息检索工具有很多种,按照其检索机制可分为目录型检索工具、图书馆的网络导航(学科导航)、搜索引擎等。从功能来看,目录型检索工具和图书馆的网络导航类似于图书中的目录,而搜索引擎则更像索引。搜索引擎使用自动索引软件来发现、收集并标引网页,建立索引数据库,以 Web 形式提供检索界面。当用户输入某个关键词的时候,所有在页面内容中包含该关键词的网页都将作为检索结果被检索出来。经过复杂的算法排序后，这些结果将按照与检索关键词的相关度高低依次排列。

下面介绍几种常见的网络信息检索工具。

（1）全文搜索引擎（Full Text Search Engine）。全文搜索引擎是广泛应用的主流搜索引擎，它通过从因特网上提取的各个网站的信息（以网页文字为主）而建立的数据库中检索与用户查询条件匹配的相关记录，然后按一定的排列顺序将检索结果返回给用户。具有代表性的全文搜索引擎有谷歌（Google）和百度（Baidu）。这两个搜索引擎检索的侧重点是不一样的，谷歌侧重于英文文献检索，而百度侧重于中文文献检索。

（2）目录索引类搜索引擎（Search Index/Directory）。目录索引类搜索引擎是由信息管理专业人员在广泛收集网络信息资源并进行加工整理的基础上，按照某种主题分类体系编制的一种可供检索的等级结构式目录。在每个目录下面提供相应的网络信息资源的站点地址，使用户能够通过目录体系的引导，不依靠关键词就可以直接找到相关信息。具有代表性的目录索引类搜索引擎有雅虎（Yahoo!）和新浪。这两个搜索引擎提供了许多可供选择的主题分类目录，单击某个目录即可直接进入相应的站点。

（3）元搜索引擎（Meta Search Engine）。元搜索引擎在接收到用户的查询请求后，可以同时在其他多个搜索引擎上进行检索，并将检索结果返回给用户。这类搜索引擎的特点是可以自动分类整理、自动去掉重复结果，实现了多个搜索引擎的同步检索。具有代表性的元搜索引擎有Dogpile、infoSpace和Vivisimo。在检索结果排列方面，有的直接按来源排列检索结果，如Dogpile；有的则按自定义的规则将检索结果重新排列组合，如Vivisimo。

（4）全文数据库。全文数据库集文献检索与全文提供于一体，是近年来发展较快和前景看好的一类数据库。它的优点之一是免去了检索书目数据库后还得费力去获取原文的麻烦；优点之二是多数全文数据库提供全文字段检索，有助于文献的查全。常用的中文全文数据库有中国期刊全文数据库、中文科技期刊数据库、万方系统的数字化期刊全文数据库等。常用的全文数据库是中国知网，在这里可以检索到已经发表的论文，以及正式出版的期刊等文献。

（5）教育专题网站。随着个性化学习和终身学习理念的盛行，教育专题网站不断涌现，网络教学资源库的数量和质量都有了全面的提升，为教与学提供了丰富、优质的信息化资源。

6.3 网络信息资源的检索策略与技巧

6.3.1 搜索引擎的使用

在"互联网+"时代，搜索引擎可以帮助我们从海量的信息中快速获取自己需要的信息。使用搜索引擎的能力是获取网络信息资源的基本能力。

1．网络信息检索能力

网络信息检索能力主要包括以下几个方面。

（1）提炼关键词的能力。关键词主要分为主题关键词、限定关键词、专业关键词、资源关键词四大类。主题关键词即搜索研究的对象；限定关键词就是与检索主题的特征、属性或范围相关的词汇；专业关键词指特定领域的专有词汇；资源关键词指寻找到信息源、资源集中的词汇。例如，"微课/视频"是主题关键词，"初中"是限定关键词，"牛顿第一定律"是专业关键词,"爱奇艺"是资源关键词。

(2) 辨别信息的能力。使用关键词检索到信息后,还需要对检索导向信息进行重要信息与非重要信息的分辨,也就是检索信息时的辨别能力。辨别能力即学会辨别广告、谣言、诈骗信息的能力。

(3) 判断信息的能力。对检索到的信息进行评估,判断其是否满足自己的检索要求。

2. 常用搜索引擎

(1) "百度一下,你就知道。"百度是大家经常使用的中文搜索引擎之一。"百度"二字源自南宋词人辛弃疾的著名词句"众里寻他千百度"。用户可以在 PC、平板电脑、手机上访问百度主页,通过文字、语音、图像等多种交互方式找到所需的信息和服务。

(2) Google 搜索。Google 也是大家经常使用的综合性搜索引擎之一,它提供了便捷的网络信息查询方法,能为世界各地的用户提供所需的信息,查全率和查准确率高,在比较专业的查询领域中使用率比较高。

(3) 全球搜索,有问必应(Bing)。Bing 是一款由微软公司推出的网络搜索引擎,它的最大特点在于检索结果会分类显示,并改变了传统搜索引擎首页单调的显示风格,将来自世界各地的高质量图片和短片设置为首页背景。

(4) 搜狗搜索——上网从搜狗开始。搜狗搜索是中文搜索引擎的后起之秀,它支持微信公众号、文章及知乎问答检索。在微信公众号等自媒体平台上有很多高质量的文章,知乎联结了各行各业的精英,他们为中文互联网源源不断地提供高质量的信息资源。

6.3.2 关键词检索的基本技巧

(1) 关键词表述要准确。百度会严格按照提交的关键词进行检索,所以获得良好检索结果的前提是关键词表述一定要准确。关键词表述不准确的情况主要有:一是关键词表述词不达意,也就是想的是一回事,在搜索框里输入的是另一回事,比如要查找 2019 年教育信息化十大新闻,关键词可以是"2019 年教育信息化十大新闻",但如果把关键词换成"2019 年教育信息化十大事件",那么检索结果与查找的信息就会相差甚远;二是关键词中包含错别字,比如要查找著名演员周润发,但如果写错了字,变成了"周润友",那么检索结果就偏离了原来的主题。不过,现在百度对于用户常见的错别字输入提供了纠正提示功能,在检索结果上方会提示"以下为您显示'周润发'的检索结果"。

(2) 关键词要简练,且与主题关联。目前搜索引擎并不能很好地处理自然语言,因此,用户在提交检索请求时,最好把自己的想法提炼成简单的、与希望找到的信息内容主题相关联的关键词。比如某个小学生要查找关于学习的名人名言,他输入的关键词是"小学关于学习的名人名言",这个关键词虽然表达出检索者的检索意图,但效果并不好,因为绝大多数名人名言并不针对年龄阶段,因此"小学"一词与主题无关,会使得搜索引擎舍弃大量不含小学但非常有价值的信息;"关于"也是一个与名人名言本身没有关系的词,多一个这样的词又会减少很多有价值的信息;"学习的名人名言"中的"的"和"名人"也不是必要词,会对检索结果产生干扰。因此,实际关键词应该是"学习名言"。

(3) 添加额外关键词。有时在普通关键词外添加一个看起来关系不大的关键词,可以查找出更精确的信息。

(4) 使用双引号("")精确匹配。如果用户不满意拆分效果,则可以使用双引号确保精确匹配。双引号不区分中、英文状态。

（5）使用一句话检索。有时输入一句完整的话，会获得更准确的结果。比如当我们不清楚道路怎么走时，可以输入完整的问路信息。

一次成功的检索由两部分组成：正确的检索关键词和有用的检索结果。一次成功的检索经常由好几次检索组成。如果对自己检索的内容不熟悉，那么，即使是检索专家，也不能保证第一次检索就能找到想要的内容。总之，检索成功的关键是用对关键词。

6.3.3 百度高级搜索技巧

百度搜索引擎为我们提供了丰富的信息和便捷的搜索服务，但仅靠单一关键词搜索的方式很难快速、精准地查询信息。下面介绍几种提高搜索效率的百度高级搜索技巧。

（1）逻辑连接词的使用。逻辑连接词就是数学中的与、或、非，英文分别为 and、or、not，不区分大小写，或者分别表示为"+""-""|"。在搜索时我们可以使用逻辑连接词来提高搜索效率和搜索相关度。

and 表示逻辑关系"与"，其作用是它所连接的关键词必须同时出现在搜索结果中。包含指定关键词的搜索是通过一个加号（+）来实现的，它的使用语法是前一个关键词与后一个关键词之间用加号连接，且加号的左边是空格。

or 表示逻辑关系"或"，意思是任意一个关键词出现在搜索结果中就可以了。并行搜索是通过符号"|"来连接关键词的，它的使用语法是"A|B"，搜索结果中包含关键词 A 或 B。

not 表示逻辑关系"非"，意思是减号后面的关键词不出现在搜索结果中。不包含指定关键词的搜索是通过一个减号（-）来实现的，它的使用语法是前一个关键词与后一个关键词之间用减号连接，且减号的左边是空格。

（2）高级搜索语法。百度搜索引擎除了基本搜索技巧，还有一些高级搜索技巧值得我们学习。在百度首页的"设置"下拉列表中选择"高级搜索"选项，在弹出的对话框中有搜索结果、时间、文档格式、关键词位置、站内搜索等选项设置，如图 6-1 所示。

如果用户觉得使用高级搜索太麻烦，则可以使用一些限定语句。

❶精确匹配：加上双引号。不加双引号的搜索结果中关键词可能会被拆分。把关键词放在双引号中，代表精确匹配搜索，也就是说，搜索结果中应包含双引号中出现的所有关键词，连顺序也必须完全一致。

❷查询指定的文件类型：filetype。filetype 命令的写法是"关键词+空格+filetype+冒号（英文半角状态）+格式"，格式可以是 Word（DOC）、PDF、PPT、Excel（XLS）、RTF、ALL（所有格式）。注意关键词和 filetype 之间一定要有一个空格。

❸在特定网站内搜索：site。想要使用百度搜索某个特定网站里的资源，就使用 site 命令。比如想在"知乎"里搜索关键词"PPT"，则在百度的搜索框里输入"PPT site:zhihu.com"，可以看到搜索结果大部分来自知乎网站。总之，要把搜索范围限定在特定站点中，如"site:某某.com"。"site:"后面跟的站点域名不要带"http://"。site 命令的写法为"关键词+空格+site+冒号（英文半角状态）+站点域名"，注意冒号和站点域名之间不要有空格。

❹把搜索范围限定在网页标题上：intitle。例如，输入"intitle:小学语文试卷"，搜索结果只显示标题中含有"小学语文试卷"的网页。intitle 命令的写法为"intitle+冒号（英文半角状态）+关键词"。

图 6-1　百度高级搜索

以上语法和命令可以组合使用。例如，site 和 filetype 的组合"site:wenku.baidu.com filetype: ppt 教学设计"，意思是在百度文库中搜索有关教学设计的 PPT 文档。

6.3.4　网盘资源检索平台与使用技巧

网盘，又称网络 U 盘、网络硬盘，是由互联网公司推出的在线存储服务，向用户提供文件的存储、访问、备份、共享等文件管理功能。用户可以把网盘看成一块放在网络上的硬盘或 U 盘，不管在任何地方，只要连接因特网，就可以管理网盘里的文件。

在"互联网+"时代，如何检索网盘里分享的资源呢？在这里以 fastsoso 网盘资源检索为例，介绍网盘资源检索平台的使用。具体操作步骤如下。

第一步，打开浏览器，在地址栏中输入"fastsoso"，找到 fastsoso 网盘资源检索官网网址并打开。

第二步，在搜索框中输入关键词，如"小学课件"，单击"搜索"按钮，如图 6-2 所示。

图 6-2　在搜索框中输入关键词

第三步，选择内容排序方式和需要下载的文档类型，在这里选择视频格式，并按时间排序，如图 6-3 所示。

第四步，单击所需文件链接进入下载界面，如图 6-4 所示，接着单击"同意声明，继续访问下载"按钮，在弹出的对话框中单击"前往百度网盘下载"链接进入百度网盘，如图 6-5 所示。

图 6-3　选择内容排序方式和需要下载的文档类型

图 6-4　fastsoso 的下载界面

图 6-5　单击"前往百度网盘下载"链接

第五步，在百度网盘里预览文件，如图 6-6 所示。百度网盘针对 PDF、PPT、文档、视频、音乐、图片等部分文件类型提供了预览功能。

图 6-6　在百度网盘里预览文件

第六步，下载文件。已注册的百度用户可以单击"保存到网盘"按钮，并使用百度网盘软件进行下载。使用百度网盘软件下载的好处在于可以对文件进行断点续传。如果没有注册成为百度用户或者没有安装百度网盘软件，则可以直接单击"下载"按钮，在弹出的对话框中单击"立即下载"按钮，即可使用浏览器自带的下载工具下载文件。

6.3.5　网络信息资源下载

之所以使用下载工具下载资源的速度快，是因为它们采用了"多点连接（分段下载）"技术，充分利用了网络上的多余带宽；采用了"断点续传"技术，可以随时接续上次中止部位继续下载，有效地避免了重复劳动，大大节省了下载者的连线下载时间。

"多点连接"也叫分段下载,指的是充分利用网络上的多余带宽,把一个文件分成多个部分同时下载。当网络上的多余带宽和上网者的多余带宽同时存在时,上网者就可以利用下载工具向网站服务器提交多于一个的连接请求,其中每个连接被称作一个线程,每个线程负责要下载的文件的一部分。下载工具发出的线程数和下载总速度成正比。一般的下载工具都支持发出多达 10 个线程,这意味着下载速度可以提高 10 倍之多。

1．常用的下载方式

(1) Web 下载方式。Web 下载分为 HTTP（Hyper Text Transportation Protocol,超文本传输协议）下载和 FTP（File Transportation Protocol,文件传输协议）下载两种类型,它们是计算机之间交换数据的方式,也是两种经典的下载方式。Web 下载方式的原理非常简单,就是用户根据两种协议和提供文件的服务器取得联系并将文件搬到自己的计算机中,从而实现下载的功能。

(2) BT 下载方式。BT 下载实际上就是 P2P 下载。这种下载方式与 Web 下载方式正好相反,它不需要服务器,文件是在用户机与用户机之间进行传播的,也可以说每台用户机都是服务器,讲究"人人平等",每台用户机在自己下载其他用户机上的文件的同时,还提供被其他用户机下载的功能,所以,使用这种下载方式的用户越多,下载速度就会越快。

(3) P2SP 下载方式。P2SP 下载方式实际上是对 P2P 技术的进一步延伸,它不但支持 P2P 技术,还通过多媒体检索数据库这座桥梁把原本孤立的服务器资源和 P2P 资源整合到一起,这样下载速度更快,下载资源更丰富,下载稳定性更强。

2．常用的下载软件

(1) FlashGet（网际快车）。FlashGet 诞生于 1999 年,采用多线程技术,把一个文件分成多个部分同时下载,下载速度可以提高100%～500%。FlashGet 还可以创建不限数目的类别,并为每个类别指定单独的文件目录,从而实现下载文件的分类管理,并且支持拖曳、更名、添加描述、查找等功能。

(2) Thunder（迅雷）。Thunder 使用基于网格原理的多资源超线程技术,能够将网络上存在的服务器和计算机资源进行有效整合,构成独特的迅雷网络,通过迅雷网络,各种数据文件能够以最快的速度进行传递。多资源超线程技术还具有互联网下载负载均衡功能,在不降低用户体验的前提下,迅雷网络可以均衡服务器资源,有效降低服务器负载。其缺点就是比较占内存,一般迅雷配置中的"磁盘缓存"设置得越大,占用的内存就会越大。

(3) TuoTu（脱兔）。TuoTu 是首款同时支持 BT、eD2k（eMule）、HTTP、FTP、MMS、RTSP 协议的 P2SP 下载软件。TuoTu 内核经过严格测试与细致优化,CPU 与内存资源消耗极少,程序兼容性与稳定性也是同类软件中的佼佼者。

(4) BitComet（比特彗星）。BitComet 既是一款免费的 BitTorrent（BT）下载管理软件,也是一个集 BT/HTTP/FTP 于一体的下载管理器。使用它的视频下载功能可以从任意网站上下载视频、MP3、Flash 等媒体文件。P2P 下载就是将 P2P 技术应用到 HTTP/FTP 下载中,既不增加服务器的负担,又能显著提高下载速度。

拓展学习资源

1．叶晓风. 网络信息资源检索与利用[M]. 南京：南京大学出版社,2008.

2. 徐红云，张芩. 网络信息检索[M]. 广州：华南理工大学出版社，2018.
3. 隋莉萍. 网络信息资源检索与利用[M]. 2版. 北京：清华大学出版社，2014.
4. 周建芳（四川师范大学）. 信息素养：效率提升与终身学习的新引擎. 中国大学国家精品 MOOC.

课后思考题

你从网络上下载过哪些信息资源？与大家分享一下你的信息检索策略与技巧应用心得。

第 7 章 文本素材的获取与编辑

在现代数字化教学中，教学内容依赖于多媒体教学软件。多媒体教学软件是由文本（Text）、图形（Graph）、图像（Image）、音频（Audio）、动画（Animation）和视频（Video）等多媒体素材的表述而集成的。多媒体素材的获取、加工、制作是信息化教学软件编制过程中的一个重要环节。多媒体素材的获取比较复杂，一般都要有专门的设备和软件。不同类型的多媒体素材，其获取的方法也不同，借助各种功能强大、使用方便的多媒体素材获取、编辑工具，可以为信息化教学软件的编制提供理想的素材，以较小的代价获得更优的效果。

下面我们就分几个章节来学习多媒体素材的获取与编辑。本章我们重点学习多媒体素材中文本素材的获取与编辑。文本在信息化教学软件中起到的作用相当于传统教学过程中的板书、重点提示。

7.1 文本概述

7.1.1 文本的定义

文本是以文字和各种专用符号表达的信息形式，是现实生活中使用最多的一种信息存储和传递方式。用文本表达信息能够给人充分的想象空间，主要用于对知识的描述性表达。

文本信息可以反复阅读，没有时间、空间的限制，但当阅读屏幕上显示的文本信息量较大时，容易引起视觉疲劳，使学习者产生厌倦情绪。另外，文本信息具有一定的抽象性，学习者在阅读时必须把抽象的文字还原为具体的事物，这就要求多媒体教学软件的使用者具有一定的抽象思维能力和想象能力。

文本是文字、字母、数字和各种功能符号的集合。文本文件中除了存储文件有效字符信息（包括能用 ASCII 码表示的回车、换行等信息），不能存储其他任何信息，如声音、动画、图像、视频等。在现实生活中，人们对事情的讲述、逻辑的推理、数学公式的表述等主要使用文字和数字形式。

这里的文本指的是在计算机中运用文本编辑软件编写的，并以文本格式存储的文字信息。文本是计算机办公自动化和多媒体应用中十分重要的多媒体素材之一，并且具有丰富的表现形式，如文字叙述、图形图像的文字注释、提问与解答、片头片尾的字幕等。

7.1.2 常见的文件格式及其特点

常见的文件格式及其特点如表 7-1 所示。

表 7-1 常见的文件格式及其特点

文件格式	特 点
TXT	文件扩展名是".txt"，是纯 ASCII 码文本文件。纯文本文件有换行、回车、文字大小、字体格式化信息，没有颜色、位置、间距和更多的其他格式化信息，是 Windows 系统中的记事本应用程序默认支持的文件格式

续表

文件格式	特　　点
WRI	文件扩展名是".wri"，是 Windows 系统中的写字板应用程序默认支持的文件格式
DOC	文件扩展名是".doc"，是 Microsoft Word 字处理软件所使用的默认文件格式，其中可以包含不同的字符格式和段落格式
WPS	文件扩展名是".wps"，是金山中文字处理软件所使用的默认文件格式，与 Microsoft Word 字处理软件所使用的".doc"格式类似，可以很方便地对字符和段落设置不同的格式
PDF	文件扩展名是".pdf"。PDF 的全称为 Portable Document Format，是由 Adobe 公司推出的一种便携式文档格式，常用于文档的交换与浏览，尤其是网络浏览。这种文件格式与操作系统平台无关
CAJ	文件扩展名是".caj"，是中国期刊网提供的一种文件格式，需要专门的 CAJ 浏览器才能打开，网络上的许多电子图书文献均使用这种文件格式
RTF	文件扩展名是".rtf"。RTF 的全称为 Rich Text Format，其中可以包含文字、图片和超文本等。在写字板、Microsoft Word 字处理软件中能将文档保存为 RTF 文件格式，常用于各种字处理软件之间的文档转换
HTML	这是使用 HTML（Hyper Text Mark-up Language，超文本标记语言）编写生成的文件格式，常用于网页制作

7.1.3 文件格式转换

1．CAJ 格式转换为 Word 格式

方法 1：

第一步，将从互联网上下载的 CAJ 文件保存到本地硬盘上。

第二步，启动 CAJ 浏览器，打开保存的 CAJ 文件。当浏览到文件最后一页时，不要关闭 CAJ 浏览器。

第三步，在 CAJ 浏览器中选择"文件"→"打印"命令，选择 Microsoft Officer Document Image Writer 打印机，勾选"打印到文件"复选框，并确定打印页数。

第四步，保存打印文件（*.prn）到适当位置，等待打印完成后，Microsoft Officer Document Image Writer 将自动打开刚才保存的打印文件。

第五步，在 Microsoft Officer Document Image Writer 窗口中，先选择"页面"→"选择所有页面"命令，然后选择"工具"→"使用 OCR 识别文本"命令提取文本。

第六步，选择"工具"→"将文本发送到 Word"命令，将把整个 CAJ 文件识别输出到 Word 文件中。

方法 2：打开 CAJ 文件，选择"工具"→"文本选择"命令，选择"图像"，执行"复制"→"粘贴"操作就可以了。

方法 3：使用 CAJ Viewer 7.3 打开保存的 CAJ 文件，先在每页的左、右两边分区选取文字，再在选取区域内单击鼠标右键，在弹出的快捷菜单中选择"文字识别"命令，这时会弹出"文字识别结果"对话框，单击"复制到剪贴板"或"发送到 Word"按钮，即可完成格式转换。

2．PDF 格式转换为 Word 格式

方法 1：

（1）对于以文本形式保存的 PDF 文件，可以使用 Acrobat 5 专业版识别整个文件。直接打开从互联网上下载的 PDF 文件，将其另存为 Word 文件；或者单击工具栏上的"文字选择"按钮，选择文字区域复制到 Word 中即可。

（2）对于以图片形式保存的 PDF 文件，可以将 PDF 文件打印到 Microsoft Officer Document Image Writer 打印机，选择打印生成的文件的保存位置，会自动生成一个 MDI 文件，并且自动用 Microsoft Officer Document ImageWriter 打开此文件。在 Microsoft Officer Document Image Writer

窗口中，先选择"工具"→"使用 OCR 识别文本"命令，识别完成后，再选择"工具"→"将文本发送到 Word"命令，将把整个 PDF 文件识别输出到 Word 文件中。

（3）对于加密的 PDF 文件，先下载解密软件，解密后再参照上述步骤进行格式转换。

（4）对于繁体的 PDF 文件，先将其识别到 Word 中后，再执行 Word 中的"中文繁简转换"命令。

方法 2：使用 Solid Converter PDF 完成格式转换。

7.2 文本素材的获取

文本素材的获取有直接获取与间接获取两种方式。直接获取是指通过多媒体教学制作软件中的文字工具或在文字编辑处理软件中用键盘直接输入或复制，一般在文本内容不多的场合下使用该方式。间接获取是指用扫描仪或其他输入设备输入文本素材，常用于大量文本的获取。

1．键盘输入法

键盘输入法是文本输入的主要方法，在常用的多媒体教学制作软件中都带有文字工具，在文本内容不多的情况下，可以直接输入文本，对输入的文本还可以进行编辑处理。

2．手写输入法

使用"输入笔"设备，在写字板上书写文字，以此来完成文本输入。利用手写输入法获取文本的方式类似于平时我们在纸上写字，但对在写字板上书写的文字要进行选择。手写输入法使用的输入笔有两种：一种是与写字板相连的有线笔；另一种是无线笔。无线笔的携带和使用都很方便，是手写输入笔的发展方向。写字板也有两种：一种是电阻式；另一种是感应式。

3．语音输入法

语音输入法是将声音通过麦克风输入计算机后直接转换成文本的一种输入方法。利用语音识别技术，计算机能迅速、自然地把操作人的声音信息转换成计算机能够识别的文本。语音输入法在硬件方面要求计算机必须配置能正常录音的声卡和录音设备，在软件方面要求计算机安装语音识别软件。在调试好麦克风后，即可对着麦克风讲话，以实现文本输入。因为每个人的发音情况不同，可先用语音识别软件提供的语音训练程序进行一段时间的训练，等软件熟悉和适应操作人的发音后，再通过讲话来实现文本输入。常用的语音识别软件有 IBM 公司的 VIA Voice、Dutty ++语音识别系统、天信语音识别系统、科大讯飞语音识别系统等。

4．扫描仪输入法

在实际办公中，如果需要进行大量文本的输入，如书稿、资料等，仍用手工输入的话无疑会浪费大量的时间，而使用"扫描仪+OCR 识别（光学字符识别）"输入法可以大大加快文本输入速度，提高工作效率。"扫描仪+OCR 识别"输入法就是先将印刷品类纸张上的文字以图像的方式扫描到计算机中，再用 OCR 软件将图像中的文字识别出来，并转换为文本文件格式。被扫描的文稿印刷质量越高，识别的准确率就越高。

需要注意的是，扫描仪本身并不具备文字识别功能，它只能将文稿扫描到计算机中以图像的方式保存，文字识别工作则由 OCR 软件完成。常见的 OCR 软件种类比较多，比如清华

TH-OCR、汉王 OCR、尚书 OCR、蒙恬识别王、丹青中英文辨识软件等。

5．从互联网上获取文本素材

目前在电子书籍和相关网站中有很多可以利用的文本素材，人们可以很方便地获取这些素材。当然，在获取文本素材及其他多媒体素材时，一定要注意遵守相关法律法规的规定，尊重他人的知识产权。

在一般情况下，从电子书籍和相关网站中获取文本素材可以采用"复制"→"粘贴"的方法，对于网页也可以直接采用"保存网页"的方法保存下来，以备日后使用。从互联网上获取的文本素材一般都包含格式控制符，如果直接下载到 Microsoft Word 字处理软件中，则常常会带有一些不需要的格式控制符或含有表格形式。先使用记事本应用程序将获取的文本素材转换为纯文本，再导入 Word 中，就会使编辑工作变得轻松、快捷。

7.3 文本素材的编辑

文本素材的编辑软件有很多种，常见的有写字板、WPS 等，使用 Ulead COOL 3D 可以很方便地制作三维文本素材，大多数集成工具软件也都自带文本编辑功能。下面基于 Microsoft Word 2021，通过案例详细讲解文本素材的编辑。

7.3.1 实战技能 1：试卷排版方法与技巧

试卷排版案例整体效果如图 7-1 所示。

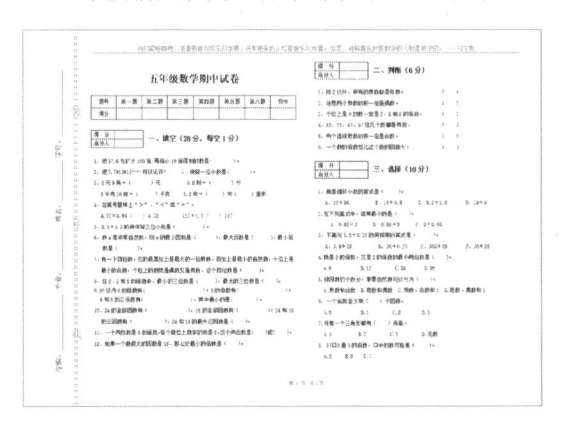

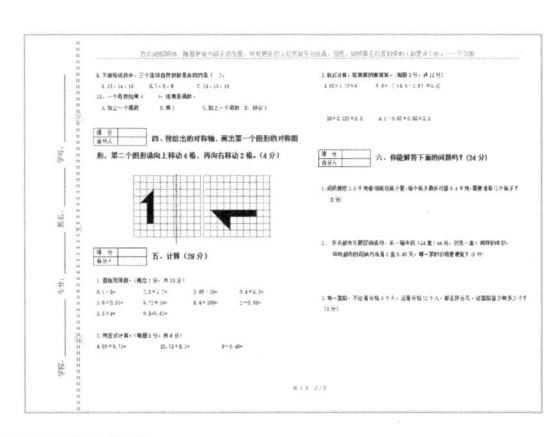

图 7-1 试卷排版案例整体效果

编排试卷通常使用 Word 来完成。要想快速制作一份规范、美观的试卷，有些工作必须提前完成。

在制作一份电子试卷之前，应先设计试题，然后根据学科的特殊性准备相应的制作工具，如理科学科需要的公式编辑器、英语及语文学科需要的拼音及音标字体。有了这些工具，试题的输入工作才会变得轻松。

本案例的具体操作步骤如下。

第一步，打开已输入试题的 Word 文档。

第二步，页面布局。

制作要求：纸张方向设置为"横向"，页面分为两栏，装订线设置为距离页面左侧 1 厘米。

（1）单击"布局"选项卡"页面设置"功能区中的对话框启动器按钮，弹出"页面设置"对话框。

（2）切换至"页边距"选项卡，设置纸张方向为"横向"；设置上、下、左、右的页边距；"装订线位置"选择"靠左"；"装订线"设置为 1 厘米。

（3）切换至"纸张"选项卡，设置纸张大小；如果没有找到要设置的纸张大小，则可以自定义。

（4）切换至"布局"选项卡，设置页眉、页脚距边界的值。

（5）切换至"文档网络"选项卡，设置文字排列分栏；或者单击软件界面"布局"选项卡"页面设置"功能区中的"分栏"按钮，在弹出的下拉列表中选择"更多分栏"选项，弹出"分栏"对话框，在其中设置"宽度和间距"。

页面布局参数设置如图 7-2 所示。

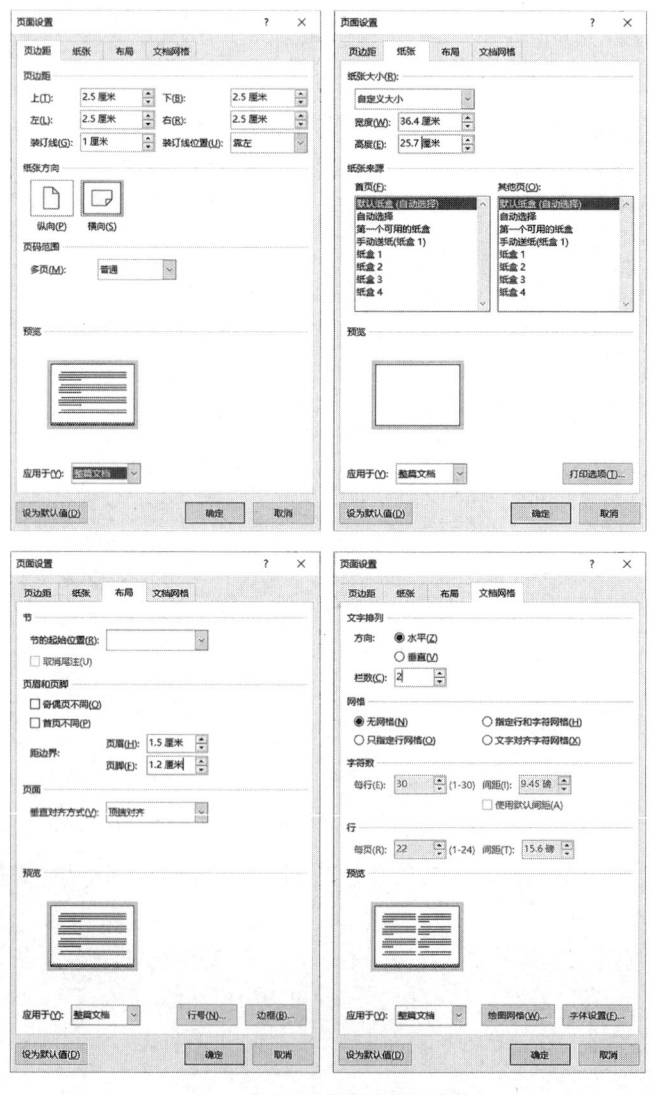

图 7-2　页面布局参数设置

页面布局效果如图 7-3 所示。

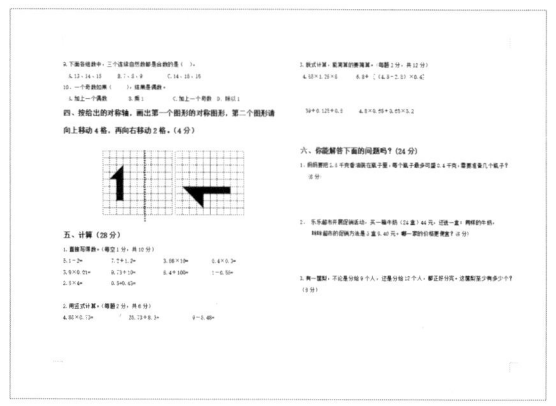

图 7-3　页面布局效果

第三步，添加页眉、页脚信息。

制作要求：在页眉处添加一句名人名言，在页脚处添加页码。

（1）在页眉处添加文本。单击"插入"选项卡"页眉和页脚"功能区中的"页眉"按钮，在弹出的下拉列表中选择"编辑页眉"选项，如图 7-4 所示，进入页眉编辑状态。在页眉编辑区内输入文本信息，单击"页眉和页脚"工具选项卡中的"关闭页眉和页脚"按钮⊠，如图 7-5 所示，返回试卷编辑状态。

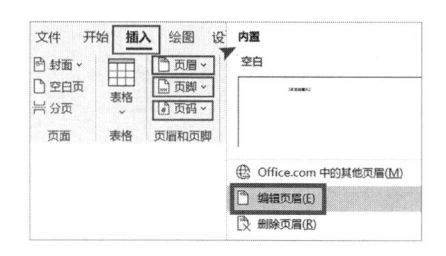

图 7-4　选择"编辑页眉"选项

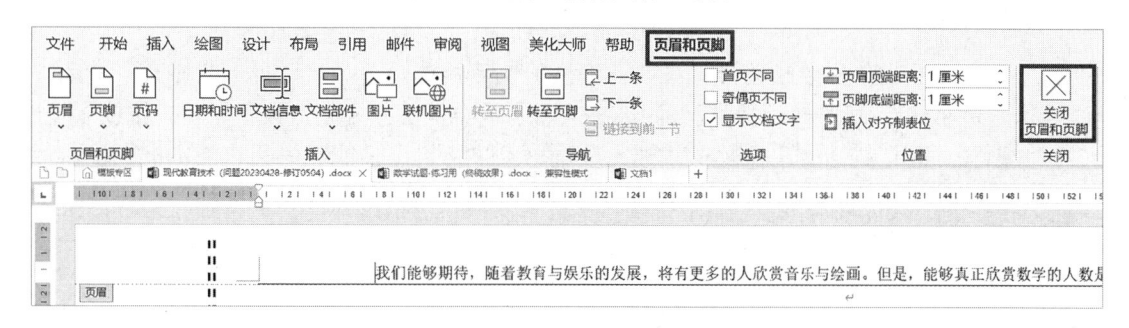

图 7-5　单击"关闭页眉和页脚"按钮

（2）在页脚处添加页码。单击"插入"选项卡"页眉和页脚"功能区中的"页脚"按钮，在弹出的下拉列表中选择"编辑页脚"选项，进入页脚编辑状态。将光标置于页脚编辑区，单击"页眉和页脚"工具选项卡"页眉和页脚"功能区中的"页码"按钮，在弹出的下拉列表中选择"页面底端"→"普通数字 2"样式。

（3）设置页码格式。在编辑页面中选择页码，单击"页眉和页脚"工具选项卡"页眉和页脚"功能区中的"页码"按钮，在弹出的下拉列表中选择"设置页码格式"选项，弹出"页码格式"对话框，在这里可以设置编号格式、页码编号等。

设置完成后,关闭"页眉和页脚"工具选项卡,返回试卷编辑状态。插入页眉和页脚的效果如图 7-6 所示。

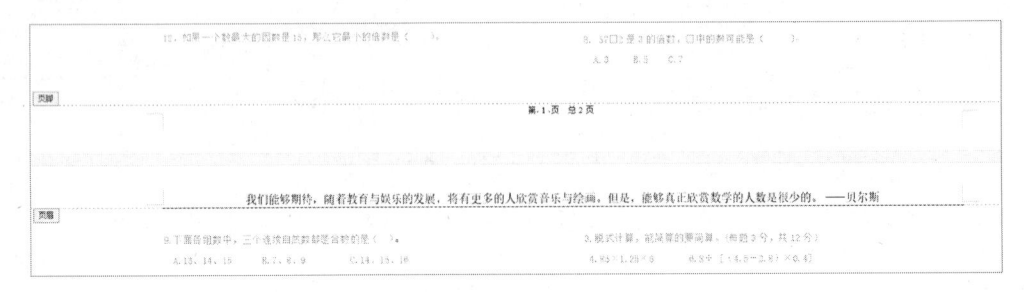

图 7-6 插入页眉和页脚的效果

第四步,制作考生信息区。

制作要求:考生信息区包括学院、专业、姓名、学号等内容,将其放置于试卷的左侧。

(1)单击"插入"选项卡"文本"功能区中的"文本框"按钮,在弹出的下拉列表中选择"绘制竖排文本框"选项。

(2)在试卷左侧拖动鼠标绘制出适当大小的文本框,然后输入相应的考生信息。

(3)设置文本格式,即设置字体、字号、添加下画线等。

(4)设置文本框格式。

❶选中文本框,在"形状格式"选项卡的"文本"功能区中设置文字方向、文本对齐方式等。

❷选中文本框,在"形状格式"选项卡的"形状样式"功能区中设置"形状填充"和"形状轮廓",去掉文本框的底色和框线。

第五步,制作装订线。

(1)单击"插入"选项卡"插图"功能区中的"形状"按钮,在弹出的下拉列表中选择"线条"→"直线"绘制工具。

(2)在试卷的左侧,在按住 Shift 键的同时拖动鼠标绘制出一条竖直线。

(3)用鼠标右键单击绘制的竖直线,在弹出的快捷菜单中选择"设置形状格式"命令,弹出"设置形状格式"对话框,设置线条为虚线,短画线类型选择方点,根据需要设置线条宽度。

(4)添加"装订线"文字。单击"插入"选项卡"文本"功能区中的"文本框"按钮,在弹出的下拉列表中选择"绘制竖排文本框"选项。在装订线的上方拖动鼠标绘制出适当大小的文本框,然后输入文字。

(5)设置文本及文本框格式。将文本框中的文本格式设置为分散对齐,将文本框的形状填充和形状轮廓均设置为无。

(6)为了保证每一页试卷上都有考生信息区及装订线,将设置好的考生信息区及装订线全部选中,设置组合,即在右键快捷菜单中选择"组合"命令或按 Ctrl+G 组合键,可将组合信息添加到"页眉和页脚"中。

第六步,制作登分表格。登分表格效果如图 7-7 所示。

题号	第一题	第二题	第三题	第四题	第五题	第六题	总分
得分							

图 7-7 登分表格效果

（1）单击"插入"选项卡"表格"功能区中的"表格"按钮，按照题数选择表格的行数和列数，在试卷光标处就会出现相应的表格；或者在下拉列表中选择"插入表格"选项，在弹出的"插入表格"对话框中设置表格参数。

（2）用鼠标右键单击表格左上角的设置图标，在弹出的快捷菜单中选择"表格属性"命令，弹出"表格属性"对话框，切换至"行"选项卡，设置"指定高度"为 0.8 厘米。

（3）在表格内输入文本，设置文本格式。

（4）设置表格格式。

第七步，制作批阅框。

在每道大题的左侧一般都要求提供批阅框，包括"得分"和"合分人"两项内容，直接利用"表格→插入表格"操作就可以完成，然后按需依次复制（一定要注意，在插入表格后必须先选中表格，然后单击鼠标右键，在弹出的快捷菜单中选择"表格属性"命令，在弹出的对话框中将对齐方式设置为"环绕"，这样才可以实现图文混排）。批阅框效果如图 7-8 所示。

得 分	
合分人	

图 7-8　批阅框效果

补充知识

1. 认识和使用 Word 标尺

（1）显示/隐藏标尺。切换至"视图"选项卡，在"显示"功能区中勾选"标尺"复选框即可显示标尺，取消勾选该复选框即可隐藏标尺。

（2）首行缩进。在写文章的时候，我们会在每段的首行空两格，直接利用标尺就能实现每段的首行缩进。选中全文，按住 Alt 键，拖动标尺左侧上方的"倒三角"标识▽，如图 7-9 所示，即可实现首行缩进。

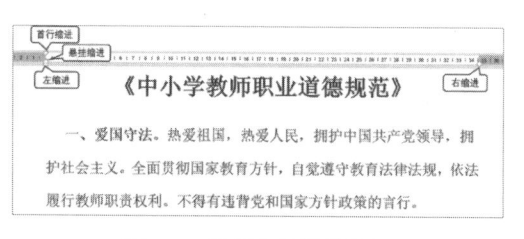

图 7-9　标尺上的缩进标识

（3）悬挂缩进。选中全文，拖动标尺左侧下方的"正三角"标识△，如图 7-9 所示，即可实现悬挂缩进。悬挂缩进指的是段落除首行外的其他行的左缩进。

（4）左、右缩进。选中全文，拖动标尺上的"长方形"标识，如图 7-9 所示，即可实现段落的左、右缩进。

（5）设置页边距。可以直接通过标尺调整上、下、左、右的页边距。将鼠标指针移动到标尺灰白交界处，当出现双向箭头时就可以拖动鼠标调整页边距。

（6）制表符。利用标尺的制表符功能，可以实现文字对齐。选中全文，将鼠标指针移动到标尺中间部位（需对齐的位置）并单击，这时会出现一个"L"形状，这就是制表符。将鼠标指针移动到文字前面，按 Tab 键，就可以将文字移动到刚才设置的位置上对齐。

2. 使用制表符制作整齐的算式题组

我们在试卷排版中经常会遇到如图 7-10 所示的问题，很多算式排列起来参差不齐，如何让它们整齐划一呢？下面介绍制表符的对齐功能。

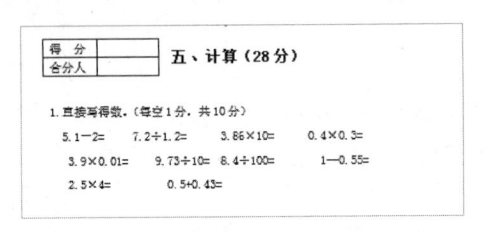

图 7-10 需要对齐的算式文本

制表符（也叫制表位）的作用是在不使用表格的情况下，在垂直方向按列对齐文本。制表符比较常见的应用包括制作名单、简单列表等，也可以用于制作页眉、页脚等同一行有多个对齐位置的内容。

具体操作步骤如下。

第一步，打开试卷文档，显示标尺。

第二步，选择左对齐式制表符。单击水平标尺左端的制表符类型按钮，可以选择不同类型的制表符。一般有 5 种制表符，分别是左对齐式制表符 ∟、居中式制表符 ⊥、右对齐式制表符 ⌐、小数点对齐式制表符 ⊥、竖线对齐式制表符 ▌。应用制表符对齐算式解决效果如图 7-11 所示。

图 7-11 应用制表符对齐算式解决效果

第三步，在水平标尺上算式列要对齐的位置单击，即可创建当前类型的制表符。将制表符移出标尺，即可删除制表符。

第四步，将光标置于试题的第一行第二道算式的前面，按 Tab 键，第二道算式会随着光标跳到第一个制表符处（可以发现第二道算式的左侧是与"L"对齐的）。

第五步，将光标置于试题的第一行第三道算式的前面，再按 Tab 键，第三道算式会随着光标跳到第二个制表符处（可以发现第三道算式的左侧是与"L"对齐的）。

第六步，重复上面的操作，即可使所有的算式排列为整齐的 3 行 4 列的题阵。

7.3.2　实战技能 2：批量制作学生成绩通知单

在教学中，我们会经常遇到批量制作学生成绩通知单、准考证、录取通知书的情况。这些工作都具有工作量大、重复率高的特点，既容易出错，又容易让人感到枯燥。这些问题利用 Word 中的"邮件合并"功能就可以轻松解决。下面我们就来批量制作学生成绩通知单。

具体操作步骤如下。

第一步，创建学生成绩表。在 Excel 中输入学生的学期成绩，保存为"学期成绩数据.xlsx"文档，如图 7-12 所示。

图 7-12　创建学生成绩表

第二步，在 Word 中设计学生成绩通知单样式，并保存为"学校学生成绩通知单.docx"文档，如图 7-13 所示。

第三步，单击"邮件"选项卡"开始邮件合并"功能区中的"开始邮件合并"按钮，在弹出的下拉列表中选择"信函"选项，如图 7-14 所示。

图 7-13　设计学生成绩通知单样式　　　　图 7-14　选择"信函"选项

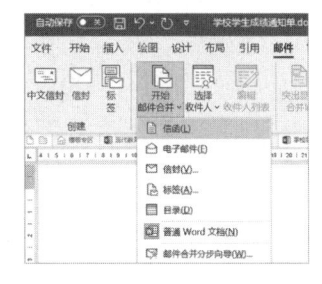

第四步，单击"邮件"选项卡"开始邮件合并"功能区中的"选择收件人"按钮，在弹出的下拉列表中选择"使用现有列表"选项；在弹出的"选择数据源"对话框中找到"学期成绩数据.xlsx"文件，单击"打开"按钮；弹出"选择表格"对话框，选择导入表格"Sheet1$"，单击"确定"按钮，如图 7-15 所示。

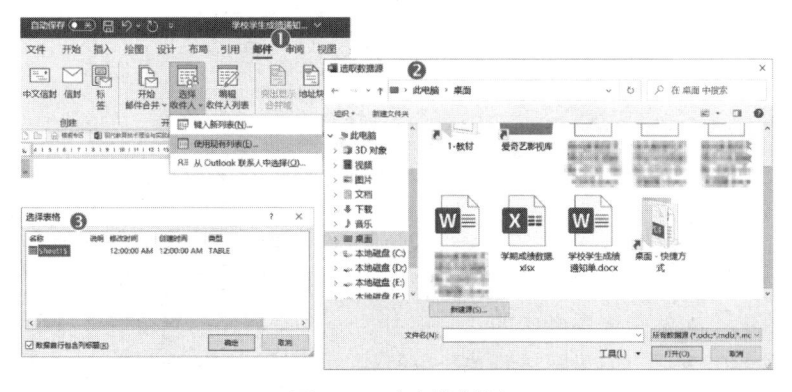

图 7-15　确定数据源

第五步，插入合并域。插入合并域是指将数据源中的数据引用到主文档中相应的位置。将文本插入点定位到"同学"前面，然后单击"邮件"选项卡"编写和插入域"功能区中的"插入合并域"按钮，在弹出的下拉列表中选择"姓名"选项，如图7-16所示。

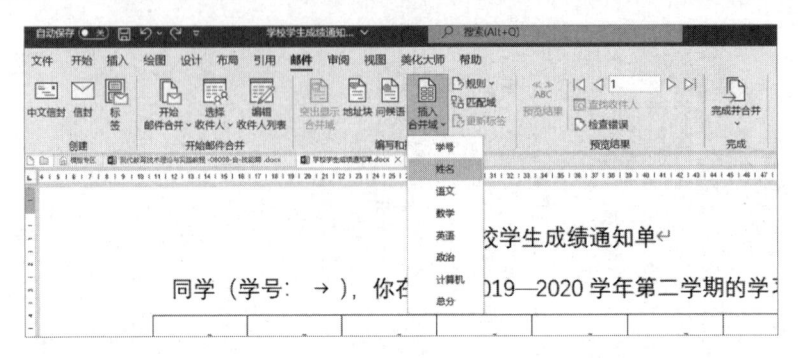

图7-16 选择"姓名"选项

第六步，使用同样的方法，在"学号:"后面，以及"姓名""语文""数学""英语""政治""计算机""总分"下面，分别插入"学号""姓名""语文""数学""英语""政治""计算机""总分"的域名。插入合并域的效果如图7-17所示。

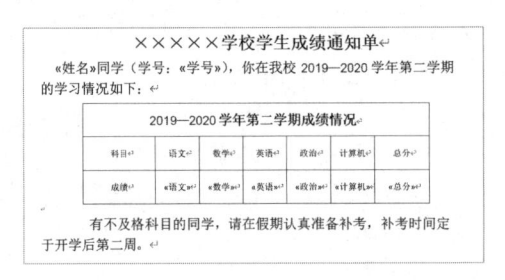

图7-17 插入合并域的效果

第七步，单击"邮件"选项卡中的"预览结果"按钮，可以预览结果，如图7-18所示。

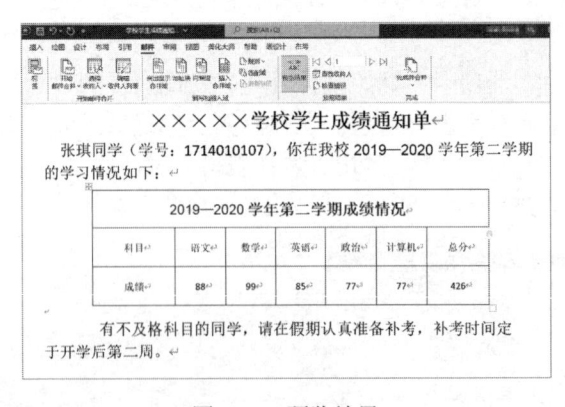

图7-18 预览结果

第八步，如果需要修改插入的文字大小或字体等，则可以再次单击"预览结果"按钮退出预览状态，选中文档中要修改的域名，在"开始"选项卡中进行文字编辑。

第九步，单击"邮件"选项卡中的"完成并合并"按钮，如果要直接打印，则在下拉列表中选择"打印文档"选项；如果要进行单个文件编辑，则在下拉列表中选择"编辑单个文档"选项。

7.3.3 实战技能3：长文档的排版（一）

（1）文档排版前的个性化设置。在进行文档排版前，可以先把文本、文件夹和多数网页的底色改为苹果绿，有助于缓解视觉疲劳。具体操作步骤如下：

第一步，用鼠标右键单击桌面，在弹出的快捷菜单中选择"个性化"命令，在打开的窗口中单击"窗口颜色"命令图标，然后单击"高级外观设置"链接，弹出"窗口颜色和外观"对话框，在"项目"下拉列表中选择"窗口"选项。

第二步，单击右侧的"颜色"下拉按钮，在弹出的下拉列表中单击"其他"按钮，弹出"颜色"对话框，设置色调为91，饱和度为90，亮度为195，单击"添加到自定义颜色"按钮，选择该颜色，单击"确定"按钮即可。

（2）设置"自动保存"功能。选择"文件"→"选项"命令，在弹出的对话框的左侧选择"保存"选项，在对话框的右侧可以看到"保存自动恢复信息时间间隔"选项，默认间隔10分钟。如果用户时常因没有及时保存而丢失工作进度，那就让系统帮忙实现，最短间隔可设置为1分钟。

（3）设置"快速访问"功能。选择"文件"→"选项"命令，在弹出的对话框的左侧选择"快速访问工具栏"选项，在左侧的命令列表中选择一种命令，单击"添加"按钮将其添加到右侧的命令列表中，单击"确定"按钮。比如数学教师经常用到公式，则可以把"插入"类别里面的"公式编辑器"命令设置为快速访问工具。

（4）多窗口同时规整显示。第一步，按 Win + D 组合键，即可显示桌面，此时全部窗口最小化显示；第二步，依次单击要同时显示的窗口，然后单击"视图"选项卡"窗口"功能区中的"并排查看"按钮，按需选择即可。

下面开始进行长文档的排版操作。

1. 设置纸张大小和文档网格

我们在写文章前，不要急于动笔，而要先设置合适的纸张大小，也就是 Word 中的页面设置。单击"布局"选项卡"页面设置"功能区中的对话框启动器按钮，弹出"页面设置"对话框，如图 7-19 所示。

很多人习惯先输入内容，再设置纸张大小。Word 默认使用的是 A4 纸张大小，如果改为 B5 纸张大小，就有可能使整篇文档的格式混乱。如果事先进行了页面设置，就可以在输入时直观地看到页面中的内容和排版是否合适，避免日后修改的麻烦。

考虑到阅读者的年龄可能比较大，对于密密麻麻的文字阅读起来比较吃力，还可以调整一下文字的排列。通常采用增大字号的办法。其实，还可以在页面设置中调整字与字、行与行之间的距离，即使不增大字号，也能使内容看起来更清晰。在"页面设置"对话框中切换至"文档网格"选项卡，如图 7-20 所示。

图 7-19 "页面设置"对话框

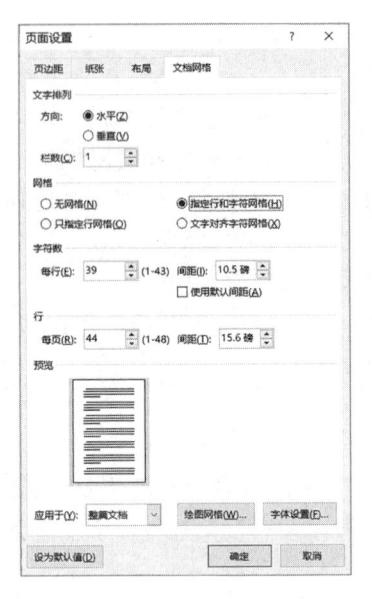

图 7-20 "文档网格"选项卡

选中"指定行和字符网格"单选按钮；在"字符数"选项组中默认设置为"每行 39"，可以适当减少每行字符数，如改为"每行 37"；同样，在"行"选项组中默认设置为"每页 44"，可以适当减少每页行数，如改为"每页 42"。这样，文字的排列就均匀、清晰了。

2. 设置样式

简单来说，样式就是格式的集合。通常所说的"格式"往往指单一的格式，如"字体"格式、"字号"格式等。如果文字的格式比较复杂，就需要多次进行不同的格式设置。而样式作为格式的集合，可以包含几乎所有的格式，在设置时只需选择某种样式，就能把其中包含的各种格式一次性设置到文字和段落上。

样式的设置很简单，在将各种格式设置好后，重命名就可以成为一种样式。而在通常情况下，只需使用 Word 提供的预设样式就可以满足要求。如果预设样式不能满足要求，则只需略加修改即可。

单击"开始"选项卡"样式"功能区中的对话框启动器按钮，打开"样式"对话框，在其中即可设置或应用各种样式。

单击"样式"对话框底端的"选项"按钮，弹出"样式窗格选项"对话框，在"选择要显示的样式"下拉列表中选择一种样式，如图 7-21 所示。

图 7-21 显示样式的设置

"正文"样式是文档中的默认样式，新建文档中的文字通常采用"正文"样式。很多样式都是在"正文"样式的基础上经过格式改变而设置出来的，因此"正文"样式是 Word 中最基础的样式，轻易不要修改它，因为它一旦被修改，将会影响所有基于"正文"样式的其他样式。

"标题 1"～"标题 9"为标题样式，它们通常用于各级标题段落。与其他样式最为不同的是，标题样式具有级别，分别对应级别 1~9，这样就能够通过级别得到文档结构图、大纲和目录。

3．规划长文档中的常用样式

论文中的一级大标题采用"标题 1"样式，二、三级小标题按层次分别采用"标题 2"和"标题 3"样式。

论文正文样式：字体为"小四号，宋体（英文采用'小四号，Times New Roman'）"，行距为固定值 22 磅，段前、段后间距均为 0 磅，首行缩进两个字符。

参考文献标题样式：字体为"五号，黑体"，基于标题样式。

摘要、关键词、注释、参考文献内容等样式：字体为"小五号，楷体（英文采用'小五号，Times New Roman'）"，行距均为固定值 18 磅，段前、段后间距均为 0 磅。

规划结束之后，即可输入文字，并对输入的文字应用设置的样式。

4．查看和修改长文档的层次结构

长文档的定位比较麻烦。在应用样式之后，由于"标题 1"~"标题 9"样式具有级别，因而能方便地进行层次结构的查看和定位。

在"视图"选项卡的"显示"功能区中勾选"导航窗格"复选框，即可打开"导航"窗格，如图 7-22 所示。在其中的标题上单击，即可快速定位到相应位置。

当在长文档中有大块区域的内容需要调整位置时，很多人之前的做法是先剪切再粘贴。但是，当区域移动距离较远时，同样不容易找到位置。

可以根据需要，直接在"导航"窗格的"标题"选项卡中选中要移动的标题，将其拖动到相应位置即可。

快速定位页面：在"导航"窗格的"页面"选项卡中可以快速定位相应的页面。

快速定位文字：在"导航"窗格的搜索框中输入要查找的文字，即可在"结果"选项卡中显示所有带有要查找的文字的页面。

图 7-22　"导航"窗格

5．对长文档的不同部分分节

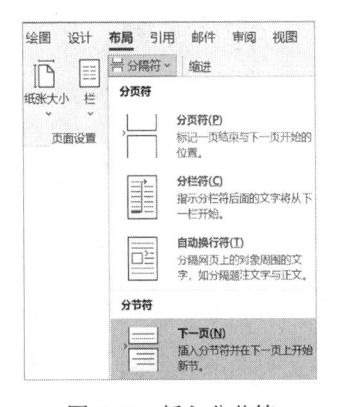

图 7-23　插入分节符

文档的不同部分通常会另起一页开始，很多人习惯用加入多个空行的做法使新的部分另起一页，这是一种错误的做法，会导致修改时的重复排版，降低工作效率。另一种做法是插入分页符分页，但如果希望采用不同的页眉和页脚，这种做法就无法实现了。

正确的做法是插入分节符，将不同的部分分成不同的节，这样就能针对不同的节进行页面设置了。

定位到下一部分的标题文字前，单击"布局"选项卡"页面设置"功能区中的"分隔符"按钮，在弹出的下拉列表中选择"分节符"类型中的"下一页"选项，如图 7-23 所示，插入一个不可见的分节符。这个分节符不仅会将光标位置后面的内容分设一个新节，还会令该节从新的一页开始，实现既分节又分页的功能。

对于封面和目录页，可以用分节的方式将它们设置在不同的节里。图 7-24 所示为封面、目录及正文内容分节样本。

如果要取消分节，则只需删除分节符即可。分节符是不可打印字符，默认情况下在文档中不显示。在"开始"选项卡的"段落"功能区中单击"显示/隐藏编辑标记"按钮，即可查看隐藏的编辑标记。图 7-25 所示为显示分节符的效果。

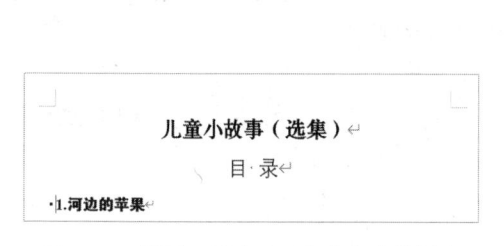

图 7-24　封面、目录及正文内容分节样本

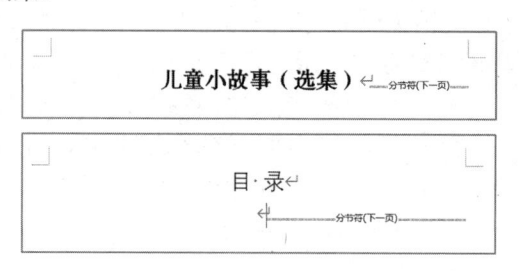

图 7-25　显示分节符的效果

在段落标记和分节符之间单击，按 Delete 键即可删除分节符，并使分节符前、后的两节合并为一节。

6．为不同的节添加不同的页眉

利用"页眉和页脚"功能可以为文档添加页眉。通常文档的封面和目录页不需要添加页眉，从正文开始才需要添加页眉。因为前面已经对文档进行了分节，所以通过设置"节"很容易实现这个功能。

在设置页眉和页脚时，最好从文档最前面开始，这样不容易混乱。按 Ctrl+Home 组合键快速定位到文档开始处，单击"插入"选项卡"页眉和页脚"功能区中的"页眉"按钮，进入页眉编辑状态，如图 7-26 所示。

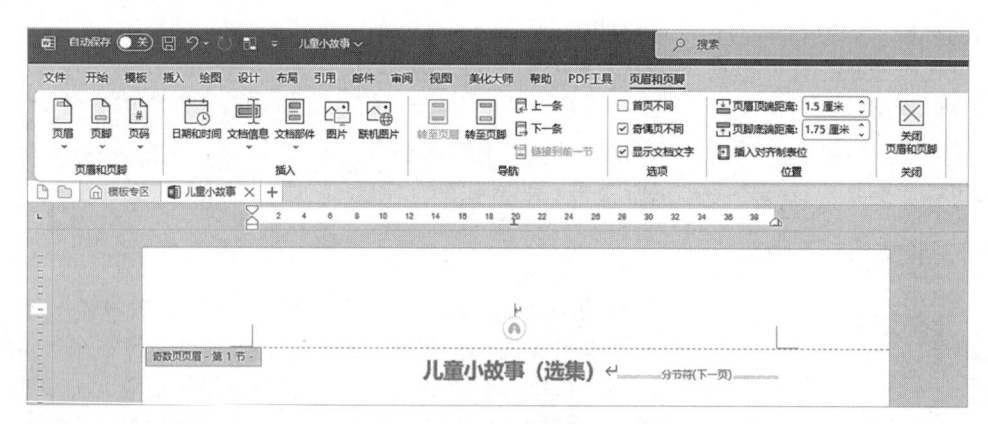

图 7-26　页眉编辑状态

此时在页眉左侧显示"页眉-第 1 节-"提示文字，表明当前要对第 1 节设置页眉。由于第 1 节是封面，不需要设置页眉，因此可在"页眉和页脚"工具选项卡中单击"下一条"按钮，进入第 2 节。由于第 2 节是目录页，同样不需要设置页眉，因此继续单击"下一条"按钮，进入第 3 节。

此时在页眉右侧显示"与上一节相同"提示文字，如图 7-27 所示，表明第 3 节的页眉与第 2 节的页眉一样。如果此时在页眉区域中输入文字，那么输入的文字将会出现在所有节的页眉中，因此不要急于设置。

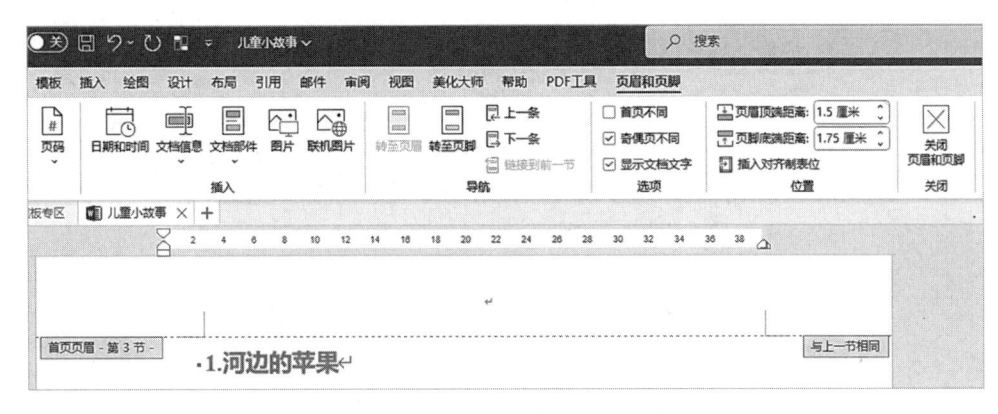

图 7-27　"与上一节相同"编辑状态

在"页眉和页脚"工具选项卡中单击"链接到前一节"按钮，取消"与上一节相同"设置，这时页眉右侧的"与上一节相同"提示文字消失，表明当前节的页眉与上一节的页眉不同。

此时再在页眉区域中输入文字，比如可用文章的标题"儿童小故事（选集）"作为页眉。对后面的其他节不再设置页眉，因为后面节的页眉默认为"与上一节相同"，即与第 3 节的页眉相同。

设置完成后，在"页眉和页脚"工具选项卡中单击"关闭页眉和页脚"按钮，退出页眉编辑状态。

使用打印预览功能可以查看各页页眉的设置情况，其中封面和目录页没有页眉，从正文开始在每页顶端均显示页眉内容。

7．在指定位置添加页码

很多人习惯在"插入"选项卡的"页眉和页脚"功能区中单击"页码"按钮直接插入页码，这样操作将会在封面和目录页中都添加页码。而我们现在希望封面和目录页中没有页码，从正文开始添加页码，并且页码从"1"开始编号。这样的要求通过"分节"设置就可以满足。

按 Ctrl+Home 组合键快速定位到文档开始处，单击"插入"选项卡"页眉和页脚"功能区中的"页脚"按钮，进入页脚编辑状态，如图 7-28 所示。

图 7-28　页脚编辑状态

此时在页脚左侧显示"页脚-第 1 节-"提示文字，表明当前要对第 1 节设置页脚。由于第 1 节是封面，不需要在页脚区域中添加页码，因此可在"页眉和页脚"工具选项卡中单击"下一条"按钮，显示并设置下一节的页脚。

由于第 2 节是目录页，同样不需要添加页码，因此继续单击"下一条"按钮，进入第 3 节。

此时在页脚右侧显示"与上一节相同"提示文字，表明第 3 节的页脚与第 2 节的页脚一样。如果此时在页脚区域中插入页码，则页码将会出现在所有节的页脚中，因此不要急于插入页码。在"页眉和页脚"工具选项卡中单击"链接到前一节"按钮，取消"与上一节相同"设置，这时页脚右侧的"与上一节相同"提示文字消失，表明当前节的页脚与上一节的页脚不同，如图 7-29 所示。

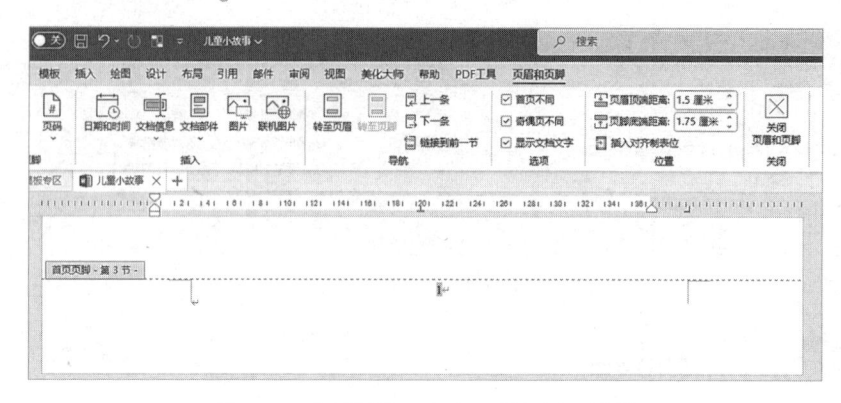

图 7-29　取消页脚"与上一节相同"设置

这时再插入页码，就能让页码只出现在当前节及其后的其他节中。

单击"插入"选项卡"页眉和页脚"功能区中的"页码"按钮，在弹出的下拉列表中选择"设置页码格式"选项，弹出"页码格式"对话框。在默认情况下，"页码编号"设置为"续前节"，表示页码接续上一节的编号。如果采用此设置，则会自动计算第 1 节和第 2 节的页数，然后在当前的第 3 节中接续前面的页码编号，这样本节就不会从第 1 页开始了。因此需要在"页码编号"中设置"起始页码"为"1"，这样就与上一节的页码编号无关了。

对第 3 节之后的其他节不用再设置页码，因为页脚的默认设置为"与上一节相同"，而且页码格式默认设置均为"续前节"，将会自动为每一节编排页码。

设置完成后，在"页眉和页脚"工具选项卡中单击"关闭页眉和页脚"按钮，退出页脚编辑状态。

8．添加目录

要想成功地添加目录，标题应该正确应用带有级别的样式，如"标题 1"～"标题 9"样式。尽管也有其他的方法可以添加目录，但应用带有级别的样式是最方便的方法。

定位到需要插入目录的位置，在"引用"选项卡中单击"目录"按钮，在弹出的下拉列表中选择"自定义目录"选项，弹出"目录"对话框，如图 7-30 所示。

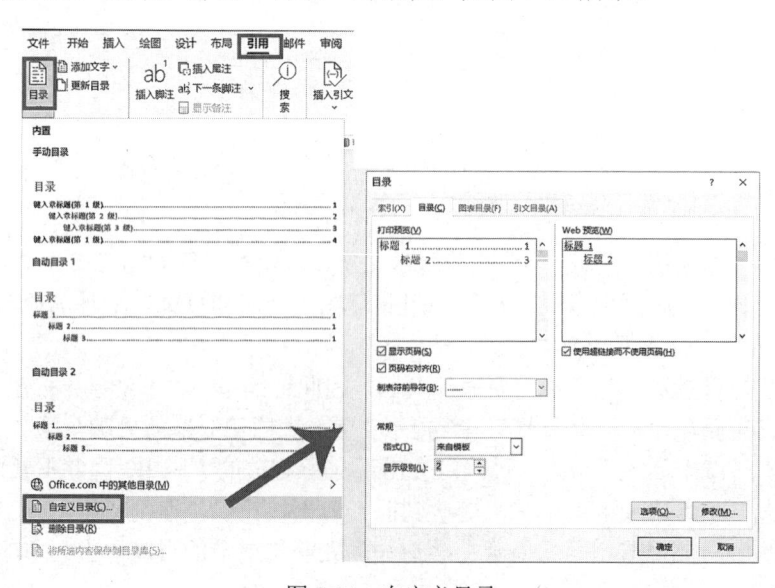

图 7-30　自定义目录

在"显示级别"数值框中可指定目录中包含几个级别,从而决定目录的细化程度。这些级别是来自"标题 1"～"标题 9"样式的,分别对应级别 1～9。如果要设置更为精美的目录格式,则可在"格式"下拉列表中选择其他类型,通常采用默认的"来自模板"即可。单击"确定"按钮,即可插入目录。模板目录是以"域"的方式插入文档中的(会显示灰色底纹),可以对其进行更新。添加的目录效果如图 7-31 所示。

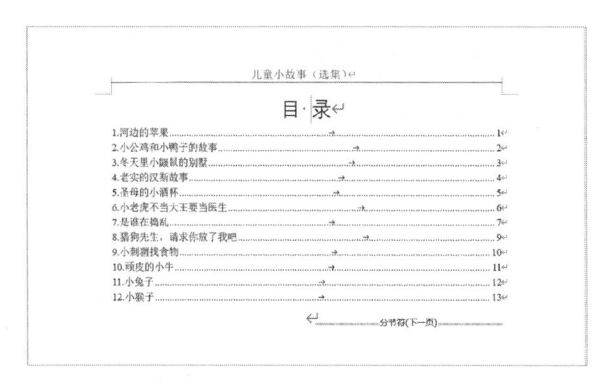

图 7-31 添加的目录效果

当文档中的内容或页码发生变化时,可在目录中的任意位置单击鼠标右键,在弹出的快捷菜单中选择"更新域"命令;如果只是页码发生了改变,则可选择"只更新页码"命令;如果有标题内容的修改或增减,则可选择"更新整个目录"命令。

至此,整篇文档排版完毕。在整个排版过程中,可以注意到样式和分节的重要性。采用样式,可以实现边输入文字边快速排版,在修改格式时能够使整篇文档中多处用到的某种样式自动更改格式,并且易于进行文档层次结构的调整和生成目录。对文档的不同部分进行分节,有利于对不同的节进行不同的页面设置。

有关样式和分节的应用,以及页眉和页脚的设置,在这里仅仅介绍了基本用法。

7.3.4 实战技能 4:长文档的排版(二)

长文档排版要求:
- 正反面打印。
- 在每页的左侧留出一些空白,以便装订后不会遮挡文字。
- 奇数页总是位于右侧页,偶数页总是位于左侧页。
- 每一章的首页总是位于右侧页(奇数页)。
- 如果某一章的前一页没有内容,则会保留空白页,空白页总是位于左侧页(偶数页)。
- 奇数页、偶数页的页眉可不同,一般偶数页可显示文章标题或书名,奇数页可显示本章标题。
- 每一章的首页都没有页眉。
- 目录页和正文页采用不同的页码格式(目录页采用罗马数字编号格式,正文页采用阿拉伯数字编号格式)。

1. 预留装订线区域

为了让双面打印的文档在装订后不会遮挡文字,可以预留装订线区域。单击"布局"选项卡"页面设置"功能区中的对话框启动器按钮,弹出"页面设置"对话框,切换至"页边距"

选项卡，如图 7-32 所示。

在"页码范围"选项组中，设置"多页"为"对称页边距"；在"页边距"选项组中，设置"装订线"为"2 厘米"，并可预览效果；在"预览"选项组中，设置"应用于"为"整篇文档"。

2．设置节和页眉、页脚

在 7.3.3 节中已对文档进行了分节，现在需要对节和页眉、页脚进行进一步设置。在"页面设置"对话框中切换至"布局"选项卡，如图 7-33 所示。

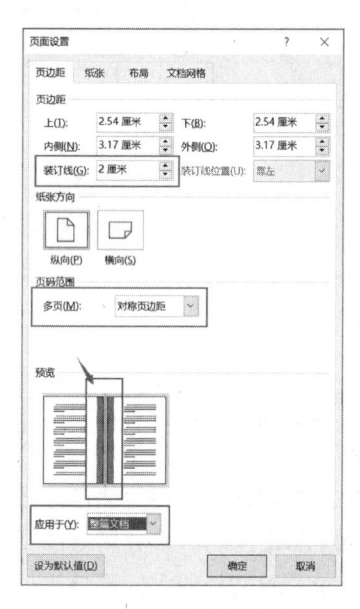

图 7-32　双面排版的页面设置　　　　　图 7-33　奇偶页的设置

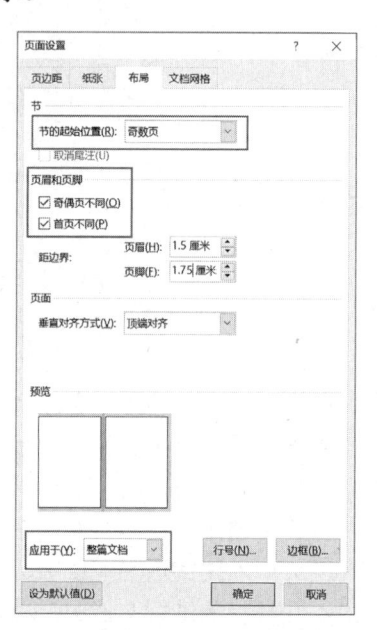

在"节"选项组中，选择"节的起始位置"为"奇数页"，这样就可以让每一节都从奇数页开始，从而让每一章的首页都位于奇数页；在"页眉和页脚"选项组中，勾选"奇偶页不同"和"首页不同"复选框，这样可以分别添加奇数页、偶数页和每一节首页的页眉和页脚，并使其内容不同；在"预览"选项组中，设置"应用于"为"整篇文档"。

如果此时进行打印预览，则会看到在目录的前一页和第 1 章的前一页出现空白页。这是因为每一节都从奇数页开始。当上一节的文字在奇数页结束时，为了让本节从奇数页开始，就会自动加入空白页。特别要注意的是，这个空白页只有在进行打印预览时才可以看到，在编辑状态下无法看到，不要误以为没有加入空白页。

3．添加不同内容的页眉

在添加页眉时，只要充分理解了"节"的作用，就能快速设置出复杂的页眉。按 Ctrl+Home 组合键快速定位到文档开始处，单击"插入"选项卡"页眉和页脚"功能区中的"页眉"按钮，进入页眉编辑状态。

这时会显示第 1 节的首页页眉，这是封面，不需要设置页眉。

在"导航"功能区中单击"下一条"按钮，进入第 2 节的首页页眉。

在第 2 节的首页页眉右侧显示"与上一节相同"，表明与上一节的首页页眉相同。由于第 2 节的内容是目录页，所以同样不需要设置页眉。在"导航"功能区中再次单击"下一条"按钮，进入第 3 节的首页页眉。

在第 3 节的首页页眉右侧显示"与上一节相同",表明与上一节的首页页眉相同,每一章的首页同样不需要设置页眉。

在"导航"功能区中单击"下一条"按钮，进入第 3 节的偶数页页眉。在本文档中,这是第一次在正文中出现偶数页页眉的内容。如果文档的前面部分也有偶数页页眉(当目录比较长时,就有可能在目录一节中首次出现偶数页页眉),就应该使此处的偶数页页眉与上一节不同。在"导航"功能区中单击"链接到前一节"按钮，使"与上一节相同"提示文字消失。在页眉处输入本文档的大标题,并使其左对齐,效果如图 7-34 所示。

在"导航"功能区中单击"下一条"按钮,进入第 3 节的奇数页页眉。在本文档中,这是第一次在正文中出现奇数页页眉的内容。如果文档的前面部分也有奇数页页眉(当目录比较长时,就有可能在目录一节中首次出现奇数页页眉),就应该使此处的奇数页页眉与上一节不同。在"导航"功能区中单击"链接到前一节"按钮，取消"与上一节相同",效果如图 7-35 所示。

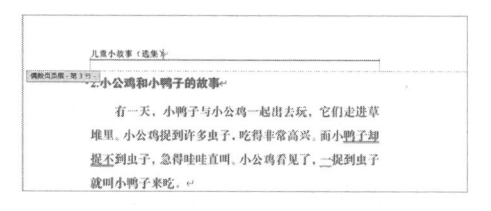

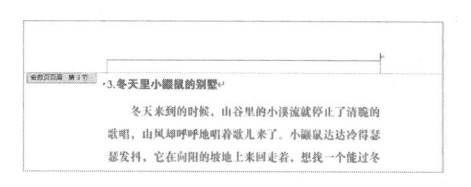

图 7-34　偶数页页眉效果　　　　图 7-35　取消奇数页页眉"与上一节相同"效果

奇数页页眉要显示每一章的标题,如果按照常用方法,则可以输入标题内容,但是这样一来必须在以后的每一节中输入不同的标题内容,比较麻烦。

利用插入域的方法,可以一次性设置所有奇数页页眉,并使页眉自动采用该节的标题。注意到每一章的标题都采用了"标题 1"样式,可以用一个域引用"标题 1"样式,这样就能自动根据当前节的"标题 1"样式显示它所对应的文字内容,而不需要反复输入。

定位到页眉中,单击"插入"选项卡"文本"功能区中的"文档部件"按钮,在弹出的下拉列表中选择"域"选项,如图 7-36 所示,弹出"域"对话框,如图 7-37 所示。

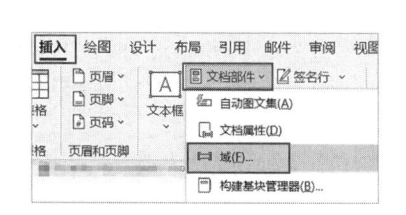

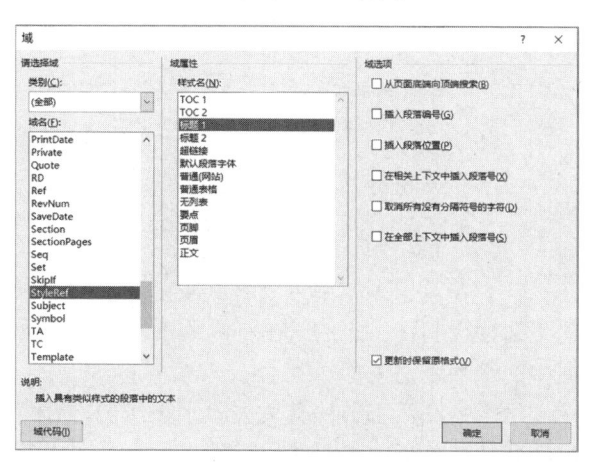

图 7-36　插入"域"　　　　图 7-37　"域"对话框

在"域名"列表框中选择"StyleRef"选项,并在"样式名"列表框中选择"标题 1"选项,表示引用"标题 1"样式中的文字。单击"确定"按钮后,即可将本节"标题 1"样式对应的文字插入页眉中,在设置页眉右对齐后,得到如图 7-38 所示的效果。

在"导航"功能区中连续单击"下一条"按钮，显示其他节的首页、偶数页和奇数页眉，此时都保持默认设置即可，让每个页眉都与上一节相同。其中，奇数页页眉会根据当前节的"标题1"样式所对应的文字的变化自动改变。

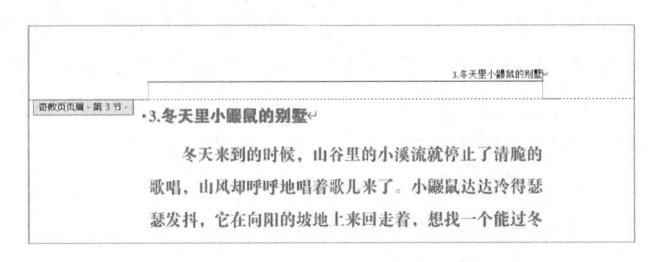

图 7-38　设置"域"的奇数页页眉效果

在"页眉和页脚"工具选项卡中单击"关闭页眉和页脚"按钮，退出页眉编辑状态。

在文档的首页页眉中可以看到，虽然没有文字，却保留了一条水平线。我们可以去除这条多余的水平线。

按 Ctrl + Home 组合键定位到文档开始处，在页眉处双击即可快速进入页眉编辑状态。要想成功去除页眉中的水平线，必须先选中页眉中的段落标记，如图 7-39 所示。

单击"设计"选项卡"页面背景"功能区中的"页面边框"按钮，弹出"边框和底纹"对话框，如图 7-40 所示。

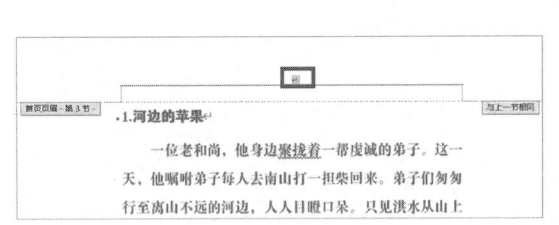

图 7-39　选中页眉中的段落标记　　　　图 7-40　"边框和底纹"对话框

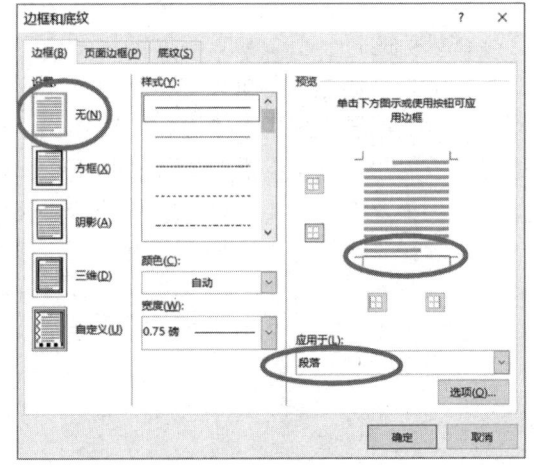

在"预览"区域中可以看到段落底部添加了一条水平线，页眉中的水平线实际上是用段落的下边框线制作出来的。在左侧的"设置"选项组中选择"无"，即可去除段落边框，从而使页眉中的水平线消失。

由于是在第 1 节的首页去除水平线的，后续其他节的首页设置均为"与上一节相同"，因此后续其他节首页的水平线也会消失，不必再进行设置了。

4．添加不同格式的页码

在杂志和书籍中，目录页和正文页可以采用不同的页码格式。例如，目录页采用"I,II,III,…"罗马数字编号格式，正文页采用"1,2,3,…"阿拉伯数字编号格式。要实现这样的页码编排，同样需要借助分节功能来实现。

按 Ctrl+Home 组合键定位到文档开始处，单击"插入"选项卡"页眉和页脚"功能区中的"页脚"按钮，进入页脚编辑状态，显示第 1 节的首页页脚。

第 1 节是封面，不需要添加页码。在"导航"功能区中单击"下一条"按钮，进入第 2 节的首页页脚。

第 2 节是目录页，需要添加罗马数字编号格式的页码。在第 2 节首页页脚右侧显示"与上一节相同"，表示与第 1 节首页页脚相同，显然需要断开和第 1 节之间的链接。在"导航"功能区中单击"链接到前一节"按钮，"与上一节相同"提示文字消失。在"页眉和页脚"功能区中单击"页码"按钮，在弹出的下拉列表中选择"设置页码格式"选项，弹出"页码格式"对话框，可在其中设置页码的格式和起始编号。

在"编号格式"下拉列表中选择"I,II,III,…"，在"页码编号"选项组中设置"起始页码"为"I"，单击"确定"按钮结束设置。注意第 2 节的页脚提示文字变为"奇数页页脚-第 2 节-"，并且没有出现预期的页码。这是由于选择了"首页显示页码"，从而使原来的"首页不同"功能失效，自动转变为奇数页页脚，并且会显示"与上一节相同"。如果切换至页眉，则还会看到自动添加了一条水平线，这是因为此节的页眉已经变为奇数页页眉，从而与上一节的首页页眉格式不一样了。可以在完成所有的页码设置后，按照前面"去除页眉中多余的水平线"的方法去除水平线。

重复一遍刚才的操作即可设置好此节的页码，在"导航"功能区中单击"链接到前一节"按钮，"与上一节相同"提示文字消失。再次打开"页码格式"对话框，可以看到此时的页码格式已经自动采用了上一次的设置，只需单击"确定"按钮即可。现在可以看到罗马数字编号格式的页码出现在第 2 节的奇数页页脚右侧。

如果目录较长，则在目录的第 2 页中会显示偶数页页脚，其中将自动采用罗马数字编号格式，不需要再进行设置。

在"导航"功能区中单击"下一条"按钮，进入第 3 节的首页页脚。

在第 3 节的首页页脚右侧会显示"与上一节相同"提示文字。在"导航"功能区中单击"链接到前一节"按钮，"与上一节相同"提示文字消失。在"页眉和页脚"功能区中单击"页码"按钮，在弹出的下拉列表中选择"设置页码格式"选项，弹出"页码格式"对话框，在"编号格式"下拉列表中选择"1,2,3,…"，在"页码编号"选项组中设置"起始页码"为"1"。设置完成后，后续所有节都会延续页码的设置和编号。

5．双面打印设置

当文档需要双面打印时，有多种设置和打印方法，在这里仅介绍手动双面打印。选择"文件"→"打印"→"单面打印"→"手动双面打印"命令，其他设置保持默认值，如图 7-41 所示。

当开始打印时，打印机会在打印完一面后提示换纸，将纸张背面放入打印机中即可打印出背面内容。由于每张纸都需要手动放入打印机中才能打印背面，比较麻烦，因而这种打印方法只适用于打印纸张很少的情况。

无论多么复杂的排版，只要用好了分节、样式、页面设置、页眉和页脚设置，就能轻松、快捷地制作出具有专业水准的文档。

图 7-41　手动双面打印设置

拓展学习资源

1. 侯捷. Word 排版艺术[M]. 北京：电子工业出版社，2004.
2. 宋翔. Word 排版之道[M]. 3 版. 北京：电子工业出版社，2015.
3. 秋叶. 和秋叶一起学 Word[M]. 3 版. 北京：人民邮电出版社，2020.
4. 陈莹. 现代教育技术与小学信息技术教学[M]. 北京：高等教育出版社，2012.

课后思考题

1. 你知道的文件格式都有哪些？分享一下你对各种文件格式的使用技巧。
2. 根据专业学科方向，自己设计一套试题，按照下面的要求进行排版。
（1）页面设置要求：纸张设置自定义大小为 36.4 厘米×25.7 厘米；纸张方向为横向；页边距设置为上 2.5 厘米、下 2.5 厘米、左 2.5 厘米、右 2.5 厘米；要求有装订线设置，装订线设置在页面左侧，保留 1 厘米；设置页眉顶端距离为 1.5 厘米；设置页脚底端距离为 1.2 厘米；文档网格设置为两栏。
（2）要求试卷单面打印；页眉内容要求添加一句数学格言（格式不限）；页脚内容居中插入页码，形式如"第-1-页"；在试卷左侧添加密封线及姓名、班级、学校等内容。
（3）保存为.docx 格式。
3．从互联网上下载自己喜欢的文学作品，按照下面的要求进行排版。
（1）创建封面页面。
（2）页面设置要求：纸张要求采用 A4 纸；页边距设置为上 2.54 厘米、下 2.54 厘米、左 3.17 厘米、右 3.17 厘米；除首页外，其他页面的页眉添加作品名称文本；要求添加页码，首页不设置页码；目录页采用罗马数字编号格式；正文页采用阿拉伯数字编号格式。

第8章　图形图像素材的获取与编辑

图像是客观对象的一种相似性的、生动性的描述或写真，是人类社会活动中常用的信息载体。或者说图像是客观对象的一种表示，它包含了被描述对象的有关信息。图像是人们主要的信息源，据统计，一个人获取的信息大约有75%来自视觉。在广义上，图像就是所有具有视觉效果的画面，包括纸介质上的、底片或照片上的及电视、投影仪或计算机屏幕上的。

8.1　图形图像概述

8.1.1　图形图像的定义

图形（Graph）和图像（Image）是人们最容易识别和记忆的信息，而且因为它们所包含的信息量非常丰富，通过画面可以生动、形象、直观地表达出大量的信息，将抽象的内容转化为较直观的形式，所以它们具有文字和声音所不可比拟的优点。在计算机辅助教学中，图形和图像是课件中不可缺少的素材，主要用在以认知为目标的教学活动中，有助于认识、比较、鉴别事物，激发感情和加深对教学内容的理解。图形和图像在计算机中的处理方式有所不同，图形以点、线、面等数据为基本单位，而图像则由像素组成；图形与相同内容的图像相比所占的存储空间小，但并非所有的画面都能用图形精确地表达出来，而图像却可以精确、直观地表达出几乎所有的画面。

图形和图像都是多媒体系统中的可视元素。图形是矢量图（Vector Drawn），它是根据几何特性来绘制的。图形的元素是一些点、直线、弧线等。矢量图常用于框架结构的图形处理，应用非常广泛，如在计算机辅助设计（CAD）系统中常用矢量图来描述十分复杂的几何图形，适用于直线及以角度、坐标和距离来表示的图形。当图形任意放大或者缩小后，清晰依旧。图像是位图（Bitmap），它所包含的信息是用像素来度量的。就像细胞是组成人体的最小单元一样，像素是组成一幅图像的最小单元。对图像的描述与分辨率和色彩的颜色种数有关，分辨率与色彩位数越高，占用存储空间就越大，图像就越清晰。图形是人们根据客观事物制作生成的，它不是客观存在的；图像是可以直接通过照相、扫描、摄像得到的，也可以通过绘制得到。

8.1.2　图形图像的类型

在计算机中，按图像的生成方式分为位图图像和矢量图像两种，按图像的动静又分为静态图像和动态图像两类。

位图图像是对视觉信号直接量化而得到的一种数字视觉媒体，它将原始的图形或图像离散化为空间的点（因此也称为点阵图），用二维点阵表示，对每个点的颜色、亮度都相对确定地进行数字化描述。将这些点阵数据以文件形式存储，即图像文件。在显示时，像素与显示器的显示点一一对应，故称位图图像，它的分辨率决定了图像的大小，图像放大后会出现马赛克效果，使图像变得模糊不清，边缘会呈锯齿状。

矢量图像是依据某个标准对图像进行分析，抽取实体特征，形成产生图形的算法，在绘制直线、矩形、圆形等图形元素的基础上创建图像的。矢量图像实际上存储了一组描绘图形元素的指令，显示时通过绘制直线、圆形、矩形等元素，综合起来就形成了图像。由于矢量图像存储的是绘图程序，因而其占用的存储空间比位图图像占用的存储空间小，但在显示时要花费较多的时间进行图像的重组。矢量图像描述物体的大小和形状比较容易，但是对于照片这类色彩复杂的图像，算法描述和计算的难度很大，效果不理想。由于矢量图像是由用数字方法描绘的几何体组成的图形，所以矢量图像可以随意放大，边缘依然保持平滑，清晰度不变。

动态图像是一组随着时间连续变化的静态图像或图像序列。如果图像序列中的每帧图像都是摄取的真实图像，则称其为影像视频，简称视频；如果图像序列中的每帧图像都是人工绘制或计算机产生的图形，则称其为动画。

8.1.3 图形图像的文件格式

常见的图形图像文件格式有以下几种。

（1）BMP。BMP 是 PC 上最常用的图像文件格式，有压缩和不压缩两种形式，是微软公司推出的一种位映射存储格式。该格式与设备无关，可以被多种应用程序支持。它可以用于渲染图像的颜色数从 2 种到 1600 多万种，因此可以表现极其丰富的色彩。它在 Windows 环境下相当稳定，在文件大小没有限制的场合中运用极为广泛。

（2）JPEG。JPEG 是可以大幅度地压缩图形文件的一种图形格式。对于同一幅画面，用 JPEG 格式存储的文件大小是其他类型图形文件大小的 1/20～1/10，而且色彩数最高可达 24 位，因而被广泛应用于 Internet 上的网页或图片库。

（3）WMF。WMF 是一种图元文件格式，具有文件短小、图案造型化的特点。该类图形比较粗糙，并且只能在 Microsoft Office 中被调用和编辑。

（4）PNG。PNG 是一种无失真压缩图像格式，支持索引、灰度、RGB 三种颜色方案及 Alpha 通道等特性。渐进显示和流式读/写的特性使其适合在网络传输中快速显示预览效果后再展示全貌。它最高支持 48 位真彩色图像及 16 位灰度图像，被广泛应用于互联网及其他方面上。

（5）GIF。GIF 是在各种平台的各种图形处理软件上均可处理的经过压缩的图像格式。其缺点是存储色彩最高只能达到 256 种。

（6）IFF。IFF 是在 Amiga 等超级图形处理平台上使用的一种图形文件格式，好莱坞的特技大片多采用该图形文件格式进行处理，可逼真再现原景。当然，该格式耗用的计算机资源巨大。

8.2 图形图像素材的获取

8.2.1 从屏幕上抓取图像素材

截屏就是截取计算机屏幕上所显示的图像，按 Print Screen 键可以截取当前屏幕图像；按 Alt + Print Screen 组合键可以截取活动窗口；利用 PowerPoint、HyperSnap、Snagit 等屏幕截图软件，可以将屏幕上的全部或者部分图像截取到剪贴板中或保存到文件中。

1．截取当前屏幕图像

直接按 Print Screen（PrtSc）键，如图 8-1 所示，即可截取当前屏幕图像。这个操作会将我们看到的屏幕图像复制到计算机的剪贴板中，然后将剪贴板中的图像粘贴到 Word 或其他图像处理软件中，根据需要编辑图像后保存即可。

图 8-1　键盘上截取当前屏幕图像的快捷键

2．截取活动窗口

在编写计算机软件操作类教程或者制作计算机操作类课件时，常常会用到截屏和截取活动窗口的功能。截取活动窗口的快捷键是 Alt＋Print Screen（PrtSc），如图 8-2 所示。活动窗口指的是当前正在操作的窗口。比如当前正在操作的窗口是 PowerPoint 窗口，先按 Alt＋Print Screen 组合键截取这个活动窗口，然后将其粘贴到 PowerPoint 或 Word 中。活动窗口还包括正在使用的对话框等。

图 8-2　键盘上截取活动窗口的快捷键

3．屏幕截图

屏幕截图就是截取屏幕上任意区域的图像。屏幕截图软件有很多，常用的有 HyperSnap、Snagit、红蜻蜓等。PowerPoint 2010 之后的版本也提供了屏幕截图功能。接下来将针对多媒体和课件制作需要，简单介绍 PowerPoint 2010 及 HyperSnap 中的屏幕截图功能。

首先介绍 PowerPoint 2010 中的屏幕截图功能。假设要截取当前资源管理器中显示的图片缩略图，首先激活资源管理器显示图片缩略图，然后按 Alt＋Tab 组合键切换任务到 PowerPoint 中，创建一张新的幻灯片，接着单击"插入"选项卡"图像"功能区中的"屏幕截图"按钮，在弹出的下拉列表中选择"屏幕剪辑"选项，如图 8-3 所示，将自动切换至资源管理器，屏幕处于半透明状态，鼠标指针变成十字光标，确定起始位置后，拖动鼠标选取要截取的区域，释放鼠标左键即可完成屏幕的截取。

假设要截取资源管理器中的"查看"菜单，首先必须激活资源管理器，然后按 Alt＋Tab 组合键切换至 PowerPoint 中，接下来单击"插入"选项卡"图像"功能区中的"屏幕截图"按钮，在弹出的下拉列表中选择"屏幕剪辑"选项，然后迅速打开资源管理器中的"查看"菜单，当鼠标指针变成十字光标、屏幕处于半透明状态时，拖动鼠标选取要截取的区域，然后释放鼠标左键，这样菜单图片就被截取到幻灯片中了。

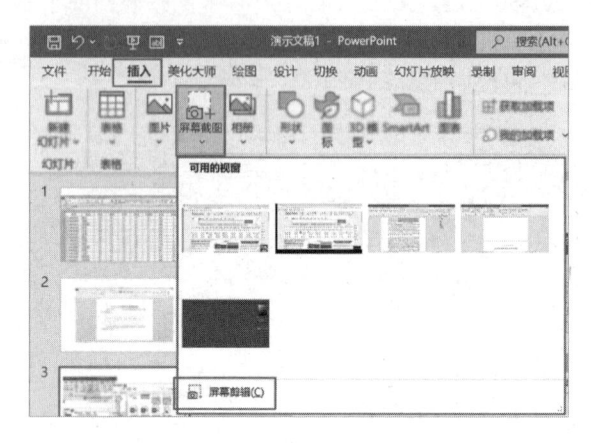

图 8-3　PowerPoint 的屏幕截图功能

但是，PowerPoint 2010 中的屏幕截图功能是有限的，比如没有办法完成文件目录中文本的截取等，这时就需要用到其他屏幕截图软件。

其次介绍 HyperSnap 中的屏幕截图功能。HyperSnap 是一款老牌的图像捕捉、抓图软件，拥有独特的屏幕截图功能、强大的图片编辑功能及全新的 Ribbon 菜单模式界面。

（1）截取屏幕中的文本。展开"Texts Snap"菜单，第 1 项为"Text from a Region"命令，用于截取指定区域中的文本；第 2 项为"Text from an object under Cursor"命令，用于截取鼠标指针下的对象中的文本；第 3 项为"Text from a window with auto-scroll"命令，用于自动滚屏截取窗口中所有的文本；第 4 项为"Text from a region with auto-scroll"命令，用于在指定区域内自动滚屏截取文本。选择第 4 项，然后定位到要截取区域的左上角，单击并拖动鼠标至要截取区域的右下角，按 Enter 键，截取结束。将截取的文本复制到编辑软件中进行后期编辑处理即可，也可将截取的文本保存为文本文件。

（2）截取任意区域的屏幕图像。选择"Capture"→"Free Hand"命令，然后单击并拖动鼠标选取要截取的屏幕区域，按 Enter 键确认。可以保存截取的屏幕图像，也可以将其复制、粘贴到相应的应用软件中进行编辑。

（3）截取按钮。选择"Capture"→"Button"命令，然后将鼠标指针移动到要截取的按钮上单击，就可以截取该按钮。注意：在截取按钮之前一定要先激活相应的应用软件。

8.2.2　从 VCD 或 DVD 中截取图像素材

很多解压程序都提供了从 VCD 或 DVD 中截取图像素材的功能，如超级解霸、XING、金山影霸及一些解压卡等。在放映过程中，按预先设定的"热键"，即可截取屏幕上正在放映的画面，并将其以图像的形式保存在剪贴板中或指定的图像文件中。

8.2.3　使用扫描仪扫入图像素材

使用扫描仪可以将各种图片、印刷品、文本、艺术作品转变成黑白、灰度或彩色的图像。扫描仪所附带的扫描软件允许在扫描图像时设置扫描区间、对比度、分辨率和图像类型等工作参数，以提高扫描质量。

8.2.4 使用数码相机摄取素材

数码相机是近年来流行的图像输入设备，它与普通相机的外观相近、功能相似。数码相机将摄取的画面以数字形式保存在内部的存储器中，通过串行接口将数码照片传送到计算机中进行处理与保存，完全避免了传统相片的冲印过程，应用前景十分广阔。

8.2.5 利用绘图软件制作图像素材

Windows 附件中的画笔工具是最简单和最基本的绘图工具，可以用它来制作图像素材，如绘制直线、曲线、简单的形状和任意封闭的图形，对图形进行喷涂、着色、填充、擦除、修改、裁剪和浏览。也可以使用更专业的图像处理软件如 Photoshop 等来制作更加复杂的图像素材。

8.3 图形图像素材的编辑

8.3.1 PS 简介

Adobe Photoshop，简称"PS"，是由 Adobe Systems 开发和发行的一款跨平台的平面图像处理软件。PS 主要处理由像素构成的数字图像。它是一款集图像扫描、编辑修改、图像制作、广告创意、图像合成、图像输入/输出、网页制作等功能于一体的专业图像处理软件。

8.3.2 PS 的工作界面

Adobe Photoshop CC 2018 的工作界面如图 8-4 所示。

图 8-4　Adobe Photoshop CC 2018 的工作界面

8.3.3 PS 图像处理实战

实战技能 1：PS 图像亮度与颜色校正技术

第一张问题图片处理前的效果如图 8-5 所示，处理后的效果如图 8-6 所示。

图 8-5　第一张问题图片处理前的效果 　　　　　　图 8-6　第一张问题图片处理后的效果

可以看到，这张图片的亮度、对比度、色彩都存在问题，下面使用 Photoshop 中的"曲线"命令来处理这些问题。操作步骤如下。

第一步，选择"图像"→"调整"→"曲线"命令（或按 Ctrl＋M 组合键），打开"曲线"对话框，如图 8-7 所示。

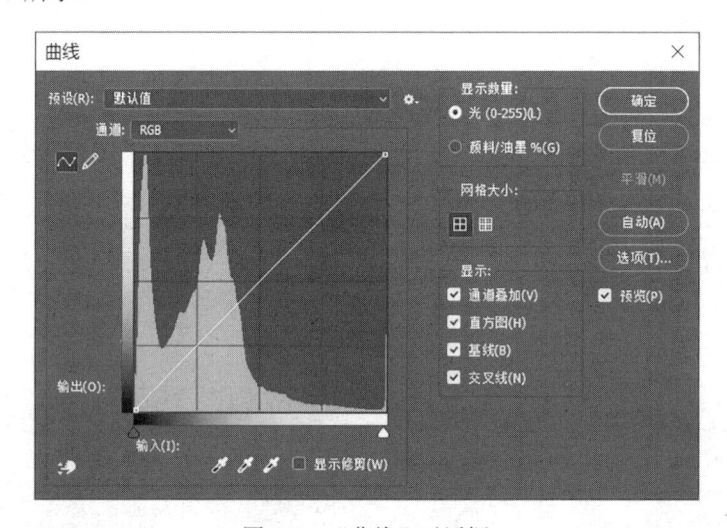

图 8-7　"曲线"对话框

在图 8-7 中，横轴为"输入"，即调整之前的图像亮度分布，从左到右显示由暗到亮的像素分布；纵轴为"输出"，也就是调整之后的图像亮度分布，暗色调的像素分布在底部，亮色调的像素分布在顶部。

第二步，调整曲线形状。在调整曲线形状之前，先判断图像存在的问题。因为这张图片无论是亮的像素还是暗的像素都不够亮，所以我们需要通过调整曲线加大图像的整体亮度。提示：Y 轴代表调整之后的图像亮度分布，X 轴代表调整之前的图像亮度分布，亮度分布直线默认为 45° 的直线，也就是 X 值与 Y 值相等。如果我们希望某一点的亮度调整之后大于调整之前，则需要向上拖动曲线，使 Y 值大于 X 值，同时注意观察图像亮度变化，根据变化情况调整曲线形状。当图像亮度改善之后，如果颜色存在色偏，则可在相应的颜色通道中进行调整。调整结束后，打开"历史"面板，查看调整前后的效果对比。

第二张问题图片处理前的效果如图 8-8 所示，处理后的效果如图 8-9 所示。可以看到，这张图片存在的主要问题是扫描图片透出背页文字。去除背页文字仍然可以使用"曲线"命令来完成。操作步骤如下。

图 8-8　第二张问题图片处理前的效果　　　　图 8-9　第二张问题图片处理后的效果

第一步，选择"图像"→"调整"→"曲线"命令，打开"曲线"对话框。

第二步，单击对话框底部的第一个吸管，出现提示"在图像中取样以设置黑场"，在图片调整之后显示为纯黑色的文字上单击；单击对话框底部的第三个吸管，出现提示"在图像中取样以设置白场"，在图片中单击背页文字，使背页文字变为白色，多单击几次，直到满意为止。

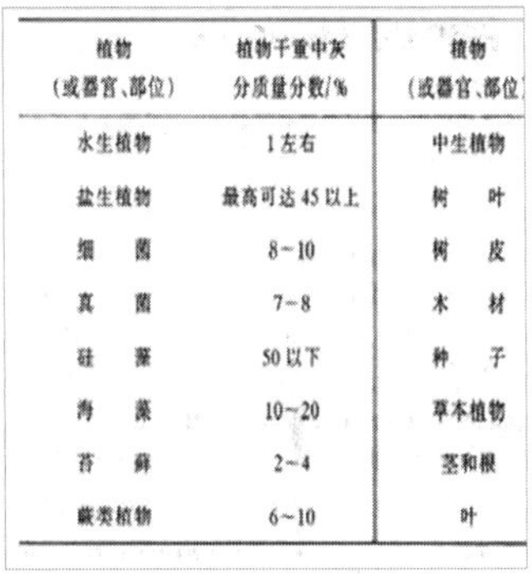

第三张问题图片处理前的效果如图 8-10 所示，处理后的效果如图 8-11 所示。这张图片的阴影部分太暗，看不清管道结构，可以使用"阴影/高光"命令进行处理。操作步骤如下。

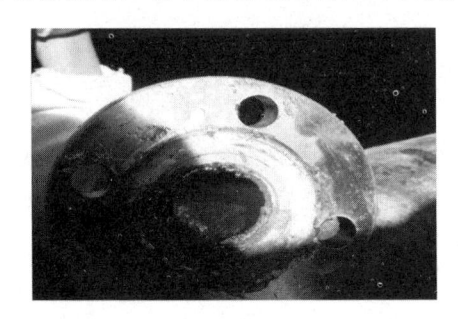

图 8-10　第三张问题图片处理前的效果 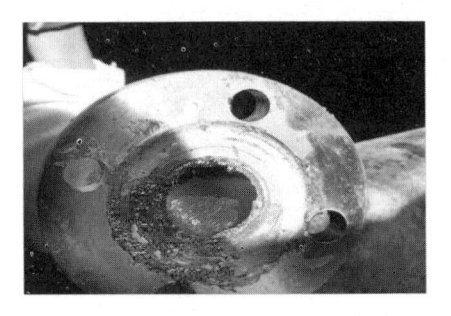　　　　图 8-11　第三张问题图片处理后的效果

第一步，选择"图像"→"调整"→"阴影/高光"命令，打开"阴影/高光"对话框。

第二步，调整阴影数量，向右拖动滑块提升阴影部分的亮度；调整高光数量，使亮度/对比度更合理。

实战技能 2：PS 图像修复技术

（1）简单修复。图片处理前的效果如图 8-12 所示。运用修复技术去除图片上多余的文字信息，处理后的效果如图 8-13 所示。操作步骤如下。

图 8-12　图片处理前的效果 　　　　图 8-13　图片处理后的效果

第一步，打开图片。

第二步，使用矩形选框工具绘制选区。在工具箱中选择"矩形选框工具"，在属性栏中设置羽化值为 3 像素。在贴近文字的背景处拖动鼠标绘制选区，将鼠标指针移动到选区上，出现移动选区的标记，即可移动选区的位置。在按住 Ctrl+Alt+Shift 组合键的同时向左拖动鼠标，即可复制背景图像到文字信息上。

（2）综合修复。下面运用修复技术处理《登鹳雀楼》课件的背景图。原背景图如图 8-14 所示，处理后的背景图如图 8-15 所示。操作步骤如下。

图 8-14　原背景图　　　　　　　　　图 8-15　处理后的背景图

第一步，去除背景图中的网格线。

第二步，按 Ctrl+N 组合键，创建一个新的文件。设置文件分辨率为 1024 像素×768 像素，其他选项保持默认设置，单击"确定"按钮。

第三步，单击上面已修复图像的标题，按住 Ctrl 键，先拖动已修复图像到新建文件的标题上，再下移到新建文件的空白区域，当鼠标指针右下角出现加号时，表示已将图像复制到新建文件中，松开鼠标左键和 Ctrl 键，将自动在"背景"图层上创建复制图像"图层 1"。

第四步，图像缩放。按 Ctrl+T 组合键，将鼠标指针移动到角部控点，当其变成缩放指针时，拖动鼠标等比例缩放图像，按 Enter 键确认；适当调整图像的高度和宽度，效果如图 8-16 所示。

第五步，调整图像的亮度/对比度。按 Ctrl+M 组合键，打开"曲线"对话框，调整曲线的形状，使图像亮的部分再亮一点、暗的部分再暗一点，效果如图 8-17 所示。

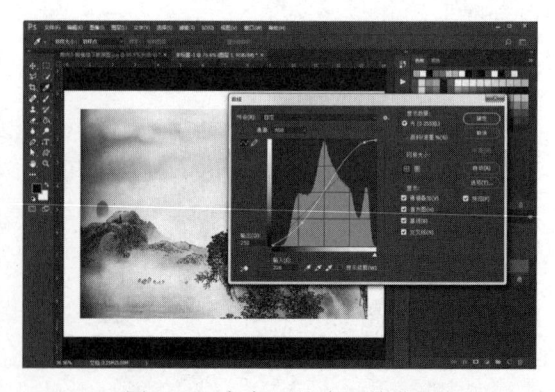

图 8-16　缩放处理效果　　　　　　　　图 8-17　亮度/对比度调整效果

第六步，使用减淡工具去除卷边效果。在工具箱中选择"减淡工具"，先在属性栏中调整笔触大小，然后在阴影处拖画，加亮阴影部分，去除卷边效果。

第七步，使用橡皮擦工具处理图像的边缘。在工具箱中选择"橡皮擦工具"，先在属性栏中选择颗粒状的笔触效果，调整笔触大小，然后在图像的边缘处拖画，最终效果如图 8-18 所示。

图 8-18　最终效果

实战技能 3：PS 图像设计与编辑技术

下面以制作封面为例，学习 PS 的图像设计与编辑技术。案例用到的 4 张素材图片如图 8-19 所示，封面效果如图 8-20 所示。具体操作步骤如下。

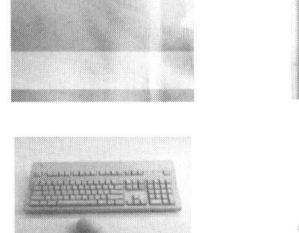

图 8-19　案例用到的素材图片　　　　图 8-20　封面效果

第一步，创建"图层 1"。选择"文件"→"打开"命令，打开"背景素材.jpg"图像。双击"背景"图层，重命名为"图层 1"，如图 8-21 所示。

第二步，创建"图层 2"。

❶选择"文件"→"打开"命令，打开"叠加背景素材.jpg"图像。

❷选择工具箱中的"移动工具"，拖动图像到背景素材标题上，然后向下拖动鼠标，当鼠标指针右下角出现加号的时候释放鼠标左键，创建"图层 2"，如图 8-22 所示。

❸变换"图层 2"中的图像。按 Ctrl+T 组合键对图像进行自由变换。按住 Alt 键，同时将鼠标指针放到右侧中部控点上，向左拖动鼠标，按 Enter 键确认。

❹选择工具箱中的"矩形选框工具"，在属性栏中设置羽化值为 0 像素，如图 8-23 所示，绘制矩形选区。

❺拖选背景图像高亮的部分。按 Ctrl+T 组合键对图像进行自由变换。同时按住 Ctrl+Shift+Alt 组合键，将鼠标指针放到右下角控点上，向外拖动鼠标至适当位置，完成透视效果，按 Enter 键确认。按 Ctrl+D 组合键取消选区。

❻选择工具箱中的"矩形选框工具",绘制矩形选区。按 Ctrl+T 组合键,将鼠标指针放到右侧中部控点上,同时按下 Alt 键对称缩放图像,按 Enter 键确认。按 Ctrl+D 组合键取消选区。

❼双击"抓手工具",选择"图层 2",设置叠加模式为"柔光"。

❽选择"文件"→"存储为"命令,保存图像文件,文件格式选择".psd",命名为"封面设计"。

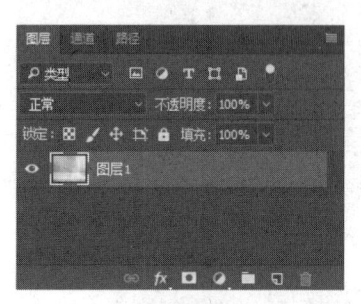

图 8-21 创建"图层 1"　　　　　　　　图 8-22 创建"图层 2"

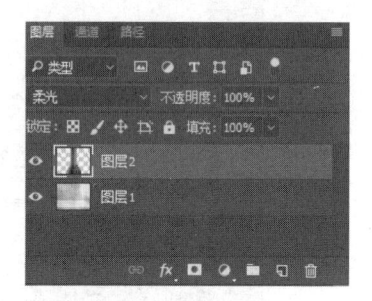

图 8-23 "矩形选框工具"属性栏

第三步,创建"图层 3"。

❶选择"文件"→"打开"命令,打开"键盘素材.jpg"图像。

❷拖动图像到"封面设计"图像上,创建"图层 3",如图 8-24 所示。

❸使用多边形套索工具绘制"键盘"选区。在使用多边形套索工具时,在需要拐弯处可以单击添加点,按 Backspace 键可以删除添加的点。在属性栏中设置羽化值为 10 像素。拖动鼠标沿着键盘的外边缘绘制"键盘"选区。按 Ctrl+Shift+I 组合键反选,按 Delete 键删除选区内的图像。

❹选择"图层 3",通过自由变换调整键盘图像的大小,移动键盘图像的位置,将其摆平。设置叠加模式为"叠加"。

❺为键盘图像添加外发光效果。选择"图层 3",单击"图层"面板下方的"添加图层样式"按钮,在弹出的下拉列表中选择"外发光"样式,打开"图层样式"对话框,设置发光颜色为白色,拖动"图素"大小滑块进行设置,将"结构"选项组中的"不透明度"调整为 100%。

第四步,创建"图层 4"。

❶选择"文件"→"打开"命令,打开"光盘素材.jpg"图像。

❷拖动图像到"封面设计"图像上,调整图像的位置,自动创建"图层 4",如图 8-25 所示。

❸选择"图层 4",单击"图层"面板下方的"添加图层蒙版"按钮,创建图层蒙版,设置前景色为白色、背景色为黑色。

❹选择工具箱中的"渐变工具",渐变方式选择"前景色到背景色渐变",单击"径向渐变"按钮,确定径向渐变的中心位置,向外半径方向拖动鼠标,释放鼠标左键后可以看到图像从蒙版的白色完全不透明转变为蒙版的黑色完全透明效果。使用黑色画笔在未完全透明的地方进行拖画,使光盘图像很好地融入背景中。

❺选择"图层 4",更改图层的叠加模式为"叠加",效果如图 8-26 所示。

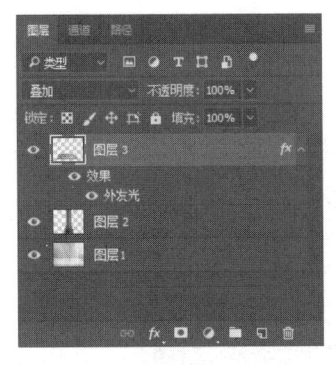

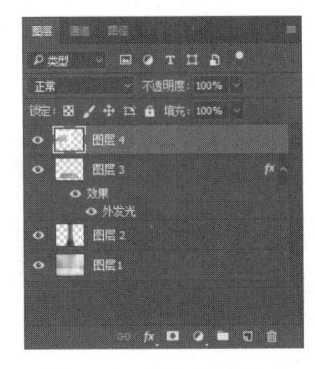

图 8-24　创建"图层 3"　　　图 8-25　创建"图层 4"　　　图 8-26　应用图层蒙版效果

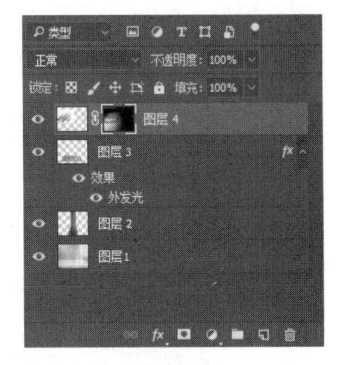

第五步，创建作者信息文本图层。

❶选择工具箱中的"横排文字工具"，在属性栏中设置字体为"方正综艺繁体"，字体大小为 24 点，文字颜色为纯黑色，输入作者信息文本。

❷使用移动工具移动作者信息文本。

第六步，创建"课件制作视频教程"文本图层，效果如图 8-27 所示。

❶选择工具箱中的"横排文字工具"。

❷在键盘图像的上方单击，输入"课件制作视频教程"文本。打开"字符"面板，设置字体为"方正综艺简体"，字体大小为 84 点，文字颜色为红色。

❸为文本添加效果。单击"图层"面板底部的"添加图层样式"图标，在弹出的下拉列表中分别选择"外发光"和"投影"样式，投影效果保持默认设置，设置发光颜色为白色。

❹改变文字的形状。选择"文字"→"文字变形"命令，选择"扇形"样式，"弯曲"设置为 0，"水平扭曲"设置为 0，"垂直扭曲"设置为一个合适的值。打开"字符"面板，调整文字之间的距离。

❺制作"课件制作视频教程"文本图层上方的白色线条。选择"课件制作视频教程"文本图层，在按住 Ctrl 键的同时单击图层缩略图，调出文字选区。

❻选择"图层 5"，选择工具箱中的"矩形选框工具"，用鼠标右键单击文字选区，在弹出的快捷菜单中选择"描边"命令，在弹出的"描边"对话框中设置描边大小为 1 像素，设置描边颜色为白色。按 Ctrl + D 组合键取消选区。

❼按 Ctrl + T 组合键对描边的图层进行自由变换，目的是使描边与文字分离，制作错位的效果。按 Enter 键确认。

❽调整图层的不透明度为 60%左右。

第七步，创建"现代教育技术"文本图层和"图层 6"，效果如图 8-28 所示。

❶选择工具箱中的"直排文字工具"，输入"现代教育技术"文本，移动到合适的位置。

❷单击"添加图层样式"按钮，在弹出的下拉列表中选择"外发光"样式，设置发光颜色为白色，等高线选择"环形-双"样式，"范围"设置为 1%，"扩展"设置为 2%，"大小"设置为 35 像素，单击"确定"按钮。

❸选择"现代教育技术"文本图层，在按住 Ctrl 键的同时单击图层缩略图，调出文字选区。

❹单击"图层"面板下方的"新建图层"按钮，创建"图层 6"，在新的图层中为文本填充渐变色。

❺选择新创建的"图层 6"，按 Ctrl + H 组合键隐藏选区，在工具箱中选择"渐变工具"，在属性栏中选择一种渐变色，编辑渐变色。

97

❻选择"图层6",单击"添加图层样式"按钮,在弹出的下拉列表中选择"投影"样式,设置不透明度为38%,调整大小为5像素;选择"描边"样式,调整描边大小为1像素,设置描边颜色为白色,也可以根据需要调整描边的不透明度,单击"确定"按钮。

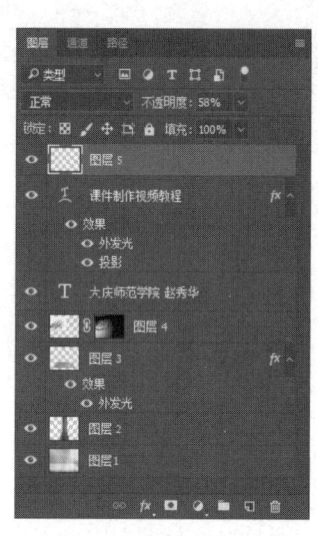

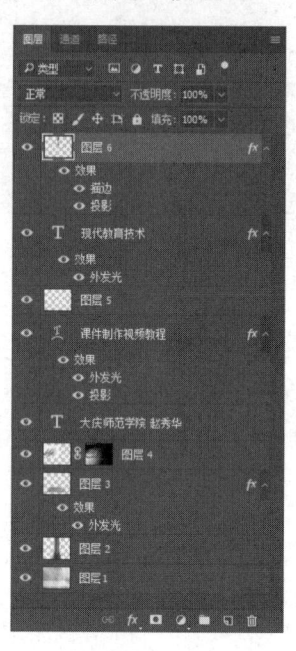

图 8-27 "课件制作视频教程"文本图层效果　　图 8-28 "现代教育技术"文本图层和"图层 6"效果

8.3.4 PowerPoint 图像处理实战

PowerPoint 在升级到 2010 版本之后,图片格式、剪贴画编辑及矢量绘图功能变得特别强大。本小节所用版本为 PowerPoint 2021,将从图片格式编辑、矢量图(剪贴画)编辑、矢量绘图等方面,通过具体的案例来讲解 PowerPoint 图像处理的基本操作。

实战技能 1:图片格式编辑

(1)"图片样式"效果。单击"插入"选项卡"图像"功能区中的"图片"按钮,在打开的"插入图片"对话框中选择要插入的图片,单击"插入"按钮,插入图片。

选中图片,打开"图片格式"选项卡。"图片格式"选项卡由"调整""图片样式""辅助功能""排列""大小"等功能区构成。其中,"图片样式"功能区由"图片样式库""图片边框""图片效果""图片版式"及对话框启动器按钮组成。

下面为图片设置"图片样式"效果。单击"图片样式"功能区右下角的对话框启动器按钮,打开"设置图片格式"窗格,如图 8-29 所示。在该窗格内有"填充与线条"、"效果"、"大小

图 8-29 打开"设置图片格式"窗格

与属性"和"图片" 4个选项卡。

❶切换至"填充与线条"选项卡。线条设置：线条设置为实线，颜色设置为褐色；线型设置为复合类型，选择"双线由粗到细"，宽度设置为 8.75 磅，连接类型选择"斜接"。

❷切换至"效果"选项卡。阴影设置：可以根据观看的效果调整透明度、大小、虚化、角度等参数。映象[①]设置：选择"预设"→"紧密映象，接触"效果，可以根据观看的效果调整透明度、大小、距离、虚化等参数。发光和柔化边缘设置：发光颜色设置为浅褐色。三维格式设置：选择"棱台"→"顶端"→"凸起"效果。三维旋转设置：可以对 X、Y、Z 选项进行数值调整，也可以通过单击各自右侧的旋转按钮调整各方向的旋转角度，还可以从"预设"下拉列表中选择"平行"或"透视"效果的旋转。艺术效果设置：选择"预设"→"铅笔素描"效果，可以改变透明度、压力等参数。

❸切换至"图片"选项卡。图片校正设置：主要调整图片的柔化程度及亮度/对比度。图片颜色设置：拖动"颜色饱和度"滑块调整图片的鲜艳程度，饱和度越高图片越鲜艳，饱和度为零图片变为灰度图片；色调主要调整的是色温，也就是冷色或暖色。

❹对某些效果不满意可以取消相应的设置。单击"图片格式"选项卡"调整"功能区中的"重置图片"按钮，可以取消所有效果，恢复到图片最初插入状态。

❺格式刷的使用。格式刷具有复制和粘贴文本、图片及动画格式的功能。选中图片，单击"开始"选项卡"剪贴板"功能区中的"格式刷"按钮。先在已设置好效果的图片上单击，再用格式刷在未处理的图片上单击，即可把已有的效果粘贴给图片。按 Esc 键可以取消格式刷复制状态。

❻更改图片。单击"图片格式"选项卡"调整"功能区中的"更改图片"按钮，或者用鼠标右键单击图片，在弹出的快捷菜单中选择"更改图片"命令。

（2）裁剪功能。使用裁剪功能增加边缘的留白。新建一张幻灯片，插入一张图片，选中图片，单击"图片格式"选项卡"大小"功能区中的"裁剪"按钮。将鼠标指针放到裁剪控点上，按住 Ctrl 键向外拖动鼠标，即可扩充裁剪图片，如图 8-30 所示。

对裁剪后的图片进行压缩处理。单击"图片格式"选项卡"调整"功能区中的"压缩图片"按钮，在弹出的"压缩图片"对话框中，勾选"删除图片的剪裁区域"和"仅应用于此图片"复选框，这样就彻底删除了已裁剪的区域，成为一张新的图片。

通过形状裁剪可以去除图片中多余的部分。如图 8-31 所示，要保留上排的懒羊羊，可以选用平行四边形来进行裁剪。单击"图片格式"选项卡"大小"功能区中的"裁剪"按钮，在弹出的下拉列表中选择"裁剪为形状"→"基本形状"→"平行四边形"形状。再次单击"裁剪"按钮，拖动图片上的裁剪控制点改变裁剪形状，处理好后单击"压缩图片"按钮删除已裁剪的区域。

图 8-30 图片扩充裁剪   图 8-31 特定形状裁剪

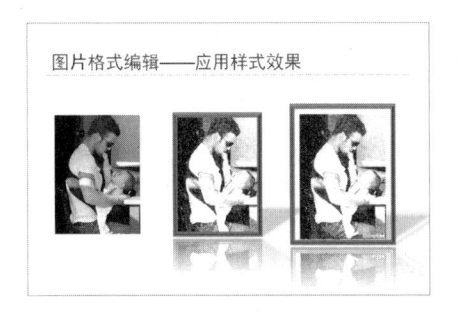

① 软件图中"映像"的正确写法为"映象"。

（3）颜色调整功能。巧妙地运用"颜色"下拉列表中的"设置透明色"功能可以使图片中的某种颜色变得透明，从而制作出透空效果。以制作蜻蜓图片背景透空效果为例，蜻蜓原图如图 8-32 所示，处理后的效果如图 8-33 所示。具体操作步骤如下。

图 8-32　蜻蜓原图　　　　　　　　　　图 8-33　处理后的效果

第一步，插入图片到幻灯片中，使用"裁剪"工具去除图片底部的文字。

第二步，选中蜻蜓图片，单击"图片格式"选项卡"调整"功能区中的"颜色"按钮，在弹出的下拉列表中选择"设置透明色"选项，鼠标指针变为笔状。

第三步，在图片背景上单击实现背景透明。注意，这种"设置透明色"透空背景的方法主要适用于处理背景颜色单一的图片。

（4）图片更正功能。该功能主要用于调整图片的亮度与对比度。可以单击"图片格式"选项卡"调整"功能区中的"更正"按钮，在"亮度与对比度"预设方案中选择一种方案；或者用鼠标右键单击图片，在弹出的快捷菜单中选择"设置图片格式"命令，打开"设置图片格式"窗格，在"图片"选项卡中设置"图片校正"功能项。

（5）删除背景功能。使用删除背景功能和图片柔化边缘效果，复制图片当中的猫咪。原素材图片如图 8-34 所示，添加猫咪后的效果如图 8-35 所示。具体操作步骤如下。

图 8-34　原素材图片　　　　　　　　　图 8-35　添加猫咪后的效果

第一步，插入原素材图片，按 Ctrl+Shift 组合键沿水平方向复制图片。

第二步，使用"裁剪"工具裁掉图片中多余的部分，只保留复制的猫咪；单击"压缩图片"按钮删除已裁剪的区域。

第三步，单击"图片格式"选项卡"调整"功能区中的"删除背景"按钮，打开"背景消除"选项卡（提示：粉色区域是最终透明的区域）。

第四步，单击"背景消除"选项卡中的"标记要保留的区域"按钮，在要添加的区域上拖动鼠标，添加保留区域；单击"背景消除"选项卡中的"标记要删除的区域"按钮，拖动鼠标在要删除的区域上绘制线条标记，删除多余的区域；单击"背景消除"选项卡中的"删除标记"按钮，可以删除添加有误的区域。在制作过程中，可以随时通过放大视图精确地查看效果，也可以通过反复使用添加保留区域和删除区域标记来确定最终的保留区域。

第五步，单击"背景消除"选项卡中的"保留更改"按钮确认。如果对处理效果不满意，则可以单击"背景消除"选项卡中的"放弃所有更改"按钮，退出"删除背景"功能，返回原图。

第六步，对去除背景的猫咪图片的边缘进行柔化处理。打开"设置图片格式"窗格，选择"发光和柔化边缘"，调整"柔化边缘"的设置。注意：不要选择"校正"中的"柔化"，因为这会对整张图片进行柔化处理。

第七步，保存删除背景的图片。用鼠标右键单击已删除背景的图片，在弹出的快捷菜单中选择"另存为图片"命令。能够保存图片透明背景信息的图片格式有 GIF、TIF 和 PNG 等。

（6）图片合成技术。在进行图片合成时要注意，图片素材在亮度、对比度、色彩及内容上都要协调一致。案例素材及合成效果如图 8-36～图 8-38 所示。

图 8-36　案例素材 1　　　　　图 8-37　案例素材 2　　　　　图 8-38　合成效果

这里重点要解决的问题就是如何使用素材 2 中的地球替换素材 1 中的地球。具体操作步骤如下。

第一步，插入素材 1 和素材 2 两张图片。

第二步，用鼠标右键单击"素材 2"图片，在弹出的快捷菜单中选择"置于顶层"命令。

第三步，选中"素材 2"图片，选择"裁剪"下拉列表中的"裁剪为形状"→"基本形状"→"椭圆"形状，在图片上调整裁剪区域，裁剪出地球；单击"压缩图片"按钮删除已裁剪的区域。

第四步，为地球添加发光效果。用鼠标右键单击地球图片，在弹出的快捷菜单中选择"设置图片格式"命令，打开"设置图片格式"窗格，选择"发光"效果，发光颜色设置为蓝色，发光大小调整到 18 磅左右，发光透明度调整到 60%左右。

第五步，添加艺术字。单击"插入"选项卡"文本"功能区中的"插入艺术字"按钮，选择一种艺术字样式，输入文本"向往"；单击"开始"选项卡"段落"功能区中的"文字方向"按钮，在弹出的下拉列表中选择"竖排"选项，应用"毛泽东草檀"字体。

第六步，合成图片。选择全部图片，单击鼠标右键，在弹出的快捷菜单中选择"另存为图片"命令，将合成后的图片保存在计算机的硬盘上。

实战技能 2：剪贴画编辑

剪贴画是 Microsoft Office 2010 之前版本提供的插图、照片、视频和音频。插图主要指的是 Windows 图元文件，是矢量图，具有无限放大不失真的特点。从 Microsoft Office 2013 版本开始，来自 Office.com 的"剪贴画"和图片库已经停止服务。现在无论是在线版 Office 还是电脑版 Office，都将通过微软的必应图片搜索功能来获得 Office 文档所需要的插图和插画。在这里重点讲解如何编辑 WFM 格式的 Windows 图元文件。

"小熊和小老虎"案例素材及处理后的效果分别如图8-39和图8-40所示。具体操作步骤如下。

图8-39 "小熊和小老虎"案例素材

图8-40 处理后的效果

第一步，解组剪贴画。用鼠标右键单击剪贴画图片，在弹出的快捷菜单中选择"组合"→"取消组合"命令，弹出提示框，单击"是"按钮。再次用鼠标右键单击剪贴画图片，在弹出的快捷菜单中选择"组合"→"取消组合"命令。

第二步，删除解组后的元素中不需要的形状。

第三步，编辑处理小熊的脚部。选择小熊的一只脚，单击"形状格式"选项卡"形状样式"功能区中的"形状填充"按钮，在弹出的颜色列表中选择红色；同理设置另一只脚的颜色，这只脚的下边缘可以填充较深一点的颜色。

第四步，编辑处理小熊的肚兜和耳朵。按住 Shift 键，同时选中"肚兜"和两只耳朵，为其填充"红色"；选中"肚兜"，插入"横排文本框"，在文本框中输入"福"字；将"福"字文本框移动到"肚兜"上面。

第五步，编辑处理小熊张开的嘴巴。单击"插入"选项卡"插图"功能区中的"形状"按钮，在弹出的形状列表中选择"线条"类别中的"曲线"形状；放大视图，用"曲线"绘制一个倒三角的形状，"形状填充"设置为填充黑色，"形状轮廓"设置为"无轮廓"；用鼠标右键单击小熊的嘴巴，在弹出的快捷菜单中选择"编辑顶点"命令，编辑嘴巴的形状；用鼠标右键单击一个顶点，在弹出的快捷菜单中选择"角部顶点"命令，通过调整顶点两侧的切线来改变小熊嘴巴的形状。

第六步，编辑处理小熊和老虎手中的蔬菜。

❶选择小熊手中的"蒜"的全部部件，单击鼠标右键，在弹出的快捷菜单中选择"组合"命令，完成对"蒜"的组合。

❷选择老虎手中的蔬菜。可以通过"选择"窗格精确选择"蔬菜"的叶部和根部，完成组合。

❸将蔬菜的叶部放到小熊的手中。

❹复制老虎的手放到小熊握着蔬菜的手部位置，注意调整大小和颜色，使之与小熊的手臂相协调。

❺调整蔬菜的颜色，分别填充红色、黄色、绿色等不同的颜色。

❻放置蔬菜的根部，并调整对应的颜色。一定要将蔬菜置于小熊手部的下一层。

❼将"蒜"放到老虎的手中。在"选择"窗格中将"蒜"调整到老虎手的下一层。

第七步，保存编辑之后的剪贴画。选中编辑后的小熊，单击鼠标右键，在弹出的快捷菜单中选择"组合"命令；再次单击鼠标右键，在弹出的快捷菜单中选择"另存为图片"命令，在弹出的"另存为"对话框中，设置保存类型为"Windows 图元文件"，也可以将其另存为支持透明背景的 PNG 格式的图片。

实战技能 3：矢量绘图

PowerPoint 中的矢量绘图功能主要包括形状绘画、顶点编辑、布尔运算、形状应用三维效果等。下面通过"绘制格尺"案例，主要讲解借助网格线、对象的排列对齐功能绘制刻度线，运用布尔运算功能制作镂空的几何形状等。格尺效果如图 8-41 所示。

图 8-41　格尺效果

具体操作步骤如下。

第一步，在"视图"选项卡的"显示"功能区中勾选"网格线"和"参考线"复选框，然后单击右下角的对话框启动器按钮，打开"网格线和参考线"对话框，设置网格"间距"为 1cm，勾选"对象与网格对齐"复选框，这样在移动或调整对象时会自动对齐到网格。

第二步，绘制尺身。

❶利用插入形状功能，绘制一个矩形，设置矩形宽度大于 22cm。

❷按 Ctrl+Shift 组合键，同时单击绿色矩形并拖动鼠标沿垂直方向复制得到另一个绿色矩形，将填充颜色更改为白色，按 Ctrl 键对称缩放白色矩形的高度和宽度。

第三步，绘制 20 根主刻度线。

❶绘制第一根主刻度线。选择插入形状中的线条，按 Shift 键绘制第一根主刻度线。线条颜色设置为黑色，线条粗细设置为 2.25 磅，放大视图调整刻度线与网格完全对齐。

❷打开参考线，按住 Ctrl 键拖动鼠标创建一根参考线，将这两根参考线分别放置在刻度的顶端和底端。

❸绘制其他主刻度线。选择第一根主刻度线，按 Ctrl + D 组合键进行复制。将新复制的主刻度线放到和第一根主刻度线高度相同的第二个主刻度处，保持复制之后的选择状态，用鼠标或方向键移动复制得到的第二根主刻度线到准确的位置。连续按 Ctrl + D 组合键，以第二根刻度线与第一根主刻度线之间的距离为标准，复制出其他主刻度线。注意第二根主刻度线位置摆放的精准度，它决定了刻度的一致度。

❹均匀分布主刻度线。将最后一根主刻度线调整到准确的位置。选择这 20 根主刻度线，单击"形状格式"选项卡"排列"功能区中的"对齐"按钮，在弹出的下拉列表中选择"顶端对齐"选项；再次单击"形状格式"选项卡"排列"功能区中的"对齐"按钮，在弹出的下拉列表中选择"横向分布"选项，自动等间距分布 20 根主刻度线，主刻度线准确对齐到刻度位置。

第四步，添加刻度文本。在幻灯片空白处单击，插入横排文本框，输入数字 1，适当调整字号。将数字"1"文本框放到第一根主刻度线的下方。选择数字"1"文本框，连续按 19 次 Ctrl + D 组合键，复制 19 个数字"1"文本框。将复制的某个数字"1"文本框移动到第二十根主刻度线的下方，将数字更改为 20。选择数字"20"文本框，将文本框的中间控制点与第二十根主刻度线完全对齐。检查数字"1"文本框的中间控制点与第一根主刻度线是否完全对齐。选择所有的文本框，使用排列对齐功能，对齐并均匀分布文本框。最后更改刻度数字。

第五步，绘制几何形状。调整格尺的外观。调整白色矩形的高度。调整主、次刻度线的高度及文本框的位置。按 Shift 键绘制正方形，并随意填充颜色。在按住 Ctrl+Shift 组合键的同时拖动鼠标，在水平方向上复制一个正方形，然后将其更改为六边形。使用同样的方法绘制其他形状。摆放好第一个形状和最后一个形状。选择所有形状，使用排列对齐功能，对齐并均匀分布形状。

第六步，运用布尔运算功能制作几何形状的镂空效果。布尔运算是指形状之间的相交、联合等图形运算。PowerPoint 2010 中的布尔运算功能没有直接设置在选项卡中，在使用前需要在"PowerPoint 选项"对话框中进行设置。这里选用 PowerPoint 2021，具体操作为：先选择格尺的绿色背景矩形，再按 Shift 键选择正方形，然后单击"布尔运算"功能区中的"形状剪除"图标，即可完成正方形的剪除；同理完成其他形状的剪除。也可以选择所有的形状，单击"布尔运算"功能区中的"形状联合"或"形状组合"图标，将所有选择的形状联合或组合为一个形状；然后选择格尺的绿色背景矩形，选择刚刚联合的形状，执行"形状剪除"运算，所有形状即可一次性被剪除。

第七步，组合对象，保存图片。选择"尺身""刻度""数字文本"所有对象，按 Ctrl＋G 组合键进行组合。用鼠标右键单击组合后的图形，在弹出的快捷菜单中选择"另存为图片"命令，保存为 PNG 格式即可。

拓展学习资源

1．赖步英．图形图像处理技术与案例精解（Photoshop CC 版）[M]．北京：清华大学出版社，2020．
2．由相宁．图形图像处理：Photoshop CS5 [M]．北京：电子工业出版社，2017．

课后思考题

1．谈谈你都使用过哪些图形图像处理软件，说说它们的特点，分享一下图形图像处理的经验。
2．利用布尔运算功能，绘制五环图案，效果如图 8-42 所示。

图 8-42　五环图案效果

3．在线搜索数字故事主题图片，并进行相应的处理，为后期数字故事的制作做好准备。

第 9 章 音频素材的获取与编辑

声音是人类沟通的基本工具。我们的日常生活离不开声音，教学过程更离不开声音。音频（Audio）素材是重要的多媒体素材，是多媒体信息的重要载体。多媒体教学软件借助声音较强的情绪感染力，可大大增强课件的灵活性、可观赏性、实用价值和使用效率等，从而培养学习者的学习主动性，提高学习质量。

9.1 声音概述

9.1.1 声音的特性

声音是由物体振动产生的声波，是通过介质（空气或固体、液体）传播并能被人或动物的听觉器官所感知的波动现象。声源指发出声音的物体。当发声物体振动时，引发周围弹性媒质——空气气压产生波动而形成疏密波，这就是声波。

声音既是一种物理现象，也是人耳听到声音后对声音的主观感受。人耳对声音主要有三种主观感受，即音调、响度和音色，这三种主观感受也被称为声音的三要素。音调即声音高低，是用频率高低来衡量的。响度即声音强弱，是用振动的幅度来衡量的——振动的幅度越大，响度越大；振动的幅度越小，响度越小。声音在传播时，其响度是逐渐衰减的（声波振动的幅度逐渐减小）。当声音的响度太小时，人耳可能感受不到；但当声音的响度太大时，就可能造成耳朵失聪。人耳对声音振动的感受在频率及声压方面都有一定的范围，在这个范围以外的声音人耳是感受不到的，人耳可感受到的频率范围为 20Hz～20kHz。音色是指声音的感觉特性，不同的物体发出的声音是可以通过音色分辨出来的。发声体的材料、结构不同，发出声音的音色也就不同。

9.1.2 声音的类型

声音表达信息主要有三种基本元素：语言、音响和音乐。这些元素有时是独立存在的，有时是和其他元素混合使用的。

语音即语言的声音，是语言符号系统的载体。它由人的发声器官发出，负载着一定的语言意义。语言依靠语音实现它的社会功能。语言是音义结合的符号系统，语言的声音和语言的意义是紧密联系的，因此，语言虽是一种声音，但又与一般的声音有着本质的区别。在教学媒体中，语言主要是指对话和画外音。对话指的是视频画面内人物的对白。画外音是指视频画面之外的旁白。声画同步也称声画合一，是指影视中声音与画面的协调一致，指发声的人或物体（包括配音）在银幕上与所发声音保持同步，其主要作用在于加强画面的真实感，提高视觉形象的感染力。

音响效果是媒体艺术领域中的专用术语，它只适用于艺术创作，而不适用于现实生活，它是在动画、游戏、节目等中加入的声音。效果音可分为自然界的声音及人为创造的声音两大类。其中，自然界的声音包括风声、雨声、流水声、鸟鸣声等；人为创造的声音包括电铃声、汽鸣声、马达声等。有些效果音可以从自然界获得，或从现场收音；但是，有些效果音因为现场做不出来，或者现场收音效果不佳，所以事后要由音效师配音。简单地说，效果音是指由声音所制造的效果。在媒体作品制作中，效果音扮演着极为重要的角色。几段音乐就可以表达出哀伤的气氛或紧张的情节；而马蹄声、火车鸣笛声等效果音更能助长情绪，以此来作为故事情节的描述。在故事尚未进入高潮前，效果音本身也可助长气氛的酝酿。效果音除了能加强喜、怒、哀、乐的衬托，还可以借它交代时代、时间、人物身份及地点等。

音乐是指有旋律、节奏或和声的人声或乐器音响等配合所构成的一种艺术。音乐可以给听众提供视觉上无法表达的信息内涵，使听众直接在一个理性的思考过程和认知过程中对接收的信息进行思考和整合。

9.1.3 声音的数字化

人们在日常生活中听到的各种各样的声音是一种连续的波动信号，这种信号被称为模拟信号，即在时间和幅度上都是连续的信号。而计算机处理的都是以 0、1 的形式存取的数字信号。数字信号是指把时间和幅度都用离散的数字表示的信号。

我们在使用计算机处理和存储声音信号之前，必须先将模拟音频转换为数字音频，这个过程称为模数转换，即将模拟信号转换为数字信号。模数转换的过程包括采样、量化和编码三个步骤。模拟音频向数字音频的转换是在计算机的声卡中完成的。

采样是指将时间轴上连续的信号每隔一定的时间抽取出一个信号的幅度样本，把连续的模拟量用一个个离散的点表示出来，使其成为时间上离散的脉冲序列。每秒采样的次数称为采样率，常用的采样率有 8kHz、11.025kHz、22.05kHz、15kHz、44.1kHz、48kHz 等。在媒体作品制作中通常采用三种采样率：11.025kHz（语音效果）、22.05kHz（音乐效果，可以达到 FM 的音质要求）、44.1kHz（高保真效果，可以达到 CD 的音质要求）。此外，我们还要知道 48kHz 可以达到 DVD-Audio 或专业领域的音质要求。

量化是指将采样后离散信号的幅度用二进制数表示出来的过程。每个采样点所能表示的二进制位数称为量化精度或量化位数。量化精度反映了度量声音波形幅度的精度。每个声音的样本值的位数（Bit per Sample）就是量化精度。例如，每个声音样本用 16 位（2 字节）表示，音量的等级有 2^{16} 个，即声音样本值在 0～65 536 的范围内。常用的量化精度有 8bit/s、12bit/s、16bit/s、20bit/s、24bit/s 等。

声道数是指声音通道的个数，也就是一次采样所记录产生的声音波形个数。在记录声音时，如果每次生成一个声波数据，则称为单声道；如果每次生成两个声波数据，则称为双声道（立体声）。随着声道数的增加，所占用的存储容量也成倍增加。

数字音频的质量取决于采样率、量化精度和声道数三个因素。数字音频文件的存储量以字节为单位。模拟音频数字化后音频文件的存储量=采样率×量化精度÷8×声道数×时间。例如，如果用 44.1kHz 的采样率进行采样，量化精度选用 16 位，则录制 1 秒的立体声节目，其波形文件所需的存储量为 44 100×16÷8×2×1=176 400 字节。

9.1.4 常见的音频格式

数字音频主要包括两类：波形音频和 MIDI 音频。波形音频的存储主要有文件存储和非文件存储两种类型。文件存储可以采用多种格式，比较流行的有以.wav、.au、.aiff 和.snd 为扩展名的格式，其中，.wav 格式主要用在 PC 上，.au 格式主要用在 UNIX 工作站上，.aiff 和.snd 格式主要用在苹果机和 SGI 工作站上；还有高压缩比的以.mp3、.ra 或.rm、.wma 等为扩展名的格式。非文件存储主要包括激光唱盘（CD-DA）、微型光盘（MD）、数字录音带（DAT）、DVD-Audio、SACD（DSD）等。

MIDI 是用于在音乐合成器、乐器和计算机之间交换音乐信息的一种通信标准协议。MIDI 文件非常小，其扩展名为.mid。

常见的音频格式有很多种，如表 9-1 所示，每种格式都有自己的优点、缺点及适用范围。

表 9-1 常见的音频格式及其特点

音频格式	扩展名	开发公司	主要优点	主要缺点	适用范围
WAV	.wav	Microsoft	可通过增加驱动程序来支持各种各样的编码技术	不适合传播和用作聆听，其支持的编码技术大部分只能在 Windows 平台上使用	音频原始素材保存
MP3（MPEG 音频）	.mp3（包括.mp2、.mp1）	FraunhoferIIS	可在低至 128kbit/s 的比特率下提供接近CD音质的音频质量	出现得比较早，音质不是很好	一般聆听和高保真聆听
MP3Pro	.mp3	FraunhoferIIS	可在低至 64kbit/s 的比特率下提供接近 CD 音质的音频质量	专利费用较高,支持的软件和硬件不多	一般聆听和高保真聆听
Real Media	.ra、.rma	RealNetworks	可在极低的比特率环境下提供可听的音频质量	只适用于网络传播,音质不是很好	网络音频流传输
Windows Media	.wma、.asf	Microsoft	功能齐全，使用方便，同时支持无失真、有失真、语音压缩方式	失真压缩方式的音质不佳，只能在 Windows 平台上使用	音频档案级别保存、一般聆听、网络音频流传输
MIDI	.mid .midi .rmi .xmi	MIDI Association	MIDI 文件本身不是声音文件，而是一种指令，因此节省空间，文件小	在没有波表硬件或软件配合时播放效果不佳	与电子乐器的数据交互、乐曲创作等
OGG Vorbis	.ogg	Xiph Foundation	可在低至 64kbit/s 的比特率下提供接近 CD 音质的音频质量，开放源代码，不需要支付使用许可费用；跨平台可用	发展速度较慢，推广力度不足	一般聆听和高保真聆听
Monkey's Audio	.ape	Matthew T. Ashland	无失真压缩；部分开放源代码	由于是个人作品，因而在使用上存在一定的风险	高保真聆听和音频档案级别保存
AIFF	.aiff	Apple	可通过增加驱动程序来支持各种各样的编码技术	一般限于在 Mac 平台上使用	Mac 平台上的音频原始素材保存
AU	.au	Sun	UNIX 和 Java 平台上的标准文件格式	支持的压缩技术太少且音频数据格式受限于文件格式本身	UNIX 和 Java 平台上的音频原始素材保存

9.2 音频素材的获取

9.2.1 音频格式转换

在教学课件制作过程中，我们常常需要用到不同格式的音频素材，格式转换是我们必须掌握的音频素材获取技能。下面介绍的两款软件就可以解决音频格式的转换问题。

1. Cool Edit

在 Cool Edit 的"波形"工作模式下,首先选择"文件"→"打开"或"打开为"命令打开波形文件,如图 9-1 所示。

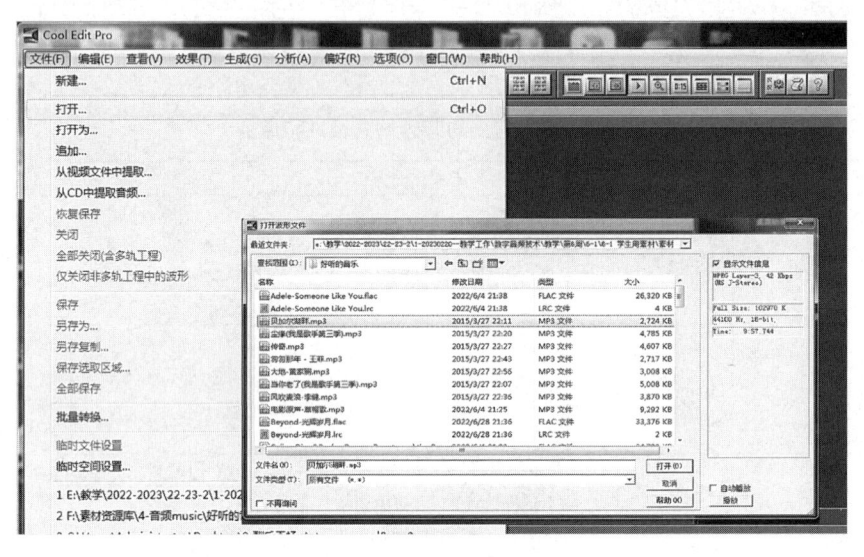

图 9-1　打开波形文件

然后以"另存为"方式转换文件格式,如图 9-2 所示。

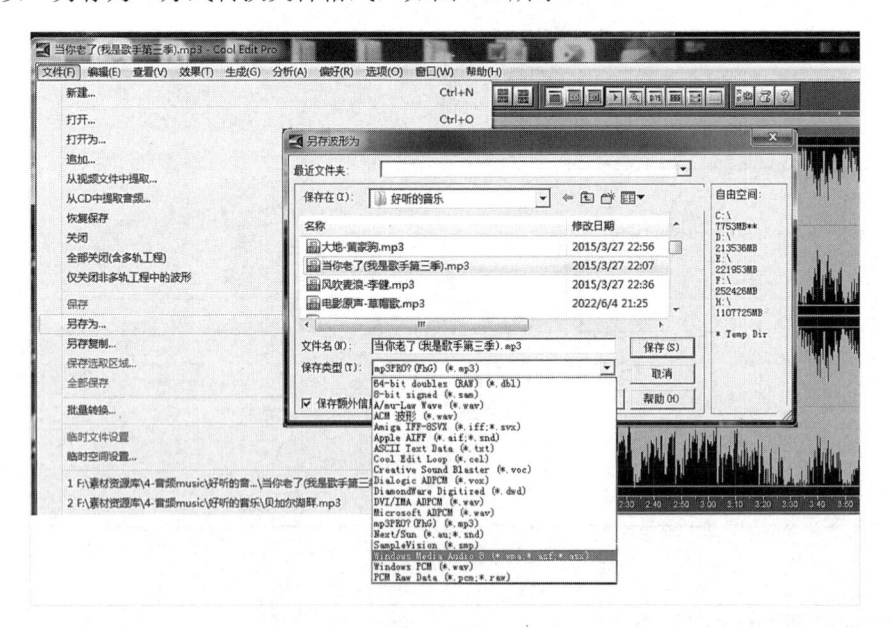

图 9-2　以"另存为"方式转换文件格式

2. 格式工厂

格式工厂(Format Factory)是一款功能齐全的格式转换软件,支持几乎所有主流的多媒体文件格式转换,包括音频文件、视频文件、图像文件等。在新版本的格式工厂中,还对移动播放设备进行了补充,用户无须费力研究不同设备对应什么播放格式,只需直接从格式工厂的列表中选择自己手中的设备型号,就能轻松开始转换。

9.2.2 从 CD 中提取音频

有些 CD 文件在打开以后只能看到目录，如果复制这些目录，就仅仅复制了文件名，而实际的文件并没有被复制。也就是说，用普通复制的方法并不能复制音频文件。在这种情况下，如何才能复制音频文件呢？

1．利用 Audition 提取音频

一是采用直接打开法。在 Audition 的"波形"工作模式下，先选择"文件"→"打开"命令，打开扩展名为.cda 的音频文件，可以直接对该文件进行编辑、修改；再选择"文件"→"另存为"命令，将音频文件另存到硬盘上。

二是采用抓取文件法。在 Audition 的"波形"工作模式下，选择"文件"→"从 CD 中提取音频"命令，打开数字抓轨窗口，选择所需轨道音频提取到文件中即可，如图 9-3 所示。

2．利用音频播放器提取音频

有些音频播放器提供了从 CD 中提取音频的功能，如 RealPlayer 等，如图 9-4 所示。

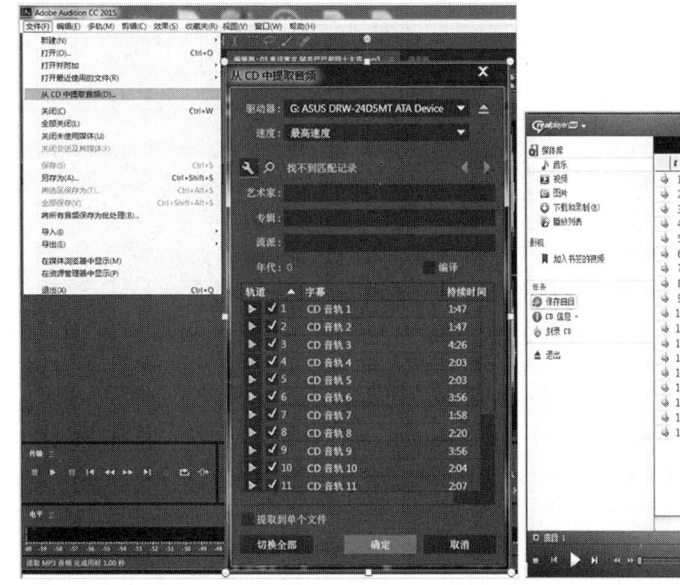

图 9-3　利用 Audition 从 CD 中提取音频　　　图 9-4　利用 RealPlayer 从 CD 中提取音频

9.2.3 从视频中提取音频

大家可能经常从互联网上搜索到好听的音乐及经典的影视对白，那么，如何把音频提取出来并应用到自己的作品中呢？下面介绍几种方法。

1．利用视频播放器提取音频

许多视频播放器都提供了转存音频的功能，下面以"暴风影音"视频播放器为例，介绍一下提取音频的方法。

第一步，打开暴风影音，单击界面左下角的"工具箱"按钮，在打开的工具箱中单击"转码"按钮，如图 9-5 所示。

图 9-5 单击"转码"按钮

第二步,弹出"暴风转码"对话框,如图 9-6 所示,单击"添加文件"按钮,找到要提取音频的视频素材,将其导入列表中,同时会弹出"输出格式"对话框,如图 9-7 所示,在该对话框中设置输出文件类型。

图 9-6 "暴风转码"对话框

图 9-7 "输出格式"对话框

第三步,在"暴风转码"对话框的"输出设置/详细参数"选项组中设置输出的音频格式,在"输出目录"选项组中单击"浏览"按钮选择输出的地址。

第四步,单击"暴风转码"对话框中的"开始"按钮,即可开始进行音频提取及格式转换。

2. 利用音频处理软件提取音频

每款音频处理软件基本上都具有从视频中直接提取音频的功能,但是每款软件支持的视频格式是受限的。以 Adobe Audition 为例,该软件只支持 AVI、MPEG、Quick Time、Windows Media、XDCAM-EX 等视频格式。软件的版本不同,支持的视频格式也会有所变化。具体提取过程为:在 Adobe Audition 的"波形"工作模式下,先选择"文件"→"打开"命令,在弹出的对话框中找到要提取音频的视频素材,单击"确定"按钮,即可将视频素材中的音频在软件轨道中打开;

然后选择"文件"→"另存为"命令，保存为自己想要的音频格式即可。

9.2.4 从 PPT 作品中提取音频

我们经常能够从互联网上获得优质的 PPT 教学课件，如何提取其中的音频呢？针对 2016 以上版本的 PPT 作品，只要用鼠标右键单击音频图标，在弹出的快捷菜单中选择"另存为"命令即可提取音频。针对 2010 以前版本的 PPT 作品，首先更改文件扩展名为压缩格式，然后解压，即可从中提取音频，如图 9-8 所示。

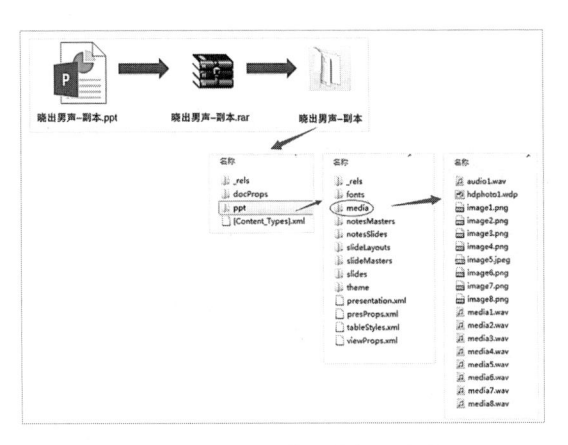

图 9-8　从 PPT 作品中提取音频

9.2.5 通过计算机录制方式提取音频

有时候我们听到了好听的电影插曲，想把它们存储在计算机上以后随时听，该怎么办呢？用系统自带的录音机就可以解决这个问题（这里应用的操作系统是 Windows 7）。

首先，计算机需要安装声卡驱动（不是系统自带的驱动）。其次，需要进行系统的音频设置。用鼠标右键单击任务栏处的声音图标，在弹出的快捷菜单中选择"录音设备"命令，如图 9-9 所示，弹出"声音"对话框。在"声音"对话框的"录制"选项卡中，用鼠标右键单击空白区域，在弹出的快捷菜单中勾选"显示禁用的设备"和"显示已断开的设备"复选框，显示所有可用的录音设备。然后用鼠标右键单击已显示的"立体声混音"或"Stereo Mix"设备，在弹出的快捷菜单中选择"启用"命令，如图 9-10 所示。当设备下方显示"准备就绪"时，表示内部录制设置完毕，如图 9-11 所示，单击"确定"按钮关闭"声音"对话框。

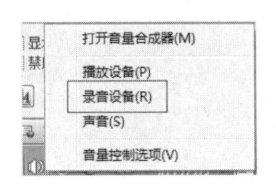

图 9-9　选择"录音设备"命令

图 9-10　启用"立体声混音"　　　　图 9-11　内部录制设置完毕

打开系统的"开始"菜单，在最下方的搜索框中输入"录音机"三个字，如图 9-12 所示，找到"录音机"程序后单击打开它。

准备就绪后,单击"录音机"程序界面上的"开始录制"按钮(或按 Alt + S 组合键),如图 9-13 所示,"录音机"程序开始录制计算机发出的声音。

图 9-12　查找"录音机"

图 9-13　单击"开始录制"按钮

录音完成后,单击"停止录制"按钮(或按 Alt + S 组合键),如图 9-14 所示,会弹出"另存为"对话框,设置音频文件保存的位置并进行文件命名,单击"保存"按钮即可完成内部录制任务。

图 9-14　单击"停止录制"按钮

9.3　音频素材的编辑

9.3.1　Au 简介

Adobe Audition(Au)是一款专业的音频编辑和音频制作软件,原名为 Cool Edit Pro,被 Adobe 公司收购后,改名为 Adobe Audition。它专为在广播设备和后期制作设备方面工作的音频和视频专业人员设计,可提供先进的音频混合、编辑、控制和效果处理功能。

Au 是一款能够实现两个程序功能的软件,即波形编辑器和多轨编辑器。其中,波形编辑器可以进行细致和复杂的单轨编辑,多轨编辑器用于多轨的音频剪辑或音乐制作。

波形编辑器和多轨编辑器使用不同的编辑方法,且每种方法都有其独特优势。波形编辑器使用破坏性方法,这种方法会更改音频数据,同时永久性地更改保存的文件。当转换采样率和位深度、母带处理或批处理时,这样的永久更改更可取。多轨编辑器使用非破坏性方法,这种方法是非永久性的和即时的,需要更强大的处理能力,但是会增加灵活性。当逐渐构建和重新评估多图层的音乐创作或视频原声带时,此灵活性是更可取的。

可以合并破坏性和非破坏性编辑以适应项目的需求。例如,如果多轨剪辑需要破坏性编辑,则仅需双击它以输入波形编辑器。同样,如果编辑的波形包含不喜欢的最近的更改,则可以使用"撤销"命令来恢复到前一种状态,直到保存了文件为止,才可应用破坏性编辑。

两种工作界面的常用功能面板如图 9-15 和图 9-16 所示。

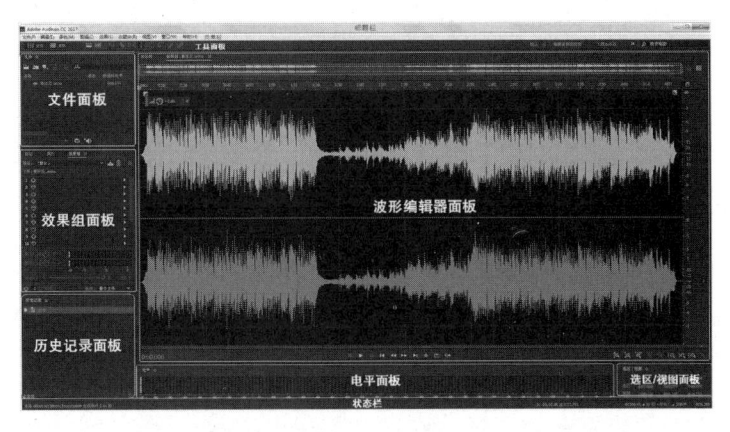

图 9-15　波形编辑工作界面的常用功能面板

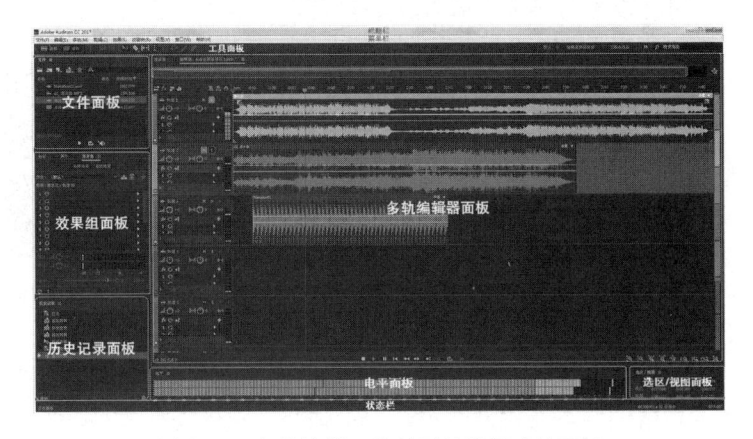

图 9-16　多轨编辑工作界面的常用功能面板

9.3.2　录制声音

1．前期准备工作

进行录音处理要做好这些准备工作：设备的调试与连接（外置麦克风、监听耳机等）、系统的设置（录音属性等）、录音素材（文字稿、背景音乐等）。

2．系统设置

第一步，在系统任务栏中用鼠标右键单击声音图标，在弹出的快捷菜单中选择"录音设备"命令，弹出"声音"对话框。

第二步，显示系统中所有的可用设备。在"录制"选项卡下，用鼠标右键单击空白区域，在弹出的快捷菜单中勾选"显示禁用的设备"和"显示已断开的设备"复选框。

第三步，设置录音设备。如果想要"外录"，即通过外连麦克风录制声音，则首先启用麦克风，即在自己要使用的麦克风属性上单击鼠标右键，在弹出的快捷菜单中选择"启用"命令，在设置正确的设备图标上面会出现一个绿色的对钩图标，表示该设备已被启用；然后设置麦克风属性，即在自己要使用的麦克风属性上单击鼠标右键，在弹出的快捷菜单中选择"属性"命令，在弹出的"麦克风 属性"对话框中完成对麦克风音量大小及录制质量的设定。

如果想要"内录"，即录制计算机中的声音，如网络上正在播放的音频，则首先启用立体声混音（Stereo Mix），即用鼠标右键单击"立体声混音"或"Stereo Mix"设备，在弹出的快捷菜单中选择"启用"命令，在设置正确的设备图标上面会显示"准备就绪"，表示该设备已被启用；然后设置立体声混音属性，即在"立体声混音"或"Stereo Mix"设备图标上单击鼠标右键，在弹出的快捷菜单中选择"属性"命令，在弹出的"立体声混音 属性"对话框中完成对立体声混音音量大小及录制质量的设定。

3．软件设置

应用 Au 录制声音，在操作前必须先进行音频硬件的映射设置。操作如下：选择"编辑"→"首选项"→"音频硬件"命令，弹出"首选项"对话框，设置音频硬件的相关属性，包括输入/输出设备、声卡及音频质量设定。不建议对"主控时钟""等待时间"进行盲目的修改。

4．录制声音

波形编辑工作模式下的录音操作步骤如下。

第一步，选择"文件"→"新建"命令，在弹出的"新建音频文件"对话框中设定声音质量，如图 9-17 所示。在这里我们采用的是 CD 音质，即采样率为 44.1kHz、声道为"立体声"、位深度为 16 位。

第二步，单击传输面板上的录音按钮 。在外录时，注意在录制过程中要保留一段静默状态，即录制一段没有人声的环境噪声，以方便后期编辑中的噪声取样。屏幕上出现波形表示录制正常。

图 9-17 "新建音频文件"对话框

第三步，录制完成后，注意对声音进行保存。选择"文件"→"另存为"命令，在弹出的对话框中设置保存的位置，并进行文件命名，注意选择合适的文件类型。

9.3.3 音频降噪

音频降噪的具体操作步骤如下。

第一步，打开录制的音频文件。在波形编辑工作模式下，可以通过"文件"菜单、文件面板上的图标等多种方式打开音频文件。打开上面案例中录制的声音，在波形编辑器面板中可以看到，没有人声的部分也是显示有波形的，如图 9-18 所示，这段波形就是录制的环境噪声。单纯的环境噪声比较容易删除，但是在诵读时环境噪声是一直存在的，所以关键是如何去除语音中的噪声。

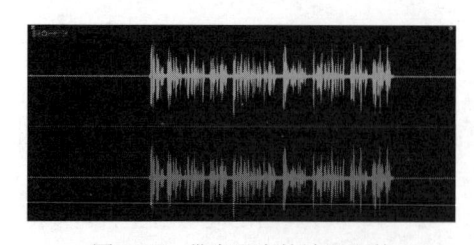

图 9-18 带有噪声的波形文件

第二步，降噪设定。先在波形编辑器面板中选择一段无人声的背景噪声，然后选择"效果"→"降噪/恢复"→"降噪（处理）"命令，弹出"效果-降噪"对话框，如图 9-19 所示。

"降噪"指的是控制输出信号中的降噪百分比。在预览音频时微调此设置，以便在最小失真的情况下获得最大降噪（过高的降噪有时可导致音频听起来被镶边或异相）。

"降噪幅度"用于确定检测到的噪声的降低幅度。介于 6～30dB 之间的值降噪效果很好。想要减少失真，需要输入较低值。

设置"降噪"项，拖动滑块将数值设置到 80%左右即可。并非设定值越大降噪效果越佳，降噪值越大反而会丢失更多声音细节。设置完成后，单击"选择完整文件"按钮，选取全部波形,单击"应用"按钮对整个音频文件进行降噪。

回到主界面,可以看到噪声波形变成了一条直线,如图 9-20 所示,表示样本噪声的波形已被降掉。

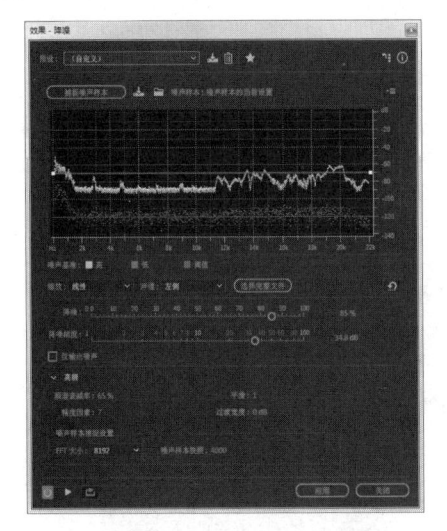

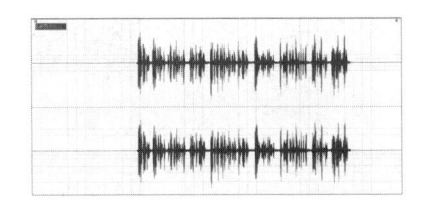

图 9-19　"效果-降噪"对话框　　　　图 9-20　降噪后的波形文件

9.3.4　美化声音

在录制声音时,总是存在这样或那样的问题,如带有环境噪声、带有电流的声音、音量过高或过低、声音比较干涩等,使得声音听起来不是很完美,这时就需要对声音进行美化。

1. 删除多余的音频

在轨道上选择不需要的波形,单击鼠标右键,在弹出的快捷菜单中选择"删除"命令;要想使某段波形保留原位置而只是消除声音,则可在右键快捷菜单中选择"静音"命令。

2. 调整音量

先选中要调整的波形,然后选择"效果"→"振幅与压限"→"增幅"命令,在弹出的"效果-增幅"对话框的"预设"下拉列表中选择一个提升或削减的数值,如图 9-21 所示。设置时可以通过单击"切换开通状态"按钮 进行处理前后效果预览状态的切换,单击 按钮预览效果,试听结束后单击"应用"按钮。

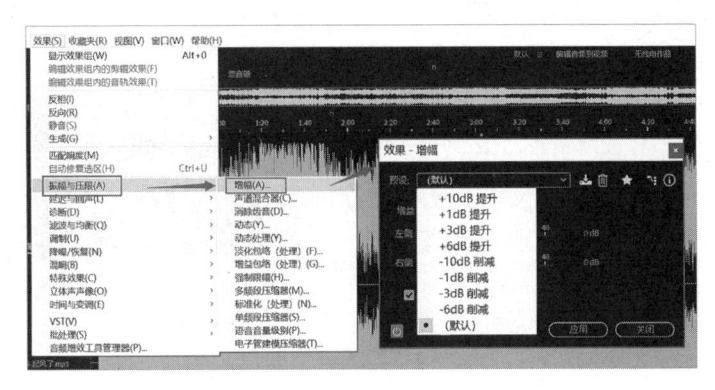

图 9-21　调整音量效果器

3．调整整体音量

如果我们录制的音频文件音量过大或过小（量值不高于指定的阈值），则可以使用强制限幅效果器对声音进行处理，通过振幅与压限效果器的参数调整，可以提高或降低整体音量，同时避免声音失真。

强制限幅效果器可以大大衰减在指定门限以上增强的音频，在通常情况下与输入提升一起应用限制，是增加整体音量而避免失真的一种技术。具体操作为：打开一段音频素材；选择"效果"→"振幅与压限"→"强制限幅"命令，弹出"效果-强制限幅"对话框，如图9-22所示，在"预设"下拉列表中选择"限幅-3dB"选项，单击"应用"按钮。

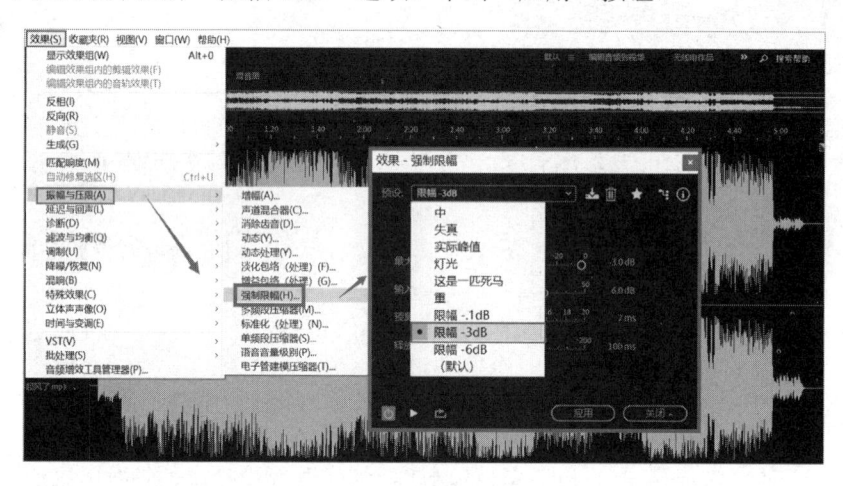

图 9-22　强制限幅效果器

4．标准化处理

使用标准化效果器可以设置一个文件或所选部分的峰值音量。具体操作为：打开一段音频素材；选择"效果"→"振幅与压限"→"标准化（处理）"命令，弹出"标准化"对话框，如图9-23所示，勾选"标准化为-3dB"和"平均标准化全部声道"复选框，单击"应用"按钮。

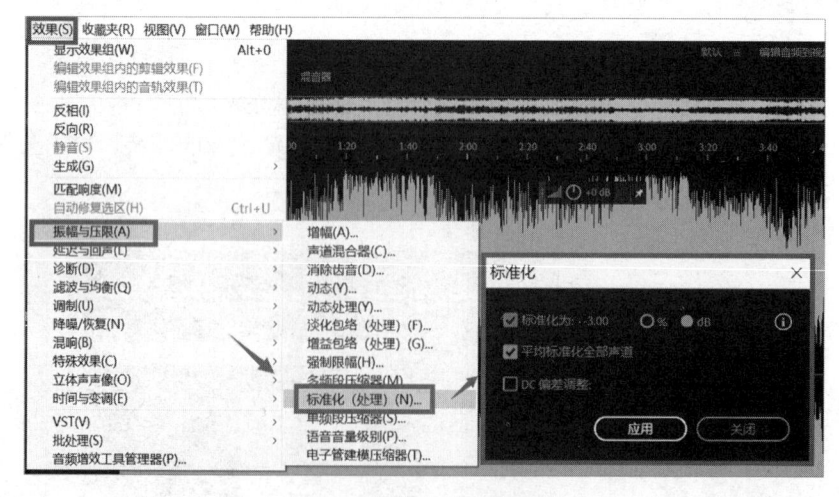

图 9-23　标准化效果器

5. 添加声音延迟与回声效果

（1）要想将人声处理成老式留声机的音质效果，则可以应用模拟延迟效果器来模拟老式硬件延迟效果。具体操作为：打开一段音频素材；选择"效果"→"延迟与回声"→"模拟延迟"命令，弹出"效果-模拟延迟"对话框，在"预设"下拉列表中选择"峡谷回声"选项，如图 9-24 所示，也可以预听效果后对显示的相关预设参数进行手动微调；单击"应用"按钮，运行模拟延迟效果于音频文件。

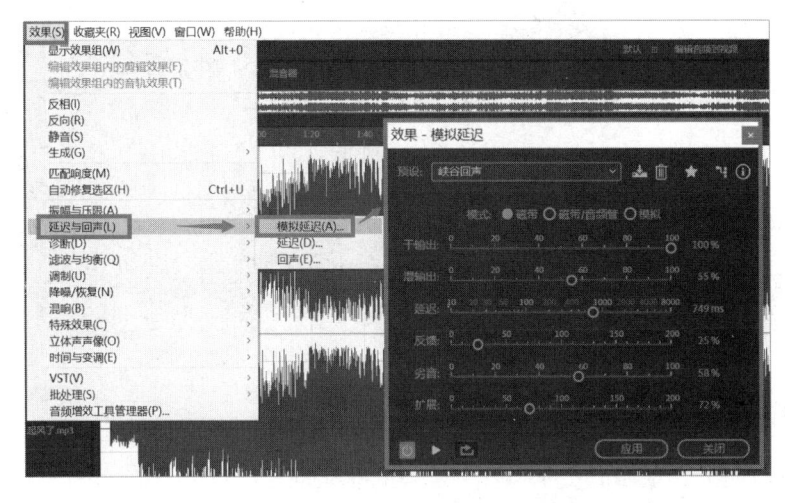

图 9-24　添加"峡谷回声"延迟效果

（2）延迟效果可以创建单个回声。延迟 35ms 或更长时间可以产生不连续的回声，而在 15～34ms 之间则可以产生简单合唱或镶边效果。添加现场级单个声音的延时音效，具体操作为：打开"音效处理练习素材"；选择"效果"→"延迟与回声"→"延迟"命令，弹出"效果-延迟"对话框，在"预设"下拉列表中选择"空间回声"选项，如图 9-25 所示，也可以在预听效果后对显示的相关预设参数进行手动微调；单击"应用"按钮，运行延迟效果于音频文件。

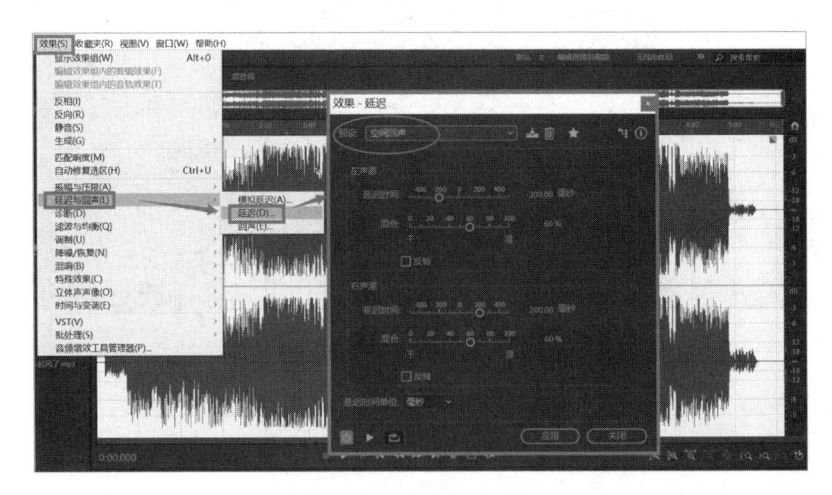

图 9-25　添加"空间回声"延迟效果

（3）可以给音频文件添加一些重复的、衰减的回声效果，使声音在足够长的时间内结束。具体操作为：打开"音效处理练习素材"；选择"效果"→"延迟与回声"→"回声"命令，弹出"效果-回声"对话框,在"预设"下拉列表中选择"右侧回声加强"选项,如图9-26所示,可以在预听效果后对显示的相关预设参数进行手动微调;单击"应用"按钮,运行回声效果于音频文件。

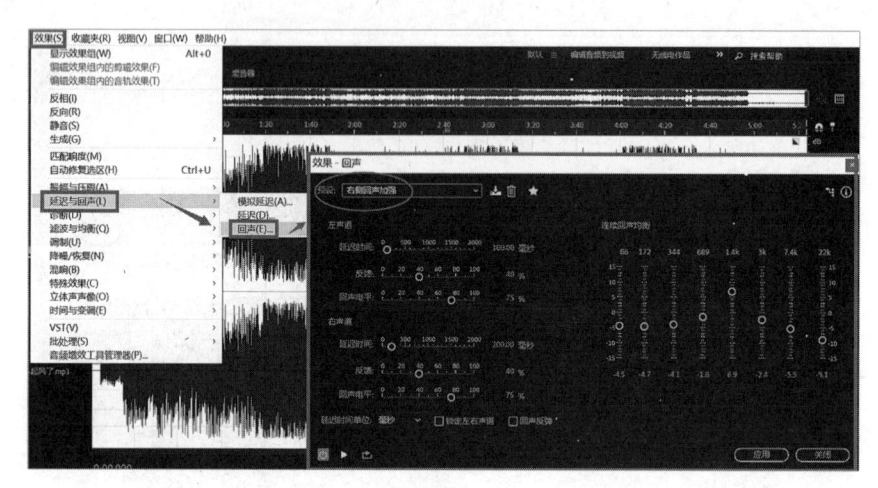

图9-26 添加"右侧回声加强"回声效果

6．添加空间混响与合成音效

(1)添加EQ特效,使声音更加圆润、浑厚、有磁性。EQ的全称为Equalizer,意为"均衡器",多媒体音箱上的低音增强就是EQ特效。具体操作为:打开"音效处理练习素材";选择"效果"→"滤波与均衡"→"图形均衡器（20段）"命令,弹出"效果-图形均衡器（20段）"对话框,设置125滑块的值为10、180滑块的值为12,如图9-27所示,声音的浑厚与磁性主要通过这两个滑块进行设置;单击"应用"按钮,运行图形均衡器效果于音频文件。

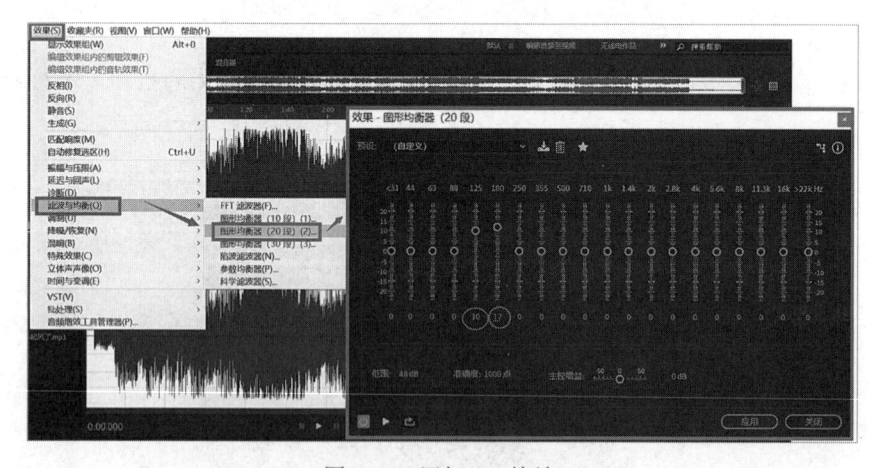

图9-27 添加EQ特效

(2)添加和声处理,模拟多个人声或乐器同时播放的效果。通过添加和声效果器可以增加多个少量回馈的短小延时模拟多个人声或乐器同时播放,产生丰富的声音效果。具体操作为:打开"音效处理练习素材";选择"效果"→"调制"→"和声"命令,弹出"效果-和声"对话框,在"预设"下拉列表中选择"10个声音"选项,如图9-28所示,可以在预听效果后对显示的相关预设参数进行手动微调;单击"应用"按钮,运行和声效果于音频文件。

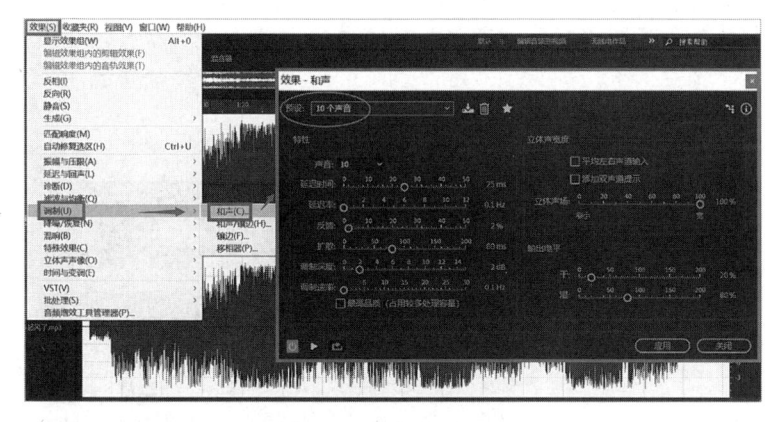

图 9-28　添加和声处理

（3）添加混响音效，模拟各种环境的混响效果。使用混响效果器可以再现从大衣柜到音乐厅的各种空间，基于混响使用脉冲文件来模拟声学空间，产生逼真的效果。具体操作为：打开"音效处理练习素材"；选择"效果"→"混响"→"混响"命令，弹出"效果-混响"对话框，在"预设"下拉列表中选择"房间临场感"选项，如图 9-29 所示，可以在预听效果后对显示的相关预设参数进行手动微调；单击"应用"按钮，运行混响效果于音频文件。

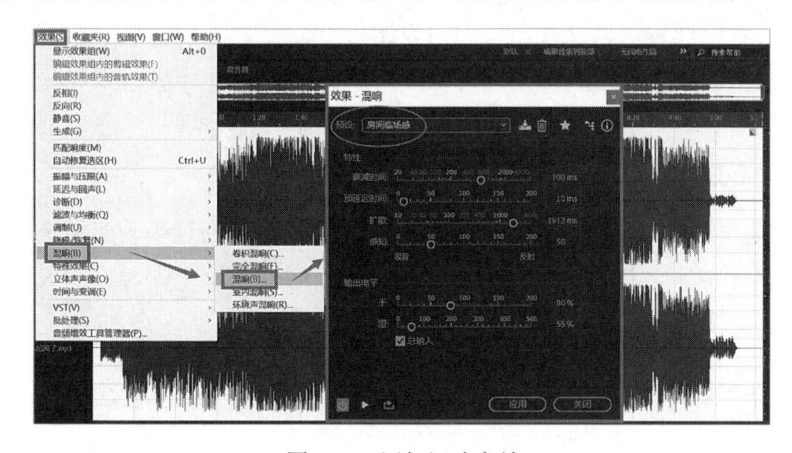

图 9-29　添加混响音效

9.3.5　变音变调

在教学中有时需要多角色配音，那么，如何把一个人的声音变成多个声调？在 Au 中提供了"时间与变调"效果器，在该效果器中主要有两种效果，分别为"自动音调更正"和"音高换挡器[1]"，具体包含自动音调更正、手动音调更正（处理）、变调器（处理）、音高换挡器及伸缩与变调（处理）5 种效果调整功能。

1．自动音调更正

自动音调更正效果器主要是为人声设计的，可以更正音符的音高使音调更准确。具体操作步骤如下。

第一步，打开"音效处理练习素材"。

---

[1] 软件图中"音高换档器"的正确写法为"音高换挡器"。

第二步，选择"效果"→"时间与变调"→"自动音调更正"命令，弹出"效果-自动音调更正"对话框，在"预设"下拉列表中选择"细腻的人声更正"选项，如图 9-30 所示，下方将显示相关预设参数设置，可以更正音频文件中的人声音调。

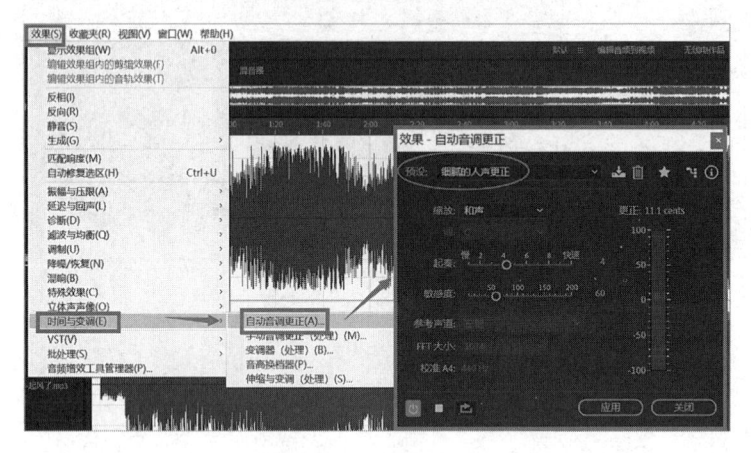

图 9-30　自动音调更正

在对话框状态下，绕过"自动音调更正"效果，开始播放文件。注意观察对话框右侧的"更正"仪表，红色带状区域表示当前音调与理想音调的差距。仪表读数为正值表示当前音调偏高，仪表读数为负值表示当前音调偏低，仪表读数处于中间位置表示音调正确。

第三步，单击"应用"按钮，运行自动音调更正效果于音频文件。

2．手动音调更正（处理）

要想将女声调整为男声，或者将声音调整为童声，则可以通过手动音调更正效果器调整包络线，更改声音的音调。包络线向上调整，调值变高；包络线向下调整，调值变低。下面将女声调整为厚重的男声音质，具体操作步骤如下。

第一步，打开"音效处理练习素材"。

第二步，选择"效果"→"时间与变调"→"手动音调更正（处理）"命令，弹出"效果-手动音调更正"对话框，在"音调曲线分辨率"下拉列表中选择"4096"选项，如图 9-31 所示。

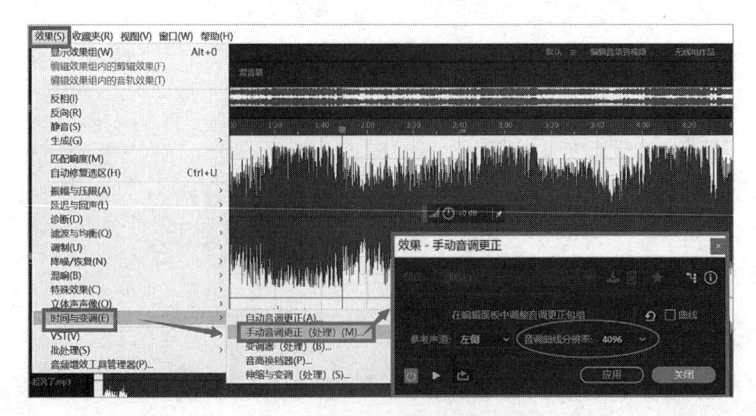

图 9-31　设置音调曲线分辨率

第三步，在编辑器中向下拖动"调整音高"按钮（上面是调整音量的按钮，下面是调整音高的按钮），直至参数显示为-200为止。也可以直接单击包络线，向上或向下拖动改变音高，如图 9-32 所示。选择区间的设置调整的就是整个音频文件调值的高低。

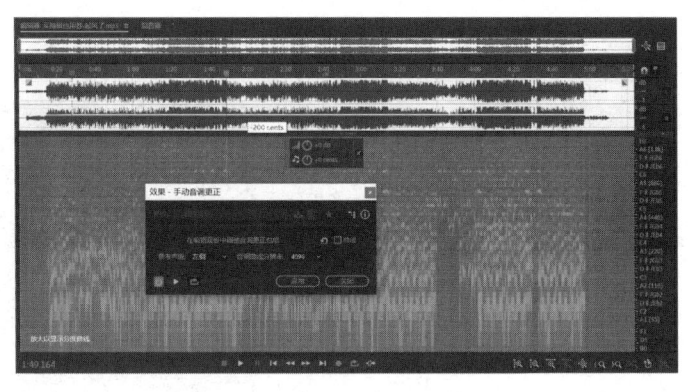

图 9-32　拖动包络线调整音高

第四步，在要改变调值的声音片段的起始位置的包络线上单击，可以添加两个关键帧，在声音片段的终止位置同样添加两个关键帧。这时可以通过向上或向下拖动中间两个关键帧之间的包络线来改变这一声音片段的调值。

第五步，根据自己对声音变调的要求，在包络线上添加关键帧来改变音频文件的音效。

3．变调器（处理）

如果用户希望一段声音由多角色声调构成，如女声、男声和童声，则可以通过变调器效果器来完成对声音的变调处理。在应用变调器效果器对声音进行变调处理时，会随着时间来改变声音的音调。应用该效果器可以横跨整个音频波形对声音进行变调处理。下面是将女声变调为童声的具体操作。

第一步，打开"音效处理练习素材"。

第二步，选择"效果"→"时间与变调"→"变调器（处理）"命令，弹出"效果-变调器"对话框。

第三步，在"预设"下拉列表中选择"古怪"选项，在"音调"右侧的预览框中可以看到该预设模式下的包络线的样式。

第四步，在波形编辑器中，将鼠标指针移至"-8.0 半音阶"关键帧上，单击并向上拖动至"8.0 半音阶"位置，释放鼠标左键，调整关键帧的位置。

第五步，采用同样的方法，设置其他关键帧到波形编辑器顶端的位置，调整包络线的样式。

第六步，在"效果-变调器"对话框"音调"右侧的预览框中显示修改后的包络线的样式，单击"应用"按钮，完成设置，如图 9-33 所示。

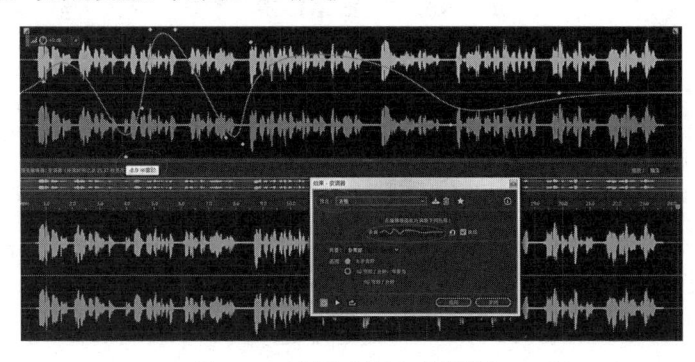

图 9-33　应用"效果-变调器"

4. 音高换挡器

使用音高换挡器可以将音频文件升调或降调，这种效果不会改变节奏。注意：调动幅度越大，保真度越低。当调动幅度过大时，会产生有趣的特殊效果。具体操作步骤如下。

第一步，打开"音效处理练习素材"。

第二步，选择"效果"→"时间与变调"→"音高换挡器"命令，弹出"效果-音高换挡器"对话框，在"精度"选项组中选中"高精度"单选按钮，在"音高设置"选项组中勾选"使用相应的默认设置"复选框，这是获得最佳音效的设置。

第三步，在"预设"下拉列表中选择"黑魔王"选项。

第四步，显示"黑魔王"音调的相关参数设置，可以一边预听效果一边进行微调，直到满意为止，单击"应用"按钮，如图9-34所示。

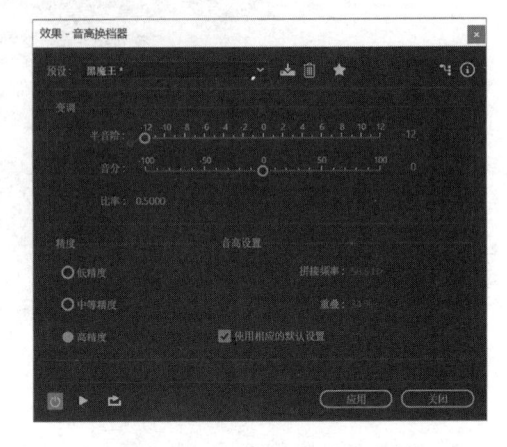

图 9-34　应用"效果-音高换挡器"

5. 伸缩与变调（处理）

如果需要改变一段声音的节奏或音调，制作慢节奏、快节奏、升音调或降音调的效果，则可以使用伸缩与变调效果器对声音进行实时调整。具体操作步骤如下。

第一步，打开"音效处理练习素材"。

第二步，选择"效果"→"时间与变调"→"伸缩与变调（处理）"命令，弹出"效果-伸缩与变调"对话框，如图9-35所示。

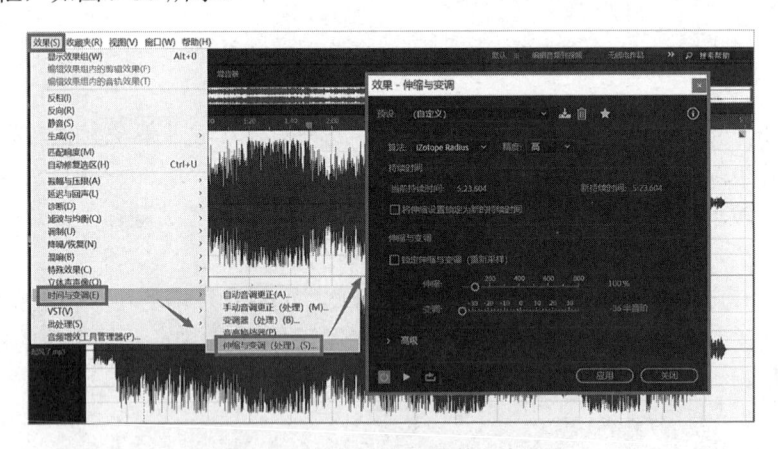

图 9-35　应用"效果-伸缩与变调"

- 算法：包括iZotope Radius和Audition算法。在处理声音时，iZotope Radius算法需要更长的计算时间，但能产生更少的人为更改痕迹。
- 精度：精度越高，声音处理后的效果越好，但需要的处理时间更长。
- 持续时间："当前持续时间"表示处理前的波形时间长度；"新持续时间"表示处理后的波形时间长度。
- 将伸缩设置锁定为新的持续时间：覆盖自定义或预设的伸缩设置，不根据持续时间调整计算。勾选该复选框后将不能调整音调。

- 伸缩：表示处理后波形是原来长度的百分之几。100%表示无变化；小于100%，波形变短，速度加快；大于100%，波形变长，速度变慢。
- 变调：音高的转换，值大于0表示音调升高，值小于0表示音调变低，单位为半个音阶。不要过度调整音高，否则音质会变得很差。
- 锁定伸缩与变调（重新采样）：勾选该复选框后，调整伸缩和变调的任何一个参数，另一个参数会同时变化，即速度变快音调变高，速度变慢音调变低，可以实现既变速又变调的效果。

第三步，根据需要对素材进行变速、变调设置。如果想处理成快节奏的语音效果，则可以在"预设"下拉列表中选择"加速"选项；如果想处理成慢节奏的语音效果，则可以在"预设"下拉列表中选择"减速"选项。

9.3.6 音频合成

下面给前面录制的一段解说词添加背景音乐，并合成一个音频文件。具体操作步骤如下。

第一步，单击多轨切换按钮 多轨 或者按F12键，在弹出的"新建多轨会话"对话框中创建"混缩合成"混音项目，如图9-36所示。

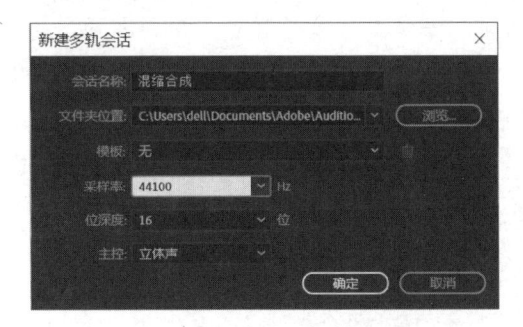

图9-36 创建"混缩合成"混音项目

第二步，将"音效处理练习素材-录音技术"音频片段导入"轨道1"中，如图9-37所示。选中"文件"面板中的"音效处理练习素材-录音技术"文件并拖动到"轨道1"中，该文件变成了一个波形音频剪辑块，单击可以移动剪辑块。

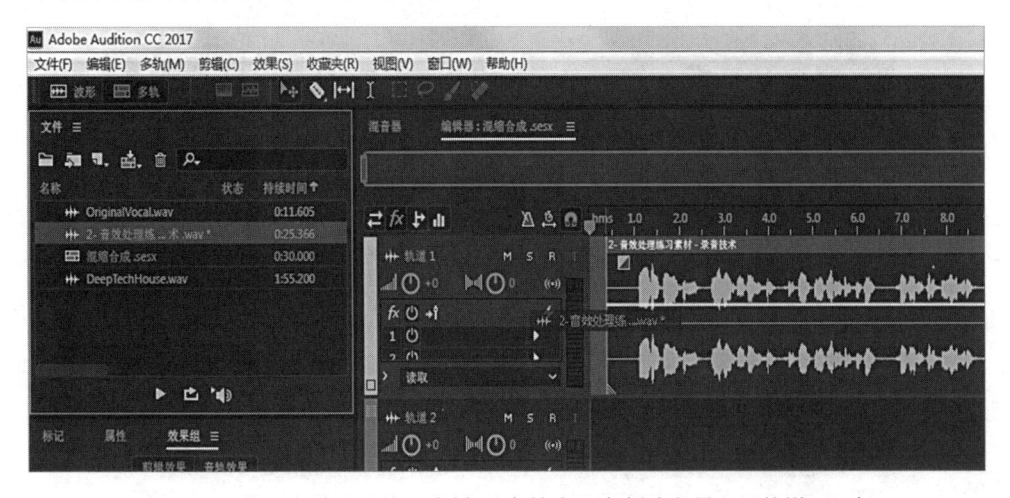

图9-37 将"音效处理练习素材-录音技术"音频片段导入"轨道1"中

第三步，在"轨道2"中导入背景音乐，如图9-38所示。在"轨道2"中单击鼠标右键，在弹出的快捷菜单中选择"插入"→"文件"命令，导入"月亮河.mp3"文件。

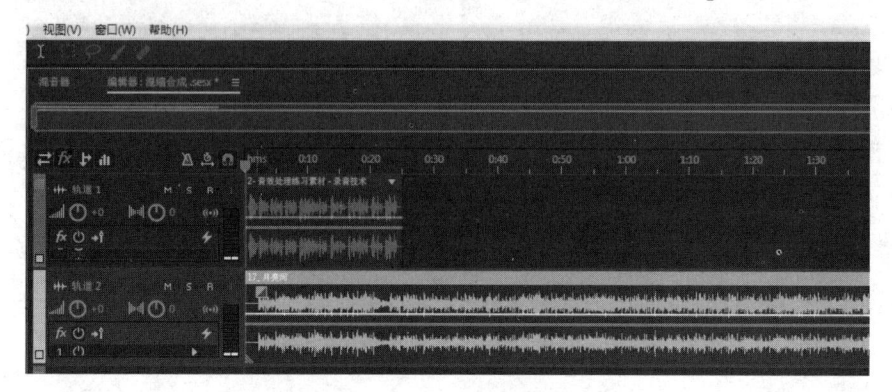

图9-38　在"轨道2"中导入背景音乐

第四步，显示全部音频。单击缩放选区中的全部缩小按钮，使音频全部展现出来，我们发现背景音乐太长。

第五步，调整背景音乐的长度。在工具栏中选择分割工具，在需要分割的地方单击，将一段声音分割成两段，在后面一段波形上单击鼠标右键，在弹出的快捷菜单中选择"删除"命令，如图9-39所示。使用同样的方法将音频其他需要调整的地方删除。

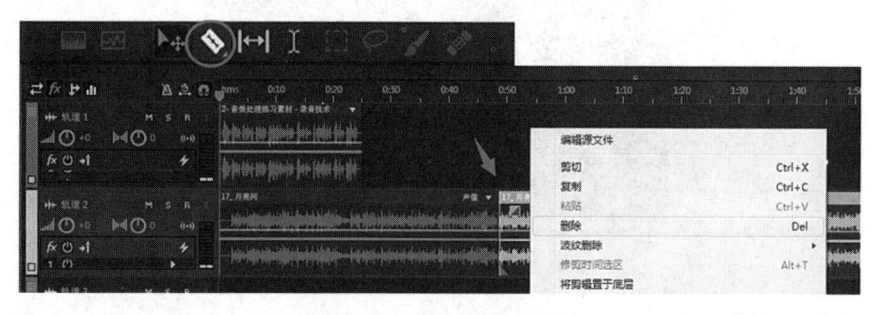

图9-39　分割工具的应用

第六步，调整两个轨道中音频的位置，并单击传输区中的播放按钮进行试听，如图9-40所示。在试听过程中发现背景音乐的音量过高，影响解说词的清晰度。

图9-40　播放试听效果

第七步，设置轨道 2 的输出音量。在多轨编辑工作模式下有两种调整音量的方法：一是在轨道前端的属性设置中调整音量，这一操作将调整整个音频文件的音量大小；二是通过编辑"剪辑包络线"来调整音量，可以通过添加关键帧，对音频的不同部位设置不同的音量。要进行剪辑包络线的编辑，必须先选择"视图"→"显示剪辑包络"命令，这样多轨编辑器中波形文件的音频包络线才会显示出来。我们先在轨道 1 音频起始位置对应"背景音乐"音频包络线的位置添加关键帧 1 和关键帧 2，再在轨道 1 音频终止位置对应"背景音乐"音频包络线的位置添加关键帧 3 和关键帧 4，如图 9-41 所示。向下拖动关键帧 2 和关键帧 3，使其值由 0dB 调整到-10dB，如图 9-42 所示，即可完成背景音乐与解说词的音频匹配。

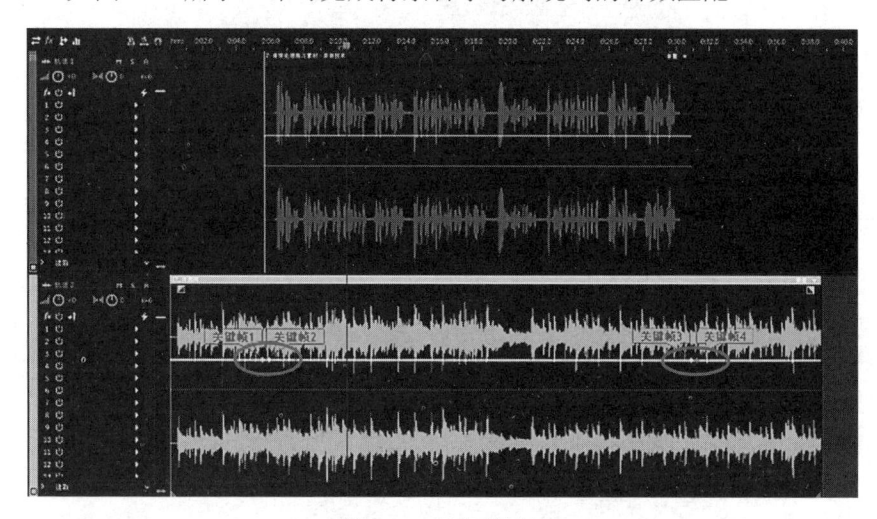

图 9-41　添加关键帧

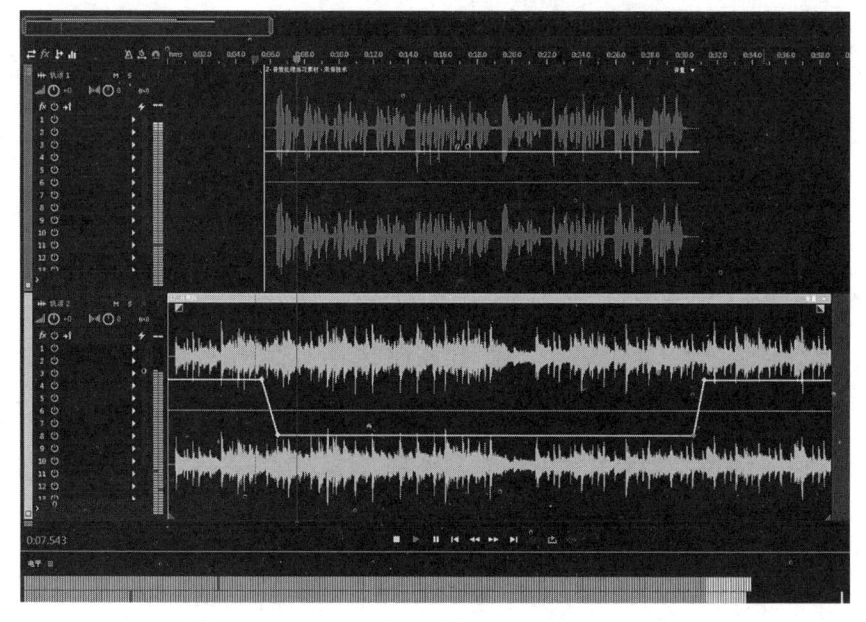

图 9-42　拖动关键帧调整音量

第八步，音频合成。在多轨编辑工作模式下，选择"文件"→"导出"→"多轨混音"→"整个会话"命令，弹出"导出多轨混音"对话框，如图 9-43 所示。在该对话框中进行文件命名，设置文件的保存位置、格式及采样类型。

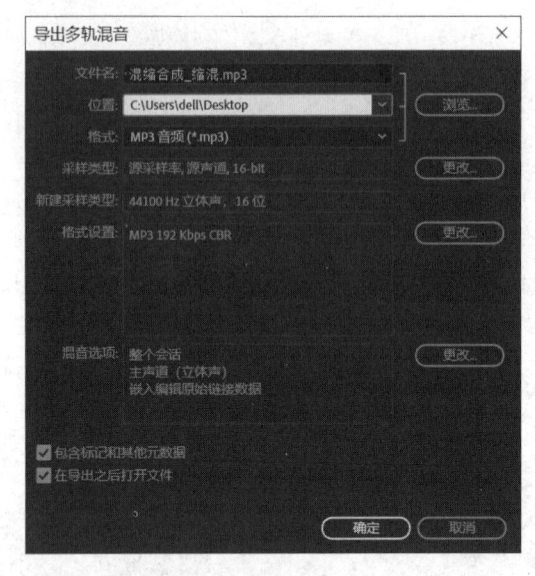

图 9-43 "导出多轨混音"对话框

拓展学习资源

1. 张新贤. 数字音频制作实践[M]. 北京：北京师范大学出版社，2014.
2. 周玉娇. Audition CC 全面精通[M]. 北京：清华大学出版社，2020.
3. （英）马克西姆·亚戈. Adobe Audition CC 经典教程[M]. 2 版. 赵阳光，译. 北京：人民邮电出版社，2020.

课后思考题

1. 你知道的音频格式有哪些？分享一下你知道的各种音频格式的使用技巧。
2. 选一首自己喜欢的诗词，配上一段背景音乐，制作一段配乐诗朗诵。
3. 选一首自己喜欢的歌曲，从互联网上获取伴奏音乐，制作一首卡拉 OK。

第 10 章 动画与动画素材的编辑

动画一词起源于"Anima",演化到现时人们用于表示动画的英文单词变成了"Animation",成了一个充满动态意味的单词。动画是一门综合艺术,它是集文本美化、图形制作、图片处理、音频、视频及计算机脚本语言于一身的综合艺术表现形式。动画设计与制作在教学领域中也有着广泛的应用。

10.1 动画概述

10.1.1 动画的起源与发展

动画的起源可以追溯到石器时代,那时人类就尝试利用图像形式来记录物体动作和事件发生的过程,例如,在石器时代的洞穴中,考古人员发现了人类用石块记录动物动作的野牛奔跑分解图。发展到近代,科学家发现人眼具有"视觉暂留"特性,也就是说,人在看过某个物体动作后,1/24 秒(0.1 秒)后影像才会消失。利用这一特性,在这个 0.1 秒影像暂留期间播放下一个画面,就能够形成连续的运动画面。因此,电影以 24 帧/秒的帧速率、电视以 25 帧/秒或 29 帧/秒的帧速率进行播放,就会形成流畅的运动画面,这就是动画产生的原理。依据此原理,后来出现了西洋镜、皮影戏、电影、电视动画等形式。

10.1.2 动画的特性

发展到现代,动画的形式已经发生了很大的变化,数字信息技术的蓬勃发展给动画制作提出了新的要求。形形色色的新数字媒体动画形式不再用影视语言线性讲述,反而更加讲究人机交互性,更加注重教育性和娱乐性,从二维技术、三维技术发展到虚拟仿真技术,在教学应用、产品演示、表演及经济和军事领域都扮演着重要的角色,成为信息时代的重要表达方式,并有着良好的发展前景。

动画的特性决定着它的发展前景和时间延续性。总的来说,动画具有以下几个特性。

(1)娱乐性。娱乐性是动画的主要特性。一提到动画就会将其与儿童相关联,虽然这种观点失之偏颇,但恰恰说明动画确实具有娱乐性。能吸引最难集中注意力的受众,丰富的主体造型是关键,如外国动画片中经典的鼹鼠、猫和老鼠、一休、七龙珠等形象,我国动画片中经典的孙悟空、哪吒、葫芦兄弟等形象,都是成功的范例。

(2)商业性。客户的需求就是商业的基础。随着动画产业的发展,商业性成为动画的重要特性。动画产业根据客户群划分,有不同的定位,既有大人喜欢看的动画,也有小孩专属的动画,还有教育需要的交互动画形式。

(3)假定性。动画除了能够表现真实影像的映象,还能够表现真实影像所表达不出来的一些叙事语言,尤其是有些已经过去的事件和虚幻的景象,电影画面无法表现,而动画形式可以表现。如宫崎骏出品的动画电影里包含了大量光怪陆离的虚幻景象,很多人物和场景是用图形来表现的，排除了复杂、多余的情节和元素，直接表达主题。说白了，动画的假定性就是不存在的东西也要让观众认为是存在的。

（4）艺术性。动画的创作可以借助各种艺术手段。如宫崎骏出品的动画电影里包含了大量跨时空的场景，以及真实人物无法完成的动作，将富有特色的人物形象和场景用动画技术表现得淋漓尽致，再加上音乐的烘托，视觉和听觉完美融合，观众的感官得到了极大的满足。

（5）教育性。动画具有教育意义，这是共识，它对于未成年人世界观、人生观的树立起到了重要的引导作用。尤其是在教学过程中，动画是一种很重要的教学辅助手段，这更能体现动画的教育性。

10.2 动画的类型和格式

10.2.1 动画的类型

动画按照其特性，有多种分类方式。

按照技术形式划分，动画可分为平面动画、立体动画、合成动画。

按照空间维度划分，动画可分为二维动画与三维动画。在各个网站上广泛使用的 Flash 动画属于二维动画的范畴。在影视、广告制作、建筑展示等领域应用非常广泛的是三维动画，比如我们常见的电影动画大片、电视广告栏目片头、建筑空间动画等的制作都要用到三维动画制作技术。

按照用途划分，动画可分为商业应用动画、教学应用动画、游戏应用动画、广告应用动画等。

10.2.2 动画的格式

动画格式主要包括 GIF、FLC / FLI（FLIC）、SWF、AVI 和 MOV，下面分别进行介绍。

1. GIF

GIF 于 1987 年由 CompuServe 公司开发，采用数据无损压缩算法中的高压缩率算法，具有容量小、成像质量比较清晰的特点，适用于速度不佳的互联网发展初期阶段，比较受用户青睐。这种格式只要图像少于 256 色，就能以很小的文件来保持成像的质量。然而，256 色的成像也限制了 GIF 格式的应用广度，一般在绘制图形、图表、简单按钮等仅仅需要少量颜色深度的图像时才会应用 GIF 格式。

同时，也正因为 GIF 图像尺寸较小，GIF 格式才可以存储多张静态图像，然后形成连续的 GIF 动画。直到现在，网页上的广告及一些软件上的表情包所使用的彩色动画文件很多都是 GIF 文件。

2. FLC / FLI（FLIC）

FLC / FLI（FLIC）是 Autodesk 公司开发的动画制作软件中采用的一种动画文件格式，在 2D 和 3D 动画制作软件中都可以采用。其中，FLI 格式是最初的基于 320 像素×200 像素分辨率的动画文件格式；而 FLC 格式是 FLI 格式的进一步扩展，采用了更高效的数据压缩技术，其分辨率也不再局限于 320 像素×200 像素。FLIC 文件采用行程编码（RLE）算法和 Delta 算法进行无损的数据压缩，首先压缩并保存整个动画序列中的第一幅图像，接着逐帧计算前后相邻两幅图像的差异或改变部分，并对这部分数据进行 RLE 压缩，因为动画序列中前后相邻图像的差别不大，所以采用行程编码可以得到相当高的数据压缩率。正因如此，FLIC 格式被广泛应用于动画图形中的动画序列、计算机辅助设计和计算机游戏应用程序等领域。

3．SWF

SWF 是 Macromedia 公司的动画设计软件 Flash 的专用格式，被广泛应用于网页设计、动画制作等领域。SWF 动画主要基于矢量图形技术制作，它有一个很实用的特点，就是在缩放画面时不会失真，即不管将画面放大多少倍，画面质量都不会损坏，因此非常适合绘制由几何图形组成的教学动画，如教学动画演示等。另外，由于这种格式的动画压缩比也较高，因此特别适合在互联网上传播，还可以一边下载一边浏览，并能添加 MP3 音频文件，效果极佳。SWF 文件被广泛应用于网页上和一些集成软件中，是一种使用频率非常高的流媒体文件。

4．AVI

AVI 是一种常用的视频文件格式，它对视频文件采用了一种有损压缩方式，这种压缩方式的压缩率较高，可将图形、图片、文字、音频、视频等压缩到一起，尽管画面质量相应受到了影响，但其应用范围仍然非常广泛。AVI 文件既可以在存储器中存储，也可以出现在互联网上供用户下载。在动画存储中，可以将最终生成的文件存储为 AVI 格式。AVI 文件的最大优点是不挑剔播放器，有利于传播。

5．MOV

MOV 是苹果公司开发的一种音频、视频文件格式，不但支持 256 位色彩深度保存，支持 JPEG 等常用的集成压缩技术，还通过存储一些常用的数字媒体形式，提供了 200 多种声音效果和 150 多种视频效果，能够通过网络进行实时的流媒体文件回放，因此，有时候也会使用 MOV 格式作为动画保存类型。

10.3　动画素材的编辑

动画制作技术分为二维动画制作技术和三维动画制作技术，一般用于制作教学课件。

动画制作技术是一项综合技术，制作过程在一般情况下分为前期制作、中期制作、后期制作等环节。其中，前期制作涉及文案策划、作品主题及场景环境设定、资金筹集等内容；中期制作涉及分镜头制作、原画绘制、中间处理、动画制作、着色、场景绘制、配音、录音处理等内容；后期制作涉及编辑剪辑、后期特效、字幕制作、终极合成等内容。计算机二维动画是在传统的手绘二维动画的基础上发展起来的，有时候也需要与传统的手绘二维动画相结合，如很多动画片都是手绘二维动画和计算机二维动画相结合的产物。

计算机二维动画大致可以分为基于帧的动画、基于角色的动画和基于对象的动画三种类型。基于帧的动画的原理是在一个固定的时间段内分解动画动作，也就是在时间轴的每一帧上放置不同的内容，使内容不断播放而形成连续动画，可以通过调整时间轴上帧与帧之间的时间间隔来调整动画的速度。基于角色的动画可以通过角色的绘制和动画制作来塑造不同的形象。在 Flash 动画中，最基本的对象就是元件。Flash 可以把重复使用的对象转换为元件，该元件会自动保存到库中，也可以在舞台上直接制作元件；元件可以在不同的场景中重复使用，也可以在不同的源文件中共享，这是一种比较先进的二维动画制作技术。基于对象的动画主要基于动画技术中的分层技术，对象可以是背景，也可以是角色，背景和角色可以分布在不同的层中。例如，在制作某个动画场景时，制作者可以先在第一层中制作背景层，然后在多个前景层中制作不同动画角色的动画效果。

10.3.1　GIF 动画制作软件

GIF 动画一般用于网页和一些交流软件中的表情制作，或者一些简单的交互按钮制作，娱乐性比较强，制作过程也相对比较简单，涉及的主要技术是帧动画技术。有很多制作软件和在线制作工具可以制作 GIF 动画。

GIF 动画在线制作工具有很多，且支持各种 GIF 在线编辑功能，包括 GIF 合成、视频转 GIF、GIF 裁剪、GIF 压缩、GIF 表情包、GIF 编辑、GIF 拼图等，用户可以随心所欲地制作自己喜欢的 GIF 动画。

在浏览器的搜索栏中搜索"斗图吧"GIF 动画在线生成工具，只需将要顺序播放的图片素材上传，调整好顺序和素材大小，在面板上调整动画的播放速度、生成质量，选择适用的分辨率尺寸，即可生成 GIF 动画，处理过程如图 10-1 和图 10-2 所示。

图 10-1　上传图片

图 10-2　合成动画

另外，也可以使用比较专业的软件来制作 GIF 动画，如 Photoshop、Ulead GIF Animator、Fireworks 等。Adobe Image Ready 结合 Photoshop 也可以制作 GIF 动画。虽然 Flash 主要是用来制作 SWF 动画的，但是它也可以制作单独的 GIF 动画。下面以 Ulead GIF Animator 为例来讲解

GIF 动画的制作方法。

　　Ulead GIF Animator 是一款功能强大的 GIF 动画编辑软件，可将 AVI 动画直接转换为 GIF 动画，也可在短时间内快速制作 GIF 格式的 Banner 或 Logo。同时，Ulead GIF Animator 也可作为 Photoshop 的插件使用，制作符合要求的 GIF 动画。Ulead GIF Animator 的工作界面如图 10-3 所示。

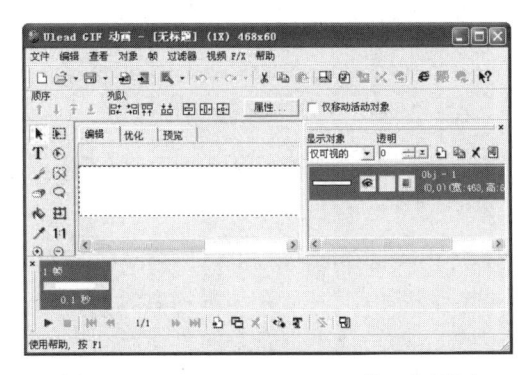

图 10-3　Ulead GIF Animator 的工作界面

　　下面讲解如何将已有的图像文件合成 GIF 动画。在开始操作前，需要先将图像文件修改成统一的分辨率大小，并且尽量保存为 JPG 格式。如果要将 GIF 动画存放在手机里，则分辨率越小越好。具体操作步骤如下。

　　第一步，打开 Ulead GIF Animator 的工作界面。
　　第二步，选择"文件"→"打开图像[①]"命令，如图 10-4 所示。
　　第三步，单击 图标添加帧，如图 10-5 所示。

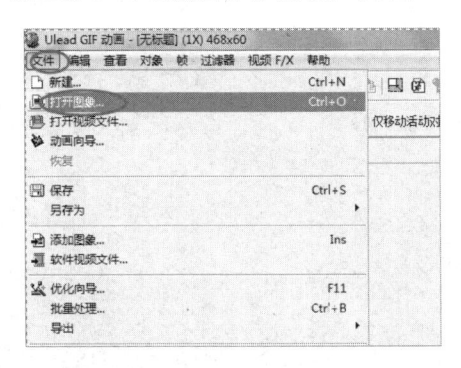

图 10-4　选择"打开图像"命令　　　　　　图 10-5　添加帧

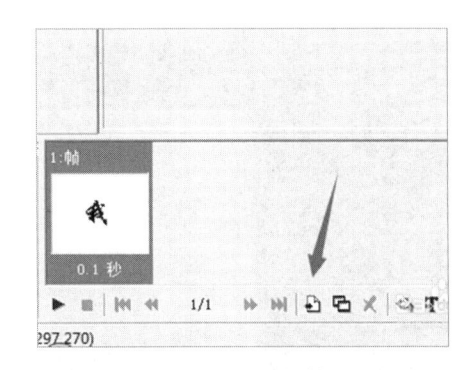

　　第四步，选择"文件"→"添加图像[②]"命令，如图 10-6 所示。
　　第五步，重复第三、四步的操作，直至添加完所有图像为止。
　　第六步，选择所有图像，单击鼠标右键，在弹出的快捷菜单中选择"画面帧属性"命令。
　　第七步，弹出"画面帧属性"对话框，设置延迟时间和移动方式，单击"确定"按钮，如图 10-7 所示。

---

① 软件图中"打开图像"的正确写法为"打开图像"。
② 软件图中"添加图象"的正确写法为"添加图像"。

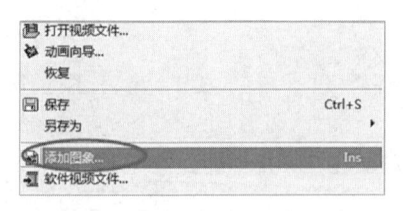

图 10-6　选择"添加图像"命令　　　　　图 10-7　画面帧属性设置

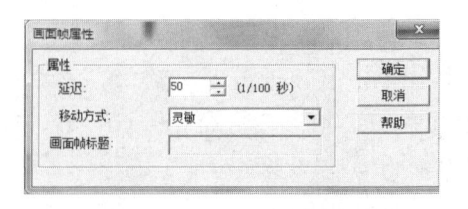

第八步,选择"文件"→"另存为"→"GIF 文件"命令,在弹出的对话框中输入合适的文件名,单击"保存"按钮。至此,GIF 动画合成完毕。

10.3.2　Animate 动画制作软件

Animate 的前身是 Flash,是由美国 Macromedia 公司于 1999 年 6 月推出的优秀网页动画设计软件,后被 Adobe 公司收购。它是制作 SWF 动画的主流软件,也是一种交互式的动画设计工具,使用它可以将音乐、声效、动画及富有新意的界面融合在一起,制作出高品质的网页动态效果。Animate 是一款出色的矢量图形及动画制作软件,它与 Dreamweaver、Fireworks 并称"网页三剑客"。

Animate 动画说到底就是"遮罩+补间动画+逐帧动画"与元件(主要是影片剪辑)的混合物,通过这些元素的不同组合,可以创造出千变万化的动画效果。制作 Animate 动画的核心技术是流式控制技术和矢量技术,如果用户具备相应的绘图能力及色彩搭配等美术知识基础,那么学习起来会更加得心应手。

Animate 的工作界面不是很复杂,主要由菜单栏、工具箱、舞台区域、时间轴、库面板、动作面板等部分组成,如图 10-8 所示。

图 10-8　Animate 的工作界面

菜单栏中共有 11 个菜单项,分别是"文件""编辑""视图""插入""修改""文本""命令""控制""调试""窗口""帮助",如图 10-9 所示。

图 10-9　Animate 的菜单栏

Animate 的工具箱如图 10-10 所示。

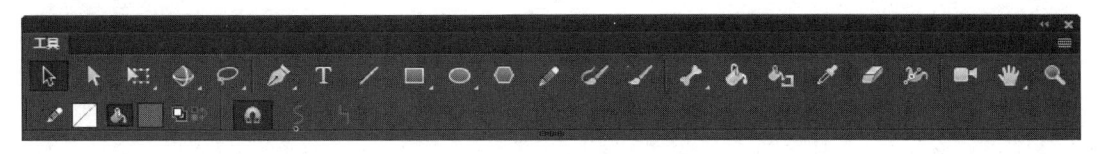

图 10-10 Animate 的工具箱

Animate 动画制作的基础单位是帧，一帧就是一个画面，内容可以是图像、文字、声音等元素。

一个简单的 Animate 动画制作流程包括：打开新影片文件并安排场景；插入动画元件（帧、图层等）；设定动画效果并测试动画；保存扩展名为 FLA 的 Animate 动画文件；输出 SWF 动画影片。

Animate 可以利用丰富的视频、声音、图形和动画元素，快速设计并生成影片动画文件。Animate 导出的影片动画文件为 SWF 文件，其应用范围非常广泛。

10.3.3 Animate 功能实战

实战技能 1：制作"运动员"帧动画

本案例通过制作"运动员"帧动画来讲解帧速率的概念，效果如图 10-11 所示。

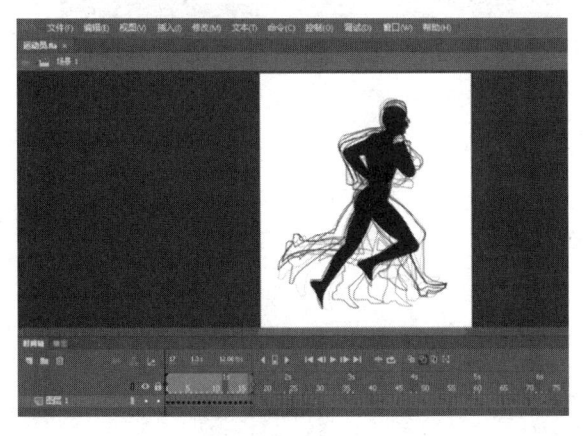

图 10-11 "运动员"帧动画效果

具体操作步骤如下。

第一步，打开 Animate 的工作界面，从预览中选择标准场景（640 像素×480 像素）。

第二步，在按住 Ctrl 键的同时滚动鼠标滚轮进行缩放，同时按 Ctrl+2 组合键将场景调节为最佳大小，在右侧的属性面板中调节场景大小为 500 像素×500 像素，在调节过程中，取消勾选宽高链接的复选框。

第三步，在素材面板中将素材图片拖入库面板中。

第四步，在库面板中先选中标号最小的素材，按住 Shift 键，再选中标号最大的素材，即可按标号顺序选中素材，将其拖入舞台区域。拖入后，不要单击舞台区域的空白处。

第五步，在素材选中状态下，用鼠标右键单击素材，在弹出的快捷菜单中选择"分布到关键帧"命令。

第六步，用鼠标右键单击第一个空白关键帧，在弹出的快捷菜单中选择"删除帧"命令，将第一个空白关键帧删除。

第七步，单击"播放"按钮进行播放。单击"循环播放"按钮，选择"循环调节"选项，将循环范围调节为"全部非空白关键帧"。

第八步，调节帧速率为 12 帧/秒。

第九步，选择"文件"→"另存为"命令，保存文件。

第十步，选择"文件"→"导出"命令，导出动画。

在案例制作过程中可能会遇到如下问题。

（1）导入舞台区域和导入库面板中的区别。导入舞台区域是将拖入的文件全部导入舞台区域和库面板中；导入库面板中是先将拖入的文件导入库面板中，然后根据动画需要，从库面板中将所需的文件拖入舞台区域。

（2）素材选取的先后顺序对动画播放画面有影响。如果素材的选取顺序混乱，则会导致最后生成的动画不符合要求。

（3）要想统一更改多帧素材的大小，首先在时间轴中选择多个帧，然后拖动鼠标选择合适的范围，最后使用任意变形工具进行更改即可。

实战技能 2：制作"球体弹跳"动画

本案例通过制作"球体弹跳"动画来理解关键帧动画的应用，效果如图 10-12 所示。

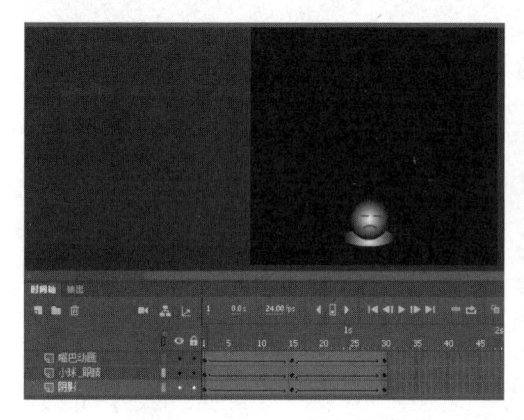

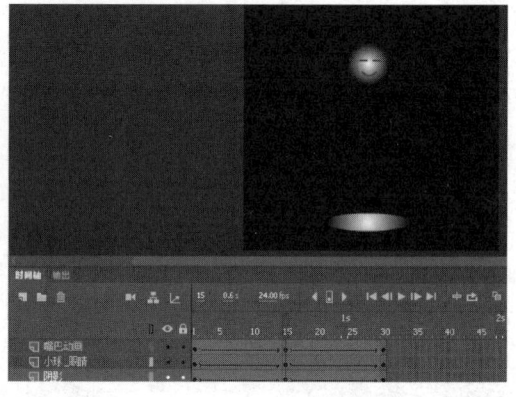

图 10-12　"球体弹跳"动画效果

具体操作步骤如下。

第一步，打开 Animate 的工作界面，从预览中选择标准场景（640 像素×480 像素）。

第二步，调节场景大小为 500 像素×500 像素，设置舞台颜色为黑色。

第三步，在"颜色"面板中设置颜色；在图层 1 中按住 Shift 键绘制一个小球，在第 1 帧处用直线画出眼睛；框选小球和双眼，按 F8 键将小球由散件转换为元件，如图 10-13 所示。

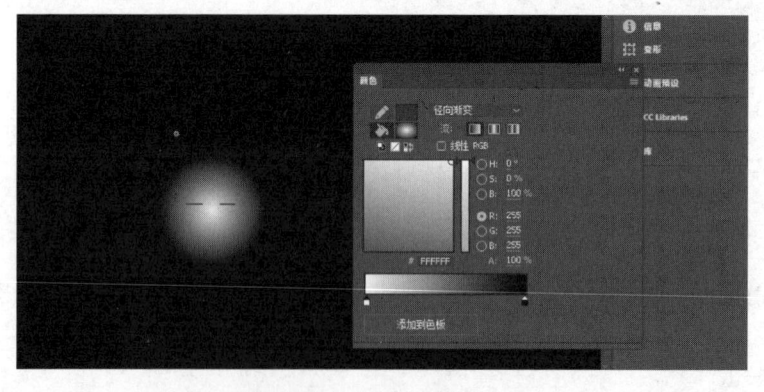

图 10-13　绘制小球和双眼

第四步，在第 30 帧处按 F6 键创建关键帧，在第 15 帧处按 F6 键创建关键帧，调节小球和眼睛整体的位置，形成位置的移动。

第五步，创建图层 2，在第 1 帧处用直线绘制嘴，在第 30 帧处按 F6 键创建关键帧，在第 15 帧处按 F6 键创建关键帧，使用选择工具调节第 1 帧和第 30 帧处嘴的弧度，效果如图 10-14 和图 10-15 所示。

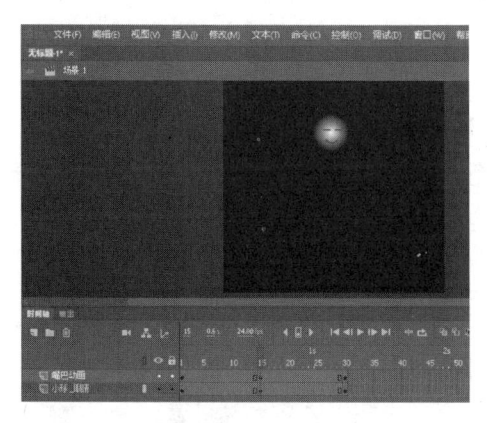

图 10-14　小球笑脸效果　　　　　　　　　图 10-15　小球哭脸效果

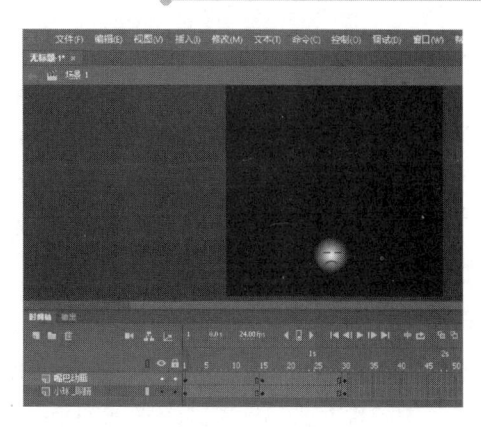

第六步，在图层 1 的第 1 帧和第 15 帧处创建传统补间动画，在图层 2 的第 1 帧和第 15 帧处创建补间形状动画，效果如图 10-16 所示。

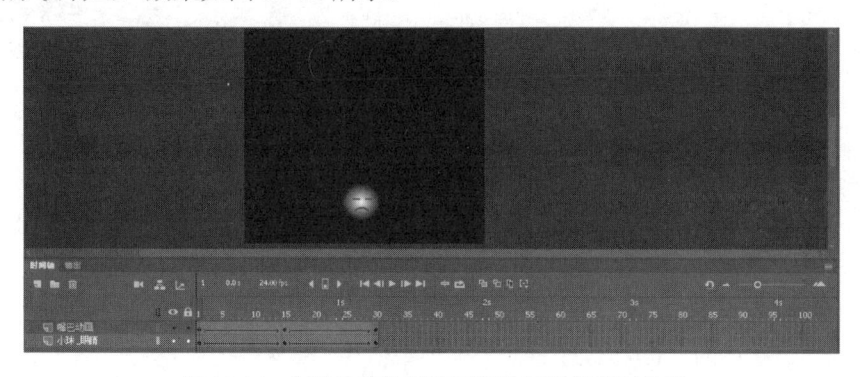

图 10-16　创建传统补间动画和补间形状动画效果

第七步，回到场景 1，创建图层 2，作为地面图层；在第 1 帧处绘制椭圆形并上色作为地面，在第 30 帧处按 F5 键创建持续关键帧。

第八步，创建图层 3，作为阴影层；在第 1 帧处创建椭圆形阴影，填充阴影颜色，在第 30 帧处按 F5 键创建持续关键帧；在第 15 帧处按 F6 键创建关键帧，调节阴影大小为 0，保证阴影中心不变；在第 1 帧和第 15 帧处创建形状补间动画，第 1 帧处的补间 Classic Ease 调节为 "-100"，第 15 帧处的补间 Classic Ease 调节为 "+100"，效果如图 10-17 所示。

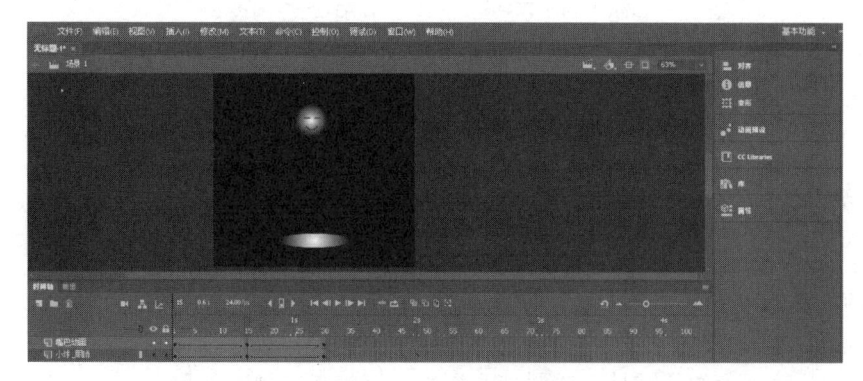

图 10-17　添加阴影效果

第九步，按 Ctrl+Enter 组合键播放动画，观察小球的落点，调节阴影与地面位置，以确保精确性。

第十步，选择"文件"→"另存为"命令，保存文件。

第十一步，选择"文件"→"导出"命令，导出动画。

在案例制作中可能会遇到笑脸、哭脸转化不流畅的问题，要解决这个问题，首先要将散件转换为元件；其次，在制作过程中尽量将不动的元素放在一个图层里，将动的元素放在另一个图层里，在这个案例中要将不动的眼睛放在一个图层里，将动的嘴巴放在另一个图层里。

实战技能3：制作"节约用水"动画

本案例通过制作"节约用水"动画来讲解元件的概念，效果如图10-18所示。具体操作步骤如下。

第一步，场景1中用到的基本都是元件，要调整好手指和水龙头的位置，手和手指分别放在两个图层里，水龙头的开关也要分两个图层；当删除水龙头的某一部分时，要先按Ctrl+B组合键将元件分离成散件，再选择要删除的区域。

第二步，当水龙头的开关变换方向时，要提前将中心点移到右下角，然后制作传统补间动画；接下来是水流的

图10-18 "节约用水"动画效果

制作，水流因为是循环动画，因而可以制作影片元件，影片元件可以使运动一直循环；水滴下落的场景用到了形状补间动画，要先把形状元素分离成散件，再应用形状补间动画。

第三步，场景2中水滴滴落形成一摊水的效果用到了形状补间动画；由于蚂蚁是运动的，因此插入影片元件，找出几只蚂蚁使它们对齐，然后分散到关键帧中，形成动作。

第四步，蚂蚁的行走用到了传统补间动画；在水滴下落过程中蚂蚁逐渐消失是通过改变蚂蚁元件的Alpha值实现的，也就是透明度关键帧数值由100%变化到0%。

第五步，场景3中用到了遮罩动画。首先使用传统补间动画演示从小树苗逐渐长成大树的过程；然后绘制一个椭圆形作为遮罩层，把大树复制到遮罩层的下方；最后出现文字，这里用到了持续关键帧。

拓展学习资源

1. 宋麟（武汉大学）．Flash动画设计与制作．中国大学慕课网．
2. 沈丹萍等（苏州信息职业技术学院）．二维动画设计制作．中国大学慕课网．
3. 杨上影（南宁师范大学）．教学动画制作与实战．中国大学慕课网．

课后思考题

1. 如何在线制作GIF动画？谈谈制作流程。
2. Animate动画的制作原理是什么？说说制作流程。
3. Animate动画中的关键帧、普通帧和属性关键帧各有什么作用？
4. 如何制作Animate传统补间动画、补间动画和形状补间动画？

第 11 章　视频素材的获取与编辑

11.1　视频概述

视频（Video）泛指将一系列静态影像以电信号的方式加以捕捉、记录、处理、存储、传送与重现的各种技术。视频是人们在日常生活中常用的表达形式，能非常直观地对事件进行表述。广义的视频可以分为动画文件和影像文件；而狭义的视频主要指的是影像文件，指一些整合了实时的图形图像、音频、视频、动画等信息的多媒体集成文件。影像文件也可以表述成由多帧单独的画面组成的序列，这些帧画面以某个数值的帧速率连续播放，可以投影到相应媒介上，使受众形成连续的动态影像感觉。当连续的图像变化超过 24 帧（Frame）/秒时，根据人眼的"视觉暂留"特性，肉眼就会形成平滑连续的动态视觉效果，这种连续的动态画面就是视频。视频技术最早是为了电视系统而产生的，发展到现在已经形成各种不同的视频格式以满足不同方式观影的消费者的需求。尤其是随着网络技术的发展，产生了流媒体形式，更有利于视频在因特网上的传播，并且可被计算机等电子设备接收与播放。

11.1.1　常见的电视制式

制式是针对电视而言的，视频没有制式，只有格式。目前世界上的电视制式分为三种：NTSC 制式、PAL 制式和 SECAM 制式。

NTSC 制式的优点是兼容性较强，缺点是色彩不稳定、相位失真，从而导致图像色彩失真。NTSC 制式的场频率为 60 场/秒，帧速率为 30 帧/秒，扫描线为 525 行。使用该制式的有日本、美国、韩国等国家。

PAL 制式克服了 NTSC 制式图像色彩失真的缺点，其场频率为 50 场/秒，帧速率为 25 帧/秒，扫描线为 625 行。使用该制式的有中国、欧洲、南美洲等国家和地区。

SECAM 制式也克服了 NTSC 制式图像色彩失真的缺点。使用该制式的有法国、俄罗斯、中东等国家和地区。

11.1.2　视频的基本参数

分辨率表示视频的尺寸大小，相对来说分辨率越高画质越清晰，这和图像的概念是一致的，很容易理解。分辨率高低与视频文件大小成正比。

比特率又称码率，是指单位时间内单个影像通道内所产生的数据量，其单位通常是 bit/s、kbit/s 或 Mbit/s。可以根据当前生成的影像的时长与比特率大致估算出生成的影像文件的大小，在其他参数相同的情况下，比特率越大画质越清晰。比特率大小与视频文件大小成正比。

帧速率表示单位时间内影像中的单帧图片数量，其单位是帧/秒。视频帧速率能决定人们所看到的影像是连贯的还是不连贯的，一般来说，帧速率大于 16 帧/秒，肉眼看到的画面就会显示为连贯的。25～30 帧/秒的帧速率人眼都是可以接受的；提高至 60 帧/秒可以明显提升逼真度和交互感，一般在制作游戏产品时使用；但是，如果帧速率超过电子屏幕刷新率的极限，就不容易感觉到明显的连贯度提升，只会浪费计算机的显卡运算能力。

编码是影响视频质量的重要参数。视频编码是指通过特定的视频压缩技术，将一种视频格式的文件转换成另一种视频格式的文件。目前视频编码主要采用 MPEG-1/2、MPEG-4（SP/ASP）、H.264/MP4 等方式。其中，H.264 集中了以往编码方式的优点，可节省大量码率，使存储容量大大降低，同时在不同码率、不同分辨率下都能提供较高的视频画质。

11.1.3 视频格式

视频格式是各个阶段出现的影像播放软件为了能够播放视频文件而为视频文件制定的各种识别符号，是在视频制作过程中使用不同的编码方式生成的不同的格式。通常，我们在进行视频编辑后，会根据需要生成不同格式的视频文件。视频文件根据播放方式的不同分为影像格式文件和流媒体格式文件，这两种文件的区别在于，影像格式文件可以通过各种存储媒体存储和相应的播放器播放，但是一般文件较大，根据压缩程度大小，在压缩成无损 AVI 格式后，1 小时甚至要用 1GB 大小来计算；而随着网络时代的发展，对压缩方式进行了改进，产生了适合在网上即下载即播放的流媒体格式，这种文件体积小，有利于上传下载。常用的影像格式有 AVI、MOV、MPEG，常用的流媒体格式有 MP4、RMVB、FLV、ASF、WMV。

1. 常用的影像格式

（1）AVI 格式。AVI 格式是一种音频视频交错格式。AVI 格式由微软公司发布，是比较悠久的视频格式之一。AVI 格式的优点是生成图像质量好，压缩标准多样，可以跨多个平台使用；缺点是压缩没有固定的标准，尤其是无损的 AVI 格式体积过于庞大，不利于传播和存储。

（2）MOV 格式。MOV 格式即 QuickTime 封装格式。这种视频格式一开始是苹果公司为其 Mac 操作系统开发的专属图像及视频处理格式，随着计算机技术的普及与飞速发展，苹果公司适时地推出了 MOV 格式的 Windows 版本，所以现在我们可以在进行视频处理和播放的软件中随时看到 MOV 格式。MOV 格式的压缩方式也分为有损的和无损的，这一点和 AVI 格式一致，并且它的压缩编码方式也与 AVI 格式的压缩编码方式相似，在相同的压缩编码方式下，其得到的视频画质更高。

（3）MPEG 格式。MPEG 是运动图像压缩算法的国际标准，包括 MPEG-1、MPEG-2 和 MPEG-4。MPEG-1 主要被应用于 VCD 的制作，几乎所有的 VCD 都是由它压缩而成的。刻录软件自动将 MPEG-1 格式转换为 DAT 格式，使用 MPEG-1 的压缩算法可以把一部 100 分钟时长的电影压缩到大小将近 1GB。MPEG-2 主要被应用于 DVD 的制作，在一些高要求的视频编辑中也有比较多的应用。使用 MPEG-2 的压缩算法可以把一部 100 分钟时长的电影压缩到大小将近 6GB（MPEG-2 的图像质量是 MPEG-1 的图像质量所无法比拟的）。MPEG-4 格式就是基本的 MP4 格式，这种格式采用先进的压缩算法，具有 DVD 格式无法媲美的高清画质。

2. 常用的流媒体格式

（1）MP4 格式。MPEG-4 包含了 MPEG-1 和 MPEG-2 所拥有的大部分功能及其他格式的长处，并加入了对 VRML（Virtual Reality Modeling Language，虚拟现实建模语言）的支持、数字版权管理（Digital Rights Management，DRM）及其他互动功能。它比 MPEG-2 更先进的地方在于不再使用宏区块来进行影像分析，而对影像上的个体变化进行记录，因此，当影像变化速度较快、比特率不足时，也不会出现方块画面，从而保证了视频画面的清晰度。说到 MP4 大家再熟悉不过了，MP4 格式的兼容性真的很强，不管是在手机中还是在计算机中，都可以顺利读取，因此 MP4 格式是流媒体格式中最常用的一种存储、上传、下载格式。

（2）RMVB 格式。用户可以使用 RealPlayer 播放 RMVB 文件。RMVB 格式可以根据不同的网络传输速度制定出不同的视频压缩比，从而保证能在较低速率的网络上进行影像传输和播放。从迅雷播放器上下载的高清电影一般都是 RMVB 格式的。

（3）FLV 格式。FLV 文件可以实现在网络上的即时播放，也符合流式文件的鲜明特点。FLV 文件压缩比高、体积小，画质清晰的 FLV 格式视频 1 分钟有 1MB 左右，一部 120 分钟的电影大约有 100MB，体积是其他格式视频文件体积的 1/3，因而被很多视频网站采用。

（4）ASF 格式。用户可以直接使用 Windows 自带的 Windows Media Player 播放 ASF 文件。因为 ASF 是以一种可以在网络上即时观赏的视频"流"格式存在的，同时利用了 MPEG-4 的压缩算法，所以其压缩比和画面质量都是很优质的。

（5）WMV 格式。WMV 格式是一种采用独立编码方式并且可以在网络上实时观看视频节目的文件压缩格式，微软公司希望用其取代 MOV、AVI 之类的格式。WMV 格式的主要优点包括可扩充的媒体类型、本地或网络回放、流的优先级化、多语言支持、可伸缩的媒体类型等。

11.2 视频素材的获取

11.2.1 视频格式转换

在教学课件制作过程中，往往需要不同格式的视频素材，例如，有的 PowerPoint 版本插入视频素材需要 AVI 或 WMV 格式，而有的 PowerPoint 版本插入视频素材则需要 MP4 格式。因此，学会视频格式的转换是制作教学课件的必备技能。下面介绍两款视频格式转换软件。

1. Premiere

在 Premiere 的工作界面中选择"文件"→"打开项目"命令（或按 Ctrl+O 组合键）打开项目，如图 11-1 所示。

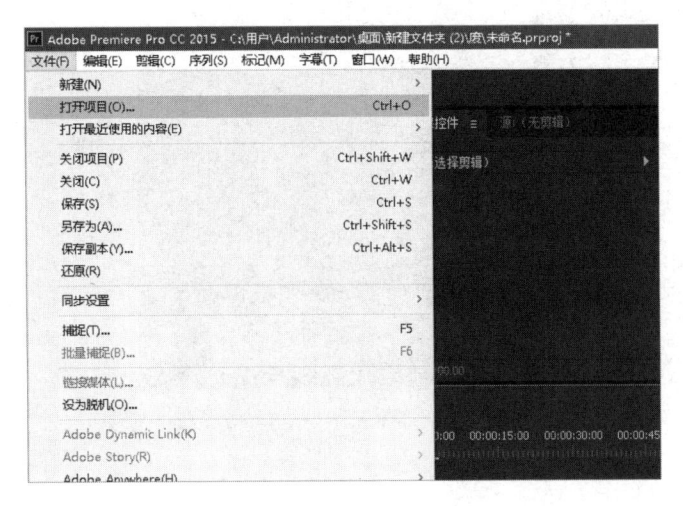

图 11-1　Premiere-打开项目

先将需要转换格式的视频素材加入"项目"面板里,然后将其拖动到时间线上。将视频编辑好之后,选择"文件"→"导出"→"媒体"命令(或按 Ctrl+M 组合键)导出媒体,如图 11-2 所示。

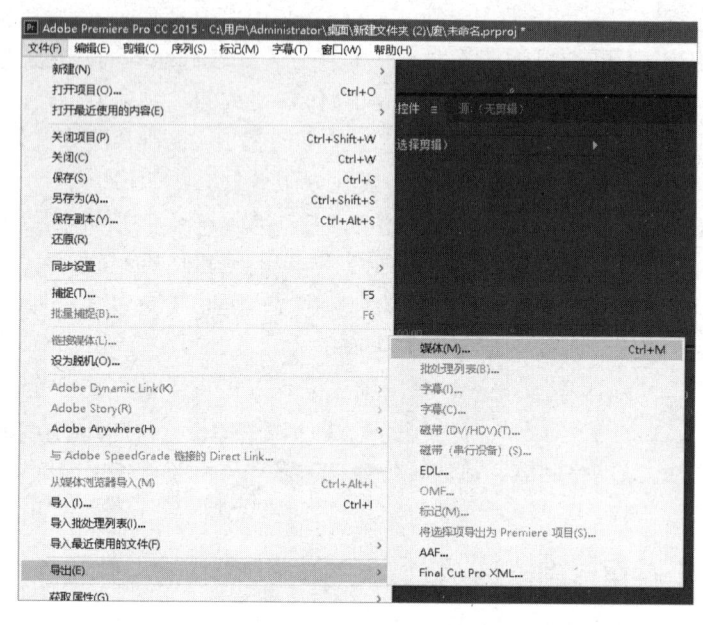

图 11-2　Premiere-导出媒体

在弹出的对话框中选择"格式"下拉列表中的相应格式,例如,"H.264"表示导出的视频是 MP4 格式的,"Windows Media"表示导出的视频是 WMV 格式的,如图 11-3 所示。

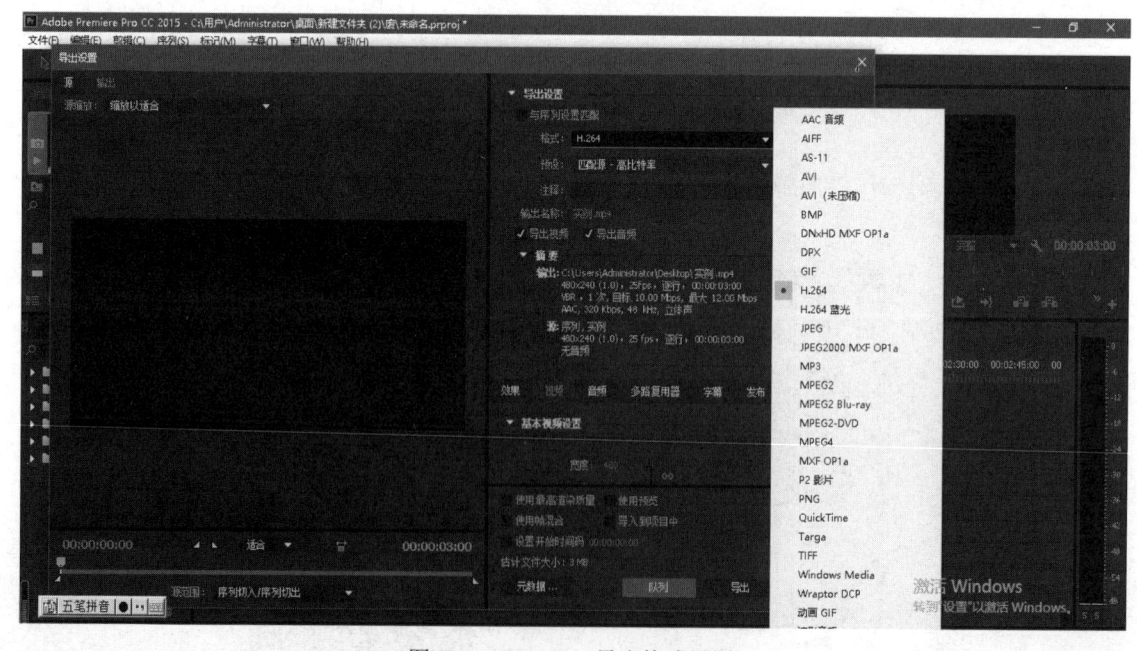

图 11-3　Premiere-导出格式设置

2．格式工厂

格式工厂 4.6.0 的工作界面如图 11-4 所示。

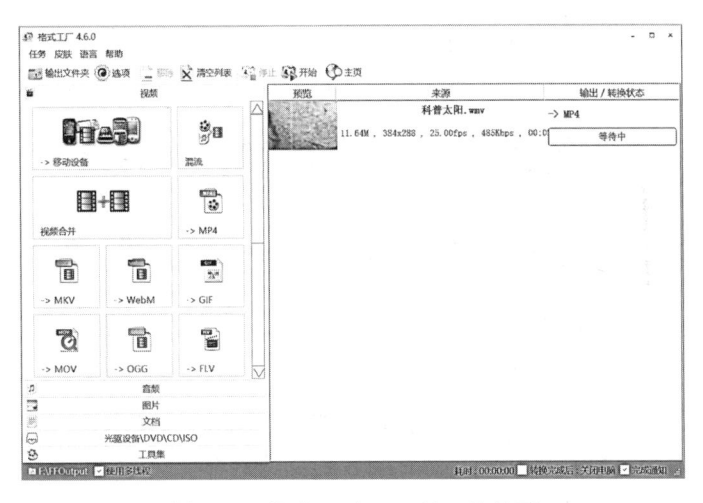

图 11-4　格式工厂 4.6.0 的工作界面

下面以将"科普太阳"的 WMV 视频格式转换为 MP4 视频格式为例，学习格式工厂的格式转换操作。

❶在格式类型中选择视频，在视频格式中选择 MP4，如图 11-5 所示。

❷在打开的 MP4 面板中单击"添加文件"按钮，导入需要转换格式的文件；在下方设置输出文件夹，单击面板右上角的"确定"按钮，如图 11-6 所示，回到主面板。

❸在主面板中单击"开始"按钮，等待格式转换完成，如图 11-7 所示。

图 11-5　格式工厂-选择格式　　　　图 11-6　格式工厂-添加文件

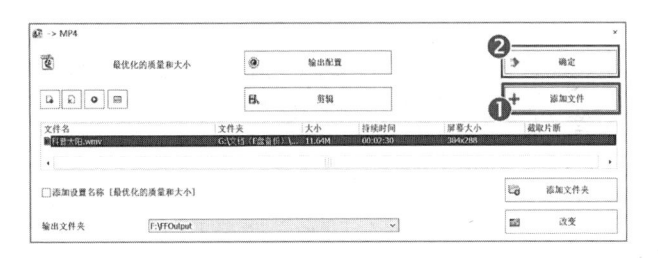

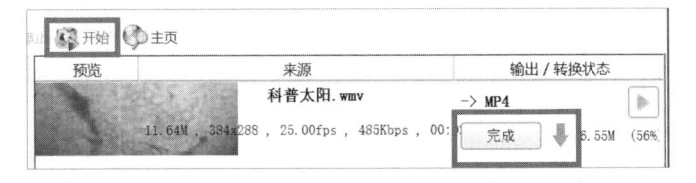

图 11-7　格式工厂-完成格式转换

11.2.2　从电子产品、PPT 课件和资源库中获取视频素材

使用格式工厂可以从电子产品如 VCD 和 DVD 中获取视频素材；PPT 课件中的视频素材一般也可以通过先将文件扩展名改成.rar 再解压的方式获得；资源库中的视频素材直接获取即可。

11.2.3　从网站上下载视频素材

在许多专门的网站上搜索到相应的视频素材后可以直接下载。在这里需要注意的是，有些网站如优酷网，从其中下载的扩展名为.kux 的视频素材不能用格式工厂进行格式转换，需要使用专门的格式转换工具如风云视频转换器。

11.2.4 直接用数码摄像机或者手机、平板电脑等设备拍摄视频素材

当今，手机等电子设备的分辨率已经达到专业水准，完全能够采集到清晰度达标的视频素材，当然电影级别的标准除外。

11.2.5 使用相关工具自己制作视频素材

既有 Premiere 这样的专业软件可以满足高级需求，也有绘声绘影这样的简易软件可以满足新手的需要，可以帮助用户快速制作出具有特色的视频素材。

11.2.6 使用屏幕录制软件录制视频素材

市面上有很多免费的屏幕录制软件可供选择，如屏幕录制王、SnagIt、EV 录屏等，它们大都操作简单、功能齐全，有的还具有简单的编辑功能。

下面以 EV 录屏为例来讲解如何进行屏幕录制。

EV 录屏支持全屏录制、选区录制等多种录制方式，可以满足微课录制、游戏录制等多重需求，一般在进行微课录制时选择全屏录制。

首先运行 EV 录屏，然后在"选择录制区域"下拉列表中选择"全屏录制"选项，如图 11-8 所示。

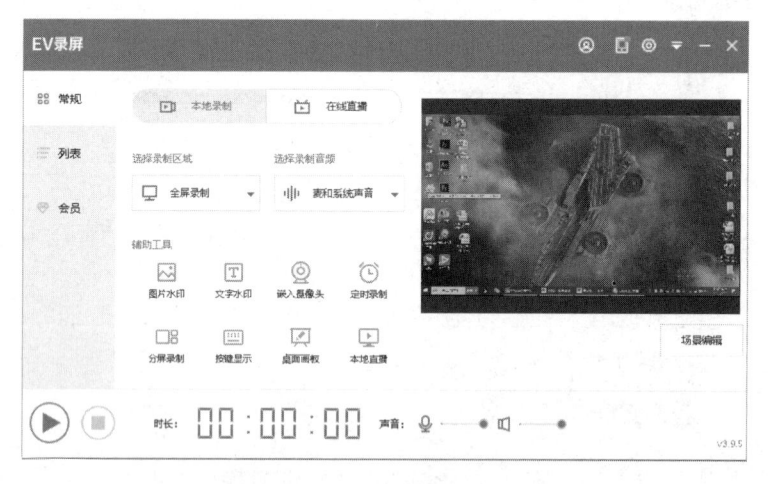

图 11-8 EV 录屏-选择录制区域

接着选择录制音频，如图 11-9 所示，如选择"仅麦克风"就是外录，录制的是外部人声（教师讲课的声音）。单击左下角的"播放"按钮即可开始录制，单击"停止"按钮即可完成录制。也可按 F9 键执行开始/暂停功能，系统倒计时 3 秒之后开始录制，按 F10 键停止录制。

停止录制之后就会自动跳转到文件列表，如图 11-10 所示。默认以系统日期和时间来命名视频文件，双击文件名可以对其进行修改。一般录制的视频文件都比较小。单击视频文件右侧的"更多"按钮 可以执行播放和删除视频文件操作。

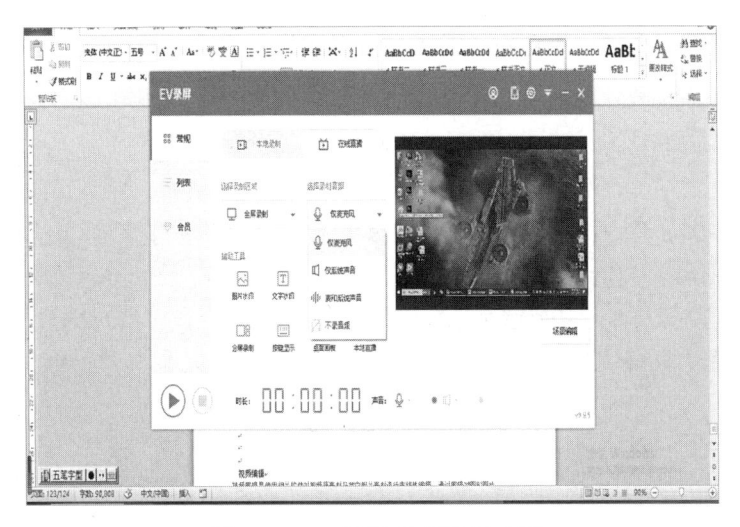

图 11-9　EV 录屏-选择录制音频

图 11-10　EV 录屏-文件列表

11.3　视频素材的编辑

视频编辑是使用相关软件对视频素材进行非线性编辑，通过剪辑将图形图像、音频、文本等多媒体素材与视频素材进行整合，并对相应素材进行分割或合并，通过二次编码生成具有不同表现力的新视频文件的一种技术。

视频编辑分为线性编辑和非线性编辑两种类型。线性编辑是一种传统的基于磁带的视频编辑方式，它利用电子设备，根据视频制作内容的要求，将视频素材按照原来的顺序连接成新的连续画面。它通常以插入编辑的方式对某一段视频进行同样长度的替换。但如果想要延长、缩短、剪切视频中间的某一段就不可能了，除非将其后的视频长度删除重新录制。这是电视节目的传统编辑方式。线性编辑系统主要由录像机、放像机、操控台、字幕操作机、特技操作台、时基校正器等设备组成。由于其编辑视频的不灵活性，线性编辑现在基本已被弃用。

非线性编辑通常以时间轴为基础。所谓非线性编辑是区别于线性编辑的，它可以根据需要随意改变素材的入点与出点。非线性编辑软件不仅提供了各种编辑工具，包括裁切、分割、割除等，还能重新排列时间轴上的各个片段。随着非线性编辑软件的不断发展，其功能越来越强大，增加了视频调色和视频特效功能，能进行图像图像、音频、视频、文本等的混流制作。

下面以常用的专业视频编辑软件 Premiere 为例来讲解视频编辑操作。

11.3.1 Premiere 简介

Premiere 由 Adobe 公司推出，是视频编辑爱好者和专业人士必不可少的视频编辑工具。它可以提升用户的创作能力和创作自由度，其特点是易学、高效。Premiere 提供了采集、剪辑、调色、美化音频、添加字幕、多格式输出、刻录 DVD 的一整套流程，能与其他 Adobe 软件高效兼容，满足创建高质量作品的要求。Premiere 更新较快，主流版本包括 CS4、CS5、CS6、CC 等。

11.3.2 Premiere 的工作界面

Premiere 的工作界面如图 11-11 所示。

图 11-11　Premiere 的工作界面

菜单栏中共有 8 个菜单项，介绍如下。

（1）"文件"菜单：这是以项目功能为主的菜单实现。

（2）"编辑"菜单：其中的撤销、重做、剪切等都是我们经常用到的功能，一般直接用快捷键实现，比如撤销功能需要按 Ctrl + Z 组合键实现。

（3）"剪辑"菜单：这个菜单用于对素材进行各种处理。其中，"重命名"用于对编辑的片段重新命名；"子剪辑"用于在原有素材的基础上生成一个新素材；"链接"用于将视频和音频捆绑在一起；"嵌套"用于将几个素材合成一个素材。

（4）"序列"菜单：新手一般用不到这个菜单，其中最实用功能的就是对当前序列的属性进行重新设置。

（5）"标记"菜单：这个菜单对工作量较大、素材较多的项目是非常有用的，因为人不可能记得每个片段的内容，有了标记后就可以快速想起内容进行编辑了。

（6）"字幕"菜单：这是对视频编辑中加入的文字进行处理的菜单，其中包括文字的格式和动画设置。

（7）"窗口"菜单：这个菜单主要用于对我们编辑使用的一些功能区等进行设置，可以根据个人习惯添加或隐藏面板，一般保持默认设置即可。如果面板区较为混乱，则可以选择"窗口"→"工作区"→"重置为保存的工作区"命令来恢复初始设置。

（8）"帮助"菜单：这个菜单中提供了一些帮助信息、问题反馈信息及软件版本信息。

11.3.3　Premiere 功能实战

实战技能 1：视频编辑的基本流程

视频编辑的基本流程包括：准备原始片段素材；设计节目脚本；创建一个新项目和序列；导入原始片段素材；检查和剪辑片段素材；组接片段素材；运用转场与特效；保存项目；预演项目并生成视频文件，如图 11-12 所示。

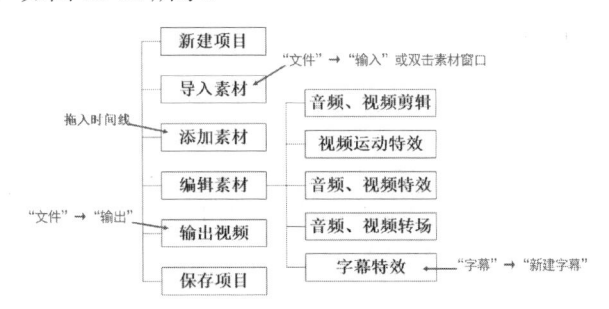

图 11-12　视频编辑的基本流程

下面我们通过制作一个电子相册来理解并掌握视频编辑的基本流程。

（1）前期准备工作。在使用 Premiere 的过程中要处理各种素材，其中图片素材的处理可以使用 Photoshop 来完成，需要用到 Photoshop 中的"动作"和"批处理"功能。

在操作前先把要处理的图片放在同一个文件夹下。

第一步，在 Photoshop 中打开一张要更改大小的图片，并在菜单窗口中打开"动作"面板（按 Alt+F9 组合键），单击面板底部的"创建新动作"按钮，弹出"新建动作"对话框，如图 11-13 所示，里面显示新建动作的名称，如"动作 1"。单击"记录"按钮，在"动作"面板的底部会出现一个红色按钮，如图 11-14 所示，表示已经开始录制我们接下来操作的每一个步骤了。

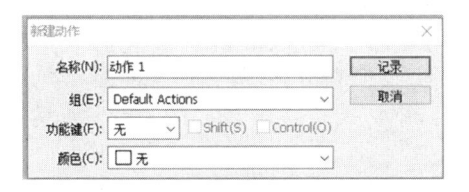

图 11-13　"新建动作"对话框　　　　　图 11-14　录制动作

第二步，选择"图像"→"图像大小"命令进行图像大小设置，记得取消勾选"约束比例"复选框，设置完成后将图片关闭，当询问是否要保存对原文件的更改时，单击"是"按钮。单击"动作"面板底部左起第一个按钮即可停止录制。

第三步，选择"文件"→"自动"→"批处理"命令，在弹出的"批处理"对话框中选择动作名称、要处理的文件路径，"目标"选择"无"，如图 11-15 所示。选择"无"的意思是用处理好的文件直接代替原文件。如果要保留原文件，则需要备份一份或选择"存储并关闭"选项另选路径来存储。设置完成后，单击"确定"按钮，软件便会自动对文件进行处理，只要稍等片刻即可完成。使用这种方式可以非常便捷地完成批量图片的相关属性处理工作。

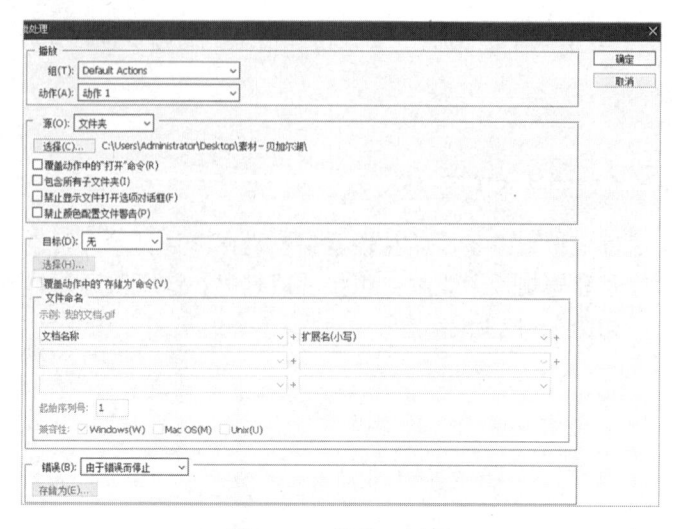

图 11-15　批处理设置

（2）视频编辑过程。

第一步，在 Premiere 中新建一个项目并命名为"电子相册"。

第二步，设置默认导入的静止图像素材的显示时长。

第一种方法：首先选择"编辑"→"首选项"→"常规"命令，在打开的面板中对静止图像默认持续时间进行修改，如将 1.00 秒修改成 3.00 秒，单击"确定"按钮，如图 11-16 所示（此功能必须会使用）。

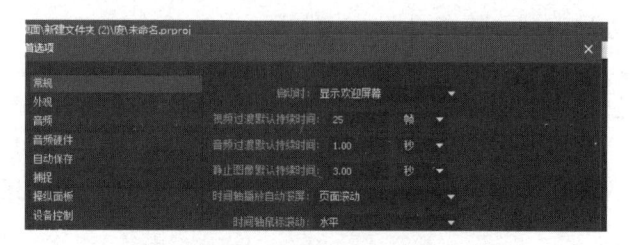

图 11-16　首选项中的常规设置

需要注意的是，这个参数的修改需要在"项目"面板中导入所有静止图像素材之前完成。

然后将静止图像素材导入"项目"面板中，全选后拖动到时间线上，即可统一修改所有静止图像素材的显示时长。

第二种方法：新建项目后，将所有的静止图像素材导入"项目"面板中，全选后拖动到时间线上，然后在时间线面板中全选素材，单击鼠标右键，在弹出的快捷菜单中选择"速度/持续时间"命令，如图 11-17 所示。

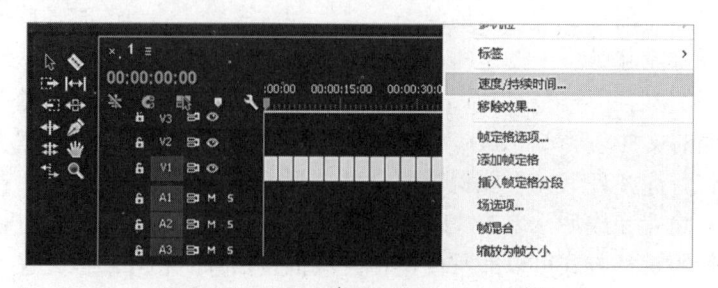

图 11-17　选择"速度/持续时间"命令

第 11 章 视频素材的获取与编辑

在弹出的对话框中更改持续时间为 5 秒零 1 帧，勾选"波纹编辑，移动尾部剪辑"复选框，如图 11-18 所示。

第三步，将用 Photoshop 处理好的图片导入"项目"面板中。

第四步，在"项目"面板中统一加入视频过渡效果并将素材添加到时间线上。

首先在"效果"面板中选择想要批量添加的视频过渡效果，单击鼠标右键，在弹出的快捷菜单中选择"将所选过渡设置为默认过渡"命令，如图 11-19 所示；然后在"项目"面板中选中所有静止图像素材，单击"自动匹配序列"按钮，并在下拉列表中选择"将所选过渡设置为默认过渡"选项，如图 11-20 所示，视频或图片素材将自动带着视频过渡效果添加到时间线上。

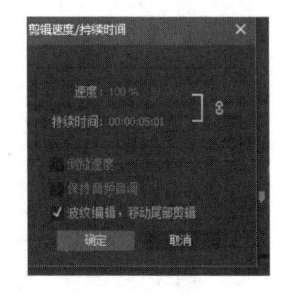

图 11-18 更改持续时间

第五步，将"项目"面板中的音频素材拖动到时间线面板的音频轨道上，使用工具面板中的剃刀工具对音频素材进行截取，删除多余的部分，或者使用选择工具将音频素材缩短为适当的长度。

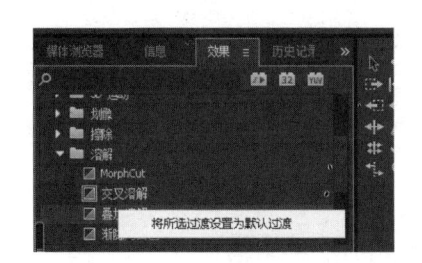

图 11-19 将所选过渡设置为默认过渡

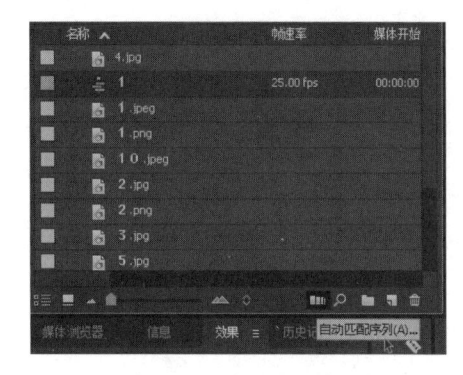

图 11-20 自动匹配序列

第六步，保存项目文件。

第七步，选择"文件"→"导出"→"媒体"命令，更改格式为 H.264，更改输出文件名称和保存位置，单击"导出"按钮即可导出视频文件。

实战技能 2：Premiere 特效的应用

第一步，新建项目，命名为"视频特效"（注意：一个项目文件中可以有多个序列文件，可以理解成母子关系）。

第二步，选择"文件"→"导入"命令，或者在"项目"面板中双击空白区域，导入素材（图片、音频、视频等）。

第三步，新建序列，命名为"文字遮罩特效"。

第四步，将 5 张图片拖动到时间线面板的 V1 视频轨道上。

第五步，如果图片大小和视频视图不匹配，则在时间线面板中选中所有素材，单击鼠标右键，在弹出的快捷菜单中选择"缩放为帧大小"命令，如图 11-21 所示。

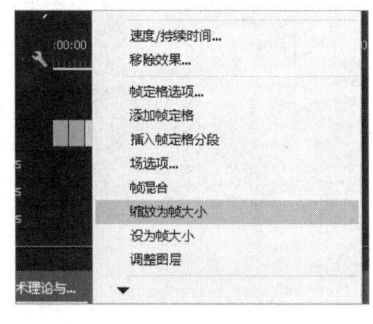

图 11-21 选择"缩放为帧大小"命令

第六步，选择 V1 视频轨道上的第 2~5 张图片，复制、粘贴到 V2 视频轨道上的第 0 帧位置，分别在每张图片素材上单击鼠标右键，在弹出的快捷菜单中选择"嵌套序列"命令，在

147

弹出的对话框中可以对嵌套序列重命名，如图 11-22 所示。

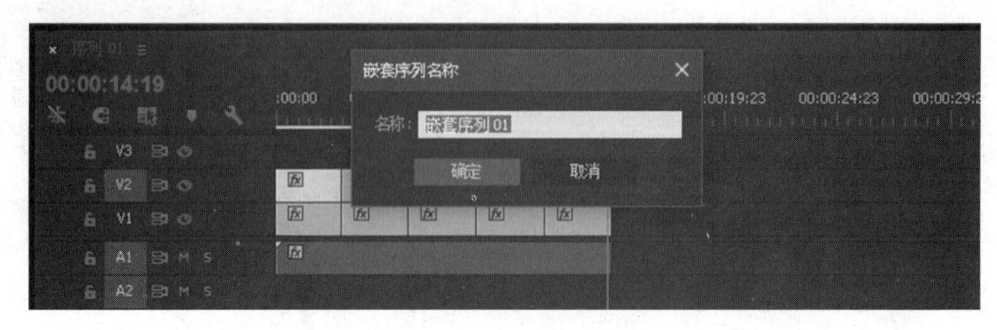

图 11-22　设置"嵌套序列"

第七步，选择"字幕"→"新建字幕"→"默认静态字幕"命令，如图 11-23 所示，在打开的"字幕"面板中书写文字"FOUR"，调整文字大小和位置，设置一个加粗的字体（字体越是实心的、粗的效果越好）。关闭"字幕"面板，将文字从"项目"面板拖动到时间线面板的 V3 视频轨道上，如图 11-24 所示。选择"字幕"→"新建字幕"→"基于当前字幕"命令，创建 THREE、TWO 和 ONE 三个单词，并放入相应位置。

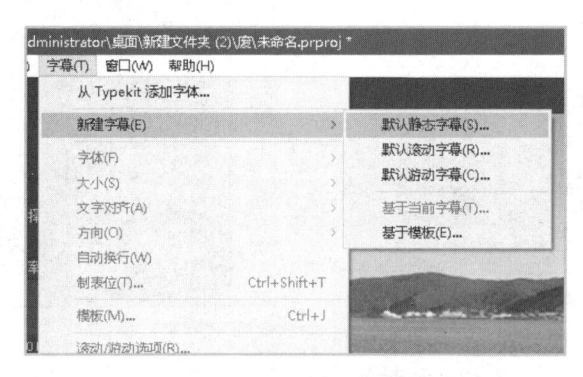

图 11-23　选择"默认静态字幕"命令

图 11-24　将文字拖动到 V3 视频轨道上

第八步，选中 V2 视频轨道上的第一个图像素材，在视频效果里选择添加"轨道遮罩键"特效，"遮罩"选择"视频 3"，"合成方式"选择"Alpha 遮罩"，如图 11-25 所示。然后使用粘贴属性的方式给 V2 视频轨道上的其他素材统一添加"轨道遮罩键"特效。

图 11-25　添加"轨道遮罩键"特效

第九步，给 V3 视频轨道上的每个字幕素材都添加"缩放"特效，并设置关键帧形成动画。在字幕总时长居中的位置添加关键帧，缩放数值设置为 100，如图 11-26 所示；在时长最后位置添加关键帧，设置超过 1000 的缩放数值（具体数值不定，由序列分辨率决定），如图 11-27 所示。

图 11-26　添加"缩放"特效设置中间位置的关键帧

图 11-27　添加"缩放"特效设置最后位置的关键帧

第十步，新建字幕，书写文字"谢谢观赏"，调整文字大小，放在 V1 视频轨道的最后位置，为其添加"不透明度"特效，通过设置关键帧形成由虚到实的动画效果。

第十一步，将音频素材拖动到时间线上，使用剃刀工具进行裁剪，并设置"淡入淡出"效果，如图 11-28 和图 11-29 所示。

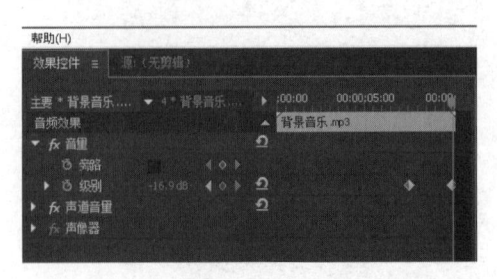

图 11-28　为音频素材添加音量级别关键帧 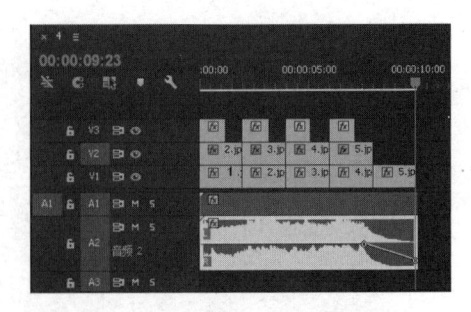　　　　图 11-29　音频素材"淡入淡出"效果

第十二步，保存项目文件。

第十三步，选择"文件"→"导出"→"媒体"命令，更改格式为 H.264，更改输出文件名称和保存位置，单击"导出"按钮即可导出视频文件。

实战技能 3：Premiere 抠图功能

在教学课件制作过程中，不但会用到字幕功能和特效功能，还经常会用到抠图功能。下面介绍两种常用的 Premiere 键控特效，也就是抠图功能，一种是亮度键的应用，另一种是颜色键的应用，都位于 Premiere 特效的键控模块中。

1）亮度键的应用

第一步，新建项目，命名为"PR 抠图"。

第二步，新建序列，命名为"亮度键应用"。

第三步，选择"文件"→"导入"命令，导入相应素材（视频、图片）。

第四步，将视频素材拖动到时间线上，使用剃刀工具进行裁剪。

第五步，将"腾讯视频"图标素材拖动到时间线上，添加视频效果"键控"→"亮度键"，设置阈值为 0.0%，屏蔽度为 31.0%，调整大小和位置；在视频效果里选择"变换"→"裁剪"效果，去除图标下面的阴影，如图 11-30～图 11-32 所示。

图 11-30　拖动"腾讯视频"图标素材到时间线上 　　　　图 11-31　设置视频效果参数

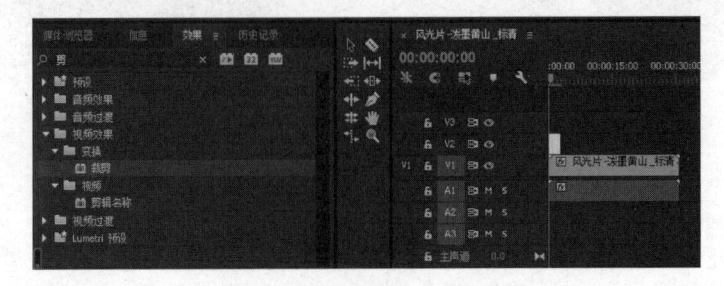

图 11-32　去除图标下面的阴影

第六步，将诗词图片拖动到时间线上，添加"亮度键"效果，设置阈值为 0.0%、屏蔽度为 25.0%，调整大小和位置；添加"线性擦除"效果，在此处操作"过渡完成"参数，在开始位置上设置关键帧，设置过渡完成为 100%、擦除角度为 90.0°，在结束位置上设置关键帧，设置过渡完成为 0%、擦除角度为 90.0°，形成逐句出现的效果，如图 11-33 所示。

图 11-33　设置逐句出现的效果

第七步，将音频素材拖动到时间线上，使用剃刀工具进行裁剪，并添加"淡入淡出"效果。
第八步，保存项目文件。
第九步，选择"文件"→"导出"→"媒体"命令，更改格式为 H.264，更改输出文件名称和保存位置，单击"导出"按钮即可导出视频文件。

2）颜色键的应用

需要说明的一点是，在拍摄过程中一般会在主体的后面使用绿幕，因为绿色一般不会和人脸的颜色产生交叉色，比较容易抠人像。其实应用颜色键可以抠除任意一种颜色。

第一步，打开项目文件"PR 抠图"。
第二步，新建序列，命名为"颜色键抠图"。
第三步，选择"文件"→"导入"命令，导入相应素材（视频、图片）。
第四步，将需要抠图的绿幕视频素材拖动到时间线上，使用"效果控件"面板"不透明度"下的"钢笔蒙版"功能将多余的画面抠除，以便达到更好的抠图效果，如图 11-34 所示。

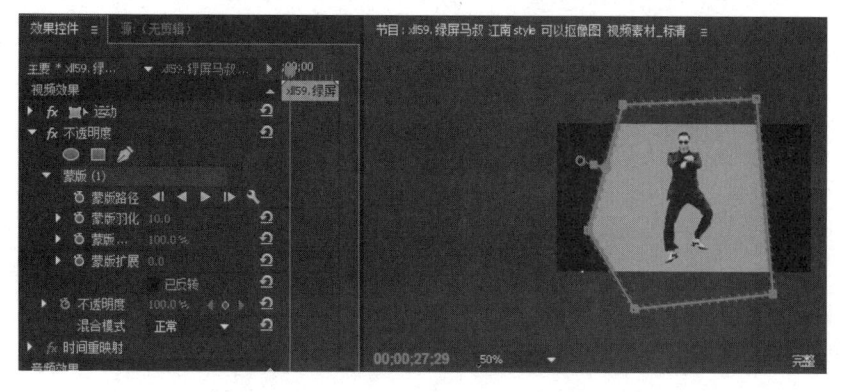

图 11-34　使用"钢笔蒙版"功能抠图

第五步，将视频特效里的"颜色键"特效添加到素材的特效面板里，拾取"主要颜色"为绿色，设置"颜色容差"为 44、"边缘细化"为 2、"羽化边缘"为 0.8，如图 11-35 所示。

图 11-35　应用颜色键抠图

第六步，保存项目文件，并导出视频文件。

拓展学习资源

1. 郑志强. 手机短视频拍摄与剪辑零基础入门教程[M]. 北京：人民邮电出版社，2022.
2. 黑马程序员. Premiere Pro CC 视频剪辑案例教程[M]. 北京：中国铁道出版社，2021.

课后思考题

1. 你知道的视频格式有哪些？各种视频格式有哪些使用技巧？
2. 说一说使用 Premiere 制作影视作品的流程。
3. 以青春或校园为主题，自编脚本、自拍素材，创作一段反映大学生活的视频。

第 12 章　摄影摄像设备的使用

12.1　摄影摄像概述

12.1.1　摄影摄像的概念

摄影摄像是用摄影机或者摄像机摄取景物影像的过程。

摄影摄像是生活中必备的留存影像、留存历史、图文重现的一种方式，因为当下的时代就是信息读图时代，有时候一段影像所产生的意义要大于同篇幅的文字所产生的意义，所以摄影摄像既是日常生活中必备的技能，也是教育领域中非常重要的技能。

12.1.2　摄影摄像的发展历史

早在两千多年前，墨子和他的学生就观察到小孔成像现象，并记录在《墨经》中。《墨经》被视为最早对小孔成像原理进行研究的著作，小孔成像原理也成为摄影摄像发展的理论基础。

在《墨经》中这样描述小孔成像现象："景到，在午有端与景长，说在端。景。光之人，煦若射，下者之人也高；高者之人也下。足蔽下光，故成景于上；首蔽上光，故成景于下。在远近有端，与于光，故景库内也。"图 12-1 所示为小孔成像现象。

小孔成倒像是因为光的直线传播，这首次科学地解释了光沿直线传播的特性。图 12-2 所示为小孔成像原理图。

1839 年，法国化学家达盖尔发明了"达盖尔银版摄影术"。从此以后，摄影成为继绘画之后保留图像的新方法，开辟了视觉信息传递的新纪元，达盖尔也因此被称为"摄影之父"，1839 年 8 月 19 日被公认为"世界摄影术诞生日"。

1975 年，美国研制出世界上首台数码相机，成为现代各种数码相机的起源。其发明人是赛尚，当时任职于柯达公司。

图 12-1　小孔成像现象

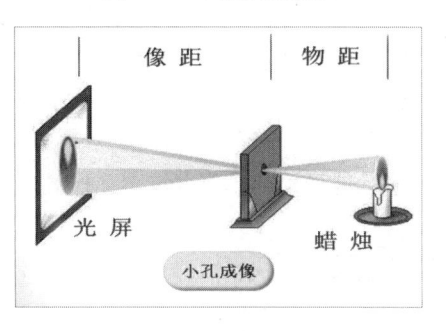

图 12-2　小孔成像原理图

而摄像技术的发展始于 1832 年，比利时物理学家约瑟夫·普拉多根据人眼的"视觉暂留"特性，发明了"诡盘"，如图 12-3 所示。"诡盘"能使被描画在锯齿形硬纸盘上的画片因运动而活动起来，而且能将视觉上产生的活动画面分解为各种不同的形象，如图 12-4 所示。"诡盘"的出现标志着电影的发明进入了科学实验阶段，也为摄影向摄像的过渡提供了理论与技术支持。

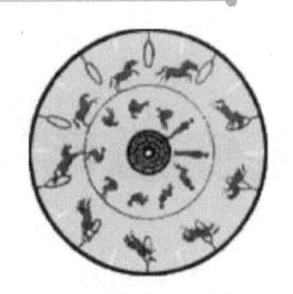

图 12-3　诡盘　　　　　　　　　　图 12-4　诡盘原理图

伴随着科技进步，视觉媒介越来越呈现出机械复制性和数字复制性，大众生活愈加被视觉化的图像所充斥。在传播手段和传播技术迅速更迭的现代社会中，数字影像的技术更新又成为一个重要的课题。

12.1.3　摄影与摄像的异同

摄影与摄像的相同特性是，摄影与摄像的基本单位都是镜头，两者都具有可视性，它们和文字的区别是，文字的表述对于事件的发展和人物形象的界定靠读者的想象，靠读者个人的知识储备和生活经历，每个人都会有大不相同的理解；而摄影与摄像则是空间的艺术，具有灵活的表现手法和可视性，更便于观赏者理解，也更能吸引观赏者。

摄影与摄像的不同特性是，摄影艺术是纯空间艺术、瞬间艺术，单幅的摄影作品是不能表现被拍摄对象的运动过程的；而摄像艺术则是视听艺术，既能表现空间的变化，也能表现时间的顺延或跳转，是一种动态的艺术表现形式，如电影、电视剧是经过导演的导、演员的演、摄像师的拍摄、剪辑师的后期处理合作而成的，所有的形象和事件发展都是动态可视的，人物的外貌特征、行为特征、性格特征、生活环境都是具象的，具有很强的视觉感染力。总的来说，摄影是静态的，摄像是动态的。

12.1.4　摄影摄像在教育技术中的应用意义

教育技术的最终目的是利用各种教学资源来优化教学过程，使教学效果达到最大化。在教学资源的利用中就包括可视性和教育性极强的摄影摄像作品的应用。

在学校开展的各项教育教学活动中，往往都会用到影像资料的获取、留存与摄影摄像的应用技术，例如，在几乎所有学科的教学课件制作中，都要用到视频素材的插入与播放；在当下流行的微课制作和教学平台建设中，都要进行课堂实录；学校组织公开课需要留存视频资料；学生活动、教师活动的记录为日后的工作回顾与总结、资料存档等提供了可能性。而这些工作不是靠简单地按下相机快门就能完成的，需要用到大量的摄影摄像知识与技能。在现代教育教学实践中，结合影像作品直观的特点，将摄影摄像知识与技能引入专业教师的教育教学中，不仅有利于摄影摄像艺术的传播，更有利于增强广大专业教师的教育教学实践效果，达到教育教学事半功倍的目的。

专业教师要想实现学科教育与摄影摄像工作的有效整合，需要储备许多环节的知识与技能，比如如何提高教师自身的艺术素养和技术能力、如何进行摄影摄像的前期准备、摄影摄像过程中拍摄技巧的应用、拍摄作品的后期处理、摄影摄像设备的日常保养与使用等。

由于绝大多数专业教师都没有经历过摄影摄像知识与技能的学习与实践，缺乏一定的经验，因此，在开展相关工作时往往达不到预期的效果，特别是在技术方面，会存在很多瓶颈问题。

在这种情况下，系统地对专业教师进行一定的摄影摄像知识与技能培训，成为当下教师培训的重要内容。

12.2 硬技术——摄影摄像器材和配件理论

简单来说，摄影摄像就是利用相应的器材保存影像的过程；高端来说，摄影摄像就是利用相应的器材留下影像，从而表达拍摄者的思想和情绪的过程。无论如何表述，都离不开摄影摄像器材的使用，因此，了解摄影摄像器材是非常有必要的。

传统摄影是用传统相机和胶片进行拍摄，在暗房里进行冲印、放大加工处理而获得照片的一种摄影方式。

与之相对应的，现在大多使用数码相机或数码摄像机来完成拍摄过程。数码摄影是先用数码相机进行拍摄，然后用计算机进行加工处理，最后用打印设备或数码彩色扩印设备进行输出的一种新型的摄影方式，它是摄影摄像技术的一次革命。数码摄影是一个光电子转换过程，影像存储在电子芯片中，是以光电转换和电子存储为介质的摄影。

接下来我们要系统认识这些摄影摄像器材，学习操作这些器材并掌握其性能。

12.2.1 数码相机的种类

根据数码相机的用途可以将其简单分为单反相机、卡片相机、长焦相机和微单相机。

1．单反相机

单反相机指的是单镜头反光数码相机，如图 12-5 所示。在其工作系统中，外部光线通过镜头到达反光镜，然后通过反光镜的折射到达对焦屏形成影像。在拍摄之前，可以通过取景器或者显示屏预先看到影像，以便取景和对焦，达到理想状态后，才会按下快门进行拍摄。

优点：可以更换不同焦距的镜头，这是普通数码相机或者手机所无法比拟的。

缺点：价格高昂，普通人可能无法承受。

2．卡片相机

卡片相机是指那些外形小巧的、相对来说重量较轻的数码相机，如图 12-6 所示。卡片相机是普通的数码相机，是非单反、非微单的小型数码相机，小巧的外形、相对较轻的机身及超薄时尚的设计是衡量此类数码相机的主要标准。卡片相机多用于日常生活拍照，成像效果比较普通。

图 12-5　单反相机

优点：超薄时尚，便于携带。

缺点：成像质量无法和单反相机的成像质量相比。

图 12-6　卡片相机

3．长焦相机

长焦相机指的是有较大的变焦倍数的数码相机，如图 12-7 所示。一般来说，光学变焦倍数

图 12-7　长焦相机

越大，能拍摄的景物就会越远，因此，长焦相机比较适合拍摄大自然中的动物或者运动会上的人物。其镜头可根据用户的需求进行伸缩，因此，长焦相机也被广泛应用于演唱会、大型比赛、球赛等活动场所。

优点：光学变焦倍数为 10~22 倍，能比较清楚地拍到 70 米外的景物。

缺点：使用难度大，不方便携带。专业的摄影师需要携带不同焦距的镜头。

4．微单相机

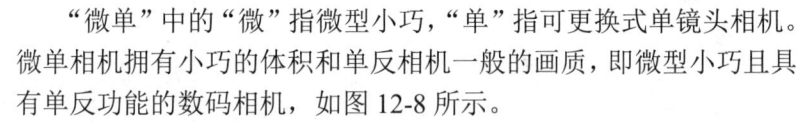

"微单"中的"微"指微型小巧，"单"指可更换式单镜头相机。微单相机拥有小巧的体积和单反相机一般的画质，即微型小巧且具有单反功能的数码相机，如图 12-8 所示。

优点：微单相机的画幅比卡片相机的画幅大得多，照片的画质与宽容度也要好得多。而且微单相机可以更换镜头，而卡片相机不可以更换镜头。

缺点：成像质量不如单反相机的成像质量高。

图 12-8　微单相机

12.2.2　数码相机的构造与成像原理

数码相机主要由镜头、反光镜、快门单元、影像处理器、图像感应器等部分构成，如图 12-9 所示。

在数码相机中，反光镜和五棱镜的独到设计使得拍摄者可以在取景屏上直接观察到通过镜头的影像。

在对焦状态下，光线通过镜头被反光镜反射到对焦屏中，在五棱镜中反射，最终影像出现在目镜中。在拍摄状态下，当按下快门时，反光镜被抬起，影像被映射在图像感应器也就是 CCD 传感器上，与在目镜和取景屏上所观察到的影像一致，电信号被传送到影像处理器，由影像处理器将模拟信号转换为数字信号，随后进行色彩校正、白平衡处理，并编码为数码相机所支持的图像格式、分辨率，最终存储为图像文件。图 12-10 所示为数码相机的成像原理。

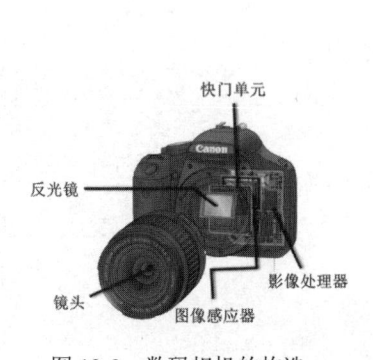

图 12-9　数码相机的构造

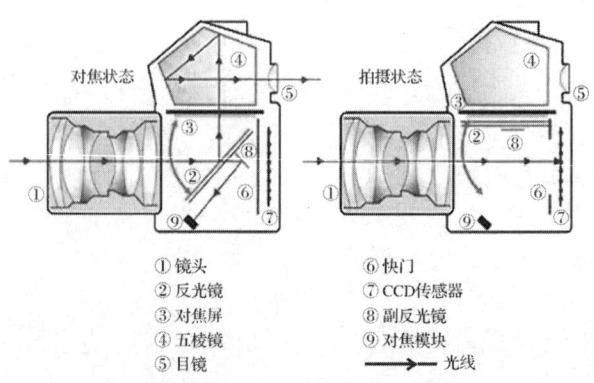

图 12-10　数码相机的成像原理

12.2.3 数码相机的使用知识

在使用数码相机的过程中，我们还需要设置一些参数，才能拍摄出高质量的照片。

1. 如何设置合适的画面尺寸及文件格式

分辨率反映了照片质量的高低。分辨率越高，照片就越清晰，细节就越丰富，继而在冲印照片时，选择也就越多。但是，分辨率越高，存储容量也就越大。

每张数码照片都是由最基本的单位——像素组成的。单位尺寸中像素的数量决定着分辨率的高低。

2. 如何选择拍摄模式

以大多数数码相机常用的拍摄模式为例，包括全自动模式、程序自动模式、光圈优先模式、快门优先模式、手动模式、场景模式，如图 12-11 所示，拍摄者可以根据自己的需要和对器材的把控能力来选择相应的模式进行拍摄。

全自动模式（AUTO）
- 这种模式是一种最"智能"的拍摄模式，拍摄者无须对数码相机的任何设置进行调节，只要对着景物按下快门就可以了。它直接由数码相机通过电路对现场光进行判断，自动设置曝光参数

程序自动模式（P）
- 与全自动模式略有相同，不同的是拍摄者在对准被摄主体半按快门时，数码相机会显示一组常规的曝光组合，如果立即拨动主控盘，那么光圈与快门速度会随之进行互易，使之重新组合曝光数据，从而获得类似于快门优先或光圈优先曝光的画面效果

光圈优先模式（A/AV）
- 这种模式是大多数摄影爱好者经常使用的拍摄模式。拍摄者可以自主地设置光圈，而与之相匹配的快门速度则由数码相机根据被摄主体的亮度自动设定。其优点在于拍摄者可以按自己的意图利用光圈来控制画面的景深。这种拍摄模式适用于风光和人像摄影

快门优先模式（S/TV）
- 这种模式的作用与光圈优先模式的作用相似，只不过这种模式控制的是快门速度。拍摄者可以通过设置不同的快门速度来控制画面效果。这种模式适合拍摄体育或动体的照片。高速快门可以凝固动体，低速快门可以表现动体的运动轨迹

手动模式（M）
- 这种模式是一种最基本的拍摄模式，也是专业摄影师常用的拍摄模式。在这种模式下，拍摄时的曝光完全脱离了数码相机的控制，拍摄者通过对环境光线的判断来决定曝光参数。这时，数码相机的光圈大小和快门速度都是由拍摄者自己设置的

场景模式
- 1.人像模式；2.风景模式；3.微距模式；4.运动模式；5.夜景模式；6.夜景人像模式

图 12-11　数码相机的拍摄模式

3. 如何选择测光方式

数码相机的测光系统一般是通过测定被摄主体反射回来的光线强弱来进行测光的，这样的测光方法称为反射式测光。测光通常分为评价测光、点测光、局部测光和中央重点平均测光，如图 12-12 所示。数码相机的测光系统设置如图 12-13 所示。

评价测光首先将取景屏画面分成很多区域，然后对这些区域进行单独测光，接着由影像处理器进行运算，最后得到更加合适的曝光量，适合拍摄大场景、大范围的风光照、集体合影等。

点测光对非常小的某个区域进行测光，大约占取景屏画面的 3%，测光的区域不受区域外元素光线的影响，因此测光的精确度高，可以很准确地测出被摄主体的曝光量。点测光可以有效

地突出被摄主体，适用场景包括人像摄影、新闻特写、微距摄影等。

局部测光对局部区域进行测光，大概是取景屏画面中间6%的区域。局部测光只参考局部区域的明暗度，其他区域的明暗度不被考虑。局部测光适用于被摄主体与背景有着强烈的明暗反差，而且被摄主体在画面中所占比例不大的场景，如演唱会、舞台演出等。

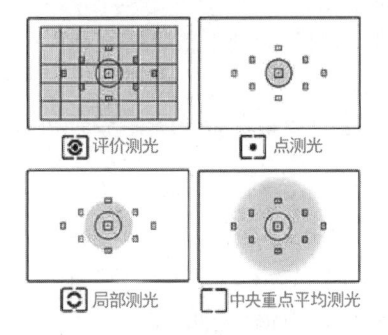

图12-12　测光分类

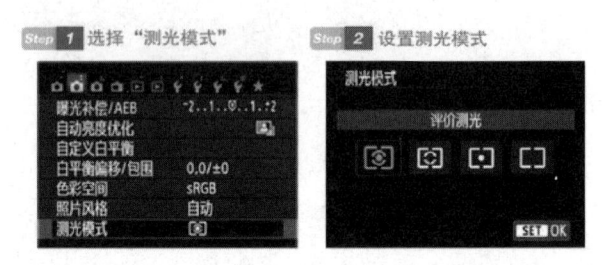

图12-13　数码相机的测光系统设置

中央重点平均测光的测光重点放在画面中间，大约占取景屏画面的60%，适用于被摄主体位于画面中间且在画面中所占比例较大的场景。使用这种测光方式拍摄出来的照片光线平铺，适合拍摄静态人像、小范围风景照等。考虑到拍摄者尤其是新手大都习惯将被摄主体放在画面中间，很多型号的数码相机都会将中央重点平均测光设置为默认的测光方式。

在拍摄时，无论选择哪种测光方式，测光重点都应该是被摄主体。当被摄主体比较明确、突出时，可以选择中央重点平均测光或点测光方式；而当拍摄景物类照片时，或者被摄主体比较分散时，则可以选择评价测光方式。

4．如何设置白平衡

在日常拍摄时，成片所呈现出来的颜色比较容易受环境光线的影响，如蜡烛的光线会使画面偏橘黄色，而黄昏时刻的光线则会为景物披上一层蓝色的冷调。不同的光源会在相机画面中产生不同的色彩。无论是在暖调还是在冷调环境下，肉眼看到的白纸都是白色的；但相机不同，它会记录其元件感受到的色彩，这就会导致画面色彩偏冷或偏暖。而相机的白平衡设置就是为了让实际环境中白色的物体在拍摄的画面中也呈现出"真正"的白色，如图12-14所示。

最简单的调整白平衡的方式就是先用相机对准一张纯白色的纸进行拍摄，再进行正常的拍摄。

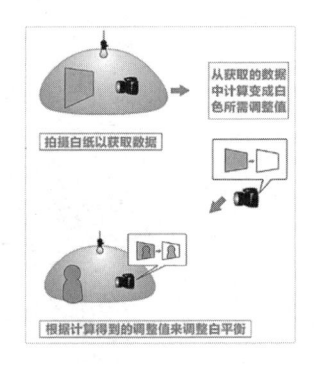

图12-14　白平衡设置

5．镜头焦距

镜头焦距（相机焦距）是指镜头光学后主点到焦点的距离，是镜头的重要性能指标。镜头焦距的长短决定着拍摄的成像大小、视角大小、景深大小，效果如图12-15所示。

镜头焦距的长短决定了被摄主体在成像介质上成像的大小。当对同一距离的同一被摄主体进行拍摄时，镜头焦距长的拍摄所生成的影像大，镜头焦距短的拍摄所生成的影像小。根据用途的不同，镜头焦距的长短相差非常大，既有短则几毫米、十几毫米的短焦镜头，也有长达几米的长焦镜头。

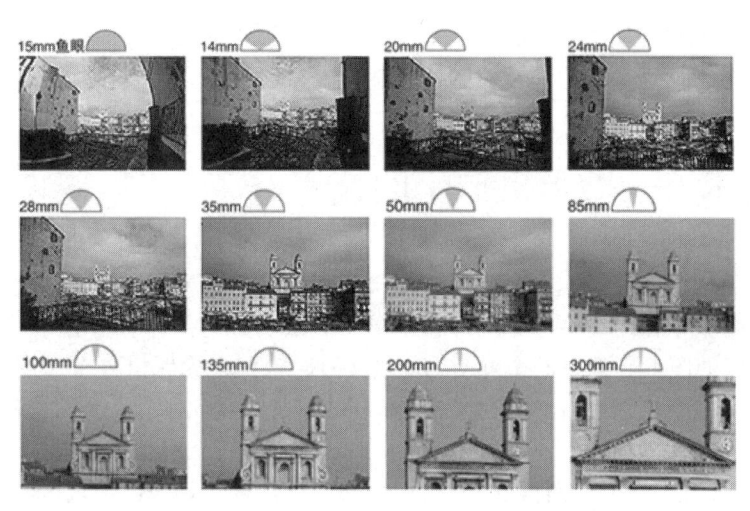

图 12-15　不同镜头焦距效果

6．数码相机的景深

相信大家都非常喜欢那些背景虚化、有着梦幻光斑的照片，这就是"浅景深"带来的视觉效果。所谓景深，即成像结果上我们看起来感觉清晰、不模糊的那部分图像的"深度"，越浅的景深将会导致清晰范围越小、虚化范围越大，如图 12-16 所示。

图 12-16　景深效果

简单来说，镜头的焦距和光圈同时控制着景深的深浅，焦距越长、光圈越大，则景深越浅、虚化范围越大。根据实际经验，对于 50mm 左右焦距的镜头来说，4.0 及以上的光圈就能产生比较明显的背景虚化，2.8 的光圈基本能保证人物整体清晰而背景虚化，2.0 以上的光圈拍摄过肩头像就会有人物前后总有一部分被虚化的情况。

7．数码相机的光圈

光圈是指进光量的多少。在拍摄时，如果光线强，就要缩小光圈；如果光线弱，就要开大光圈。也就是说，在其他参数不变的情况下，光圈越大，进光量越多，越有利于夜景拍摄。图 12-17 所示为光圈参数原理图。

光圈也是决定景深深浅的重要因素，光圈小，景深深；光圈大，景深浅。

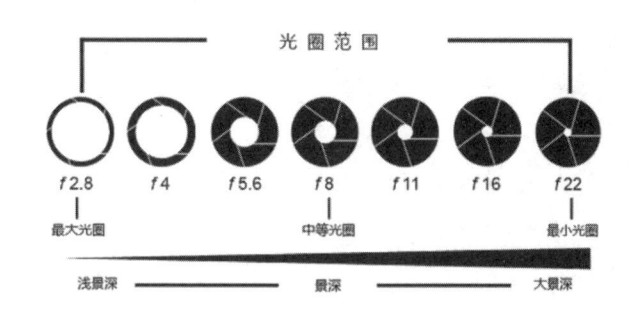

图 12-17　光圈参数原理图

举例来说，患有近视的人如果不戴眼镜，则总是习惯性地眯起眼睛看东西，这样往往看得清楚一些，套用摄影上的术语，称为缩小光圈（瞳孔），增加景深。

12.3 软技术——摄影摄像中的技术

总体来说，对于非专业的摄影爱好者来说，要想拍出一张好的照片，需要遵循以下三条基本原则。当然，每个个体对这些原则的理解不同，成像质量也会有所差别。

首先，一张好的照片必须有一个鲜明的主题（有时也称之为题材）。或者表现一个人物，或者表现一件事物，甚至可以表现该题材的一个故事情节。主题必须明确，使任何观赏者一眼就能看出来。

其次，一张好的照片必须能把注意力引向被摄主体，换句话说，使观赏者的目光一下子就投向被摄主体。

最后，一张好的照片必须画面简洁，只包括那些有利于把注意力引向被摄主体的内容，而排除或压缩那些可能分散注意力的内容。

而这些原则都可以通过曝光、构图等技术来实现，因此本节将重点讲解曝光和构图。

12.3.1 摄影中的曝光

曝光是摄影摄像最基本也是最重要的技术。高质量的影像需要以准确的曝光为前提。曝光对于影像质量的影响非常大，曝光过度则密度过大而失去明部细节，曝光不足则密度过小而失去暗部细节，如图 12-18～图 12-20 所示。

图 12-18　曝光正常　　　　图 12-19　曝光过度　　　　图 12-20　曝光不足

所谓测光其实就是数码相机根据环境光的强度，依靠特定的测量方式，给出光圈/快门组合的过程。简单地说，也就是对被摄主体的受光情况进行测量。正确的曝光往往取决于以下因素：景物的光效和明暗层次；曝光控制对照片效果的影响；胶片的感光度与宽容度；光圈小则快门速度慢，光圈大则快门速度快。

12.3.2 摄影中的用光

摄影就是一门用光的艺术，有光才会有影。如何利用光与影的关系来构成影像和影调，是摄影创作中的一大关键，如图 12-21 和图 12-22 所示。

图 12-21　光与影　　　　　　　　　　　　　　图 12-22　影调

光分为人造光和自然光。我们之所以能够看到客观世界中斑驳陆离、瞬息万变的景象，是因为眼睛接收到物体发射、反射或散射的光。光与人类生活和社会实践有着密切的联系。严格地说，光是人眼所能观察到的一种辐射。光线根据照射方向可以分为三种，即顺光、侧光和逆光。光线根据光质还有"软"和"硬"之分。

同时，光有一定的造型作用，如图 12-23 所示。

图 12-23　光的造型作用

光线在摄影中不仅可以用来照亮被摄主体，还可以为照片增添情感和氛围。

摄影艺术是造型艺术，光对摄影艺术造型的表现力起着关键的作用。在摄影创意中不仅要有"光"的造型意识，还要调动"光"的造型手段，这样才能达到它的艺术效果。摄影中被摄主体在画面中的再现要以光作为传播媒介，光线对摄影造型的表现、环境气氛的渲染、思想感情的表达都有着极其重要的意义。

光与色彩有着密切的内在联系，总的来说，有光才有色，色从光来，又与光变。

那么，用光就要从光度、光比、光质、光色几个方面来理解。理解这几个概念并有效运用到自己的作品中，作品就会呈现光彩，达到光影语言的效果。

光度是指光的明亮程度。根据作品要表达的情绪，分为高调和低调的作品。高调表达的是明亮的情绪与环境，给人以光明、纯洁、轻松、明快的感觉，比较适合表现妇女、儿童的形象，还有风光照片中的恬静、商品摄影中的素雅洁净。高调摄影一般采用较为柔和的、均匀的、明亮的顺光。低调则表达的是低沉的情绪和环境，低调的作品有时会让人感到坚毅、稳定、沉着、充满动力，有时又会让人感到黑暗、沉重、阴森。低调表现的感情色彩要比高调表现的感情色彩更强烈、深沉。它伴随着作品主题内容的变化，显示着各自不同的面目。低调作品通常采用侧光和逆光，物体和人像会产生大量的阴影及少量的受光面，有明显的体积感、重量感和反差效应。

光比是指画面的明暗对比。如果非特殊需要，那么明暗对比度越大，画面效果越好。通过画面的明暗层次、虚实对比和色彩的色相明暗等之间的关系，观赏者可以感受到光的流动与变化。

光质是指拍摄所用光线的软硬性质。质感体现在"质地"或"肌理"上，是指各种物体表面的纹理、构造组织的不同属性通过人的视觉、味觉、嗅觉、听觉、触觉等感觉器官所产生的经验性感受。表现质感主要依靠对光的运用，顺光可以表现细腻的整体质感。

光色是指成片的色调，通过色彩来表达影片的情感，一般分为冷调和暖调。改变或强化色彩冷暖调的方法有以下几种：使用不同色温的光源；拍摄中加用不同色温的滤色镜；巧用相机内的白平衡设置，如拍摄晚霞，将白平衡设在日光或阴天挡上，使橙红色增强；后期计算机调整时改变色彩平衡，强化主观设想效果。

12.3.3 摄影中的构图

"构图"一词是英文单词"Composition"的中文意思，是造型艺术的术语。构图是艺术家利用视觉要素在画面上按照空间把它们组织起来的构成，是在形式美方面诉诸视觉的点、线、形态、用光、明暗、色彩的配合。这是一个视觉编辑系统。它的含义是把各部分组成、结合、配置并加以整理出一幅艺术性较高的画面。在《辞海》中，"构图"的定义是艺术家为了表现作品的主题思想和美感效果，在一定的空间内安排和处理人、物的关系和位置，把个别或局部的形象组成艺术的整体的过程。在中国传统绘画中，构图称为"章法"或"布局"。

构图的目的是取舍，把构思中典型化了的人或景物加以强调、突出，从而舍弃那些一般的、表面的、烦琐的、次要的东西，并恰当地安排陪体、选择环境，使作品比现实生活更高级、更强烈、更完善、更集中、更典型、更理想，以增强艺术效果，也就是把一个人的思想情感传递给别人的艺术。

常见的构图方法有如下几种。

1．三分法构图

三分法构图有时也称井字构图或九宫格构图，如图12-24和图12-25所示，是一种在摄影、绘画、设计等艺术中经常使用的构图方法。在这种构图方法中，拍摄者需要先将场景用两条竖线和两条横线分割，就如同书写中文的"井"字，这样就可以得到4个交叉点，然后将需要表现的重点放在其中一个交叉点上即可。

图12-24　三分法构图　　　　　　图12-25　井字构图

2．形状构图

形状构图有三角形、圆形、正方形等构图法，其中三角形构图又分为正三角形构图、倒三角形构图、不规则三角形构图、多个三角形构图。正三角形构图能够营造出画面整体的安定感，给人力量强大、无法撼动的印象；倒三角形构图能够给人一种开放性及不稳定性所产生的紧张感；不规则三角形构图能够给人一种灵活性和跃动感；多个三角形构图则能表现出热闹的动感。图 12-26 所示为三角形构图。图 12-27 所示为规律图形构图。

图 12-26　三角形构图　　　　　　　图 12-27　规律图形构图

3．线条式构图

线条式构图有曲线、直线、对角线等构图法。例如，拍摄河流、山路、高视角的曲线，更能表现出动感，如图 12-28 所示；又如，拍摄生活当中的人和物，对角线构图能使画面更具艺术感，如图 12-29 所示。

图 12-28　曲线构图　　　　　　　图 12-29　对角线构图

4．框架式构图

框架式构图是影视作品中常用的构图方法，具有十分重要的意义。框架式构图为影片段落主题和人物内心情绪定下了基调。凡是框架式构图下的人物和场景，其基调一定是压抑的、沉闷的、悲伤的、消极的，如图 12-30 所示。

图 12-30　框架式构图

5. 前后景构图

前后景构图指前景成为虚框，后景较为清楚，但是前景也并不是可有可无的，除了构图上的作用，也表现出了画面中的环境或群体。更为常用的是，后景为某种特定意义的、环境的象征，而前景作为个体的一般代表。图 12-31 所示为前景构图。图 12-32 所示为后景构图。

图 12-31　前景构图　　　　　　　　　图 12-32　后景构图

12.3.4　摄像中的镜头运用

当前在微课的拍摄中，往往运用动态的摄像。从理论上说，摄影和摄像的用光与构图的基本原理是一样的，只是在摄像中分为各种景别的应用和镜头语言的应用。

运动拍摄的主要方式包括推摄、拉摄、摇摄、移摄、跟拍，如图 12-33 所示。运动镜头的拍摄过程分为起幅、运动过程和落幅三部分，如图 12-34 所示。摄像机的运动产生了多变的拍摄角度，形成了多角度动态构图的画面与美学效果。

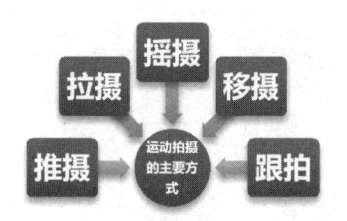

图 12-33　运动拍摄的主要方式　　　　　图 12-34　运动镜头的拍摄过程

1. 推摄

推摄是摄像机向被摄主体方向推进，或者改变镜头焦距（由广角调至长焦），使画面的构图由大景别向小景别、主体由小向大连续过渡的拍摄方式。推镜头分起幅、推进和落幅三部分。推镜头在向前推进的过程中，一方面会造成画面边框向前运动，使主体从环境中分离出来，突出主体人物和重点形象；另一方面会提醒观赏者对主体或主体的某个细节引起特别注意。

2. 拉摄

拉摄是摄像机逐渐远离被摄主体，或者改变镜头焦距（由长焦调至广角），使画面框架由近及远与被摄主体拉开距离的拍摄方式。用拉摄的方式拍摄的镜头画面称为拉镜头。在进行推/拉拍摄时，通过改变机位或焦距来实现。

3. 摇摄

摇摄是指在拍摄一个镜头的过程中，摄像机机位不变，镜头光轴（机身）作上下、左右等方向的均匀摇动的拍摄方式。用摇摄的方式拍摄的镜头画面称为摇镜头。摇镜头是最常见的镜头运动形式,在各类运动拍摄中应用最广泛,出现次数最多,与其他运动形式的交融也最为密切。

4. 移摄

移摄是指将摄像机架在活动物体上随之运动而进行拍摄的拍摄方式。用移摄的方式拍摄的镜头画面称为移动镜头或移镜头。在移动拍摄动态对象时,如与被摄主体的运动状态基本一致,则可在画面上产生跟随的视觉效果。

5. 跟拍

跟拍又称跟摄,是指摄像机镜头始终跟随运动的被摄主体一起运动而进行拍摄的拍摄方式。用跟拍的方式拍摄的镜头画面称为跟镜头。由于拍摄角度不同,跟镜头一般可分为前跟、后跟(背跟)和侧跟三种情况。跟镜头画面始终跟随一个运动的主体。由于摄像机的运动速度与被摄主体的运动速度一致,所以被摄主体在画框中的位置相对稳定,而背景处于变化之中。图 12-35 所示为跟镜头的运动方式。

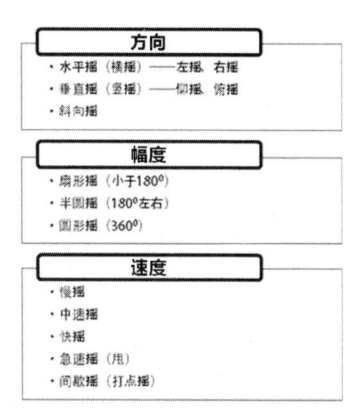

图 12-35 跟镜头的运动方式

6. 综合运动镜头的拍摄技巧

综合运动镜头的作用和表现力如图 12-36 所示。

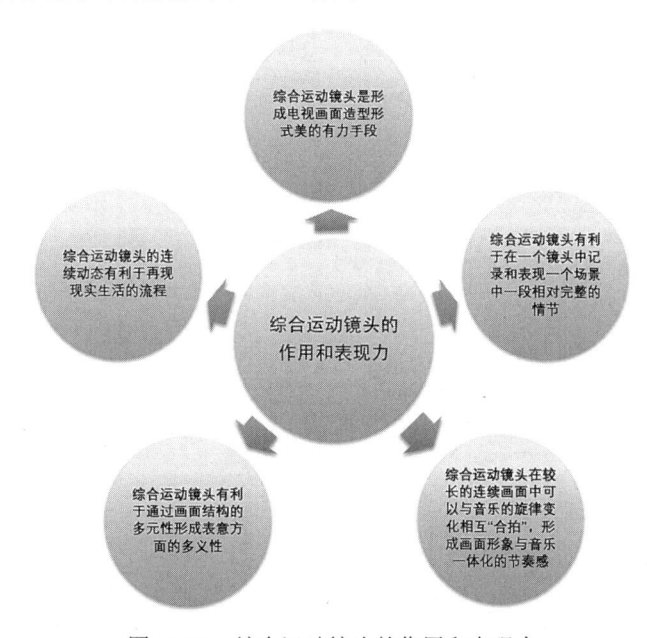

图 12-36 综合运动镜头的作用和表现力

除特殊情绪对画面的特殊要求外,镜头的运动应力求保持平稳。画面大幅度的倾斜摆动会产生一种不安和眩晕,破坏观赏者的观赏心境。

镜头运动的每次转换应力求与人物动作和方向的转换一致,与情节中心和情绪发展的转换一致,使得画面外部的变化与画面内部的变化完美结合。

在机位运动时要注意焦点的变化,始终将被摄主体处理在景深范围之内。同时要注意拍摄角度的变化对造型的影响,并尽可能防止拍摄者的影子进画出现穿帮现象。

要求拍摄者默契配合、协同动作、步调一致，比如升、降机的控制，移、跟过程中话筒线的使用等。稍有失误，都可能造成镜头运动不到位，甚至绊倒拍摄者等后果。越是复杂的场景，高质量的配合就显得越重要。

拓展学习资源

1. 陈宏波. 数码摄影从入门到精通[M]. 北京：清华大学出版社，2022.
2. Bruce Barnbaum. 摄影的艺术[M]. 樊智殿，译. 北京：人民邮电出版社，2012.
3. 美国纽约摄影学院. 美国纽约摄影学院摄影教材（上、下册）[M]. 北京：中国摄影出版社，2010.

课后思考题

分享一张你认为拍得最好的照片，从曝光、取景、构图等方面谈一下你的拍摄经验。

第 13 章　多媒体教学环境

13.1　多媒体教学概述

多媒体教学是指在教学过程中，根据教学目标和教学对象的特点，通过教学设计，合理选择和运用现代教学媒体，并与传统教学手段有机结合，共同参与教学全过程，将多种媒体信息作用于学生，形成合理的教学过程结构，达到最优化的教学效果。

多媒体教学其实自古就有，教师一直在借助语言、教科书、实物、模型、照片等来进行教学。从 20 世纪 80 年代开始，出现了如幻灯片、投影片、录音带、录像带等多种教学媒体综合运用的课堂教学，这种教学技术又称电化教学。从 20 世纪 90 年代开始，随着计算机技术的迅速发展和普及，多媒体计算机逐步取代了以往的多种教学媒体的综合使用地位。因此，现在我们通常所说的多媒体教学特指运用多媒体计算机并借助预先制作的多媒体教学课件来开展的教学活动过程，又称计算机辅助教学（Computer Assisted Instruction，CAI）。

计算机辅助教学利用多媒体计算机，综合处理和控制符号、语言、文字、声音、图形、图像、影像等多种媒体信息，把多媒体的各个要素按教学要求进行有机组合并通过屏幕或投影仪显示出来，同时根据需要加上声音的配合，以及使用者与计算机之间的人机交互操作，完成教学或训练过程。

多媒体教学通常指的是计算机多媒体教学，是通过计算机实现的多种媒体组合，具有交互性、集成性、可控性等特点，它只是多种媒体中的一种。多媒体教学环境需要的设备主要包括多媒体计算机主机、投影仪、音响设备、多媒体中央控制系统、视频实物展示台、投影幕布（高级一点的可以用交互式电子白板），有条件的还可以用多媒体网络教室软件（需要每人一台计算机的局域网环境），如图 13-1 所示。

图 13-1　多媒体教学环境

13.2 多媒体教学环境的种类

13.2.1 基于课堂教学的多媒体教室

这类模式的共同特点是教师实时参与，学生在教师的指导下学习；多媒体计算机仅仅作为先进的教学手段，由教师直接操纵。基于课堂教学的多媒体教室如图 13-2 所示。

配置：将带有"集成控制系统"的多媒体计算机与各种视/音频设备（如大屏幕投影电视、视频展示仪、录像机、影碟机、录音卡座、功放、话筒等）组合起来进行课堂教学。

特点：在这里，多媒体计算机仅作为教学手段，主要用来集中控制视/音频设备、发布各种教学信息。

图 13-2 基于课堂教学的多媒体教室

教师在多媒体教室里可以使用各种教学媒体（如幻灯片、投影片、图片、实物、模型、录音带、录像带、光盘、CD-ROM、计算机软盘等）来丰富教学内容。教师可以集中控制各种教学媒体，操作简便、直观，并且教师还可以通过人机对话来调用各种教学资源。由于这类多媒体教室可容纳 200～300 人甚至更多，投资相对较少，受益面广，并且能与传统的课堂教学衔接，因此得到普遍应用。但是，多媒体计算机只能由教师控制，不能接收学生的反馈信息。

适用场景：多媒体课堂教学、专题演讲、学术交流、报告会等。

13.2.2 多媒体语言学习系统

配置：在传统语言学习系统的基础上，增加多媒体计算机和所需的视/音频设备（如大屏幕投影电视、录像机、影碟机等）。多媒体语音教室如图 13-3 所示。

图 13-3 多媒体语音教室

特点：使用该系统，教师在机动、灵活地组织不同形式（如通话、节目传送、兼听、分组讨论、个别辅导等）语言教学的同时，能让学生在大屏幕（或自己的显示屏）上看到与教学内容相匹配的文字、图片或图像，听到声音。生动形象的情景、清晰的语言不仅能提高教学效果，还能激发学生的学习兴趣和求知欲望，加深学生对知识的理解。在这里，多媒体计算机除了具有控制功能，还具有教学辅助作用，如加上学习反应软件后，即可实现考查、评分、统计、分析等功能。

适用场景：语言教学、语言培训、语言考试等。

13.2.3　多媒体网络教室

这里所说的"网络教室"仅指将一间教室或几间教室内的计算机连接起来，组成用于各种教学的独立计算机网站，而不是指其他局域网或国际互联网。多媒体网络教室如图 13-4 所示。

配置：除了基于课堂教学的多媒体教室的配置，该系统还必须配有多媒体服务器、电子白板，每个学生应配置一套多媒体计算机终端。

图 13-4　多媒体网络教室

特点：与 CAI 系统相比，该系统主要用于课堂教学。但由于受多媒体计算机终端套数的限制，教学规模不可能像基于课堂教学的多媒体教室那样机动。在多媒体网络教室里，教师可根据教学需要，通过鼠标、键盘来演示教学内容，或命令"学生机"发送屏幕信息。学生可以以电子举手的形式请求帮助、提出问题。教师可以通过巡视每个学生的屏幕来了解学生的学习情况，并实时反馈对学生练习、回答的意见，既有利于调动学生学习的主动性，又能充分发挥教师的主导作用。

适用场景：多媒体课堂教学（特别是计算机教学）、计算机培训、计算机考试、多媒体 CAI 课件交流、演示等。

13.2.4　智慧教室

智慧教室是数字教室和未来教室的一种形式。有别于传统的授/听课方式，智慧教室作为一种新型的教育形式和现代化教学手段，给教育行业带来了新的机遇。

配置：智慧教室教学系统由内置电子白板功能的触控投影一体机、功放、音响、无线麦克风、拾音器、问答器和配套控制软件构成。智慧教室如图 13-5 所示。

特点：使用内置电子白板功能的触控投影一体机代替传统的黑板教学，实现了无尘教学，可保护师生的健康；教师可在投影画面上操作计算机，在每个桌位上配置问答器，实现了师生交互式课堂教学。课前学生自主预习，课中学生分组讨论、随时测试，教师能快速掌握每个学生的学习情况，并进行针对性指导。智慧教室将现代化教学手段引入整个教学过程中，让课堂变得简单、高效、智能，有助于培养

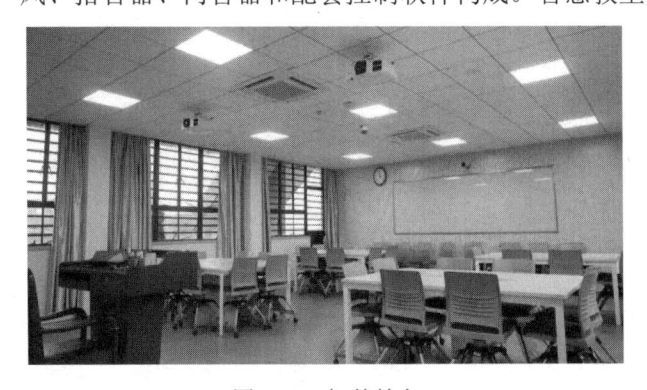

图 13-5　智慧教室

学生的独立思考能力与自主学习能力。

在智慧教室里，教师和学生的计算机、移动终端里的学习资源可通过 Miracast 和 AirPlay 等无线投屏神器实现共享；安装多部 4K 高清摄像头，可自动跟踪教师上课情况，对教师讲授的

内容实行云录播,学生可随时"点播"录播视频,查看"回放";借助智慧教室里的远程交互系统,还可轻松实现跨地区交互,实施远程教学。

适用场景:各种课堂教学、远程教学、交流会、报告会。

13.3 交互式电子白板

多媒体教学对学生的感官刺激达到了最佳的程度,能引导学生的思维走向集中。恰当地运用现代教育技术,能提高学生能力,锻炼学生思维,活跃课堂气氛,创设情境,实现教学效果最优化。电子白板又称电子交互白板,是一种全新的高科技电子教学系统。它是由硬件——电子感应白板和软件——白板操作系统集成的。电子白板集传统的黑板、计算机、投影仪的多种功能于一身,使用非常方便,为课堂互动、师生互动、生生互动提供了技术可能和便利,为建立以学生学习为中心的课堂教学模式奠定了技术基础。图13-6 所示为电子白板教学。

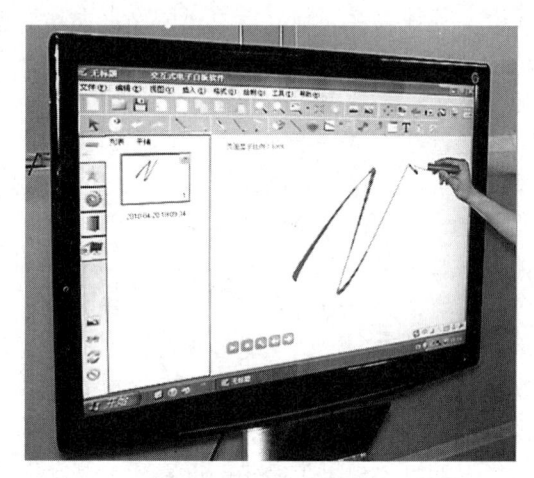

图 13-6 电子白板教学

13.3.1 电子白板的基本原理

电子白板相当于计算机的一个外接输入设备,和鼠标、键盘的功能是一样的,只不过电子白板属于触控输入设备,利用投影仪将计算机桌面上的内容投影在电子白板面上,利用数据线连接电子白板和计算机主机,在计算机主机上安装电子白板驱动程序,就可以在电子白板上触控操作计算机桌面上的内容了。另外,电子白板都有配套的操作软件。目前,在有条件的中小学教室里都会安装电子白板。

13.3.2 电子白板的功能

电子白板具有以下功能。

(1)基本的批注与绘画功能。可在任意计算机界面上实现屏幕标注;笔形可以选择普通笔、排笔和毛笔等;标注笔颜色可以任意设定;标注内容可以随时利用电子橡皮擦除,也可以随时保存和打印。

(2)鼠标功能。电子笔的笔尖相当于鼠标左键,笔身按钮相当于鼠标右键。可利用电子笔实现鼠标单击、双击、选中、拖动、右击等功能。

(3)交互式电子白板内容的恢复和更新功能。

(4)辅助工具。可以直接利用板体快捷工具条,实现屏幕内容放大、聚光灯、遮屏、查看快照、查看板书、屏幕校准等功能;还可以利用自定义功能,随时调用计算机中的应用程序或者访问特定的网站。

(5)具有屏幕捕获、层技术、图形编辑功能;能把静态的图形变成动态的,更生动、直观;可以对操作内容进行回放,提高传授水平和质量。

(6）书写功能。

(7）手写识别功能。可以先在操作系统的现有语言包中选择识别语言，然后进行书写。

图 13-7 所示为电子白板的工具栏。

图 13-7　电子白板的工具栏

13.3.3　电子白板在语文教学中的应用

下面以小学语文《黄河的主人》一课为例，讲解电子白板在语文教学中的应用。本课是一篇科普说明文，主要介绍了艄公的辛苦与勇敢。这是一篇脱离学生生活体验的、很遥远的、要靠丰富的想象力才能呈现情景的课文，但教师可以通过交互式电子白板的合理应用，将多年前的情景形象、生动地呈现在学生的面前。

1．图像与声音的结合

视觉是人感知形体的最好的感官，利用逼真的图片直接刺激人的眼睛，把直观的信号传入大脑，从而达到审美愉悦和提升学习功效的目的。逼真精美的画面、优美动听的音乐通过电子白板被巧妙地运用在语文教学中，较少出现传统教学方法中令人视觉和听觉疲劳的情况，改善了传统教学方法中学生机械地接受知识的情况，有助于提高学生对语文知识的掌握程度。情境预设的有效性必须基于教师对教材和学生的有效把握，只有这样才能使情境创设落到实处。电子白板的应用也应因时、因生、因情，只有这样才能形成"灵动"的课堂，让电子白板为我所用，而非我为电子白板所用。用图片、声音引导学生产生好奇心、求知欲，激发学生学习的积极性和主动性。

在教学中，教师首先要让学生体会到黄河的宏伟气势。在这个环节中，教师可以让学生通过观看影像调动自己的情绪。在播放黄河视频的过程中，真实的画面会让学生身临其境。有了直观的感受后再朗读课文，一定更能入情入境。最后联系艄公在黄河上"如履平地"，学生就能体会到艄公的勇敢，初步感受到衬托的作用。电子白板影像效果如图 13-8 所示。

图 13-8　电子白板影像效果

2．电子白板中屏动、放大镜、探照灯等工具的运用

使用交互式电子白板中的某些工具如放大镜、聚光灯及屏幕捕获等可以对具体的细节内容进行放大、聚光灯照射、图像截取等，引起学生关注，贴近教学需求。在讲授课文的过程中，教师引导学生对艄公的劳动环境和勇敢精神进行探讨分析，并在这一过程中，利用电子白板中的屏动、放大镜和探照灯工具，重现"羊皮筏子"在黄河上行驶的惊心动魄，从而让学生体会到艄公的勇敢和智慧、镇静和机敏。

3．图表、解说、文本批注的有机链接

在使用交互式电子白板时，可以不加处理地直接在上面标注或书写文字，如图 13-9 所示。使用交互式电子白板能随时灵活地引入多种类型的数字化信息资源，并可对多媒体素材进行灵活的编辑、展示和控制。在讲解艄公劳动这一重点段落时，可以设计一张表格，让学生合作研讨，填好该表格后再交流，在师生交流过程中链接相关的图片及文本，帮助学生理解艄公的劳动过程，使抽象的语言更为直观地呈现在学生面前，让他们迅速而准确地把握内容及主旨。另外，还涉及一些对用词准确的句子的批注。学生在朗读这段内容后，各自感悟，在重要的或有感悟的句子、词语下面画横线或圆圈。为了及时获得学生的反馈信息，可以利用电子白板中的勾画和批注功能，请学生走上讲台，拿起感应笔，在电子白板上直接勾画和批注，谈自己的感悟，把自己的感悟带进朗读里，使朗读训练更加到位。通过这种方式的学习，学生不仅有效地突破了学习的难点，而且学会了在阅读中如何进行批注，从而使课堂效率大大提高。这种方式的阅读教学使师生、生生真正地互动起来，交互式电子白板的交互功能在课堂上第一时间得到了体现，为资源型教学活动提供了技术支持，从而使课堂教学更加灵活、多变。

图 13-9　电子白板标注效果

4．使用电子白板中的可书写和书写擦除功能

学生在学习语言文字过程中的障碍就是教学的难点。使用交互式电子白板中的可书写和书写擦除功能可以帮助学生克服抽象思维、逻辑思维、语言理解表达方面的困难，使教学中的难点得以顺利突破。例如，在学习课文时，先让学生自由朗读课文，然后教师将课文内容概括成 4 句话展示在电子白板上让学生进行排序。在最初错误的排序下，可以擦除后重新书写，利用电子白板中的可书写和书写擦除功能一次又一次地刺激学生回答问题，从而使知识和概念在演示中更加清晰明了，拓展学生思考问题的角度和方式。图 13-10 所示为电子白板手势笔工具。

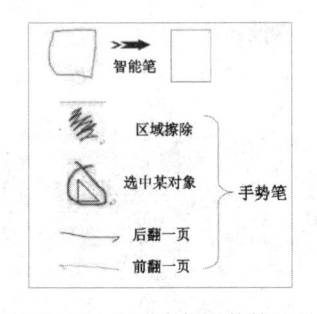

图 13-10　电子白板手势笔工具

5．插播影视片段冲击视觉

在课文学习的最后，通过播放影片《黄河谣》片段，将语言文字所描述的内容变成形声结合的立体交叉，叩击学生心灵，让学生身临其境。实践表明，形象、直观的技术手段确实会让学生更感兴趣，注意力也会更集中。图 13-11 所示为电子白板播放影视片段效果。

图 13-11　电子白板播放影视片段效果

6. 使用电子白板中的保存与回放功能

交互式电子白板系统的突出特点之一就是板书内容可以被保存下来。写在电子白板上的任何文字、画在电子白板上的任何图形或插入的任何内容都可以被保存下来，供以后教学使用，或者与其他教师共享；也可以打印出来分发给学生，帮助学生课后温习，或者作为课后复习资料。这样做不仅可以提高课堂效率，还可以帮助学生在课后巩固所学知识。使用电子白板中的回放功能，学生可对课堂上的内容进行回顾，不仅便于学生巩固旧知识，还能促进学生对新知识的学习。

将交互式电子白板运用于课堂教学，对于调动学生学习主动性、增强课堂教学效果、促进教师专业化成长等起到了很大的作用。在电子白板的使用过程中，如果能更有效地将现代化教学手段运用于课堂教学，就能解决一些用传统教学方法不能或难以解决的问题。所以，我们应该学会借助电子白板的翅膀，让语文教学飞得更高、更远。

拓展学习资源

1. 王以宁. 教学媒体理论与实践[M]. 北京：高等教育出版社，2007.
2. 陈佐瓒，蒋炎华. 教育信息技术应用实训教程[M]. 成都：西南交通大学出版社，2015.
3. 胡玉娟. 信息技术教育应用实践指导[M]. 北京：清华大学出版社，2016.
4. 张筱兰（西北师范大学）. 交互式电子白板教学应用. 中国大学国家精品慕课.

课后思考题

谈谈你认为未来的教学环境还会发生哪些新的变化。

实践篇

学习目标

1. 理解信息时代多媒体课件、微课的概念、基本特征和设计原则。
2. 了解多媒体课件及微课的制作流程，熟悉它们的评价方法。
3. 学会基于 PPT 的线性、交互式、歌曲 MV、语言类课件的制作方法。
4. 熟悉录屏式、拍摄式微课的制作流程。
5. 熟悉录屏式、拍摄式及创新式微课的制作工具。
6. 能够运用合适的工具制作微课。

学习脉络

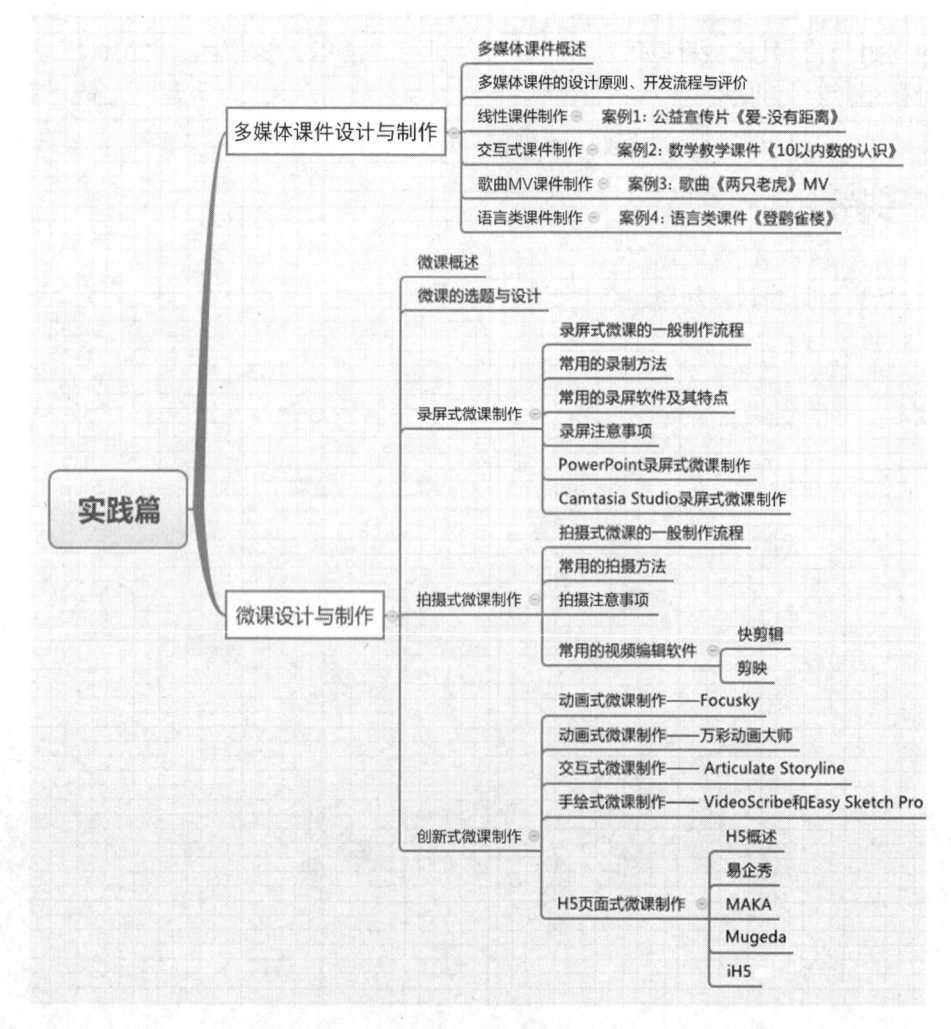

```
实践篇
├── 多媒体课件设计与制作
│   ├── 多媒体课件概述
│   ├── 多媒体课件的设计原则、开发流程与评价
│   ├── 线性课件制作 —— 案例1：公益宣传片《爱-没有距离》
│   ├── 交互式课件制作 —— 案例2：数学教学课件《10以内数的认识》
│   ├── 歌曲MV课件制作 —— 案例3：歌曲《两只老虎》MV
│   └── 语言类课件制作 —— 案例4：语言类课件《登鹳雀楼》
└── 微课设计与制作
    ├── 微课概述
    ├── 微课的选题与设计
    ├── 录屏式微课制作
    │   ├── 录屏式微课的一般制作流程
    │   ├── 常用的录制方法
    │   ├── 常用的录屏软件及其特点
    │   ├── 录屏注意事项
    │   ├── PowerPoint录屏式微课制作
    │   └── Camtasia Studio录屏式微课制作
    ├── 拍摄式微课制作
    │   ├── 拍摄式微课的一般制作流程
    │   ├── 常用的拍摄方法
    │   ├── 拍摄注意事项
    │   └── 常用的视频编辑软件
    │       ├── 快剪辑
    │       └── 剪映
    └── 创新式微课制作
        ├── 动画式微课制作——Focusky
        ├── 动画式微课制作——万彩动画大师
        ├── 交互式微课制作——Articulate Storyline
        ├── 手绘式微课制作——VideoScribe和Easy Sketch Pro
        └── H5页面式微课制作
            ├── H5概述
            ├── 易企秀
            ├── MAKA
            ├── Mugeda
            └── iH5
```

第 14 章　多媒体课件设计与制作

科学、合理地运用多媒体技术辅助课堂教学，会使课堂教学内容、教学手段和教学方式变得丰富多彩，使学生的学习积极性、主动性和创造性得到充分的调动，培养学生的学习兴趣，达到提高学习效率、取得较好教学效果的目的；在多媒体教学中，学生不仅学到了知识，而且培养了自主学习能力，全方位地提高了学生的综合素质。

多媒体课件作为一种教学软件，已经深入基础教育教学中，并且促进了教学模式和教学方法的发展，以跨越时空的表现力为教育注入了活力，促进了教育教学的变革。设计和制作多媒体课件已成为信息时代每位教师必须掌握的一项基本技能。

14.1　多媒体课件概述

14.1.1　多媒体课件的概念

"媒体（Media）"一词来源于拉丁语"Medius"，是传播信息的媒介。它既指人用来传递信息与获取信息的工具、渠道、载体、中介物或技术手段，也指传送文字、声音等信息的工具和手段。也可以把媒体看作为实现信息从信息源传递到受信者所采用的一切技术手段。媒体有两层含义：一是承载信息的物体；二是存储、呈现、处理、传递信息的实体。

"多媒体"一词译自英文单词"Multimedia"，又称媒介或者传播媒体。通常多媒体指多种媒体的综合。在计算机辅助教学系统中，多媒体指组合两种或两种以上媒体的一种人机交互式教育信息交流和传播的媒体。我们在这里所说的"多媒体"不仅包括多媒体素材，还包括对多媒体素材进行综合处理分析的技术，也就是"多媒体技术"。

"课件"一词译自英文单词"Courseware"，即课程软件，指在一定的教学理论和学习理论的指导下，根据教学目标的要求，利用计算机语言、系统开发工具或平台开发的能够反映教学策略和教学内容的计算机软件。

"多媒体课件"一词译自英文单词"Media Courseware"，它按照课程教学大纲的培养要求，把文字、图形图像、音频、视频和动画等多种媒体元素整合应用到课件中，利用不同媒体的特点和优势来辅助学习和教学。多媒体课件的应用体现了以学生为中心的教学理念，它集多种教学方式的优点于一身，同时将图像、文字、声音、动画等元素融合在一起呈现给学生，使教学内容变得丰富多彩，激发了学生学习的积极性；使用多媒体计算机对多种信息进行综合处理，把抽象的问题具体化、复杂的问题简单化，提高了学生的学习兴趣；利用视觉、听觉、触觉等多种感官进行生动形象的教学，弥补了传统课堂教学在直观感、立体感和动态感等方面的不足，具有突出教学主题、调节学生情绪、传递教学信息、模拟场景再现的效果，扩大了教学容量，提高了学生的学习效率，起到了强化教学效果、提高教学质量的作用。

14.1.2 多媒体课件的理论基础

多媒体课件以美国当代教育心理学家、认知心理学家理查德·梅耶建立在理论基础与实践经验之上的多媒体学习理论为理论基础。梅耶认为,依据人类大脑的工作方式设计的多媒体信息比没有依据人类大脑的工作方式设计的多媒体信息更可能产生有意义学习。梅耶通过对多媒体学习中认知规律的研究,提出了多媒体学习认知理论的三个假设,即双通道假设、容量有限假设和主动加工假设,以及多媒体学习中认知加工的五个步骤,即选择相关语词、选择相关图像、组织所选语词、组织所选图像和整合。梅耶在其认知理论中解释了学习者是如何对多媒体教学信息进行加工,从而实现有意义学习的。梅耶依据认知理论,提出了有关多媒体设计的基本原则,这些原则为以 PPT 为载体的多媒体信息的呈现设计提供了指导。

美国心理学家、新行为主义学习理论的创始人伯尔赫斯·弗雷德里克·斯金纳(Burrhus Frederic Skinner)的行为主义理论中的"操作性条件反射"概念是斯金纳新行为主义学习理论的核心。斯金纳把行为分成两类:一类是应答性行为,就是由已知的刺激引起的反应;另一类是操作性行为,是有机体自身发出的反应,与任何已知的刺激无关。与这两类行为相对应,斯金纳把条件反射也分成两类:与应答性行为相对应的是应答性反射,称为 S(刺激)型,名称来自英文单词"Stimulation";与操作性行为相对应的是操作性反射,称为 R(反应)型,名称来自英文单词"Reaction"。S 型条件反射是强化与刺激直接关联的,R 型条件反射是强化与反应直接关联的。斯金纳认为,人类行为主要是由操作性反射构成的操作性行为,操作性行为是作用于环境而产生结果的行为。在学习情境中,操作性行为更有代表性。斯金纳很重视 R 型条件反射,因为这种反射可以塑造新行为,在学习过程中尤为重要。以行为主义学习理论为依据设计出来的课件一般是线性的和树状结构的,这类课件在应用中多为应用型或游戏型。举一个较为典型的例子,专门用来背单词的课件便是依据行为主义学习理论制作出来的。

认知主义学习理论与行为主义学习理论相对立,源自格式塔学派的认知主义学习理论。近年来的教学实践和实验研究表明,采用一定手段有意控制学习者的认知结构,提高认知结构的可利用性、稳定性、清晰性和可辨别程度等,对于有效学习和解决问题是有作用的。认知发现说强调学习的主动性,强调已有认知结构、学习内容的结构、学习者独立思考等的重要作用。认知主义学习理论的主要贡献有:一是重视学习者在学习活动中的主体价值,充分肯定了学习者的自觉能动性;二是强调认知、意义理解、独立思考等意识活动在学习中的重要地位和作用;三是重视学习者在学习活动中的准备状态;四是重视强化的功能;五是主张学习者的学习创造性。

奥苏伯尔的"先行组织者"理论告诉我们,在进行课件设计时,首先应该把最普遍、大多数学习者都比较容易掌握的知识信息呈现出来,然后对学习内容的重点部分进行分化讲解,这样有助于学习者在掌握新知识的同时与已经掌握的旧知识联系起来,起到"同化"的作用。布鲁纳的"发现教学法"对课件设计也有一定的帮助。在设计课件的过程中,应该考虑到学习者在参与教学活动的过程中是积极主动的,在进行知识转换时应增加一些灵活的交互功能,以便学习者根据自己的认知结构有选择地进行学习。

建构主义学习理论认为,学习是一个意义建构的过程,学习者通过新、旧知识经验的相互作用来形成、丰富和调整自己的认知结构;学习是一个双向的过程,一方面新知识融入已有的认知结构中获得了新的意义,另一方面原有的知识经验因为新知识的纳入而得到了一定的调整或改组。建构主义学习理论主要强调的是意义的建构,而意义的建构必须是学习者积极主动进行的,这也是教育的最终目的。多媒体课件既可以提供友好的界面、较为形象直观的交互式学习环境,也可以提供多媒体素材的综合刺激,还可以按照超文本方式组织与管理各种各样的教学信息和学科知识，对学习者在意义建构方面起着非常重要的促进作用。

14.1.3 多媒体课件的基本特征

应用多媒体课件教学能充分发挥学习者的主体作用，通过情境创设、协作学习，促使学习者主动思考、积极探索，使学习者在学习过程中真正成为信息加工的主体及知识意义的主动建构者。多媒体课件具有以下几个基本特征。

1. 内容的直观性

多媒体课件以图文并茂、形声并举的方式进行形象化教学，弥补了传统课堂教学在信息呈现方面的不足，充分调动了学习者的视听感官，有利于发挥学习者学习的主动性，帮助他们更好地理解学习内容。多媒体课件能够展示抽象、复杂、学生难以理解的宏观和微观的教学内容，比如宏观的天体运动，微观的分子运动、化学反应，复杂的加工过程，植物的持续生长过程等。

2. 丰富的表现力

多媒体课件不仅可以自然、逼真地表现多姿多彩的视听世界，还可以对微观事物进行模拟，对抽象事物进行生动、直观的呈现，对复杂的过程进行简化和再现等。多媒体课件可以根据不同的教学内容，充分利用声音、动画、视频等多媒体手段，化静态为动态、化抽象为形象，充分表现教学内容，突出重点和突破难点。

3. 呈现的多样性

多媒体课件综合运用多种媒体元素给学习者提供多种感官的综合刺激，从视觉、听觉、触觉甚至嗅觉等方面使学习者全方位地掌握学习内容，这样不仅可以使知识的掌握更加快捷、牢固，而且可以激发学习者的学习兴趣，调动学习者学习的积极性。但是，目前很多多媒体课件的表现手法还很单一，如在大段文字中展示很多数字，让学习者去寻找这些数字之间的联系，缺乏视觉化的表达，不如用图表来表达更直观。

4. 灵活的交互性

教育者可以便捷地控制多媒体课件呈现教学信息的时间和顺序。尤其是在利用超文本链接的方式组织信息时，信息的呈现符合人类的非线性思维特点和认知规律，有利于培养学习者的发散思维。学习者可以根据自己的认知特点重组信息，按不同的路径开展学习，随机通达目的地。

5. 资源的共享性

计算机网络技术的发展使得教学信息实现了自由传输。多媒体课件可以让学习者之间、教育者之间、学习者与教育者之间相互交流，拥有几乎无限的信息来源，实现了教学信息交流资源的高度共享。同时，通过网络可将相关的前沿信息整合到多媒体课件中，从而开阔学习者的视野，拓宽学习者的知识面。

14.1.4 多媒体课件的分类

多媒体课件的分类方式多种多样，可以根据运行环境、知识容量、内容组织方式、使用对象、功能、使用方式、内容与作用等方面的不同进行分类。

根据运行环境不同，多媒体课件可以分为单机版多媒体课件和网络版多媒体课件。单机版多媒体课件是用光盘、U盘、移动硬盘等媒介存储教学信息的教学辅助软件，可以在多种终端设备上运行，应用范围广，通用性强。常用的开发工具有 PowerPoint、Flash、几何画板、Focusky、万彩动画大师等。网络版多媒体课件是为了配合教学活动而设计制作的、可以在网络环境下运行的教学辅助软件。由于网络版多媒体课件安装在网络服务器上，因而又称网络课件。学习者在客户端通过浏览器可随意访问网络版多媒体课件。网络版多媒体课件具有共享性、灵活性、开放性、动态性、交互性、自主性、多媒体性等特点。

根据知识容量不同，多媒体课件可以分为堂件、课件、系列课件、积件。堂件即教育者在课堂上使用的电子教案，其知识容量相对较小，一般用来辅助教育者在课堂上实施教学。课件与堂件相比，知识容量相对较大，通常包括授课、练习、测验、评价、反馈等多个教学环节。课件既可以用于教育者教学，也可以用于学习者自主学习。系列课件是指综合运用多种教学模式，可以进行系统教学的大型教学软件。积件是由教育者和学习者根据学习需要自己组合运用多媒体教学信息资源的教学软件系统。该系统不是教学资源素材库和多媒体组合平台的简单叠加，而是积件库与积件组合平台的有机结合，其中积件库中的多媒体资料库、微教学单元库、资料呈现方式库、教与学策略库、网上环境积件资源库为师生利用积件组合平台制作教学课件提供了充足的素材来源和多种有效途径，灵活易用的积件组合平台则为充分发挥师生的创造性、能动性提供了有力的工具支持。

根据内容组织方式不同，多媒体课件可以分为帧型课件、生成型课件、智能型课件。帧型课件是把各个帧按序列由程序加以控制而形成的教学课件，其理论依据是斯金纳的程序教学理论。在帧型课件中，各教学单元之间的控制均由教学设计预先安排，教学内容的顺序不随学习者情况的变化而变化。帧型课件的特点是逻辑结构清晰，但是各帧顺序被预先固定，在应用时缺乏灵活性、交互性和应变性。帧型课件适用于讲座形式的演示报告及循序渐进讲授的教学内容。生成型课件不必将教学信息全部制作成帧，各教学单元之间的转移由算法生成。生成型课件在制作上要比帧型课件节省设计和输入的时间，并且所占的存储空间相对较小，具有较强的灵活性和交互性，能根据学习者的回答给出不同的反馈。这类课件制作在算法设计上有一定的难度，仅适用于掌握了一定计算机程序设计语言的教育者。智能型课件是多媒体课件今后的发展方向。这类课件具备自然语言理解能力，可以根据不同学习者的特点实施个性化的教学，还可以利用人工智能实现计算机辅助教学。它通常具有启发性、透明性和灵活性，以知识库为核心，可以根据不同的学习者模型创设不同的教学环境，并且可以根据学习者的反馈信息，通过课件内容的知识库、数据库、规则库、解释接口、推理机和语言接口，给出适当的教学建议。

根据使用对象不同，从教育者角度进行分类，多媒体课件可分为讲授型、演示型、情景创设型三种类型；从学习者角度进行分类，多媒体课件可分为课程学习型和拓展知识型两种类型。

根据功能不同，多媒体课件可分为教学型、测试型和管理型。

根据使用方式不同，多媒体课件可分为课堂演示型、学习者自主学习型、模拟实验型、训练复习型、教学游戏型、资料工具型。

根据内容与作用不同，多媒体课件可分为助教型、助学型、实验型、考试型。

14.1.5 多媒体课件制作软件

用来制作多媒体课件的软件有很多，它们在功能上各有特色，课件制作者可以根据自己的需求选择合适的制作软件。下面简要介绍几款常用的多媒体课件制作软件。

1．Authorware

Authorware 是由美国 Macromedia 公司（现已被 Adobe 公司收购）推出的一款功能强大的多媒体应用软件开发工具。它具有强大的创作能力、简便的用户界面及良好的可扩展性，深受广大用户的欢迎，成为应用极为广泛的多媒体应用软件开发工具，一度被誉为"多媒体大师"。该软件的用户数量比较多，广泛应用于多媒体光盘制作等领域。

Authorware 是基于图标（Icon）和流线（Line）的多媒体创作工具，具有丰富的交互方式、大量的系统变量和函数、跨平台的体系结构、高效的多媒体集成环境和标准的应用程序接口等，可用于制作网页和在线学习应用软件。

使用 Authorware 编制的软件具有强大的交互功能，可任意控制程序流程；在人机对话中，它提供了按键、按鼠标、限时等多种应答方式；还提供了许多系统变量和函数，以便根据用户响应的情况执行特定的功能；除了能在其集成环境下运行，还可以编译成扩展名为.exe 的文件，在 Windows 系统下脱离 Authorware 制作环境运行。

2．Animate

Adobe Animate 是一款二维动画制作软件。2015 年 12 月 2 日，Adobe 宣布 Flash Professional 更名为 Animate CC，在支持 Flash SWF 文件的基础上，加入了对 HTML5 的支持。

Animate 动画设计的三大基本功能是绘制和编辑图形、补间动画、遮罩。这是三个紧密相连的逻辑功能。Animate 动画说到底就是"遮罩+补间动画+逐帧动画"与元件（主要是影片剪辑）的混合物，通过这些元素的不同组合，可以创造出千变万化的动画效果。

3．PowerPoint

Microsoft Office PowerPoint 是由微软公司推出的演示文稿制作软件。用户既可以利用投影仪或者计算机展示演示文稿，也可以将演示文稿打印出来，制作成胶片，以便应用到更广泛的领域中。使用 PowerPoint 不仅可以创建演示文稿，还可以在互联网上召开面对面会议、远程会议或者给观众展示演示文稿。使用 PowerPoint 制作出来的文档称为演示文稿，其扩展名为.ppt、.pptx，也可以保存为 PDF、图片等格式。在 2010 及以上版本的 PowerPoint 中可将演示文稿保存为视频格式。演示文稿中的每一页称为幻灯片，每张幻灯片都是演示文稿中既相互独立又相互联系的内容。

很多教育工作者应用此软件制作多媒体课件，它的优点是制作课件比较方便，容易上手，制作的课件可以在网络上播放（当然客户端必须安装此软件或者课件已经打包）。

4．Director

Director 是由美国 Macromedia 公司（现已被 Adobe 公司收购）推出的一款多媒体开发工具，主要用于多媒体项目的集成开发，广泛应用于多媒体光盘、教学/汇报课件、触摸屏软件、网络电影、网络交互式多媒体查询系统、企业多媒体形象展示、游戏和屏幕保护等的开发制作。

使用 Director 能够非常容易地创建包含高品质图像、数字视频、音频、动画、三维模型、文本、超文本及 Flash 文件的多媒体程序。如果你在寻找一种可以开发多媒体演示程序、单人或多人游戏、画图程序、幻灯片、平面或三维演示空间的工具，那么 Director 是不错的选择。

与其他创作工具相比，Director 更加专业、功能更加强大。在国外，Director 的应用更广泛。对 Director 的描述还是引用 Macromedia 自己的话比较确切："Director 是创建与交付功能强大的 Internet、CD-ROMs 与 DVD-ROMs 多媒体的工业标准。相对于简单的图片和文字，Director

提供唯一足够强大的工具来释放你的创意,它整合图形、声音、动画、文本和视频来生成引人注目的内容。"

5．几何画板

几何画板(The Geometer's Sketchpad)是一款用于作图和实现动画的辅助教学软件,用户可以根据教学需要编制出相关的图像和动画过程。其特点是操作简单、界面简洁,不仅可以精确度量长度和角度等,而且在演示过程中可以实时调节图像。

几何画板是适用于数学、平面几何、物理矢量分析、函数作图的动态几何工具。几何画板不仅提供了丰富而方便的创造功能,使用户可以随心所欲地编写自己需要的教学课件,还提供了充足的手段帮助用户实现其教学思想,只需熟悉几何画板的使用技巧即可自行设计和编写应用范例,应用范例所体现的并不是编写者的计算机软件技术水平,而是其教学思想和教学水平。可以说几何画板是一款出色的辅助教学软件。

14.2 多媒体课件的设计原则、开发流程与评价

14.2.1 多媒体课件的设计原则

设计多媒体课件应遵循以下几项原则。

1．教育性原则

多媒体课件以优化课堂教学结构、提高课堂教学效率为目的,既可促进教育者的"教",又可促进学习者的"学"。设计者要依据教学内容和学习者的学习需求来设计多媒体课件,要遵循教学规律,围绕课程标准(教学大纲),依据教学目标及要求,充分发挥多媒体的优势来呈现教学内容。设计要围绕促进学习者的知识获取、能力提升、品德培养、个性发展来展开。良好的教育性指的就是具有明确的教学目标,突出教学重点,突破教学难点,教学形式灵活。多媒体课件是为特定的教学对象而设计制作的,其内容的选择和操作的难易程度要有明确的针对性。要考虑到应用此课件的学习者的年龄特点、知识层次水平和智力的实际情况,切忌追求形式上的流行和视听感受上的新鲜。

2．科学性原则

科学性原则是指正确表达学科的知识内容。对概念的阐述、观点的论证、事实的说明、材料的组织都要符合科学逻辑,要运用正确的、可靠的、和教材内容一致的学科术语;要求各种演示、示范,以及绘制的图表和书写的公式、字幕都应规范化、标准化;选择的资料、史料和文献等要真实、具体。多媒体课件设计的科学性原则要求多媒体课件中出现的各种形象必须符合教育教学规律;解说词精练、准确无误;音响效果逼真、背景音乐合理。

3．启发性原则

由于多媒体课件的目的是帮助学习者自主学习、获取知识、提高能力,因此,多媒体课件的设计要以启发性为原则。对于不同的学习者要采用不同的教学形式,充分调动学习者的学习积极性,激发他们的学习兴趣,提高他们的注意力。教育者既可以把复杂的、难以表述的问题用一些简单的比喻来表述,把深奥的问题简单化;也可以用一些图像把很难用语言表述的抽象

问题具体化，从而启发学习者的联想，活跃学习者的思维，促使学习者更有效地学习。

教育者可以根据教学内容设置适当的、富有启发性的问题，充分调动学习者的学习积极性，启发学习者积极思考，强化学习的内容。启发性问题的设置既可激发学习者的创造性思维，也可培养、锻炼学习者的灵活性、发散性、独创性思维。

4．技术性原则

多媒体课件的技术性主要通过程序中的各种数据结构、程序结构、控制技巧及运行的可靠性来衡量。多媒体素材选用合理、占用空间小、显示清晰，这些都是教育者在制作多媒体课件的时候需要掌握的技巧。程序结构要尽可能简洁、合理。多媒体课件的运行环境要友好，兼容性强，能在不同的计算机上正确运行。同时操作要尽量简便、灵活、可靠、方便控制，尽量避免复杂的键盘操作。

5．艺术性原则

艺术性原则是指通过声音、图像及人机交互的形式来传递教育信息，不仅要追求良好的教学效果，还要赏心悦目，能激发学习者的学习兴趣，使其乐于接受学习内容，能缩短学习时间。课件展示的画面应符合学习者的视觉心理；要突出重点，画面中的对象不宜太多，避免对学习者的注意力产生干扰；注意动与静的对比、前景与背景的对比、线条粗细的对比、字体字号的对比，以保证学习者能够充分感知对象；避免多余动作，减少每屏文字显示数量，尽量用配音替代叙述性文字。

多媒体课件设计的艺术性原则要求设计者巧妙地运用动画和字幕来表现学习内容，背景音乐和画面相得益彰，形成和谐的人机交互界面，从而激发学习者的学习热情。

14.2.2　多媒体课件的开发流程

开发一个多媒体课件相当于开发一款多媒体应用软件。根据软件工程对软件制作的要求和多媒体应用软件的特点，多媒体课件的开发流程大致可以划分为 5 个阶段：确定选题、编写脚本、准备素材、制作课件、测评与发布，即分析、设计、制作、测试评价、发布，如图 14-1 所示。

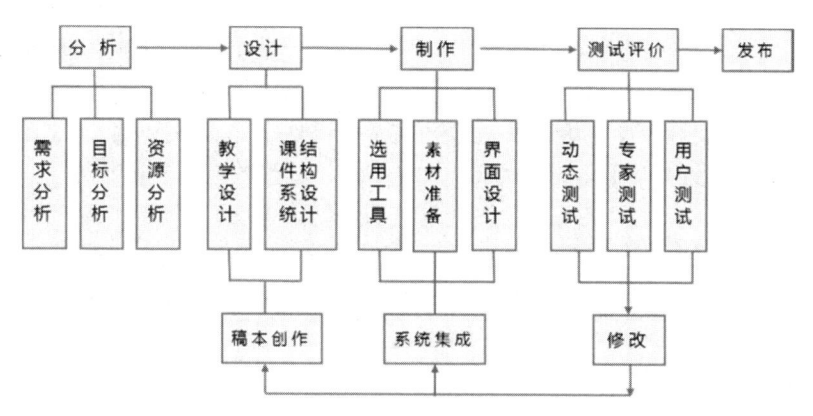

图 14-1　多媒体课件的开发流程

1．确定选题

确定选题是指在开发多媒体课件之前，教育者要充分做好选题论证工作，包括需求分析、目标分析、资源分析，目的在于弄清楚设计的规范，这样在制作时才能避免不必要的投入。要围绕学习者难以理解、教育者不易讲解清楚的重点和难点问题来确定选题，特别要选择那些能充分发挥多媒体效果的、不易用语言和板书表达的内容。对于课堂上较易讲解的内容，没有必要制作多媒体课件。如果课程内容比较抽象、难以理解，教育者用语言不易描述某些规律，难以捕捉需要学习者反复练习的内容，那么，在条件允许的情况下有必要实施计算机辅助教学。总之，选题应根据计算机辅助教学的必要性和可行性来确定。

在确定选题的过程中，需要注意以下几项原则。

（1）价值性原则。多媒体课件的选题应充分发挥多媒体技术的教学优势，使课件有效地突破教学难点，激发学习者的学习兴趣，提高教学效率。

（2）辅助性原则。制作多媒体课件的目的是辅助课堂教学，因此，多媒体课件不应复述大纲或搬运教材内容，不应是其他教学媒体的翻版，不能取代成功的实验、必要的板书和讲解。

（3）可行性原则。在研究和确定选题时，必须根据人力、物力、财力及制作人员的实际技术水平，量力而行。有些有价值的选题往往不是靠几个人或者一个单位就能完成的。

2．编写脚本

编写脚本也就是设计阶段，包含教学设计和课件系统结构设计，是多媒体课件开发过程中的一个重要环节，它是课件制作的重要依据。课件效果的好坏、是否符合教学需求的关键就在于教学设计。优化教学设计就是设计者根据教学目标和学习者的特点，运用系统论的观点和方法，分析教学中的问题和需求，确定解决问题的有效步骤，合理选择相应的教学策略和教学媒体资源，确定教学知识点的排列顺序，根据教学媒体设计适当的教学环境，安排教学信息与反馈呈现的内容及方式，以及人机交互的方式等。教学设计是制作多媒体课件的前提。

教学设计运用系统论的观点和方法，根据教学目标和学习者的特点，合理地选择和设计教学媒体信息，并在系统中有机地组合，形成优化的教学系统结构。它包括4项基本工作：一是确定教学目标；二是确定教学内容；三是选择教学媒体信息；四是设计诊断评价。

课件系统结构设计主要包括层次结构设计、功能设计、画面设计、媒体的应用设计、知识点的表现形式设计、练习方式设计、页面链接设计、交互方式设计及导航策略设计等内容。在进行课件系统结构设计时应注意以下几点。

（1）界面设计。界面要美观、形象，符合使用对象的特点，并与课件主题相吻合，要体现易用性和友好性原则。背景要烘托主题，不能喧宾夺主；素材布局要均衡、整齐、简洁、连贯、易于控制；信息的呈现要具有可预见性，呈现方式要合理、适当；色彩应合理搭配，文字颜色与背景颜色的对比度要大，文字大小要适中（演示型课件字号不小于24号）；每屏文字不能太多、太密集，文字区占屏幕面积应为60%～70%；作品的整体风格要一致。

（2）交互方式设计。屏幕上呈现的每个对象都可以作为交互对象，如按钮、文本、图像和热区等。在设计上要充分考虑交互作用的实现方法，周密考虑每个环节。交互的可操作性要强，要做到友好、灵活、明确、可靠，交互功能与教学内容要融合并体现智能性，画面跳转无死机现象，要充分考虑到交互功能对背景音乐有无影响等。

（3）反馈设计。多媒体课件应该具有跟踪学习者学习情况的功能，对学习者在学习过程中取得的成绩或遇到的困难都要及时反馈，或者给予一定的鼓励。

（4）导航策略设计。导航是为了在信息量很大的复杂课件中让用户明确自己所处的位置，以及掌握下一步学习的路线，因此，导航策略的设计要明确、完整，要易于理解，在必要时给予用户提示和帮助。

（5）风格设计。优秀的多媒体课件具有统一的风格。风格统一的作品具有更强的感染力和表现力。风格设计包括界面、字幕、显示对象的风格设计，具体体现在颜色搭配、固定区域处理、标题的协调性等方面。

（6）脚本创作。脚本既是多媒体课件设计、制作和使用的纽带，也是多媒体课件制作的直接依据。在脚本中应给出各种教学信息、学生的应答、对应答的判断、处理和评价，以及交互控制方式等内容，同时对课件制作中的各种要求和指示给予明确的说明。课件制作只是用于实现脚本所描绘的蓝图，脚本创作是保证课件质量和提高课件开发效率的重要手段，没有优秀的脚本就没有优秀的课件。一般来讲，脚本包括文字脚本和制作脚本。文字脚本是对多媒体课件教学设计的描述；制作脚本则是在计算机上呈现文字脚本的步骤和安排，包括学习者将要在屏幕上看到的细节。

脚本的编写类似于影视剧的"编剧"，包括以下几个方面：课件内容如何安排；在何时、何处使用哪些媒体；媒体的进出方式；课件如何与学习者交互；各要素之间怎样搭配、衔接才显得流畅、自然等。在实际创作脚本时，可以用文字或表格的形式把每个页面中的各种细节描述清楚。

3．准备素材

在确定总体思路、完成脚本编写的基础上，教育者要认真选择或编制脚本中列出的文本、图形图像、音频、动画、视频等多媒体素材，使得内容呈现方式多样化，多媒体课件丰富多彩、图文并茂。可将这些素材分别保存为单独的文件，以便在制作课件时调用。

4．制作课件

制作课件阶段主要包括开发工具的选择、素材的准备和界面的实现等内容。制作人员首先根据脚本的具体要求获取和收集素材，然后根据需要对素材进行加工处理，以备使用。同时要选择适当的多媒体课件制作软件，根据脚本的要求及课件的表现内容和形式，将准备好的多媒体素材链接合成，即完成系统集成。这是多媒体课件制作的重要环节。

5．测评与发布

当多媒体课件开发完成后，必须进行测试，以检验课件能否达到预期目标。将多媒体课件在不同配置的机器上反复运行进行动态测试，调整和修改发现的问题，并在实际的教学中反复使用，让专家和一线教师共同检验，对各方面的性能要反复修改，以臻完善。当确定课件不需要进行任何修改后，就可以打包和发布，得到能实现预期目标、可用于发行的多媒体课件。

14.2.3　多媒体课件的评价

开发符合教学规律的多媒体课件，其目的是应用先进的信息技术优化教学过程，提高教学的质量和效果。随着多媒体技术的发展，多媒体辅助教学软件的开发和应用逐渐普及。因为多媒体课件图文并茂、生动活泼，具有丰富的表现力和强大的交互性，所以应用多媒体课件辅助教学会显著提高教学质量。但是，许多多媒体课件因在制作过程中陷入了误区，产生了负面效应，削弱了多媒体的优势，甚至适得其反。因此，我们必须对多媒体课件进行科学的评价，筛选出优秀的多媒体课件应用于教学，这样才能真正发挥多媒体课件的优势，提高教学质量。

一般而言，对多媒体课件质量的优劣主要从科学性、教育性、技术性和艺术性4个方面进行评价。

1. 科学性

课件的科学性有两层含义：一是指课件内容正确、逻辑严谨、层次清晰，没有教学内容方面的知识性错误；二是指课件的表现形式、所使用的素材、动画与模拟内容要符合科学规律。课件的科学性具体表现在：取材要适宜；内容要科学、正确、规范；问题表述要准确无误；引用资料要正确；课件的演示要符合现代教育理念。

2. 教育性

课件的教育性具体表现在：课件的制作要直观、形象，有利于学习者理解知识；要有趣味性，有利于调动学习者学习的积极性和主动性；要有新颖性，可进一步调动学习者的学习热情；在课堂教学中有较大的启发性；内容完整，针对性强；要有创新性，能支持合作学习、自主学习、探究学习。

3. 技术性

课件的技术性具体表现在：多媒体效果运用恰当；交互性较高，可做到准确无误；稳定性高，在演示过程中没有卡顿及无法正常运行的故障；操作简便、快捷；可移植性强，能够在不同配置的机器上运行；易于操作和维护，更新便捷，利于交流、提高；制作软件的选择合理且具有实用性，便于教师日常教学。

4. 艺术性

多媒体课件的制作要遵循美学原则，尽量使界面美观，令人赏心悦目，使图像、音频和动画完美地融于一体，给学习者带来愉悦的体验，使学习者在学习知识的同时受到美的熏陶。课件的艺术性具体表现在：画面制作应具有较高的艺术性，整体标准相对统一；界面设计美观、大方；布局符合视觉规律；内容清晰；链接明确、易懂；语言文字展示规范、简洁、明了；音乐和配音清晰且能强化表现力，对课件有充实作用。

总之，优秀的多媒体课件融科学性、教育性、技术性、艺术性于一体，能够最大限度地激发学习者的潜能，优化教学过程，提高教学质量。

14.3 线性课件制作

本节将通过《爱-没有距离》公益宣传片的制作，重点讲解以图片信息为主体的自动放映类线性演示文稿（课件）的制作技术。

14.3.1 演示文稿的创建与编辑

1. 创建相册

具体操作步骤如下。

第一步，单击"插入"选项卡"图像"功能区中的"相册"按钮，在弹出的下拉列表中选择"新建相册"选项，如图14-2所示，弹出"相册"对话框，如图14-3所示。

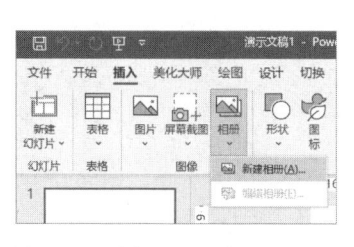

图 14-2　选择"新建相册"选项　　　　　图 14-3　"相册"对话框

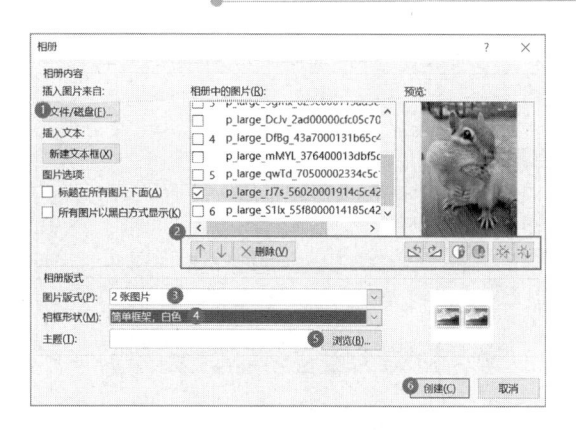

第二步，选择图片素材。单击"文件/磁盘"按钮，弹出"插入新图片"对话框，如图 14-4 所示，选择要插入的图片，单击"插入"右侧的下拉按钮，在弹出的下拉列表中选择"插入"选项。这时，已选中的图片文件会显示在"相册"对话框的"相册中的图片"列表框中，通过下方的调整按钮可以对选中的图片进行顺序、方向、亮度等参数的调整。

第三步，在"相册版式"选项组中设置"图片版式"为"2 张图片"。

第四步，设置"相框形状"为"简单框架，白色"。

第五步，在"主题"选项区域中可以选择主题。

第六步，单击"创建"按钮，创建相册。

2．保存相册

选择"文件"→"保存"或"另存为"命令，在弹出的对话框中设置文件的保存位置、文件名，默认保存类型是 PowerPoint 演示文稿，扩展名是.pptx，单击"保存"按钮，保存相册，如图 14-5 所示。

图 14-4　"插入新图片"对话框　　　　　图 14-5　保存设置

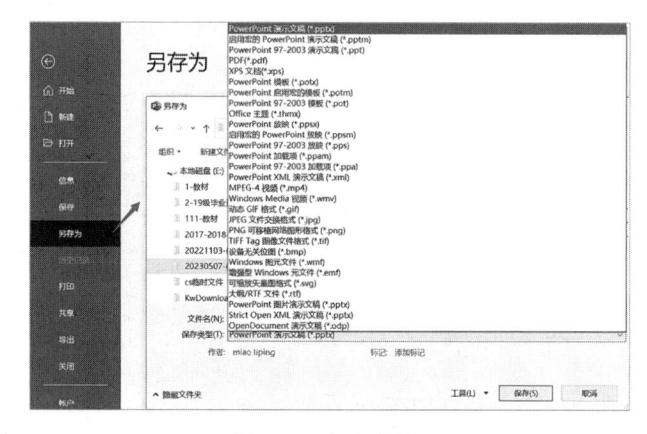

3．编辑相册

编辑相册包括添加图片、删除图片、调整图片的顺序等操作。

有两种方法可以编辑相册。第一种方法是单击"插入"选项卡"图像"功能区中的"相册"按钮，在弹出的下拉列表中选择"编辑相册"选项，如图 14-6 所示，弹出"编辑相册"对话框，如图 14-7 所示，在该对话框中可对已经创建的相册进行重新设置。第二种方法是在演示文稿中为相册添加、更改、删除图片。在"大纲"窗格中选择幻灯片，通过拖动可以调整图片的顺序。

图 14-6　选择"编辑相册"选项　　　　　图 14-7　"编辑相册"对话框

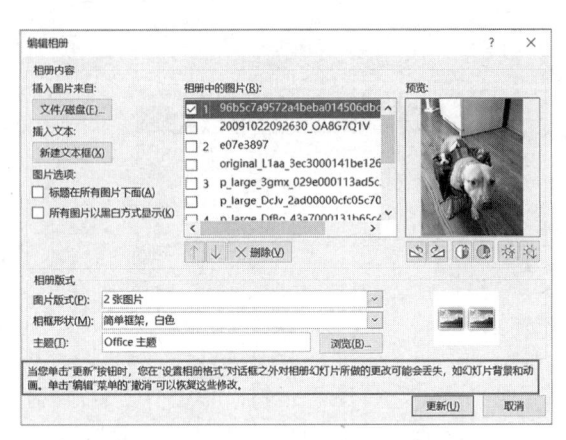

14.3.2　演示文稿的基础编辑

在创建相册后，我们来统一作品外观。具体操作步骤如下。

第一步，应用主题方案。单击"设计"选项卡，展开主题库，用鼠标右键单击"奥斯汀"主题，在弹出的快捷菜单中选择"应用于所有幻灯片"命令，如图 14-8 所示。

图 14-8　应用主题方案

第二步，应用颜色方案。单击"设计"选项卡，展开变体功能库，选择"颜色"选项，在展开的列表中选择一种与自己作品风格相符的颜色方案，如图 14-9 所示。

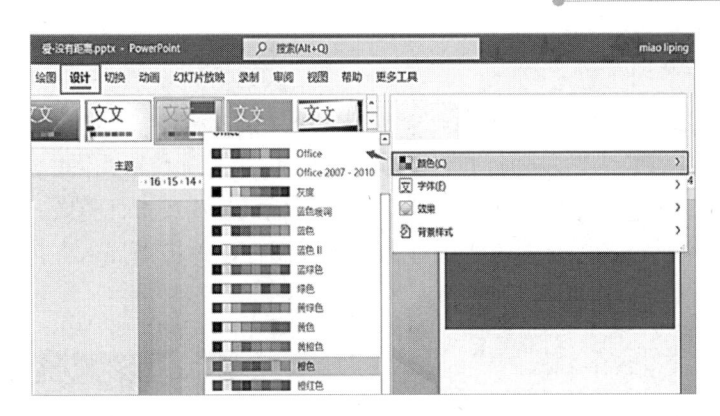

图 14-9　应用颜色方案

第三步，应用字体方案。字体方案可以确定作品中的标题及内容文本的字体格式。单击"设计"选项卡，展开变体功能库，选择"字体"选项，在展开的列表中选择一种与自己作品风格相符的字体方案，如图 14-10 所示。也可以根据需要自定义字体。选择"自定义字体"选项，弹出"新建主题字体"对话框，如图 14-11 所示。

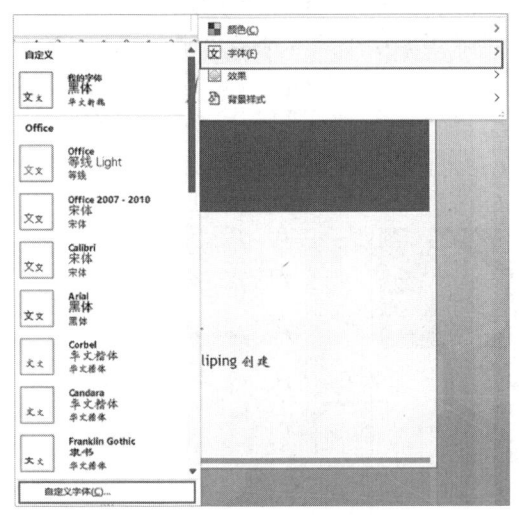

图 14-10　应用字体方案　　　　　　图 14-11　"新建主题字体"对话框

在中文"标题字体"下拉列表中选择一种笔画比较粗的字体，比如"黑体"，在中文"正文字体"下拉列表中选择"华文新魏"选项，设置自定义字体方案的名称（如"我的字体"），单击"保存"按钮。自定义字体方案的优点包括：字体方案中的字体会出现在字体列表的顶端，如图 14-12 所示，方便选择；会节省在字体列表中查找字体的时间。建议将演示文稿中经常使用的字体设置到字体方案的正文字体中。

图 14-12　主题字体

第四步，设置效果方案。效果方案为演示文稿中的对象预设了各种样式效果。可以对幻灯片中插入的形状应用样式效果。

14.3.3 标题幻灯片的制作

标题幻灯片的制作内容包括文本的格式化、艺术字的格式化、将艺术字转换为矢量图形、特殊字体的安装与保存等。标题幻灯片效果如图 14-13 所示。具体操作步骤如下。

第一步，选择"标题幻灯片"，插入图片。单击"插入"选项卡"图像"功能区中的"图片"按钮，如图 14-14 所示，在打开的资源管理器中选择图片，单击"插入"按钮。

图 14-13　标题幻灯片效果　　　　　　　　图 14-14　插入图片

第二步，应用"艺术字"效果。单击"插入"选项卡"文本"功能区中的"艺术字"按钮，在弹出的艺术字样式库中选择一种样式，在编辑界面弹出的艺术字文本框中输入文字"爱"，编辑"爱"的字体格式，如图 14-15 所示。

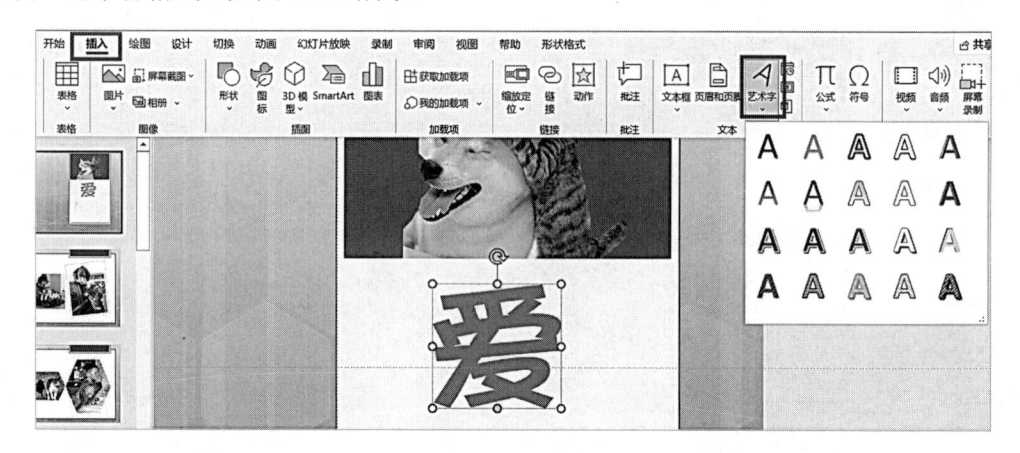

图 14-15　插入艺术字

将字体设置为"方正卡通简体"；更改字号。

将艺术字转换为矢量图形的方法：选择艺术字"爱"，单击"形状格式"选项卡"艺术字样式"功能区中的"文本效果"按钮，在弹出的下拉列表中选择"转换"选项，选择"弯曲"类别中的"正方形"效果，艺术字"爱"就被转换为可以随着形状大小变化而变化的矢量图形，如图 14-16 所示。

第三步，在副标题占位符中输入文字"没有距离"，设置字体为"方正卡通简体"，设置段落对齐方式为"分散对齐"，更改字号，并在艺术字样式库中选择一种样式。

第四步，添加竖排文本"保护动物"。将光标置于标题占位符中，输入文字"保护动物"，设置字体为"方正平和简体"；更改字号；设置段落对齐方式为"分散对齐"；单击"文字方向"按钮，在弹出的下拉列表中选择"竖排"选项，如图 14-17 所示；调整占位符，应用艺术字样式。

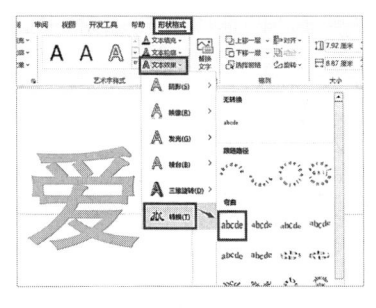

图 14-16　将艺术字转换为矢量图形　　　　　　图 14-17　设置竖排文本

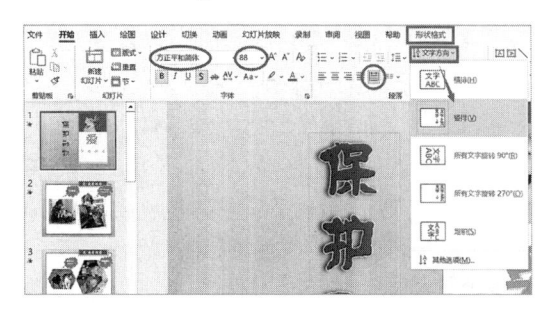

第五步，添加竖排文本"和谐自然"。单击"插入"选项卡"文本"功能区中的"文本框"按钮，在弹出的下拉列表中选择"竖排文本框"选项，如图 14-18 所示。

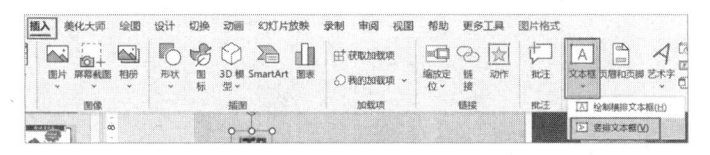

图 14-18　添加竖排文本框

在竖排文本框中输入文字"和谐自然"，在艺术字样式库中选择一种样式，设置字体为"方正综艺简体"，调整字号和文字位置，效果如图 14-19 所示。

第六步，保存特殊字体。单击"文件"菜单项，如图 14-20 所示；在打开的设置界面中选择"选项"命令，在弹出的"PowerPoint 选项"对话框的左侧列表框中选择"保存"选项，在右侧界面中勾选"将字体嵌入文件"复选框，单击"确定"按钮，如图 14-21 所示。

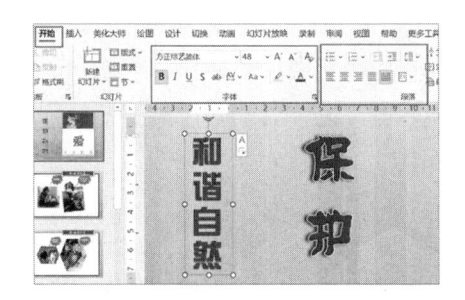

图 14-19　"和谐自然"竖排文本效果　　　　　　图 14-20　单击"文件"菜单项

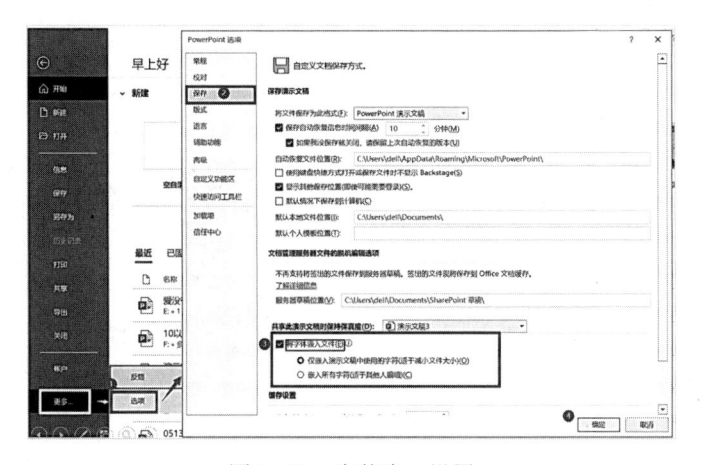

图 14-21　字体嵌入设置

"将字体嵌入文件"功能用于将演示文稿中的字体保存到文件中，只能嵌入 TrueType 和 OpenType 字体。其中有两个选项，"仅嵌入演示文稿中使用的字符（适于缩小文件大小）"选项的含义是，在其他没有安装特殊字体的计算机上能够正常显示作品中所用的特殊字体，但不提供编辑功能；"嵌入所有字符（适于其他人编辑）"选项的含义是，将本地计算机上安装的特殊字体与演示文稿一并保存，在其他计算机上打开作品，可以对特殊字体进行编辑，但会增加作品所占用的磁盘空间。本案例选择前者。

设置完成后，选择"文件"→"保存"命令，保存演示文稿。

第七步，安装特殊字体。单击系统"开始"按钮，选择"设置"选项，打开系统"个性化"设置，选择"字体"选项，打开资源管理器，找到要安装的字体所在的位置，将要安装的字体文件拖动到"添加字体"区域，如图 14-22 所示。

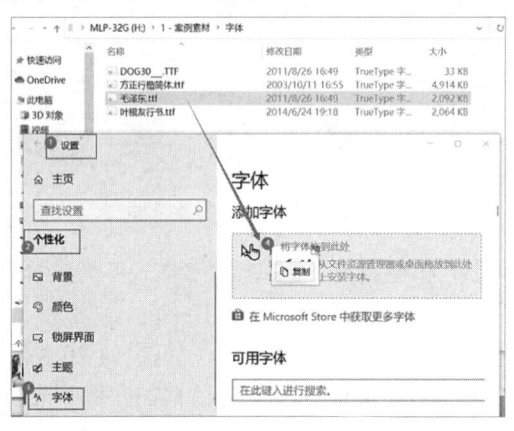

图 14-22 安装特殊字体

要想在演示文稿中使用新安装的特殊字体，必须先关闭当前正在运行的演示文稿，然后重新启动，这样才能在字体列表中找到新安装的特殊字体。

14.3.4 图片样式编辑

具体操作步骤如下。

第一步，选择图片，在"图片格式"选项卡下的样式库中选择一种图片样式，如图 14-23 所示。

第二步，通过调整图片四周的 8 个控制点，适当缩放图片，如图 14-24 所示。

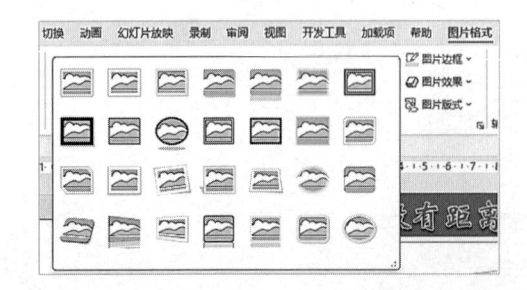

图 14-23 选择一种图片样式　　　　　　　　图 14-24 缩放图片

第三步，选择第三张幻灯片中的左侧图片，单击"图片格式"选项卡"大小"功能区中的"裁剪"按钮，在弹出的下拉列表中选择"裁剪为形状"选项，进行裁剪处理，如图 14-25 所示。

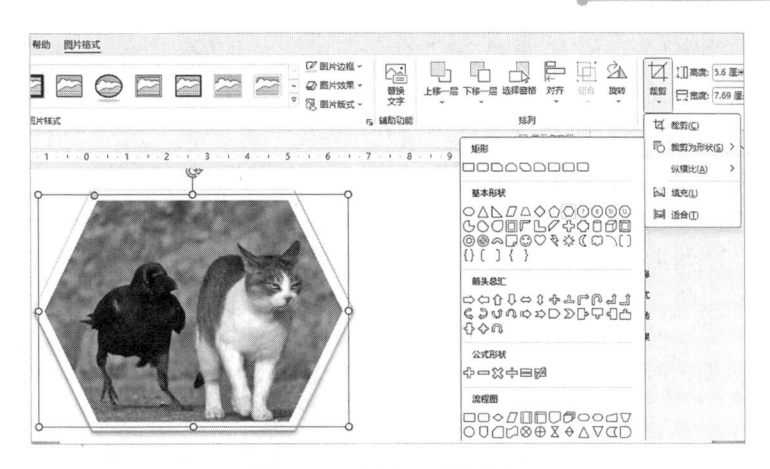

图 14-25　图片的形状裁剪

第四步，处理第四张幻灯片。先将图片裁剪为椭圆形，再编辑边框颜色，最后添加发光效果。

第五步，图片柔化边缘处理。选择图片，单击"图片格式"选项卡"图片样式"功能区右下角的对话框启动器按钮，打开"设置图片格式"窗格，切换至"效果"选项卡，选择"柔化边缘"效果，设置柔化边缘"大小"，拖动滑块就可以改变柔化效果。也可以通过将图片裁剪为椭圆形来改善柔化效果。

14.3.5　片尾幻灯片的制作

片尾幻灯片的制作内容包括设置幻灯片背景格式、艺术字三维效果编辑等。片尾幻灯片效果如图 14-26 所示。具体操作步骤如下。

第一步，创建片尾幻灯片。

第二步，给幻灯片添加背景。在这里介绍三种添加背景的方法。

图 14-26　片尾幻灯片效果

方法 1：在幻灯片背景区域中单击鼠标右键，在弹出的快捷菜单中选择"设置背景格式"命令，如图 14-27 所示，打开"设置背景格式"窗格。

方法 2：单击"设计"选项卡"变体"功能区中的"背景样式"按钮，在弹出的样式列表中选择"设置背景格式"选项，如图 14-28 所示，打开"设置背景格式"窗格。

图 14-27　通过右键快捷菜单设置背景格式 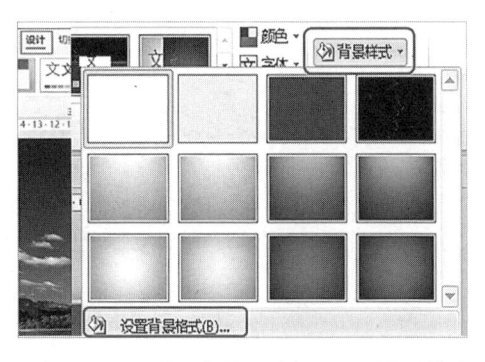　　　　图 14-28　通过"变体"功能区设置背景格式

方法 3：单击"设计"选项卡"自定义"功能区中的"设置背景格式"按钮，如图 14-29 所示，打开"设置图片格式"窗格。

在"设置图片格式"窗格中，切换至"填充与线条"选项卡，选择"填充"→"图片或纹理填充"选项，单击"插入"按钮，找到图片文件所在的位置后选择图片，单击"插入"按钮。

第三步，添加椭圆和文本，效果如图 14-30 所示。单击"插入"选项卡"图像"功能区中的"图片"按钮，在弹出的下拉列表中选择"此设备"选项，在弹出的资源管理器中找到需要的图片并单击来添加图片。

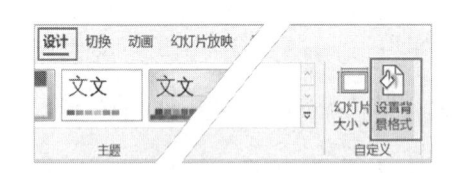

图 14-29　通过"设计"选项卡设置背景格式

图 14-30　椭圆和文本效果

选择"背景"图片，单击"图片格式"选项卡"大小"功能区中的"裁剪"按钮，在弹出的下拉列表中选择椭圆形形状，将图片裁剪为椭圆形。编辑裁剪形状，添加"动物是人类的朋友"文本。

第四步，添加艺术字"请保护动物！"，效果如图 14-31 所示。为了能够随意放大艺术字，且放大后不失真，可以将其转换为矢量图形。

图 14-31　艺术字"请保护动物！"效果

14.3.6　添加标注并为标注添加动画

下面介绍如何添加标注，以及如何为标注添加动画。添加标注效果如图 14-32 所示。

图 14-32　添加标注效果

具体操作步骤如下。

第一步，添加标注。

❶在"大纲"窗格中选择一张幻灯片，单击"插入"选项卡"插图"功能区中的"形状"按钮，在弹出的下拉列表中选择"思想气泡：云"形状，如图 14-33 所示。

❷单击标注后按 Enter 键，在标注中输入文本。通过拖动标注四周的 8 个控制点可以调整标注的大小，拖动黄色菱形控制点将其指向标注对象。

❸设置标注样式。单击"形状格式"选项卡，为标注应用样式库中的"浅色 1 轮廓，彩色填充-橙色，强调颜色 3"样式，如图 14-34 所示。

❹按 Ctrl + D 组合键复制标注，修改文本内容，可得到右侧图片的标注。

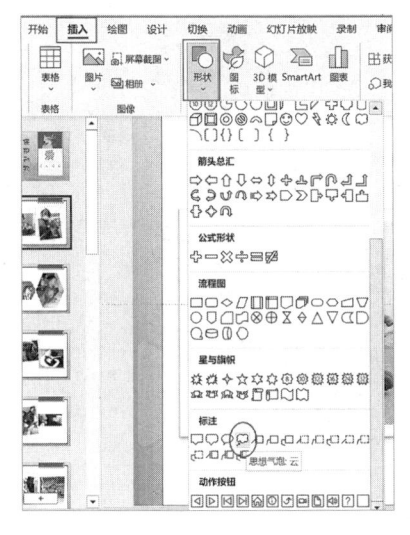

图 14-33　添加云形标注　　　　　　　　图 14-34　设置标注样式

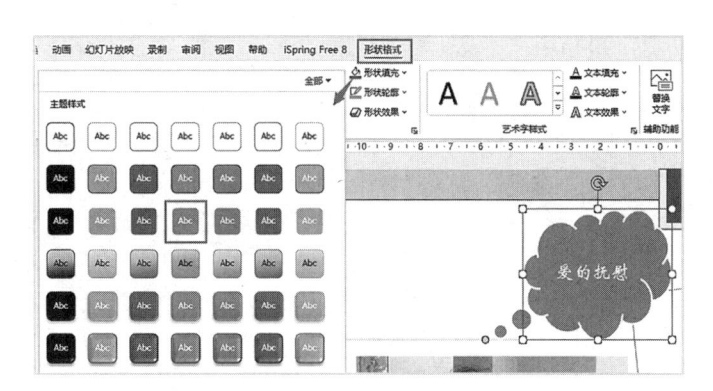

第二步，为标注添加动画。

❶单击"动画"选项卡，展开动画库，如图 14-35 所示，在"进入"动画效果中选择一种动画。

❷选择"更多进入效果"选项，打开"更改进入效果"窗格，选择"华丽"类型中的"基本旋转"效果，单击"确定"按钮，如图 14-36 所示。

❸单击"动画"选项卡"预览"功能区中的"预览"按钮，可以预览动画效果，如图 14-37 所示。

❹更改动画。单击"动画"选项卡"高级动画"功能区中的"动画窗格"按钮，打开动画窗格，在动画列表中选择要更改的动画，如图 14-38 所示。如选择"擦除"动画，在"效果选项"下拉列表中选择"自右侧"方向，设置动画的开始方式为"单击时"，如图 14-39 所示。

❺使用"动画刷"给右侧标注添加动画。先单击已添加动画的左侧标注，然后单击"动画"

图 14-35　动画库

193

选项卡"高级动画"功能区中的"动画刷"按钮,将标注动画复制到动画刷上,接着在右侧标注上单击,即可给右侧标注添加相同的动画,如图 14-40 所示。

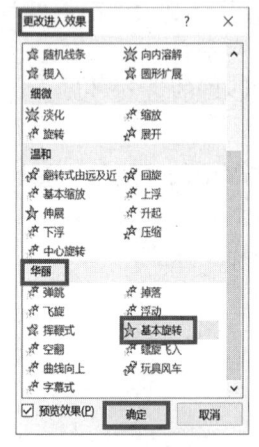

图 14-36　更改进入效果　　　　　　　　图 14-37　预览动画效果

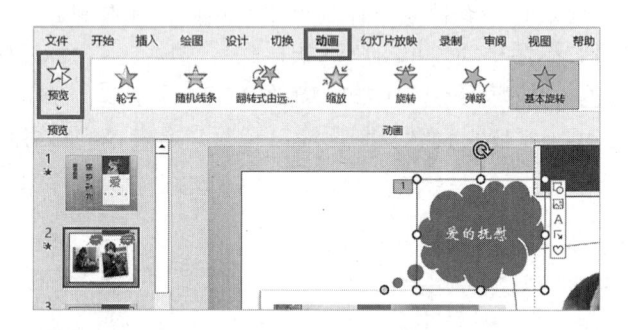

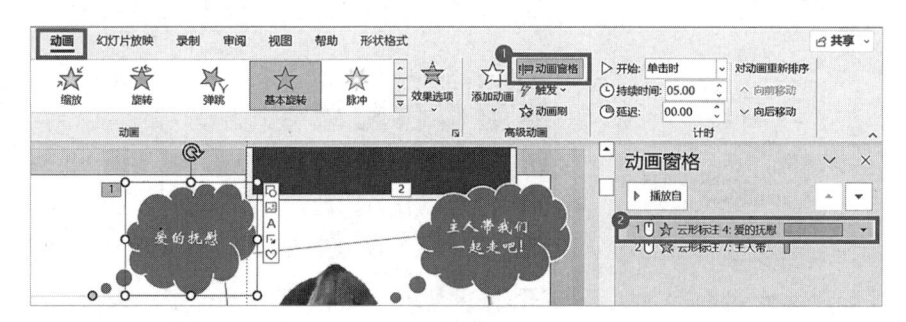

图 14-38　选择要更改的动画

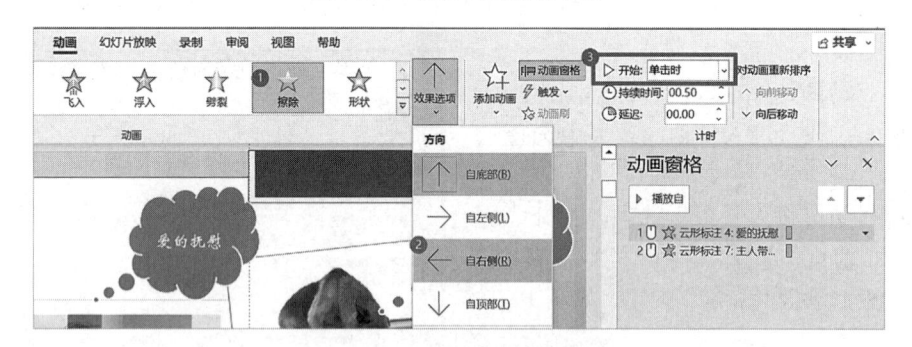

图 14-39　"擦除"动画效果设置

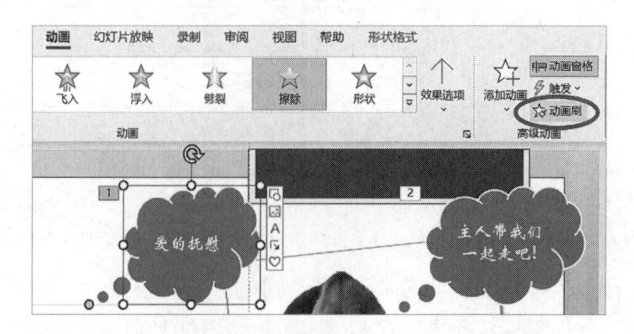

图 14-40　使用"动画刷"给右侧标注添加动画

14.3.7 切换幻灯片及添加背景音乐

下面讲解切换幻灯片及添加背景音乐的方法。具体操作步骤如下。

第一步，给幻灯片添加切换效果。在"大纲"窗格中选择一张幻灯片，在"切换"选项卡的"切换到此幻灯片"功能区中展开切换效果库，选择一种幻灯片切换效果，如图14-41所示。

图14-41　选择一种幻灯片切换效果

切换至"切换"选项卡的"计时"功能区，修改"持续时间"；通过设置"声音"可以添加切换时的提示音；单击"应用到全部"按钮，可以对所有幻灯片应用相同的切换效果；勾选"单击鼠标时"复选框，可以设置换片方式为"单击鼠标时"；勾选"设置自动换片时间"复选框，可以设置换片方式为按照设定的时间自动换片。系统默认采用"单击鼠标时"的换片方式。

第二步，为偶数页幻灯片应用相同的切换效果。在"大纲"窗格中，在按住 Ctrl 键的同时依次单击选中偶数页幻灯片，在切换效果库中选择一种幻灯片切换效果。

第三步，添加背景音乐。

❶定位到第一张幻灯片中。

❷单击"插入"选项卡"媒体"功能区中的"音频"按钮，在弹出的下拉列表中选择"PC上的音频"选项。

❸在弹出的"插入音频"对话框中选择"草原牧歌[琵琶]"音频文件，单击"插入"按钮，如图14-42所示。

❹插入音频后，在幻灯片编辑区中会出现声音图标 。单击该声音图标，在选项卡中会出现"音频格式"和"播放"两个联动选项卡。

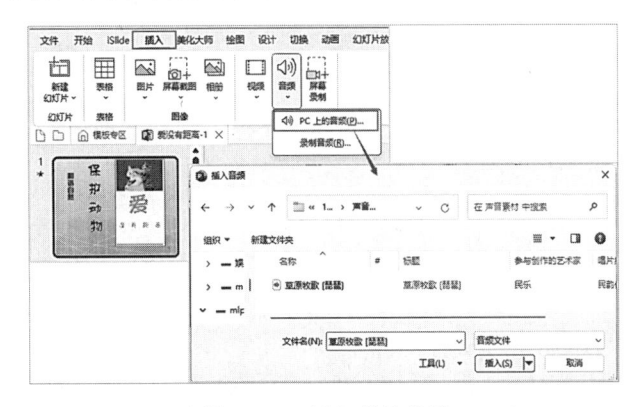

图14-42　插入背景音乐

"音频格式"选项卡用于进行声音图标的外观设计，可以像编辑图片一样编辑声音图标，也可以将声音图标更改为图片，如图14-43所示。"播放"选项卡用于编辑声音属性，如图14-44所示。

图14-43 音频设置"音频格式"选项卡

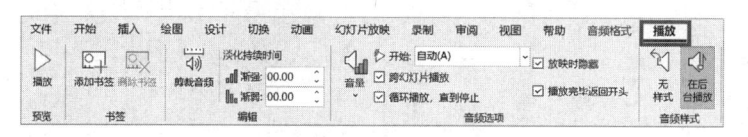

图14-44 音频设置"播放"选项卡

在声音图标的下方有一个播放控制条，如图14-45所示，可以播放音频，进行音频位置的微调，显示音频的播放时长，调节音量或静音。

❺去除背景音乐比较长的前奏。单击声音图标，单击"播放"选项卡"编辑"功能区中的"剪裁音频"按钮，弹出"剪裁音频"对话框，如图14-46所示。

图14-45 播放控制条

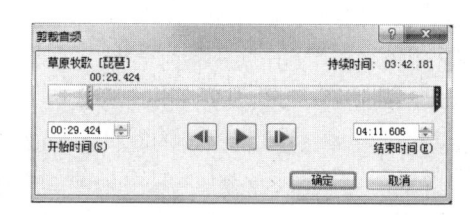

图14-46 "剪裁音频"对话框

单击"播放"按钮，从头开始播放音频；在要剪裁的位置单击"暂停"按钮，暂停播放音频，将绿色的剪裁点拖动到播放头的位置；同理，将红色的剪裁点拖动到音频结束的位置，单击"确定"按钮。

❻单击声音图标，在"播放"选项卡的"音频选项"功能区中设置音频的播放属性，如图14-47所示。单击"开始"设置框右侧的下拉按钮，在弹出的下拉列表中可以选择音频的开始方式，有"按照单击顺序""自动""单击时"三种开始方式，如图14-48所示。

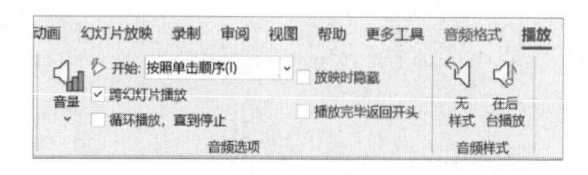

图14-47 设置音频的播放属性

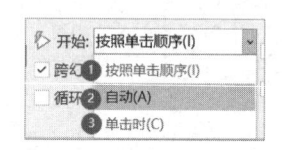

图14-48 音频的开始方式

其中，"按照单击顺序"表示单击时自动播放音频文件；"自动"表示在进入音频文件所在的幻灯片时自动播放音频文件；"单击时"表示在放映演示文稿时，单击声音图标或单击播放控制条中的播放按钮开始播放音频文件。

第四步，更换背景音乐。

❶定位到第一张幻灯片中，先删除已经插入的音频文件，再插入经过处理的音频文件。

❷设置播放属性。在"音频选项"功能区中勾选"跨幻灯片播放""放映时隐藏""循环播放,直到停止"复选框。

❸美化声音图标。单击"音频格式"选项卡"调整"功能区中的"颜色"按钮,在弹出的颜色设置列表中选择"重新着色"类别中的绿色。

14.3.8 录制排练计时,设置放映方式

"排练计时"功能不仅可以在放映幻灯片时记录每张幻灯片的播放时间,还可以控制幻灯片的播放。

1. 设置排练计时

单击"幻灯片放映"选项卡"设置"功能区中的"排练计时"按钮,如图 14-49 所示。进入"放映演示文稿"模式,同时开启录制"动画播放"和"幻灯片切换计时"。

在界面左上角弹出录制计时框,如图 14-50 所示,左侧显示当前幻灯片的播放计时,右侧显示放映总计时。排练计时过程从第一张幻灯片播放到最后一张幻灯片,放映结束后系统自动弹出提示框,提示"幻灯片放映共需的时间,是否保留新的幻灯片排练计时",单击"是"按钮,作品自动切换至幻灯片浏览视图,如图 14-51 所示。

图 14-49 单击"排练计时"按钮　　图 14-50 录制计时框

在图 14-51 中,缩略图右下角的时间是当前幻灯片切换用时;★标记表示这张幻灯片有切换效果,单击★标记可以预览切换效果。

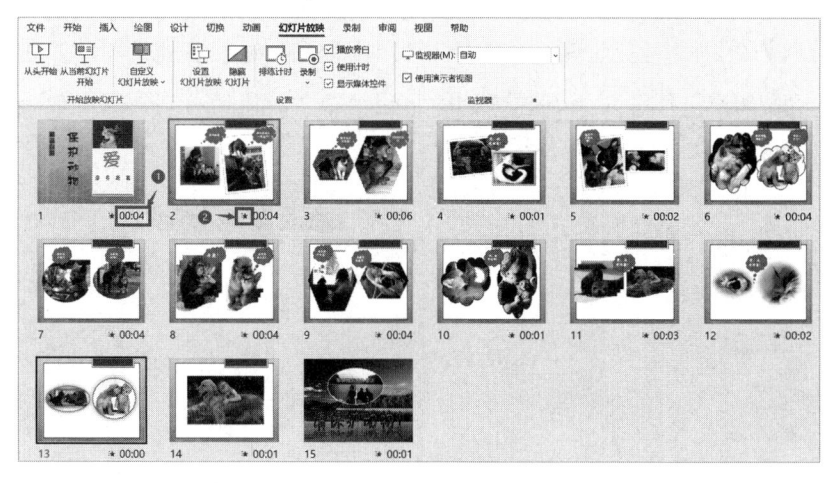

图 14-51 幻灯片浏览视图

双击幻灯片缩略图或单击"普通视图"按钮,即可返回普通视图。

2. 设置放映方式

单击"幻灯片放映"选项卡"设置"功能区中的"设置幻灯片放映"按钮,弹出"设置放

映方式"对话框,如图 14-52 所示,在"推进幻灯片"选项组中选中"如果出现计时,则使用它"单选按钮,在"放映选项"选项组中勾选"循环放映,按 Esc 键[①]终止"复选框,在"放映幻灯片"选项组中选中"全部"单选按钮,在"放映类型"选项组中选中"演讲者放映(全屏幕)"单选按钮,单击"确定"按钮。

14.3.9 使用幻灯片母版功能

下面通过幻灯片母版统一添加"爱-没有距离"主题文本。具体操作步骤如下。

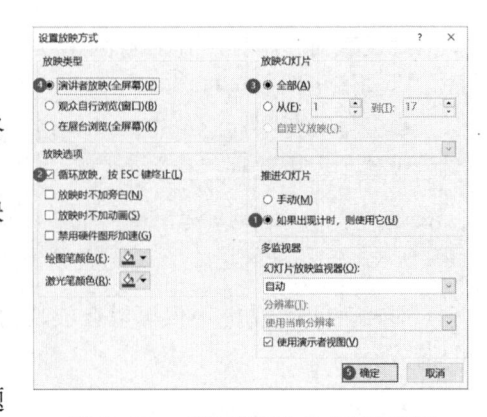

图 14-52 "设置放映方式"对话框

第一步,选择标题幻灯片之外的任意一张幻灯片。

第二步,单击"视图"选项卡"母版视图"功能区中的"幻灯片母版"按钮,如图 14-53 所示,进入幻灯片母版视图。

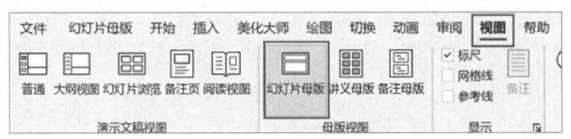

图 14-53 单击"幻灯片母版"按钮

第三步,在左侧的母版版式浏览视图中,当前正在制作的幻灯片的母版版式处于选中状态。

第四步,在幻灯片编辑区中删除右上角母版中已有的占位符。

第五步,单击"插入"选项卡"文本"功能区中的"艺术字"按钮,在展开的艺术字样式库中选择一种艺术字样式,输入主题文本"爱-没有距离";拖动文本到幻灯片的右上角,调整文本大小,改变文本的填充颜色。

第六步,单击"幻灯片母版"选项卡"关闭"功能区中的"关闭母版视图"按钮,或直接单击右下角的"普通视图"按钮,关闭幻灯片母版视图,返回普通视图,如图 14-54 所示。

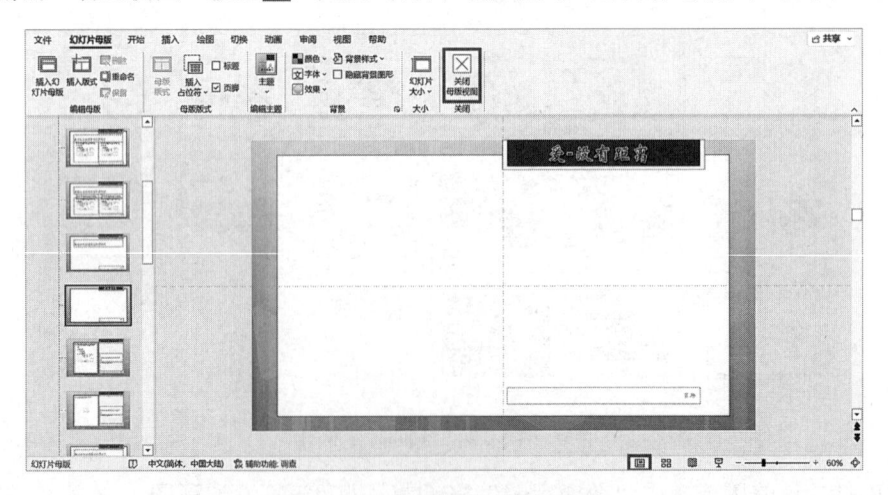

图 14-54 关闭幻灯片母版视图

---

① 软件图中"ESC 键"的正确写法应为"Esc 键"。

14.3.10 发布演示文稿

发布演示文稿就是将演示文稿保存为不同格式的文件,如 PPTX 格式、PPSX 格式、图片演示文稿、MP4 视频等。下面介绍 6 种发布演示文稿的方法。

(1)将演示文稿保存为 PowerPoint 演示文稿。选择"文件"→"另存为"命令,在弹出的对话框中设置"保存类型"为"PowerPoint 演示文稿",即保存为 PPTX 格式的文件,设置文件名为"爱-没有距离-1",单击"保存"按钮。

(2)将演示文稿保存为 PowerPoint 放映文件。选择"文件"→"另存为"命令,在弹出的对话框中设置"保存类型"为"PowerPoint 放映",即保存为 PPSX 格式的文件,设置文件名为"爱-没有距离-2",单击"保存"按钮。

(3)将演示文稿保存为图片演示文稿。选择"文件"→"另存为"命令,在弹出的对话框中设置"保存类型"为"PowerPoint 图片演示文稿",扩展名是.pptx(图片演示文稿的名称与第一种方法保存的演示文稿的名称一定要有所不同,否则会用图片演示文稿替换已经保存的正常演示文稿),设置文件名为"爱-没有距离-3",单击"保存"按钮。

(4)将演示文稿保存为图片。选择"文件"→"另存为"命令,在弹出的对话框中设置"保存类型"为一种图片格式,如.jpg,出现提示"想要导出演示文稿中的所有幻灯片,还是只导出当前幻灯片",单击"所有幻灯片"按钮,每张幻灯片将以独立图片文件的形式保存在计算机硬盘的指定位置中。在默认情况下,如果不指定图片的保存目录,那么图片会自动保存在与演示文稿同名的文件夹中,即与演示文稿同目录。设置文件名为"爱-没有距离-4",单击"保存"按钮。

(5)将演示文稿保存为视频。选择"文件"→"另存为"命令,在弹出的对话框中设置"保存类型"为一种视频格式,如 MP4,设置文件名为"爱-没有距离-5"。下面具体介绍将演示文稿导出为视频的方法,如图 14-55 所示。

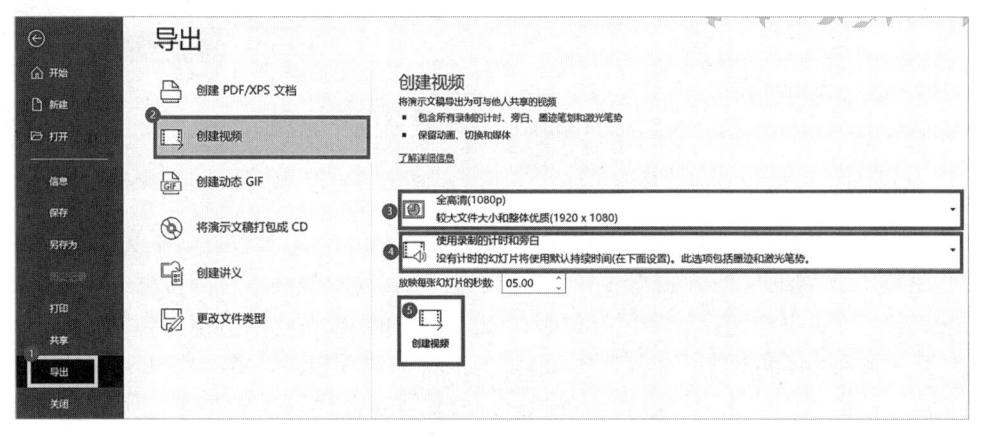

图 14-55 将演示文稿导出为视频

第一步,选择"文件"→"导出"命令。
第二步,选择"创建视频"选项,显示"创建视频"设置区。
第三步,单击"全高清(1080p)"右侧的下拉按钮,在弹出的下拉列表中选择一种文件大小和质量,如图 14-56 所示。
第四步,单击"使用录制的计时和旁白"右侧的下拉按钮,在弹出的下拉列表中选择"使用录制的计时和旁白"选项,如图 14-57 所示。

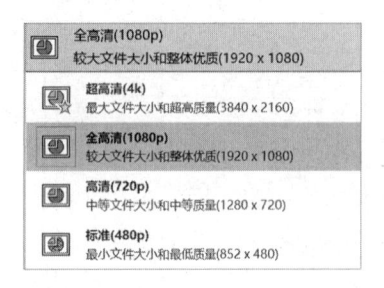

图 14-56　选择一种文件大小和质量 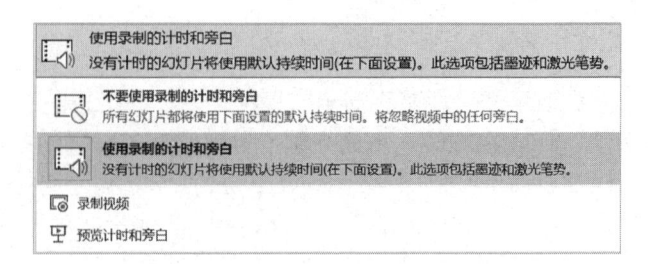　　　　图 14-57　选择"使用录制的计时和旁白"选项

第五步，单击"创建视频"按钮，在弹出的对话框中设置保存位置，输入视频文件名称"爱-没有距离-5"，单击"保存"按钮。

（6）将演示文稿发布为 Flash 动画。要想将演示文稿发布为 Flash 动画，需要安装 iSpring Free 控件。在控件安装结束后，需要重新启动 PowerPoint，这样就会在加载项或者选项卡中出现这个控件。将演示文稿发布为 Flash 动画的具体操作步骤如下。

第一步，单击"iSpring Free 8"选项卡"Publish"功能区中的"Publish"按钮，如图 14-58 所示，弹出"Publish Presentation"对话框，如图 14-59 所示。

图 14-58　单击"Publish"按钮 　　　　图 14-59　"Publish Presentation"对话框

第二步，在该对话框中设置相关参数："Presentation title"用于设置演示文稿的名称，在这里输入"爱-没有距离-6"；"Local folder"用于设置 Flash 动画最终的保存位置，单击"Browse"按钮，在弹出的对话框中选择一个保存位置；在"Slide Range"选项组中，选中"All slides"单选按钮，意为发布所有的幻灯片；在"Output Options"选项组中，选中"Flash"单选按钮。

第三步，单击"Publish"按钮，发布 Flash 动画。Flash 动画生成的速度取决于演示文稿中幻灯片的数量及制作的复杂程度。发布成功后，Flash 动画将自动在浏览器中放映。

14.4　交互式课件制作

本节将通过《10 以内数的认识》数学教学课件的制作，重点讲解非线性交互式演示文稿的制作技术。课件整体效果如图 14-60 所示。

图 14-60 《10 以内数的认识》课件整体效果

14.4.1 演示文稿的创建与编辑

下面我们来创建《10 以内数的认识》数学教学课件的作品框架，统一作品风格。

1．创建演示文稿

单击"插入"选项卡"图像"功能区中的"相册"按钮，创建一个演示文稿相册。

2．演示文稿的基础编辑

演示文稿的基础编辑包括应用设计主题，以及更改颜色方案、字体方案、效果方案等，如图 14-61 所示。

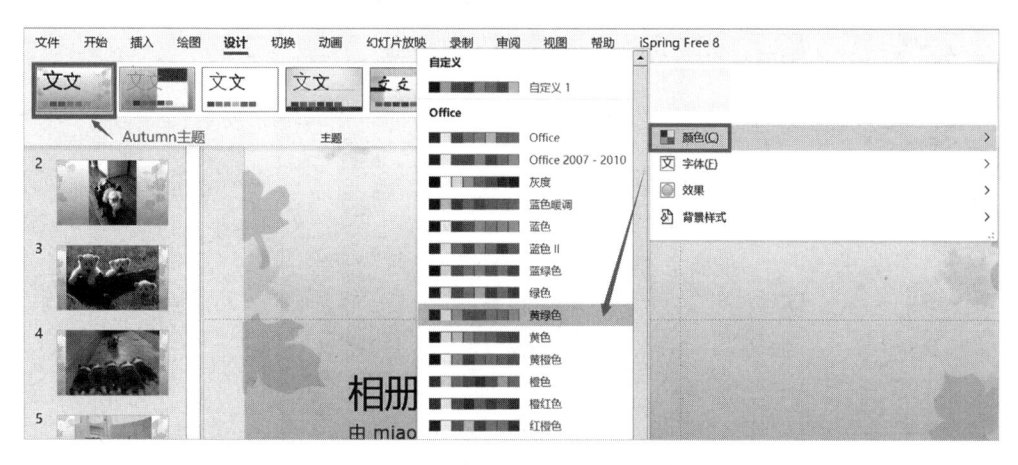

图 14-61 演示文稿的基础编辑

（1）在"设计"选项卡"主题"功能区的主题库中选择 Autumn 主题。

（2）将颜色方案设置为"黄绿色"。由于背景颜色太暗，因此单击"设计"选项卡"背景"功能区中的"背景样式"按钮，在弹出的样式列表中选择"样式 1-白色"选项。

（3）将字体方案设置为标题文本笔画比较粗的"黑体"或者"微软雅黑"。

（4）效果方案保持默认设置。

3. 设计标题幻灯片

第一步，用图片填充幻灯片背景，如图 14-62 所示。

图 14-62　给标题幻灯片填充背景

第二步，标题文本的输入及格式化操作。主标题已在背景图片中完成，这里只需要输入副标题文本，如授课教师、授课单位等，并对输入的副标题文本进行格式化，改变字号，删除没有使用的占位符。至此，标题幻灯片制作完成。

4. 调整幻灯片的顺序

使用幻灯片浏览视图调整幻灯片的顺序，如图 14-63 所示。

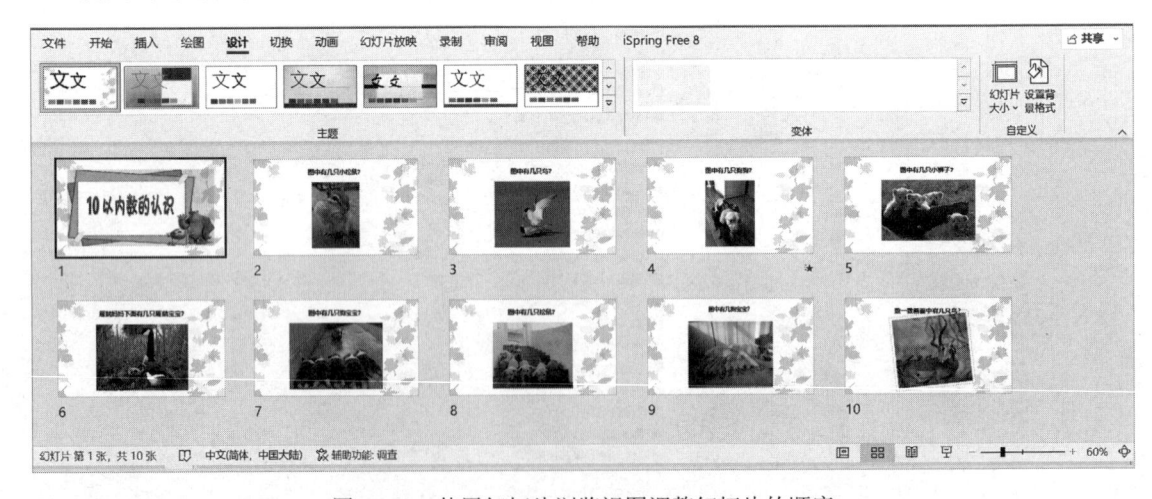

图 14-63　使用幻灯片浏览视图调整幻灯片的顺序

14.4.2　复制图片中的动物

通过在第五张幻灯片中添加一只小狮子，学习 PowerPoint 中的复制对象及删除背景等图片处理功能。具体操作步骤如下。

第一步，打开第五张幻灯片。

第二步，创建副本图片。选中"三只小狮子"图片，按 Ctrl + D 组合键，或按住 Ctrl 键拖动图片，复制得到一张副本图片，如图 14-64 所示。

第三步，裁剪副本图片。双击副本图片，单击"图片格式"选项卡"大小"功能区中的"裁剪"按钮，单击并拖动图片四周的控制点，如图 14-65 所示，保留一只小狮子；确定裁剪区域后，单击"图片格式"选项卡"调整"功能区中的"压缩图片"按钮，如图 14-66 所示，删除裁剪的区域，在图片区域之外单击以确认剪裁。

图 14-64　创建副本图片

图 14-65　裁剪副本图片

图 14-66　压缩图片

第四步，删除图片背景。双击小狮子图片，单击"图片格式"选项卡"调整"功能区中的"删除背景"按钮，删除图片背景，如图 14-67 所示。

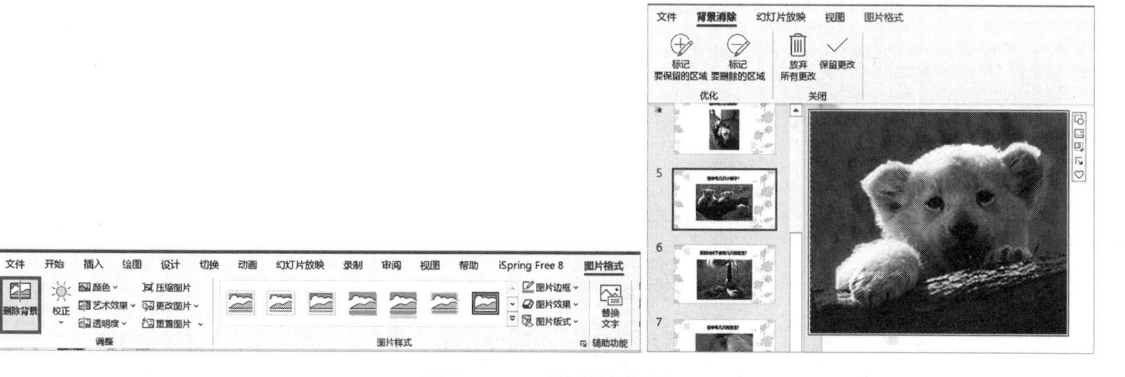

图 14-67　删除图片背景

图片中变成粉色半透明的区域为最终被删除的区域，没有变化的区域为最终被保留下来的区域。可以通过加选和减选删除区域来完成删除多余图片内容的操作。

"要删除的区域"按钮：通过鼠标拖画确定选区，可添加删除区域；"要保留的区域"按钮：通过鼠标在粉色半透明区域上拖画，可减少删除区域。

调整最终显示区域的大小，使保留的图片内容显示在区域之内。单击"要保留的区域"和

"要删除的区域"按钮,可以使图片保留或透明显示。比如树干部分最终要透明显示,则单击"要删除的区域"按钮,然后在树干部分拖画。

为了方便操作,可以放大视图显示比例。

处理完成后,单击🗑按钮可以放弃所有的更改,单击✓按钮可以保留更改。

单击"图片格式"选项卡"排列"功能区中的"旋转"按钮,在弹出的下拉列表中选择"水平翻转"选项,水平翻转小狮子,如图 14-68 所示。

图 14-68　水平翻转小狮子

作品中的第七张幻灯片需要复制添加一只狗宝宝,第十张幻灯片需要复制添加一只小鸟,处理方法同上,大家可以自行尝试。

14.4.3　交互设置——数字教学动画制作

第二张幻灯片中的教学内容需通过触发器功能来控制"答案"动画的出现和消失,使用触发器动画即可实现对演示文稿页面内容的控制。

1. 制作第二张幻灯片——数字 1 的教学

第二张幻灯片效果如图 14-69 所示。

图 14-69　第二张幻灯片效果

具体操作步骤如下。

第一步，输入标题文本"图中有几只小松鼠？"。

第二步，制作触发器开关。在图片左侧插入竖排文本框，输入文本"点击查看答案"。使用艺术字文本样式，将其转换为竖排文本。

第三步，添加答案选项文本。使用艺术字文本样式，输入"1只"。

第四步，为答案选项文本添加自定义动画。选中答案选项文本"1只"，应用进入动画中的"缩放"效果。

动画的"开始方式""持续时间""延迟"等选项均保持默认设置。

在动画列表中双击"矩形 5：1只"动画，打开"缩放"动画属性编辑对话框，单击"效果"选项卡"增强"选项组"声音"选项右侧的下拉按钮，在弹出的下拉列表中选择"风铃"选项，为动画添加伴随声音。

第五步，为触发器命名。首先打开"选择"窗格，然后在"选择"窗格中双击"点击查看答案"文本框，将其重命名为"答案触发器"，如图 14-70 所示，最后关闭"选择"窗格。

图 14-70　在"选择"窗格中为触发器命名

第六步，给答案选项文本动画添加触发器。

❶打开动画窗格，在动画列表中选择"1只"文本的动画项。

❷单击"动画"选项卡"高级动画"功能区中的"触发"按钮，在弹出的下拉列表中选择"通过单击"→"答案触发器"选项，如图 14-71 所示。单击"幻灯片放映"按钮，预览动画效果。

图 14-71　给答案选项文本动画添加触发器

第七步，实现第二次单击触发器答案消失的效果。有两种实现方法。

方法1：先为答案选项文本"1只"添加退出动画，然后在动画列表中双击"1只"文本的退出动画，打开"缩放"动画属性编辑对话框，单击"效果"选项卡"动画播放后"选项右侧的下拉按钮，在弹出的下拉列表中选择"下次单击后隐藏"选项，单击"确定"按钮，如图14-72所示。

图14-72　设置"下次单击后隐藏"

方法2：单击"动画"选项卡"高级动画"功能区中的"添加动画"按钮，在展开的动画效果库中选择退出动画中的"缩放"效果。在动画列表中选中"1只"文本的退出动画，单击"动画"选项卡"高级动画"功能区中的"触发"按钮，在弹出的下拉列表中选择"通过单击"→"答案触发器"选项，如图14-73所示。

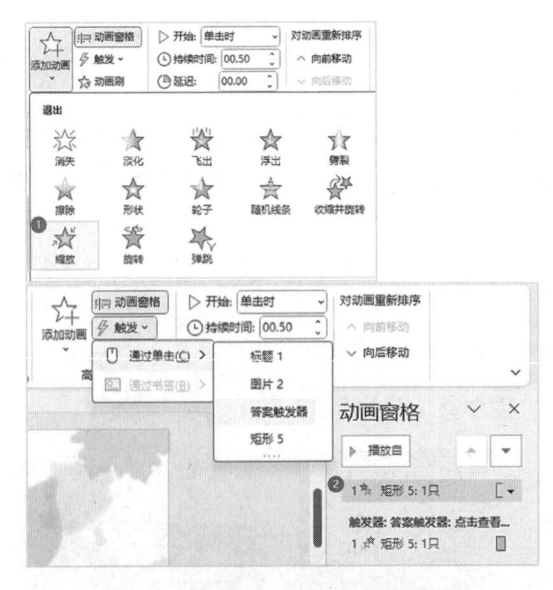

图14-73　添加退出动画并设置触发器

至此，第二张幻灯片制作完成。

2．制作第三张幻灯片——数字 2 的教学

第三张幻灯片效果如图 14-74 所示。第三张幻灯片的制作方法与第二张幻灯片的制作方法相同。可以将第二张幻灯片中的触发器对象和答案复制粘贴到第三张幻灯片中。

打开动画窗格，会发现原幻灯片中设定的"自定义动画"效果连同触发器一并粘贴过来了，保留了所有的动画效果。在幻灯片中添加和更改部分文本内容，就能完成第三张幻灯片的制作。

图 14-74　第三张幻灯片效果

3．制作第四张幻灯片——数字 3 的教学

第四张幻灯片效果如图 14-75 和图 14-76 所示。

图 14-75　第四张幻灯片答错效果

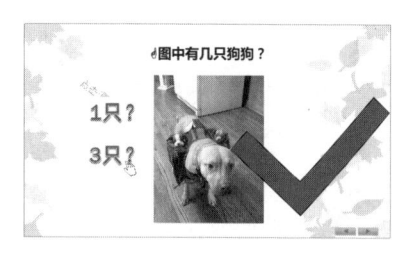

图 14-76　第四张幻灯片答对效果

具体操作步骤如下。

第一步，输入标题文本"图中有几只狗狗？"。

第二步，应用"艺术字"效果，输入问题的答案选项文本"1 只？"。注意调整文本大小和位置。

第三步，通过复制"1 只？"文本，制作问题的答案选项文本"3 只？"。

第四步，制作"×"号。单击"插入"选项卡"插图"功能区中的"形状"按钮，在展开的形状列表中选择"公式形状"类别中的"乘号"形状，在幻灯片编辑区中绘制"×"号，拖动黄色控制点改变形状，如图 14-77 所示。设置形状填充为醒目的红色，设置形状轮廓为黑色，如图 14-78 所示。

图 14-77　制作"×"号

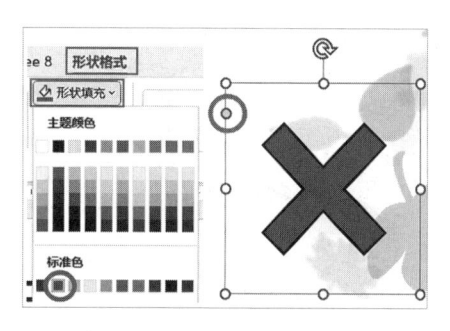

图 14-78　设置"×"号的格式

第五步，为"×"号添加动画。切换至第三张幻灯片，选择答案选项文本"2只"，单击"动画"选项卡"高级动画"功能区中的"动画刷"按钮，将"2只"文本的动画复制到动画刷上；切换到第四张幻灯片，单击"×"号，粘贴动画。

第六步，为"×"号的动画添加触发器。在动画列表中选择"×"号的进入动画和退出动画，单击"动画"选项卡"高级动画"功能区中的"触发"按钮，在弹出的下拉列表中选择"通过单击"→"1"选项。

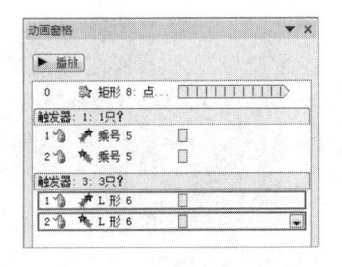

第七步，为"×"号的动画添加伴随声音"OH_NO"。在动画窗格的动画列表中双击"×"号动画项，打开"缩放"动画属性编辑对话框，在"效果"选项卡"增强"选项组的"声音"下拉列表中拖动垂直滚动条选择"其他声音"选项，选择"OH_NO.WAV"声音文件，单击"确定"按钮，如图14-79所示。

第八步，制作"3只？"选项对应触发的"√"号的动画。

图14-79 为"×"号的动画添加伴随声音

❶制作"√"号。按Ctrl+D组合键复制"×"号，更改形状。单击"形状格式"选项卡"插入形状"功能区中的"编辑形状"按钮，在弹出的形状列表中选择"基本形状"类别中的"L形"形状，如图14-80所示。

在幻灯片编辑区中，通过拖动"L形"形状四周的控制点调整形状的大小，通过拖动两个黄色控制点改变形状；改变形状的高度和宽度；将鼠标指针放到旋转柄上拖动可旋转"√"号。调整"L形"形状的前后效果如图14-81所示。

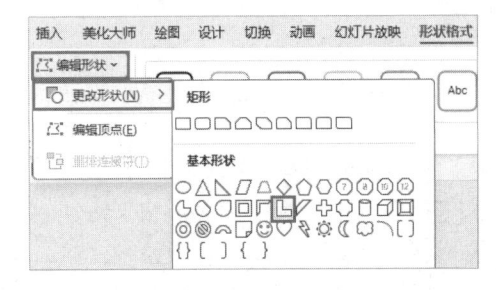

图14-80 选择"L形"形状

图14-81 调整"L形"形状的前后效果

❷为"L形"形状的动画添加触发器。选择"L形"形状，单击"动画"选项卡"高级动画"功能区中的"触发"按钮，在弹出的下拉列表中选择"通过单击"→"3"选项，如图14-82所示。图14-83所示为"L形"形状的动画列表。

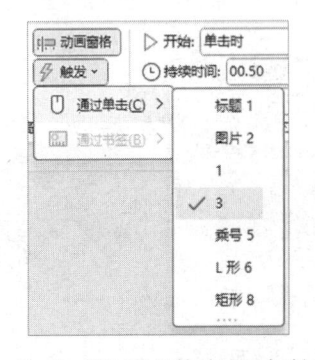

图14-82 为"L形"形状的动画添加触发器

图14-83 "L形"形状的动画列表

第九步，更改"L形"形状动画的伴随声音。在动画窗格的动画列表中双击"L形"形状的进入动画，在打开的"缩放"动画属性编辑对话框中将"效果"选项卡"增强"选项组中的"声音"更改为"YES.WAV"，如图 14-84 所示。

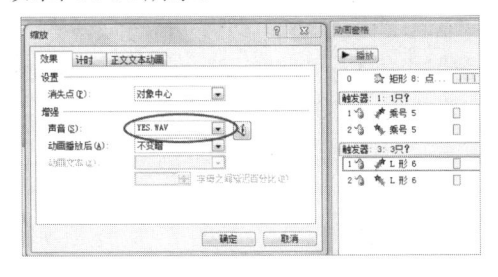

图 14-84　更改"L形"形状动画的伴随声音

至此，第四张幻灯片制作完成。第五张幻灯片的制作方法与第三张幻灯片的制作方法完全相同，大家可以自行尝试。

4．制作第六张幻灯片——数字 5 的教学

第六张幻灯片效果如图 14-85 所示。

图 14-85　第六张幻灯片效果

具体操作步骤如下。

第一步，输入标题文本"雁鹅妈妈下面有几只雁鹅宝宝？"。

第二步，输入问题的答案选项文本"3只？""4只？""5只？"。也可以通过复制操作制作答案选项文本"3只？""4只？""5只？"。

将三个答案选项放置在图片的左侧，垂直排列。单击"形状格式"选项卡"排列"功能区中的"对齐"按钮，在弹出的下拉列表中选择"纵向分布"选项，如图 14-86 所示。

第三步，为触发器命名。单击"形状格式"选项卡"排列"功能区中的"选择窗格"按钮，打开"选择"窗格，将三个答案选项文本对应的触发器分别命名为"3""4""5"，如图 14-87 所示，关闭"选择"窗格。

图 14-86　设置纵向分布　　　　　　　　图 14-87　为触发器命名

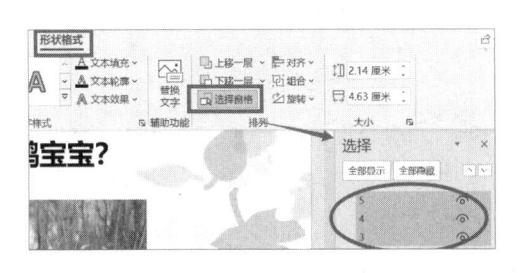

第四步，制作"×"号和"√"号。复制第四张幻灯片中的"×"号和"√"号，粘贴到第六张幻灯片中。

第五步，制作答案对错的触发效果，如图14-88所示。

❶单击"动画"选项卡"高级动画"功能区中的"动画窗格"按钮，打开动画窗格。

❷在动画窗格的动画列表中选择"×"号的进入动画和退出动画，单击"动画"选项卡"高级动画"功能区中的"触发"按钮，在弹出的下拉列表中选择"通过单击"→"3"选项。

❸由于本页有两个错误答案，因此再复制一个"×"号，并为其设置触发器"4"。

❹为"√"号设置触发器"5"。

❺选中三个对象（两个"×"号和一个"√"号），执行对齐操作（水平居中，垂直居中），如图14-89所示。

图14-88　答案对错的触发效果

第六步，制作箭头辅助数数动画。

❶在"选择"窗格中单击眼睛图标，关闭对象的显示，暂时隐藏对象，如图14-90所示。

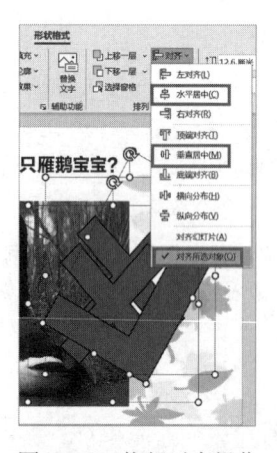

图14-89　执行对齐操作

图14-90　隐藏对象

❷绘制辅助数数的箭头。单击"插入"选项卡"插图"功能区中的"形状"按钮，在弹出的形状列表中选择"箭头总汇"类别中的"上箭头"形状，如图14-91所示，在幻灯片编辑区中拖动鼠标绘制箭头。

设置箭头的形状填充为红色，形状轮廓为黑色，如图14-92所示。移动或旋转箭头，放置并指向雁鹅宝宝的位置，如图14-93所示。

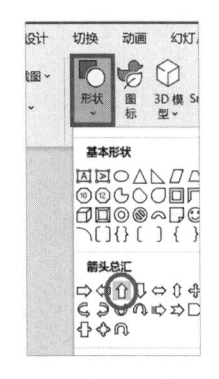

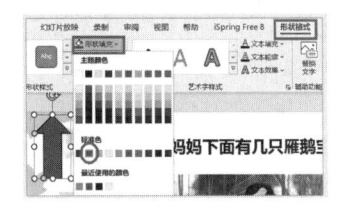

图14-91　选择"上箭头"形状　　　图14-92　设置箭头的格式　　　图14-93　调整箭头方向

❸为箭头添加动画。选中箭头，单击"动画"选项卡"高级动画"功能区中的"添加动画"按钮，在弹出的动画列表中选择"强调"动画中的"彩色脉冲"效果。

打开动画窗格，在动画列表中双击箭头动画，打开"彩色脉冲"动画属性编辑对话框，"效果"选项卡下的默认颜色为白色，表示在执行脉冲动作时，红色和白色两种颜色交替变化；在"计时"选项卡中，"开始"设置为"单击时"，"期间"保留默认设置"非常快（0.5秒）"，"重复"设置为"2"，单击"确定"按钮。

> **思考**
>
> 在制作过程中出现了箭头直接显示在画面上和单击页面的任何位置都能播放强调动画两个问题，是什么原因引发了这两个问题呢？

❹为箭头添加热区触发器。本案例要实现的动画效果是单击雁鹅宝宝所在的区域，出现指向它的红色箭头，如图14-94所示。

单击"插入"选项卡"插图"功能区中的"形状"按钮，在弹出的形状列表中选择"线条"类别中的"任意多边形"形状，在幻灯片编辑区中拖动鼠标，在箭头所指向的雁鹅宝宝所在区域绘制热区形状，如图14-95所示。

图14-94　热区触发效果　　　　　　　　图14-95　绘制热区形状

单击"形状格式"选项卡,设置形状填充为绿色。这个任意多边形将作为"箭头 1"的触发器,在"选择"窗格中将其命名为"右 1",表示从右侧开始数的第一只雁鹅宝宝的触发器,关闭"选择"窗格。

❺为箭头动画设定触发器。选择"箭头 1",在动画窗格的动画列表中可以看到"箭头 1"的动画处于选中状态。单击"动画"选项卡"高级动画"功能区中的"触发"按钮,在弹出的下拉列表中选择"通过单击"→"右 1"选项,触发器添加成功。

❻完成箭头触发器动画。其余箭头触发器动画只需复制当前已经制作完成的触发器箭头即可。

选择已制作完成的第一对"箭头和热区任意多边形",按 Ctrl + D 组合键复制,保持两个对象的选择状态,将其移动到一边。将复制的绿色任意多边形移动到右数第二只雁鹅宝宝的位置,用鼠标右键单击形状,在弹出的快捷菜单中选择"编辑形状"命令,将其更改为矩形,移动矩形使其覆盖右数第二只雁鹅宝宝。将复制的箭头也移动到对应的雁鹅宝宝形状旁边,旋转箭头使其指向雁鹅宝宝。在复制的时候最好成对复制,然后对应摆放。

❼按 Ctrl + D 组合键复制第三对。移动第三个箭头至右数第三只雁鹅宝宝的位置。这只雁鹅宝宝的头部形状可以用梯形或矩形替换。编辑形状更改为梯形,调整梯形的位置、大小和方向,使其覆盖第三只雁鹅宝宝的头部,对应摆放箭头的位置。

使用同样的方法复制其他位置辅助数数的箭头和触发热区,并为每个新创建的热区重新命名。

提醒大家注意,触发热区要尽量覆盖雁鹅宝宝所在的区域,且触发器之间不能重叠。

5 对热区及动画设置完成后的效果如图 14-96 所示。

图 14-96　5 对热区及动画设置完成后的效果

❽透明触发热区的实现。按住 Shift 键,依次单击 5 个热区触发器形状,或者在"选择"窗格中选择形状。

单击"形状格式"选项卡"形状样式"功能区中的"形状填充"按钮,为其设置任意一种颜色,向右拖动底部的"透明度"滑块到 99%的位置,单击"确定"按钮,如图 14-97 所示。形状轮廓设置为"无轮廓"。

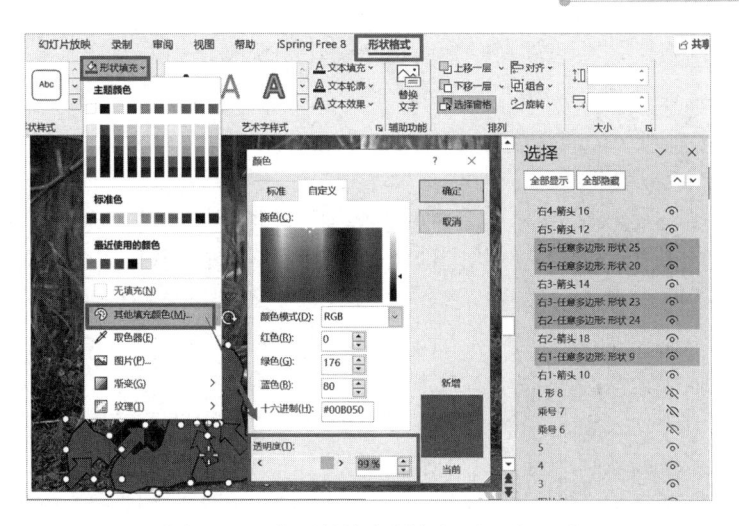

图 14-97　热区的填充颜色与透明度设置

打开"选择"窗格，显示"√"号及其他对象。

❾为箭头添加退出动画。选择 5 个箭头，单击"动画"选项卡"高级动画"功能区中的"添加动画"按钮，选择"退出"动画里的"淡出"效果。

打开动画窗格，在动画列表中选择 5 个箭头的退出动画，将其拖动到"触发器 5"下方"L形"形状退出动画的后面。

设置动画的"开始"方式，即第一次单击时"√"号出现，第二次单击时"√"号与箭头同时退出，也就是设置 5 个箭头的退出动画的开始方式为"与上一动画同时"。

5．制作第七张幻灯片——数字 6 的教学

第七张幻灯片效果如图 14-98 所示。

具体操作步骤如下。

第一步，在标题占位符中输入标题文本"图中有几只狗宝宝？"。

第二步，输入触发器对象"点此数一数"。

第三步，输入答案选项文本"6 只""7 只"，并为其应用艺术字样式库中的"细微效果-绿色"样式。

第四步，绘制辅助数数的箭头。在幻灯片编辑区中绘制一个大小适当的上箭头，将箭头移至第一只狗宝宝的位置。选中箭头后按 Enter 键，直接输入"1 只"文本。

图 14-98　第七张幻灯片效果

第五步，设置辅助数数箭头的动画。选中箭头图形，添加"进入"动画中的"翻转式由远及近"效果。

在动画窗格的动画列表中双击"上箭头"的进入动画，打开动画属性编辑对话框，设置持续时间为 0.25 秒，添加"激光"效果声音。

第六步，设置辅助数数箭头动画的触发器。设置"点此数一数"为触发器。❶为触发器命名。打开"选择"窗格，将触发器命名为"数数触发器"，关闭"选择"窗格。❷为动画设置触发器。在动画窗格的动画列表中选择"上箭头"的进入动画，单击"动画"选项卡"高级动画"功能区中的"触发"按钮，在弹出的下拉列表中选择"通过单击"→"数数触发器"选项。

第七步，制作其他的箭头动画及触发器。通过复制得到其他的箭头，放置在适当位置，更

改每个箭头上对应的数字，并为复制得到的每个箭头动画设定触发器。

第八步，为答案选项文本"6只"添加进入动画。选中"6只"文本，添加"进入"动画中的"缩放"效果。在动画窗格的动画列表中双击"6只"文本的进入动画，打开动画属性编辑对话框，"增强"声音设置为"chimes.wav"。

第九步，为答案选项文本"6只"添加退出动画。选择与进入动画相同的缩放效果。在动画窗格的动画列表中，将"6只"文本的退出动画拖动到"数数触发器"触发对象的最后面即可。

第十步，给后进来的狗宝宝添加动画。选择狗宝宝，给狗宝宝图片添加"进入"动画中的"缩放"效果，摆放好位置。再为狗宝宝图片添加一个"脉冲"强调动画。由于两个动画是同时播放的，所以更改强调动画的开始方式为"从上一项开始"。

在动画窗格的动画列表中，将两个动画拖动到"数数触发器"触发对象的最后面，将狗宝宝图片的进入动画和强调动画的开始方式都设置为"从上一项开始"。

为狗宝宝进入动画添加伴随声音。将"效果"选项卡中的"增强"声音设置为"dog17.wav"。

第十一步，为第 7 只狗宝宝添加数数箭头。复制箭头，将文字更改为"7只"。在动画窗格的动画列表中，将箭头的动画拖动到"数数触发器"触发对象的最后面，第 9 次单击——箭头"7只"出现，第 10 次单击——答案选项文本"7只"出现。

第十二步，为答案选项文本"7只"添加动画。选择答案选项文本"6只"，使用动画刷将动画粘贴给答案选项文本"7只"。在动画窗格的动画列表中，将答案选项文本"7只"的动画拖动到"数数触发器"触发对象的最后面。

第十三步，调整答案选项文本"6只"和"7只"的位置。选中这两个文本，设置水平居中、垂直居中对齐。

至此，第七张幻灯片制作完成，其"选择"窗格和动画窗格如图 14-99 所示。

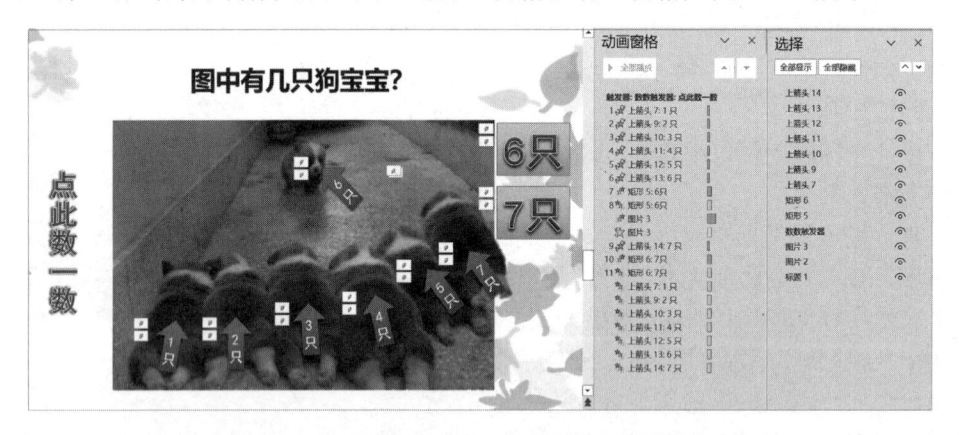

图 14-99　第七张幻灯片的"选择"窗格和动画窗格

其余幻灯片的制作方法与前面所讲幻灯片的制作方法完全相同，大家可以自行完成。

14.4.4　提升课件的交互性

提升课件的交互性主要包括设置幻灯片切换效果、为幻灯片母版添加导航按钮、制作交互性操作提示等内容。

1．设置幻灯片切换效果

在"切换"选项卡的"计时"功能区中选择换片方式。幻灯片中内容的控制多数通过触发器动画实现。整体作品的页与页之间的跳转使用导航按钮实现。

本案例建议取消"单击鼠标时"的换片方式,单击"应用到全部"按钮;但是标题幻灯片可以例外,切换至标题幻灯片,勾选"单击鼠标时"复选框。

2. 为幻灯片母版添加导航按钮

具体操作步骤如下。

第一步,进入幻灯片母版视图。在"大纲"窗格中选择除标题幻灯片以外的任何一张幻灯片,单击"视图"选项卡"母版视图"功能区中的"幻灯片母版"按钮,即可进入幻灯片母版视图。

第二步,编辑"仅标题版式"母版。进入"幻灯片母版"编辑界面后,左侧导航窗格中反色的版式母版就是正在应用的版式母版。在导航窗格中用鼠标右键单击"仅标题版式"母版,可以在弹出的快捷菜单中执行复制版式、重命名版式等操作,如图 14-100 所示。

图 14-100　编辑"仅标题版式"母版

第三步,在幻灯片编辑区中删除母版底部多余的占位符。

第四步,添加下翻页按钮。单击"插入"选项卡"插图"功能区中的"形状"按钮,在弹出的形状列表的"动作按钮"类别中选择"前进或下一项"形状 ▷。在幻灯片编辑区中拖动鼠标绘制一个按钮,绘制完成后会自动打开"操作设置"对话框,并自动将单击鼠标时的动作设置为"超链接到""下一张幻灯片",如图 14-101 所示。

图 14-101　添加下翻页按钮

第五步,为按钮添加提示音。在"操作设置"对话框的"单击鼠标"选项卡中,勾选"播放声音"复选框,激活声音设置,单击声音选框右侧的下拉按钮,在弹出的下拉列表中选择"照相机"的声音，单击"确定"按钮。

选择"前进或下一项"按钮，在"形状格式"选项卡的形状样式库中选择一种样式。

第六步，添加上翻页按钮。操作与第四步和第五步相同。

第七步，导航按钮添加完成后，关闭"幻灯片母版"视图，返回普通视图。单击"幻灯片母版"选项卡"关闭"功能区中的"关闭母版视图"按钮，或者单击"幻灯片母版"视图右下角的"普通视图"按钮，即可返回普通视图。

这样就通过单击交互按钮实现了幻灯片的切换。

3．制作交互性操作提示

交互性操作提示效果如图 14-102 所示。

具体操作步骤如下。

第一步，插入提示对象。单击"插入"选项卡"文本"功能区中的"艺术字"按钮，在艺术字样式库中选择一种样式。

图 14-102　交互性操作提示效果

在"艺术字"文本框中输入大写字母"F"，设置字体为"Wingdings"，字母就变成了一只向右指的小手形状。

选中"F"文本，单击绿色的旋转控制点，适当调整方向。单击文本的左侧，输入文字"点击"。

第二步，添加"彩色脉冲"效果的强调动画。

选中提示对象，单击"动画"选项卡"高级动画"功能区中的"添加动画"按钮，选择"强调"动画中的"彩色脉冲"效果。

设置动画效果。将"计时"选项卡中的"重复"设置为"直到幻灯片末尾"，"开始"设置为"与上一动画同时"，"期间"设置为"快速（1 秒）。

良好的交互性主要表现在：使用导航按钮切换幻灯片；使用触发器动画实现非线性播放；控制教学内容的反复播放；在有交互的地方（如链接、触发等）有明显的交互性操作提示；没有错误链接；操作简单，方便人机交互。

14.4.5　为演示文稿添加权限密码

PowerPoint 提供了演示文稿的打开和修改两种权限加密方式。为演示文稿添加权限密码的具体操作过程如图 14-103 所示。

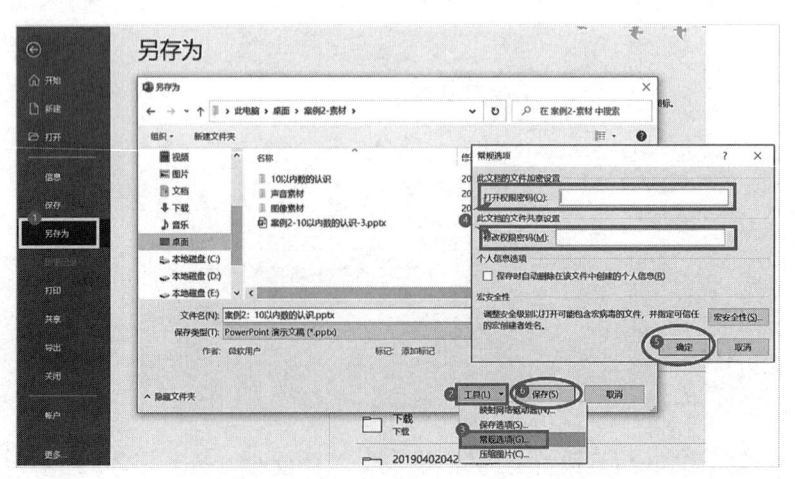

图 14-103　为演示文稿添加权限密码的具体操作过程

第一步，选择"文件"→"另存为"命令。

第二步，在弹出的"另存为"对话框中单击"工具"右侧的下拉按钮，在弹出的下拉列表中选择"常规选项"选项，弹出"常规选项"对话框。

第三步，在"常规选项"对话框中可以为文档添加打开权限密码和修改权限密码，单击"确定"按钮，返回"另存为"对话框，设置演示文稿的保存位置，单击"保存"按钮。

当我们再次打开演示文稿的时候，将提示输入权限密码。

14.4.6 将演示文稿发布为 Flash 动画

将演示文稿发布为 Flash 动画的具体操作过程如图 14-104 所示。

第一步，单击"iSpring Free 8"选项卡"Publish"功能区中的"Publish"按钮，弹出"Publish Presentation"对话框。

第二步，给文件命名。

第三步，确定文件保存位置。

第四步，在"Slide Range"选项组中选中"All slides"单选按钮，表示发布所有的幻灯片。

第五步，在"Output Options"选项组中选中"Flash"单选按钮。

第六步，单击"Publish"按钮，发布 Flash 动画。发布成功后，将自动在浏览器中打开 Flash 动画。

图 14-104　将演示文稿发布为 Flash 动画的具体操作过程

14.5　歌曲 MV 课件制作

本节将通过《两只老虎》歌曲 MV 的制作，重点讲解 PowerPoint 中的音频书签触发动画功能。案例整体效果如图 14-105 所示。

14.5.1 设置声音的开始方式

将声音的开始方式设置为自动，并且在动画窗格中，声音播放动画要置于动画列表的顶端。

14.5.2 输入歌词

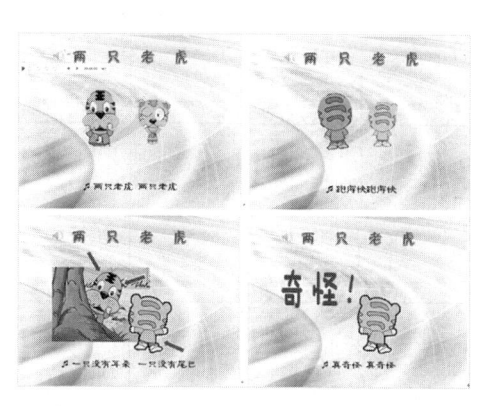

图 14-105　《两只老虎》歌曲 MV 案例整体效果

4 句歌词要单独输入不同的文本框中。

方法 1：插入 4 个横排文本框，分别输入 4 句歌词。

方法 2：插入一个横排文本框，输入 4 句歌词；分别选择每句歌词，将其拖动到文本框外侧，每句歌词将自动生成一个新的文本框。第四句歌词不需要拖动，可以保留，删除上面的标点符号和多余的空行，调整占位符的大小。

14.5.3　添加音乐符号

将光标置于歌词开始的位置，单击"开始"选项卡"段落"功能区中的"项目符号"按钮，在弹出的下拉列表中选择"项目符号和编号"选项，弹出"项目符号和编号"对话框。单击"项目符号"选项卡中的"自定义"按钮，在弹出的"符号"对话框中设置"字体"为"Webdings"，选择♪符号，单击"确定"按钮，即可添加音乐符号，如图14-106所示。

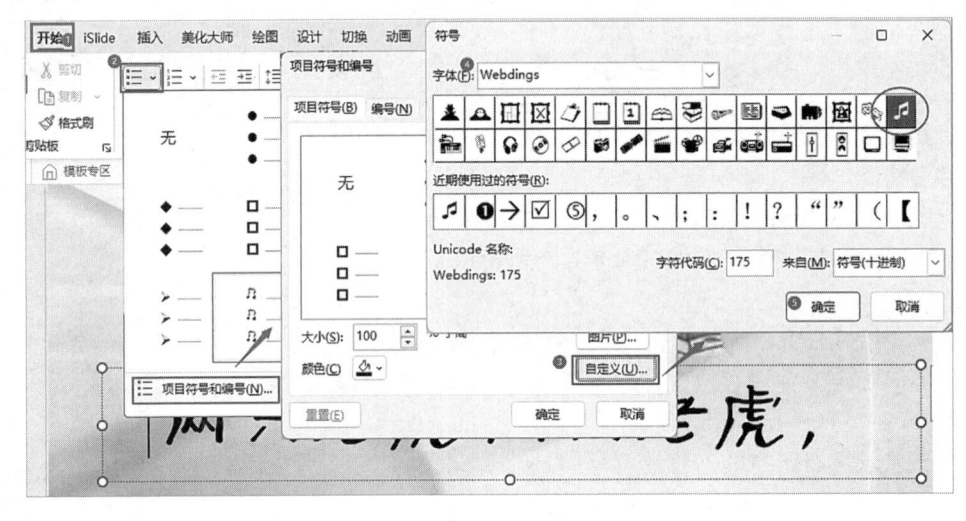

图14-106　添加音乐符号

14.5.4　为音频添加书签

单击声音图标 ，单击"播放"选项卡"书签"功能区中的"添加书签"按钮，如图14-107所示，即可在每句歌词的开始位置添加一个音频书签。

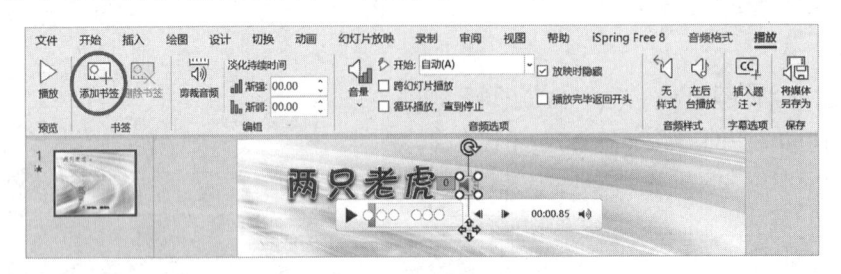

图14-107　添加音频书签

具体操作步骤如下。

第一步，为第一句歌词添加书签。单击播放条上的"播放"按钮▶，在播放到第一句歌词句首的"两"字时，单击播放条上的"暂停"按钮 ❙❙，然后单击"播放"选项卡"书签"功能区中的"添加书签"按钮，完成书签1的添加；如果添加错误，则可以在播放条上选择添加的书签，然后单击"播放"选项卡"书签"功能区中的"删除书签"按钮，即可删除书签。使用同样的方法在第一句歌词的第二个"两"字位置添加书签2。

第二步，为第二句歌词添加书签。继续播放，在播放到第二句歌词句首的"跑"字时，单击播放条上的"暂停"按钮 ❙❙，然后单击"播放"选项卡"书签"功能区中的"添加书签"按钮，完成书签3的添加。

第三步，使用同样的方法，在第三句歌词句首的"一"字位置添加书签 4，在第二个"一"字位置添加书签 5，在第四句歌词句首的"真"字位置添加书签 6。

14.5.5 为歌词添加动画

按住 Shift 键，依次单击选中 4 句歌词的文本框；切换至"动画"选项卡，在动画库中选择"进入"动画中的"擦除"效果，将"效果选项"设置为"自左侧"，将所有动画的"持续时间"更改为 3.5 秒。

14.5.6 设置音频书签触发器

在本案例音频中添加 6 个书签，各时间点分别设置在第一个"两"字、第二个"两"字、第一个"跑"字、第一个"一"字、第二个"一"字、第一个"真"字位置。

为歌词动作添加书签。在动画窗格的动画列表中，选择"第一句歌词"动画项，单击"动画"选项卡"高级动画"功能区中的"触发"按钮，在弹出的下拉列表中选择"通过书签"→"书签 1"选项，完成第一句歌词动画触发的设置；使用同样的方法设置第二句歌词的动画触发"书签 3"、第三句歌词的动画触发"书签 4"和第四句歌词的动画触发"书签 6"。

将 4 句歌词重叠放置在页面下方。按住 Shift 键，依次单击选中 4 句歌词的文本框；单击"格式"选项卡"排列"功能区中的"对齐"按钮，在弹出的下拉列表中选择"水平居中"和"底端对齐"选项。

> **提示**
>
> 如何实现播放时歌词不会交叠在一起？第一种方法：可以通过给上一句歌词添加退出动画，给下一句歌词添加进入动画，两个动画同时启动来实现。第二种方法：可以通过编辑歌词动画播放之后的属性来实现。选择所有歌词，在动画列表中双击歌词文本动画，在弹出的"擦除"动画属性编辑对话框中，将"效果"选项卡"增强"选项组中的"动画播放后"设置为"播放动画后隐藏"。

14.5.7 与歌词同步的图片动画制作

1. 第一句歌词"两只老虎，两只老虎"MV 动画制作

要实现的动画效果：与第一个"两只老虎"歌词同时出现的画面是图片 1 和图片 2；与第二个"两只老虎"歌词同时出现的画面是图片 2 中老虎的眼睛眨一眨。具体操作步骤如下。

第一步，插入与第一句歌词相对应的两只老虎图片。插入"图片 1.jpg"和"图片 2.jpg"，如图 14-108（左）所示，在幻灯片编辑区中摆放好位置。

第二步，为图片添加动画效果。选择两张图片，添加"缩放"效果的进入动画，"效果选项"设置为"幻灯片中心"，"持续时间"设置为 1.5 秒。

由于第一句歌词的持续时间是 3.75 秒，所以两只老虎图片的进入动画时间可以设置为 1.5 秒，剩余的时间用来给右侧的老虎添加眨眼的动画。

按住 Ctrl 键，在动画窗格的动画列表中选择两张图片的动画，将"持续时间"更改为 0.75 秒，设置触发器为"书签 1"和"书签 2"。由于在书签 1 中已经添加了一个歌词文本的书签触发器动画，所以将在其后面添加的图片动画的开始方式更改为"与上一动画同时"，这样歌词与图片才能同步播放，如图 14-108（右）所示。

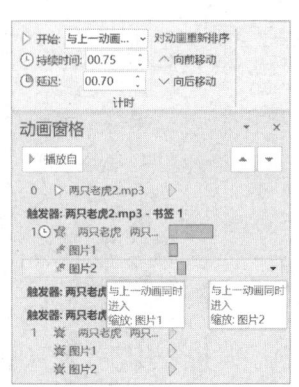

图 14-108　插入两只老虎图片及动画设置

第三步，绘制眨动的眼睛并进行动画设置，如图 14-109 所示。

图 14-109　绘制眨动的眼睛及动画设置

❶绘制眼睛。在图片 2 的左眼上面绘制椭圆形，形状填充设置为虎皮的黄色（建议使用取色器在眼睛周围取色），形状轮廓设置为"无轮廓"；在椭圆形中部绘制曲线，形成眼线的效果，线条颜色设置为黑色；将椭圆形和曲线进行组合，在"选择"窗格中命名为"组合 1-闭眼"。

❷给"组合 1-闭眼"添加三个动画。添加"出现"效果的进入动画，将动画的开始方式设置为"上一动画之后"；添加"闪烁"效果的强调动画，将动画的开始方式设置为"与上一动画同时"；添加"消失"效果的退出动画，将动画的开始方式设置为"上一动画之后"。

❸给"图片 2"中的眨眼动作设置触发器。眨眼的动画应出现在第二只老虎出现后，在动画窗格的动画列表中选中给"组合 1-闭眼"添加的三个动画，将其拖动到"书签 2"触发器下方的"图片 2"出现动画之后，将"出现"效果的进入动画的开始方式设置为"上一动画之后"，将"闪烁"效果的强调动画的开始方式设置为"与上一动画同时"，将"消失"效果的退出动画的开始方式设置为"上一动画之后"。

2. 第二句歌词"跑得快，跑得快"MV 动画制作

首先为第一句歌词中的图片添加退出动画。选择"图片 1.jpg"和"图片 2.jpg"，添加"消失"效果的退出动画。在动画窗格的动画列表中，将第一句歌词中图片 1 的退出动画拖动到"书

签2"触发器下方,将动画的开始方式设置为"与上一动画同时"。为了排除对后续动画制作的干扰,打开"选择"窗格,隐藏两张图片。接下来制作与第二句歌词"跑得快,跑得快"相对应的图片动画,具体操作步骤如下。

第一步,插入"图片3.png"和"图片4.png"。为了产生老虎摇摇摆摆的效果,需要给老虎添加陀螺旋动画。陀螺旋动画是绕着图像的几何中心旋转的,而我们看到的老虎摇摇摆摆跑向远处应该绕着脚跟摆动,所以必须想办法将几何中心移到脚跟的位置。在这里给大家介绍一个技巧,就是先在老虎图片的下方绘制一个与图片大小相同的矩形,将矩形的颜色设置为99%的透明色,设置边框线条为"无轮廓",然后将图片和矩形组合,接下来给组合对象添加陀螺旋动画,动画的几何中心就会移到脚跟的位置,从而实现几何中心的下移,如图14-110所示。在"选择"窗格中将组合命名为"没尾巴",以方便后期的动画设置。

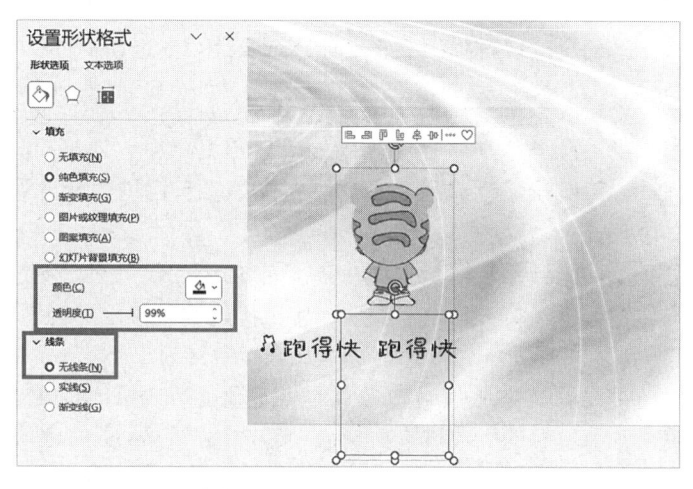

图14-110 "没尾巴"几何中心

同理处理另一张小老虎图片,制作组合,命名为"没耳朵",如图14-111所示。

图14-111 "没耳朵"几何中心

第二步,插入"没尾巴"和"没耳朵"两个组合,制作老虎摇摇摆摆地跑向远处,最后消失的动画效果。要想制作这一动画效果,需要为图片添加5个动画:第一个是"出现"效果的进入动画;第二个是路径动画;第三个是放大/缩小动画;第四个是陀螺旋动画;第五个是退出动画。动画设置如图14-112所示。

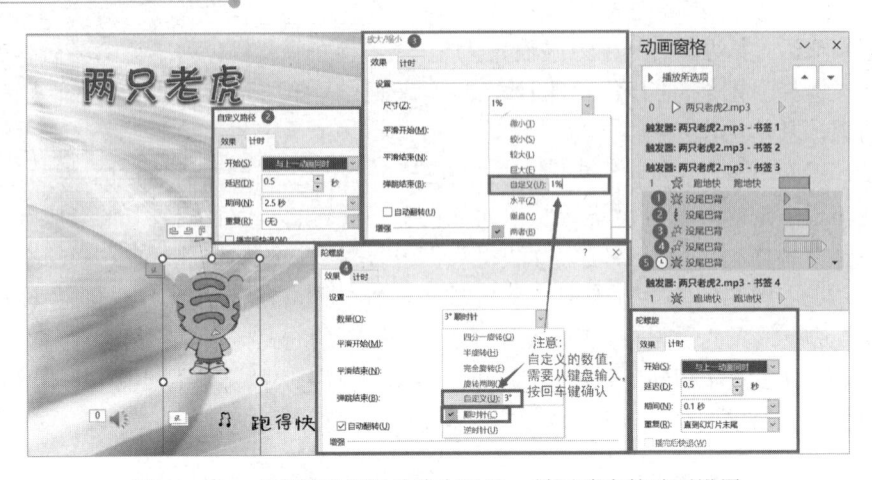

图 14-112　老虎摇摇摆摆地跑向远处，最后消失的动画设置

❶添加并设置第一个动画。选中"没尾巴"组合，添加进入动画中的"出现"效果。

❷添加并设置第二个动画。添加路径动画中的"自定义路径"效果；先在组合的中心点位置单击，然后向外拖动，绘制出移动路径。在动画属性编辑对话框中，设置"期间"为2.5秒，设置"延迟"为0.5秒。

❸添加并设置第三个动画。添加强调动画中的"放大/缩小"效果，实现老虎越跑越远的效果。在动画属性编辑对话框中，将"效果"选项卡中的"尺寸"自定义为"1%"，在"计时"选项卡中设置"期间"为2.5秒。

❹添加并设置第四个动画。添加强调动画中的"陀螺旋"效果；打开"陀螺旋"动画属性编辑对话框，在"效果"选项卡的"数量"自定义中输入"3°"后按 Enter 键确认，勾选"自动翻转"复选框；在"计时"选项卡中设置"期间"为0.1秒，设置"重复"为"直到幻灯片末尾"。

❺添加退出动画。

第三步，设置 5 个动画的执行顺序。"没尾巴"组合先出现，然后路径动画、放大/缩小动画、陀螺旋动画同时发生，最后组合消失。在动画窗格的动画列表中依次选中 5 个动画，先将其拖动到"书签 3"触发器的第二句歌词动画的下方，然后设置动画的开始方式，前 4 个动画的开始方式为"从上一项开始"，第五个动画的开始方式为"从上一项之后开始"。

使用动画刷将"没尾巴"组合跑向远处的动画复制粘贴给"没耳朵"组合。将"没耳朵"组合的动画拖动到"书签 3"中"没尾巴"组合退出动画的上方。选择第二只老虎的进入动画、路径动画、放大/缩小动画和陀螺旋动画，将"延迟"设置为0.5秒，也就是第一只老虎跑向远处 0.5 秒之后，第二只老虎出现，开始跑向远处。

打开"选择"窗格，单击"全部显示"按钮，然后关闭"选择"窗格。

至于其余歌词对应的图片动画效果，大家可以参考案例自行完成。

14.5.8　将演示文稿发布为视频

在发布视频之前，要确认所有动画都是自动播放的。如果所有动画不是自动播放的，则要先通过"幻灯片放映"选项卡中的"排练计时"功能对所有动画进行排练计时，再进行演示文稿的发布。

具体操作为：选择"文件"→"导出"→"创建视频"命令，在弹出的"创建视频"设置区中设置输出的视频分辨率；如果对演示文稿进行了排练计时，则选择"使用录制的计时和旁白"选项；单击"创建视频"按钮，在弹出的对话框中设置视频的保存位置，输入视频名称"两只老虎 MV"，单击"保存"按钮。

至此，本案例讲解完毕。

14.6 语言类课件制作

本节学习语言类课件《登鹳雀楼》的制作。案例整体效果如图 14-113 所示。

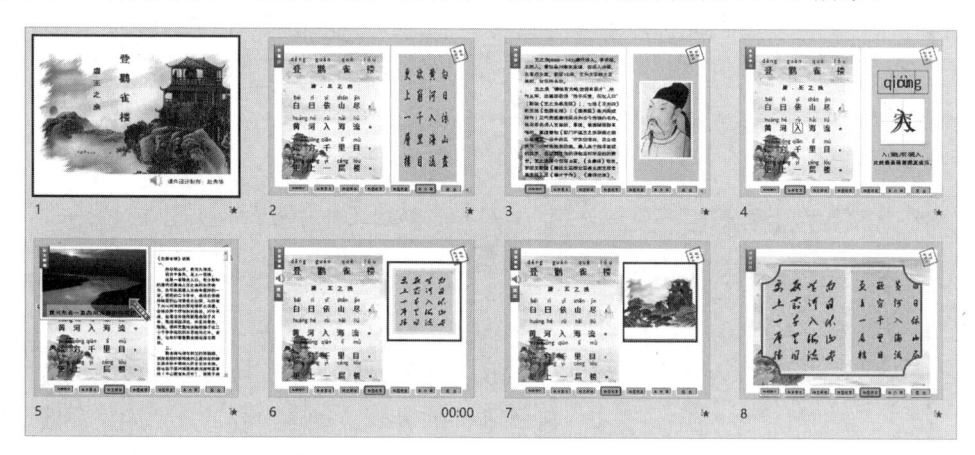

图 14-113 《登鹳雀楼》案例整体效果

14.6.1 演示文稿的基础编辑

第一步，创建新的演示文稿。

第二步，在母版中设置课件的背景，本案例不需要选择设计主题；"颜色方案"采用"精装书"；"效果方案"采用 Office；"字体方案"采用"新建主题字体"，将标题文本字体设置为"方正华隶简体"，将正文字体设置为"宋体"。

14.6.2 制作标题幻灯片

标题幻灯片效果如图 14-114 所示。具体操作步骤如下。

图 14-114 标题幻灯片效果

第一步，添加幻灯片背景，在这里使用前期处理好的"课件背景.jpg"图片填充。

第二步，添加文本。

❶输入标题文本"登鹳雀楼"，将标题文本转换为"竖排文本"，调整占位符的大小和位置，段落设置为"分散对齐"。

❷在副标题占位符中输入文本"唐王之涣"，设置字体颜色为"黑色"，将文本转换为"竖排文本"，调整占位符的大小和位置，调整字号，将字体更改为与标题文本相同的字体。

❸在幻灯片页面右下角插入横排文本框，输入课件作者，调整文本的位置。

第三步，为文本添加动画效果。

❶选择标题文本"登鹳雀楼"和副标题文本"唐王之涣",添加"浮入"效果的进入动画,"效果选项"设置为"下浮"。

❷将标题文本的动画开始方式设置为"从上一项开始",将副标题文本的动画开始方式设置为"从上一项之后开始"。

❸选择课件作者文本,添加"擦除"效果的进入动画,"效果选项"设置为"自左侧",动画开始方式设置为"从上一项之后开始","持续时间"更改为2秒。

第四步,添加背景音乐。

❶插入背景音乐。

❷单击声音图标,"开始"设置为"自动",勾选"放映时隐藏"复选框。

将声音播放动画调整到动画列表的顶端,将开始方式设置为"从上一项开始"。

14.6.3 快速创建标题幻灯片以外的其他幻灯片

将一级标题文本升级为幻灯片。具体操作步骤如下。

第一步,在 Microsoft Office 2021 中启动大纲窗格。

第二步,在大纲窗格中选择标题幻灯片,按 Enter 键,创建一张新的幻灯片。

第三步,在新的幻灯片中,在内容列表占位符中输入课件的 6 部分教学内容,分别为主界面、作者简介、生字学习、诗文解读、音画教学、诗画欣赏,如图 14-115 所示。

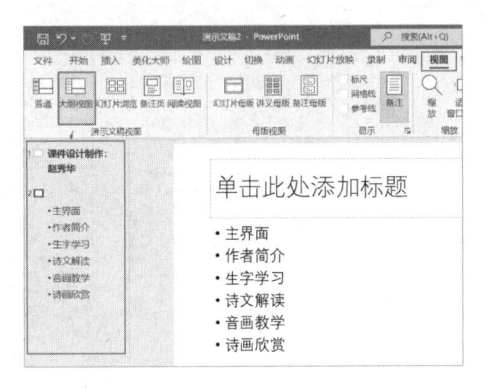

图 14-115 在内容列表占位符中输入课件的 6 部分教学内容

第四步,在大纲窗格中显示文本大纲,选择一级标题文本,单击"开始"选项卡"段落"功能区中的"项目符号"按钮,在弹出的下拉列表中选择"升级"选项,完成文本升级,生成 6 张以原文本为标题的空幻灯片,如图 14-116 所示。

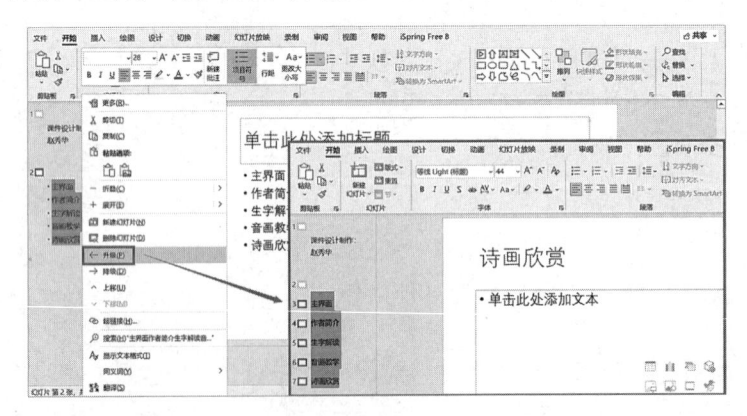

图 14-116 将一级标题文本升级为幻灯片

14.6.4 快速创建课件主体结构

自定义幻灯片母版效果如图 14-117 所示。

具体操作步骤如下。

第一步,进入幻灯片母版视图。单击"视图"选项卡"母版视图"功能区中的"幻灯片母版"按钮,进入幻灯片母版视图,打开"标题和内容"母版版式。

第二步,编辑母版版式。对"标题和内容"母版版式进行如下设置。

❶删除页脚区的占位符。

❷设置模板的背景颜色。在背景处单击鼠标右键,在弹出的快捷菜单中选择"设置背景格式"命令,选择"纯色填充",选择颜色方案当中的浅灰色。

❸为了排除占位符的干扰,先暂时删除内容占位符。在左侧插入一张图片,用鼠标右键单击图片,在弹出的快捷菜单中选择"设置图片格式"命令,在弹出的"设置图片格式"对话框中调整图片的大小,将缩放比例中的高度调整为 70%;调整图片在幻灯片上的位置为自左上角水平 1.64 厘米、垂直 1.83 厘米;为图片添加白色线条,线型选择"单线",宽度设置为"26 磅",连接类型设置为"斜接"。

图 14-117 自定义幻灯片母版效果

❹在幻灯片版式的底部添加内容导航按钮。单击"插入"选项卡"插图"功能区中的"形状"按钮,在形状列表中选择圆角矩形,用鼠标拖选绘制圆角矩形的按钮区域,在区域内直接输入文本"作者简介";编辑文本格式,字体设置为"华文隶书",字号设置为"12 号",应用"浅色 1 轮廓,彩色填充-橙色,强调颜色 2"形状样式效果,字体颜色设置为黑色。

设置按钮的大小和位置:高度设置为 0.97 厘米;宽度设置为 2.46 厘米;为按钮形状效果设置棱台中的"十字形效果"。

为按钮设置超链接动作:单击"插入"选项卡"链接"功能区中的"动作"按钮,弹出"动作设置"对话框,在"单击鼠标"选项卡中选中"超链接到"单选按钮,在选择框中选择"幻灯片",在弹出的"超链接到幻灯片"对话框中选择"2.作者简介",勾选"播放声音"复选框,声音设置为"照相机.wav"。

复制其他按钮:在按住 Ctrl 键的同时拖动鼠标,复制得到另外 6 个按钮。编辑按钮的文本内容。将 7 个按钮进行对齐、横向分布。分别修改各按钮的链接。

❺添加文本占位符。单击"母版版式"功能区中的"插入占位符"按钮,在弹出的下拉列表中选择"文本"选项,拖动鼠标绘制占位符区域,调整占位符区域的大小及位置。

关闭幻灯片母版视图,返回普通视图查看效果。注意:在制作过程中,为了排除占位符的干扰,母版取消了标题占位符的显示,在关闭幻灯片母版视图前要恢复这些占位符的显示。

❻添加统一的标题文本。单击"视图"选项卡"母版视图"功能区中的"幻灯片母版"按钮,进入幻灯片母版视图。选择"标题文本占位符",字体设置为"华文隶书简体",字号设置为 14 号。

应用"强烈的"形状样式,不需要输入具体的文字,在这里我们只进行格式编辑;在"设置形状格式"对话框中,调整占位符"大小"为高度 2.7 厘米、宽度 1.2 厘米,"位置"大约是水平 0.7 厘米、垂直 0.89 厘米;设置字体颜色为白色。

用鼠标右键单击"幻灯片母版",在弹出的快捷菜单中选择"重命名版式"命令,在弹出的"重命名版式"对话框中输入"我的个性化母版",单击"重命名"按钮确认。

关闭幻灯片母版视图,返回普通视图。在大纲窗格中的第二张幻灯片及后面的任意一张幻灯片上单击鼠标右键,都可以查看到幻灯片版式为"我的个性化母版"。

14.6.5 制作"主界面"幻灯片

"主界面"幻灯片包括两部分内容：左侧是诗文文本，加注拼音；右侧是诗文图片。"主界面"幻灯片效果如图 14-118 所示。具体操作步骤如下。

第一步，制作右侧的诗文图片。

❶单击"插入"选项卡"文本"功能区中的"文本框"按钮，在弹出的下拉列表中选择"垂直文本框"选项，在文本框中输入诗文正文"白日依山尽 黄河入海流 欲穷千里目 更上一层楼"。

❷文本格式设置：选择文本框，字号设置为 36 号，字体设置为"经典繁行书"。

❸段落格式设置：选择"两端对齐"，调整行距为 1.3 倍行距。

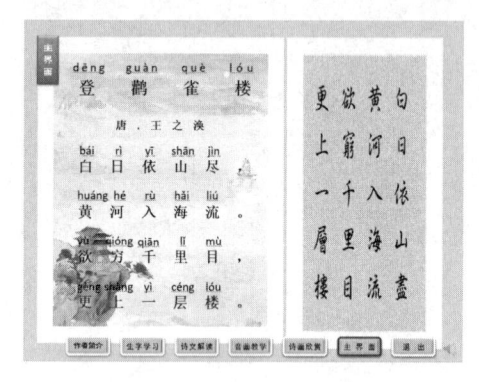

图 14-118 "主界面"幻灯片效果

❹用鼠标右键单击文本框，设置形状格式，单击"文本框"，内部边距设置为上、下 1.5 厘米，左、右 1 厘米；选中文本框，设置"形状填充"为"浅灰色"。

❺剪切（按 Ctrl+X 组合键）文本框：单击"开始"选项卡"剪贴板"功能区中的"粘贴"按钮，选择"选择性粘贴"中的 PNG/JPG 格式。

❻双击图片，打开"图片格式"联动选项卡，单击"调整"功能区中的"艺术效果"按钮，应用"胶片颗粒"效果。

❼为图片添加边框：打开"设置图片格式"对话框，"线条颜色"设置为实线，"颜色"设置为白色，线型设置为单线，宽度设置为 30 磅。

❽拖动图片到右侧位置，并调整大小。

第二步，制作左侧的诗文文本，并加注拼音。

❶从诗文文本文件中复制，在左侧文本占位符中粘贴，选择只保留文本；选择"占位符"，取消文本前面的项目符号显示。

❷对文本进行格式化操作：选择"占位符"，段落设置为"居中"显示；标题文本"登鹳雀楼"的字号设置为 28 号，段落设置为"分散对齐"；文本"唐.王之涣"的字号设置为 18 号；在"字体"对话框的"字符间距"选项卡中，"间距"选择"加宽"，度量值设置为 17 磅；诗文正文的字号设置为 24 号，段落设置为"分散对齐"；行距设置为 2.3 倍行距；文字全部加粗；调整文本框大小。

❸在文字上方插入横排文本框，先输入英文，如"deng"，然后选择"e"，打开汉字输入法，用鼠标右键单击软键盘，选择"拼音字母"，选择"ē"，用"ē"替换英文字母"e"；在软键盘上单击，软键盘消失，按 Ctrl+空格键组合键，关闭汉字输入法。调整拼音字号大小。使用同样的方法，为诗文中的其他文字加注拼音。

❹设置当前页面按钮突出显示。将按钮边框线设置为红色。

14.6.6 制作"作者简介"幻灯片

"作者简介"幻灯片主要包括两部分内容：左侧是简介文本；右侧是作者头像。"作者简介"幻灯片效果如图 14-119 所示。具体操作步骤如下。

第一步，制作右侧的作者头像。选择"作者简介"幻灯片；插入王之涣图片，调整大小；

绘制图文框。为了与左侧背景图片的线条相呼应，选择填充色为白色，背景边框的粗细参照左侧边框的粗细来调整。

第二步，制作左侧的简介文本。粘贴作者简介文本，编辑文本格式，字体设置为"方正华隶简体"，字号设置为 17 号；进行段落格式化，首行缩进两个字符，行距设置为 1.2 倍行距。

> **思考**
> 文本底部与背景图片重叠，文字显示得不是很清晰，应如何处理？

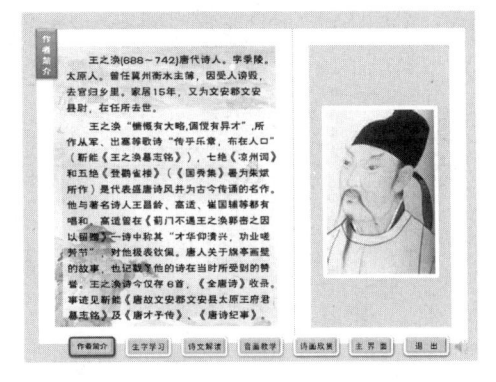

图 14-119　"作者简介"幻灯片效果

14.6.7　制作"诗画欣赏"幻灯片

"诗画欣赏"幻灯片效果如图 14-120 所示。

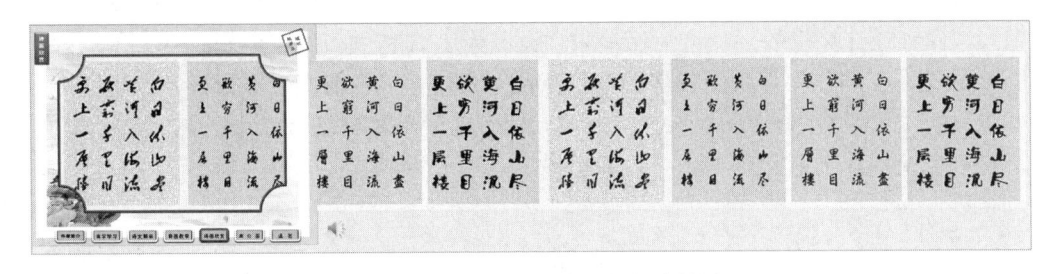

图 14-120　"诗画欣赏"幻灯片效果

图 14-121　"诗画欣赏"幻灯片背景效果

具体操作步骤如下。

第一步，幻灯片背景设计。"诗画欣赏"幻灯片背景效果如图 14-121 所示，使用的图片与母版用图一样。

❶进入幻灯片母版视图，复制背景图片，关闭幻灯片母版视图；将背景图片粘贴到当前幻灯片中，调整图片大小，且居中显示。

❷选择左上角的标题文本，将其置于顶层。

❸选择左下角的诗文欣赏导航按钮，将其置于顶层。

第二步，绘制中部的透空区域，效果如图 14-122 所示。

❶绘制一个缺角矩形。"形状填充"设置为"亮黄色"，颜色的选择非常重要，要选择形状以外其他区域没有的颜色；线型中的"复合线型"设置为"双线型"；线条宽度设置为 5 磅；线条颜色设置为"深红色"；设置矩形左右居中、上下居中。

选择"文件"→"另存为"命令，选择保存类型为图片格式（.bmp），将当前幻灯片保存为图片。

❷制作透空效果。透空的镜框效果如图 14-123 所示。插入上一步保存的透空背景图片；单

击"图片格式"选项卡"调整"功能区中的"颜色"按钮,在弹出的下拉列表中选择"设置透明色"选项,在黄色上单击,使黄色变得透明。

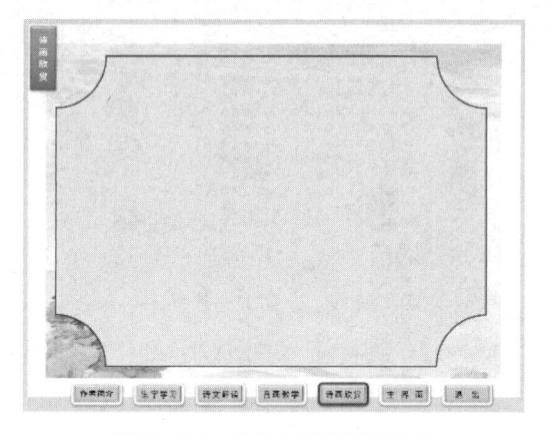

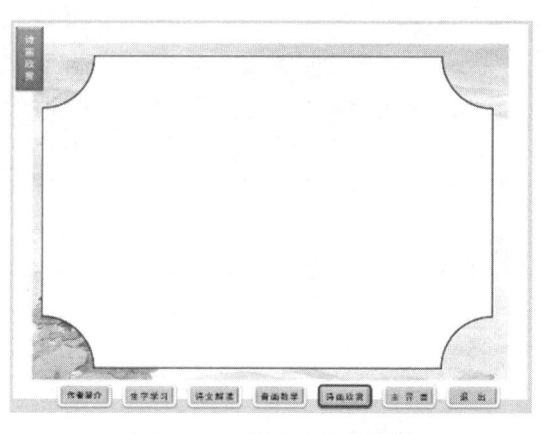

图 14-122　中部的透空区域效果　　　　　图 14-123　透空的镜框效果

第三步,制作透空图片底部的诗文图片跑马灯动画效果。

❶仿照第二张幻灯片中诗文图片的制作方法,制作跑马灯动画需要的诗文图片。制作 4 张诗文图片,保存在计算机的硬盘上,保存格式设置为 JPG 格式;在"诗画欣赏"幻灯片中插入诗文图片 1、2、3、4;将 4 张图片底端对齐,首尾相接;图片的高度要恰好覆盖透空区域;将调整好位置的 4 张图片组合在一起(按 Ctrl+G 组合键);按 Ctrl+Shift 组合键,沿水平方向复制组合,将两个组合再次组合在一起,效果如图 14-124 所示。

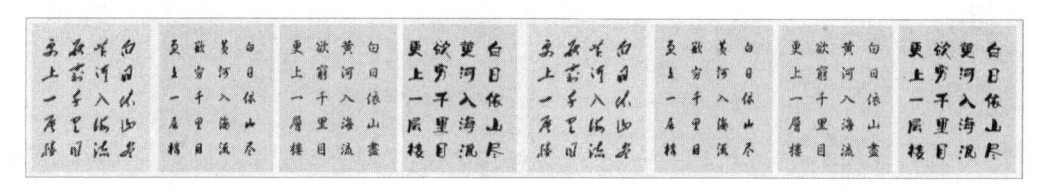

图 14-124　诗文图片组合效果

❷为最终的组合图片制作路径动画。路径动画的起点位置在对象的几何中心,也就是第二个组合图片左边缘中点位置;在制作路径动画之前,摆放好组合图片的位置,将组合图片的左边缘与透空区域的左边缘重合,上下恰好填充透空区域。

绘制动画路径。选择"动作路径"中的"自定义路径",在几何中心位置单击确定路径的起点;抬起鼠标,按住 Shift 键,在第一个组合图片左边缘中心位置单击确定路径的终点;抬起鼠标,按 Esc 键结束路径的绘制,如图 14-125 所示。

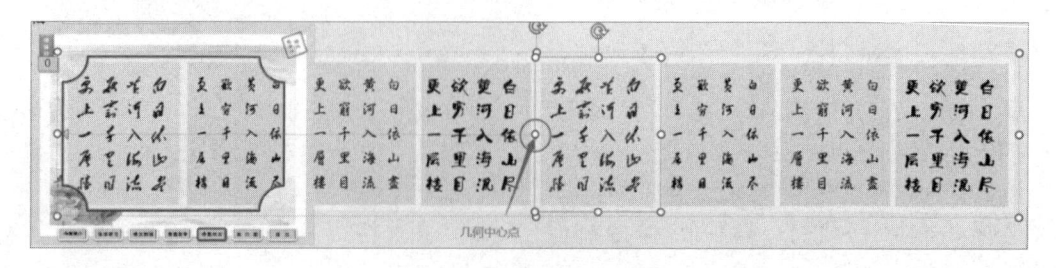

图 14-125　绘制动画路径

编辑路径动画。在动画窗格中双击路径动画,弹出"自定义路径"对话框,在"效果"选项卡中，取消"平滑开始""平滑结束"的设置，使图片匀速运动；在"计时"选项卡中，"开始"设置为"与上一动画同时"，"期间"设置为 30 秒，"重复"选择"直到幻灯片末尾"。

❸将添加路径动画的诗文图片组合置于底层。

❹插入背景音乐。在"播放"选项卡的"音频选项"功能区中，将"开始"设置为"自动"，勾选"放映时隐藏"复选框；在动画窗格的动画列表中选择"诗画欣赏 1.mp3"动画，单击右侧的下拉按钮，在弹出的下拉列表中选择"从上一项开始"选项。

❺为添加路径动画的图片添加半透明效果。选择图片，单击"动画"选项卡"高级动画"功能区中的"添加动画"按钮，添加强调动画中的"透明"效果。在动画列表中双击"透明"动画项，弹出"透明"动画属性编辑对话框，在"效果"选项卡中设置数量为 35%，按 Enter 键确认；在"计时"选项卡中，"期间"设置为"直到幻灯片末尾"，"开始"设置为"与上一动画同时"。

14.6.8 制作"生字学习"幻灯片

"生字学习"幻灯片效果如图 14-126 所示，具体操作步骤如下。

第一步，添加左侧的诗文文本。在"主界面"幻灯片中复制诗文，粘贴到"生字学习"幻灯片中。

添加右侧的图文框。在"作者简介"幻灯片中复制图文框，粘贴到"生字学习"幻灯片中。

第二步，米字格的制作。一种方法是绘制米字格，另一种方法是借用 Word 中的"书法字帖"功能生成米字格。

❶打开 Word，选择"文件"→"新建"命令，在可用模板中选择"书法字帖"，单击"创建"按钮，弹出"增减字符"对话框，直接单击"关闭"按钮。放大视图。

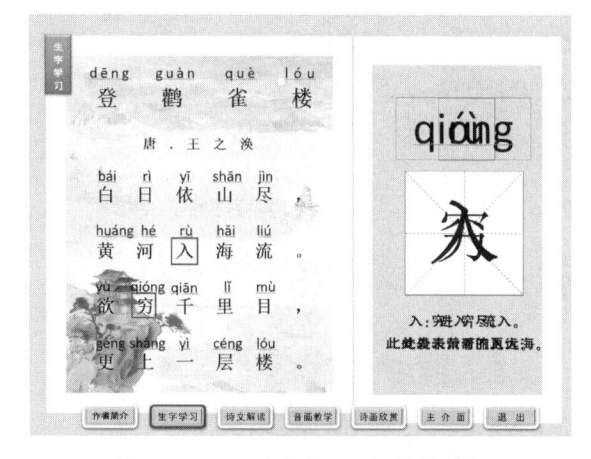

图 14-126　"生字学习"幻灯片效果

❷切换至 PowerPoint，单击"插入"选项卡"图像"功能区中的"屏幕截图"按钮，截取 Word 界面中的米字格到幻灯片中，调整位置。

第三步，制作生字教学动画。

（1）制作"入"字。在左侧诗文中选择"入"字，向外拖动鼠标将其移出，生成"入"字文本框；单击"撤销"按钮↶撤销刚才的操作，"入"字又回到诗文中；调整字号，与米字格居中对齐；在"入"字的下方插入文本框，输入"入"字的注解；在"入"字的上方插入文本框，输入"入"字的拼音。

（2）制作"入"字动画触发器。用诗文中的"入"字作为触发开关。在诗文中"入"字的上面绘制一个正方形，形状填充任意颜色，将其透明度设置为 99%；形状轮廓线使用红色；在"选择"窗格中将正方形命名为"入字触发器"。

（3）为生字区的对象添加动画。

❶选取对象。按住 Shift 键，依次单击"入"字、"入"字的注解、"入"字的拼音三个文本框。

❷添加动画。单击"动画"选项卡,在动画库中选择"缩放"效果的进入动画。

❸设定触发。打开动画窗格,在动画列表中选择"入字""入字注解""入字拼音"三个动画项,单击"动画"选项卡"高级动画"功能区中的"触发"按钮,在弹出的下拉列表中选择"通过单击"→"入字触发器"选项。

(4)录制"入"字及其拼音的发音音频。

录制音频的方法有两种:一种方法是先使用专业录音软件录制,然后插入演示文稿中;另一种方法是利用 PowerPoint 中的旁白录制功能,为"入"字及其拼音添加发音音频。

第二种方法的具体操作步骤如下。

❶在演示文稿的最后新建两张空白幻灯片。

❷选择新建的第一张空白幻灯片,录制"入"字的整读发音。单击"幻灯片放映"选项卡"设置"功能区中的"录制幻灯片演示"按钮,在弹出的下拉列表中选择"从当前幻灯片开始录制"选项,在弹出的"录制幻灯片演示"对话框中取消勾选"幻灯片和动画计时"复选框,单击"开始录制"按钮;按 Esc 键退出,结束录制。

❸在新建的第二张空白幻灯片中应用上面的方法录制"入"字的拼读发音。

❹将录制的音频插入"生字学习"幻灯片中,设置相应的触发器。在动画列表中将入字的拼读音频拖动到"入字"触发器的下方,置于"入"字动画的前面,将动画开始方式设置为"从上一项开始"。

(5)利用复制"入"字操作,完成"穷"字的输入及动画制作。文字音频需单独录制,添加方法与"入"字的添加方法相同。

14.6.9 制作"诗文解读"幻灯片

"诗文解读"幻灯片的页面结构:右侧为《登鹳雀楼》试释文本滚动框;左侧根据 ➡ 提示单击诗文以展示诗文图解,根据 ✎ 提示单击图解可以使图解消失。"诗文解读"幻灯片效果如图 14-127 所示。具体操作步骤如下。

第一步,制作右侧的滚动文本框。

❶在幻灯片的右侧绘制一个矩形,作为滚动文本框的背景。在绘制时可以同时按下 Alt 键进行微调,高度与左侧背景图片的高度相同,无轮廓线,填充白色。

❷到母版中复制被矩形覆盖的导航按钮,粘贴到当前幻灯片中。

图 14-127 "诗文解读"幻灯片效果

❸在自定义快速访问工具栏中添加用于制作滚动文本框的 ActiveX 控件,如图 14-128 所示。在自定义快速访问工具栏下拉列表中选择"其他命令"选项,弹出"PowerPoint 选项"对话框,在"从下列位置选择命令"下拉列表中选择"'开发工具'选项卡"选项,在下方的列表框中选择"文本框〔(文本框 ActiveX 控件)〕"选项,单击"添加"按钮,将其添加到右侧的列表框中,然后单击"确定"按钮。

❹在自定义快速访问工具栏中单击 ActiveX 控件,在幻灯片编辑区中绘制文本框;在绘

制的文本框上单击鼠标右键，在弹出的快捷菜单中选择"属性表"命令，弹出"属性"对话框，如图 14-129 所示。

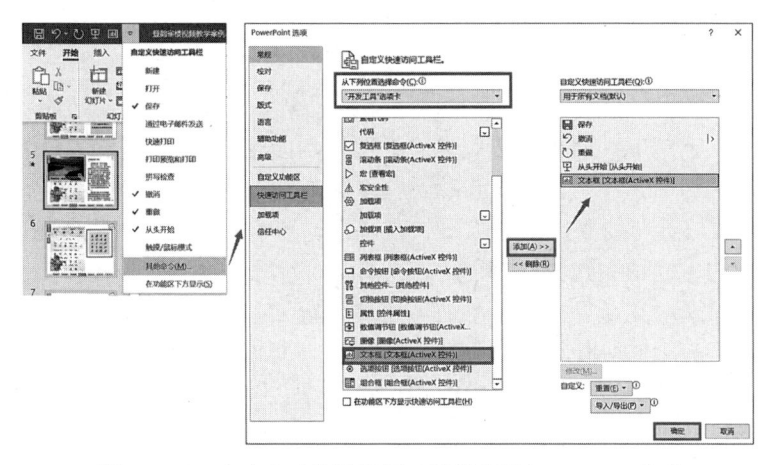

图 14-128　在自定义快速访问工具栏中添加 ActiveX 控件

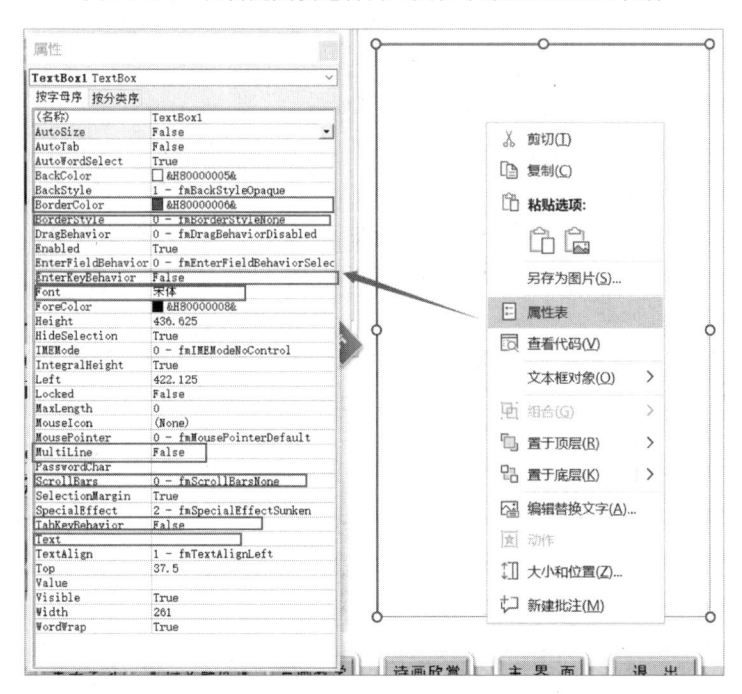

图 14-129　打开文本框控件的"属性"对话框

❺设置文本框控件的属性。切换至"按字母序"选项卡，属性设置如下。
- Multiline 选择 True。
- ScrollBars 选择 2（0-两者都不显示；1-显示水平滚动条；2-显示垂直滚动条；3-显示两者）。
- EnterKeyBehavior 选择 True。此设置在放映演示文稿时可编辑文本，支持 Enter 键。
- TabKeyBehavior 选择 True。
- Font 选择"华文隶书"，字号设置为小三号或四号。
- Text 表示添加文本，有两种方法：一种方法是在文本框内单击，粘贴文本；另一种方法是放映演示文稿，将光标置于滚动文本框内，然后粘贴（只能按 Ctrl+V 组合键）文本。

在滚动文本框上单击鼠标右键,在弹出的快捷菜单中选择"属性表"命令,将 BorderColor 属性设置为"灰色",将 BorderStyle 属性设置为"1-单线"。

第二步,制作左侧的诗文解读部分。在"主界面"幻灯片中复制诗文,粘贴到"诗文解读"幻灯片中。

(1) 绘制提示箭头。

❶插入形状箭头。单击"插入"选项卡"插图"功能区中的"形状"按钮,在形状列表中选择"箭头总汇"类别中的"右箭头"形状,拖动鼠标绘制箭头。

❷设置箭头样式。选择箭头,单击"形状格式"选项卡,应用"浅色1轮廓-橙色"形状样式,编辑形状轮廓线,粗细大约为0.75磅。

❸在箭头上添加提示文字"请单击诗文",字体设置为"方正华隶简体",字号设置为10号;编辑箭头形状的高度为1.2厘米、宽度为12.6厘米;在文本前添加项目符号☞,即输入"F",字体设置为"Wingdings";调整形状中文本的位置,在右键快捷菜单中选择"大小和位置"命令,弹出"设置形状格式"对话框,在"文本框"中调整内部边距为左、右0厘米,上、下0.2厘米。

(2) 制作提示箭头的动画。

❶添加自定义路径动画。选择箭头,单击"动画"选项卡"高级动画"功能区中的"添加动画"按钮,添加"动作路径"类别中的"自定义路径",在箭头的几何中心位置单击确定路径的起点,抬起鼠标稍向右移,再次单击确定终点,最后双击或按 Esc 键结束路径的绘制。

❷设置动画。在动画窗格的动画列表中双击箭头的"路径"动画项,弹出"自定义路径"动画属性编辑对话框。在"效果"选项卡中进行如下设置:平滑开始为0秒,平滑结束为0秒,弹跳结束为1.35秒。在"计时"选项卡中进行如下设置:持续时间为1.5秒,开始方式为"与上一动画同时"。

❸添加强调动画。选择箭头,单击"动画"选项卡"高级动画"功能区中的"添加动画"按钮,在弹出的动画列表中选择强调动画中的"脉冲"效果,动画"开始"设置为"从上一项开始",动画的"持续时间"设置为1秒,"重复"设置为"直到幻灯片末尾"。

第三步,制作第一句诗文的图解动画。

❶绘制诗文图解触发器。绘制一个矩形,在"选择"窗格中将其命名为"S1"。用鼠标右键单击矩形,设置形状格式:99%透明,形状填充任意色,形状轮廓设置为无线条。

❷插入第一句诗文"白日依山尽"对应的图片;对图片进行适当的裁剪,压缩图片;为图片添加一条边框线,线条颜色设置为白色,线型设置为单线型,宽度设置为12磅,连接类型设置为斜接。

❸在第一句诗文"白日依山尽"对应的图片上添加诗文注解。插入横排文本框,输入诗文注解,文字颜色设置为黑色;文本框颜色填充为白色;文本框填充设置为半透明。

❹图解组合。将诗文图片和注解文本进行组合(按 Ctrl+G 组合键),在"选择"窗格中将组合命名为"S1 退出触发器"。

❺为图解组合添加动画。选择图解组合,先添加"淡出"效果的进入动画,持续时间设置为1秒,触发器设置为S1;再添加"浮出"或"淡出"效果的退出动画,触发器设置为S1,退出触发器(图解组合)。

❻添加与诗文图解组合一同播放的诗文朗读音频。在动画窗格的动画列表中双击图解组合进入动画,弹出动画属性编辑对话框,切换至"效果"选项卡,在"声音"下拉列表中选择其他声音,插入第一句诗文的朗读音频。注意:在动画属性编辑对话框中添加的声音(伴随动画播放的

声音）只支持 WAV 格式的波形声音。

第四步，制作诗文图解上的提示按钮。

❶复制"☞请单击诗文"箭头，粘贴并旋转箭头，指向图解组合。

❷选择文本，单击"开始"选项卡"段落"功能区中的"文字方向"按钮，选择"所有文字旋转 90 度"；选择☞，将其更改为♪（Wingdings 字体的 G），更改文本为"请单击图片"。

❸调整动画路径。保持路径起点不变，调整终点位置，沿箭头所指方向，向左上方移动到一个比较合适的位置。在动画窗格的动画列表中，调整箭头动画的出现位置，将箭头的两个动画拖动到 S1 触发器下方图解进入动画的后面。

第五步，制作第二句诗文的图解动画。比较快捷的方法是复制第一句诗文的触发器和图解，编辑修改为第二句诗文的触发器和图解。

第六步，制作"☞请单击诗文"箭头下移的动画。

❶选择"☞请单击诗文"箭头，单击"动画"选项卡"高级动画"功能区中的"添加动画"按钮，添加"动作路径"类别中的"自定义路径"。

❷单击箭头的几何中心确定路径的起点，抬起鼠标移到诗文左侧，单击确定路径的终点，按 Esc 键退出路径绘制。

❸在动画窗格的动画列表中双击"自定义路径"动画，取消平滑开始和平滑结束的设置，将动画的持续时间设置为 0.5 秒。

❹调整路径动画的位置。在动画窗格的动画列表中，将路径动画拖动到 S1 退出触发器中，将动画开始方式设置为"从上一项开始"。

其他诗文图解动画的制作参照第一句及第二句诗文图解动画的制作完成。

14.6.10　制作"音画教学"幻灯片

主要制作技术包括：音频书签触发器动画效果制作；文本动画效果制作；图片动画效果制作；重放按钮制作。"音画教学"幻灯片效果如图 14-130 所示。具体操作步骤如下。

第一步，添加背景部分和左侧的诗文。这部分内容与"诗文解读"幻灯片中的内容相同，只需在"诗文解读"幻灯片中复制相关内容，然后粘贴到"音画教学"幻灯片中即可。

第二步，绘制右侧的图文框。在右上角插入一个图文框，调整宽度；打开"设置形状格式"对话框，填充颜色设置为黑色，线条颜色设置为浅褐色，线型选择单线型，宽度设置为 0.75 磅，大小设置为高度 9.6 厘米、宽度 9.2 厘米，位置设置为水平 14.7 厘米、垂直 2.57 厘米。

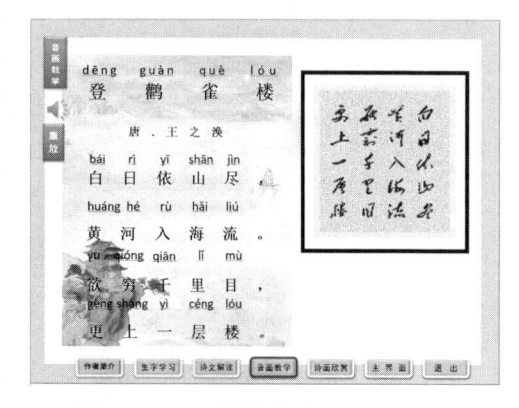

图 14-130　"音画教学"幻灯片效果

在图文框中插入书法作品图片。将图片和图文框居中对齐并组合在一起。

第三步，编辑音频效果。

❶插入诗文朗读音频。将声音图标◀放到左上角，调整图标大小，改变图标颜色。

❷定义书签。在音频的"登""白""黄""欲""更"5 个字位置定义 5 个书签。

❸裁剪诗文朗读音频，只保留一段。

如果在教学时切换至本张幻灯片就开始播放诗文朗读音频，则必须将音频的开始播放方式设置为"自动"。

第四步，制作声音书签触发器动画。

❶制作左侧诗文动画。为标题文本"登鹳雀楼"添加"彩色脉冲"强调动画，为"唐 王之涣"文本添加"彩色脉冲"和"跷跷板"两个强调动画。两个动画同时播放。

❷设置动画属性。在动画窗格的动画列表中双击文本动画，打开"彩色脉冲"动画属性编辑对话框。"登鹳雀楼"文本的"彩色脉冲"动画效果属性设置如图 14-131 所示。

"唐.王之涣"文本"彩色脉冲"动画效果属性设置：字体颜色设置为红色，"增强"选项组中的"动画文本"设置为"按字母顺序"，字母之间延迟百分比设置为 40%左右。

图 14-131　"登鹳雀楼"文本的"彩色脉冲"动画效果属性设置

第五步，制作诗文正文文本书签触发器动画。

❶选择第一句诗文，添加"放大/缩小"强调动画。

❷给"放大/缩小"强调动画添加触发器。在动画窗格的动画列表中选择"放大/缩小"强调动画，在书签对象列表中选择"书签 2"作为触发器。

❸设置第一句诗文动画的属性。第一句诗文的"放大/缩小"动画效果属性设置如图 14-132 所示。在"效果"选项卡中，"增强"选项组中的"动画文本"设置为"按字母顺序"，字母之间延迟百分比设置为 61%，勾选"自动翻转"复选框；在"计时"选项卡中，"期间"设置为"快速（1 秒）"。

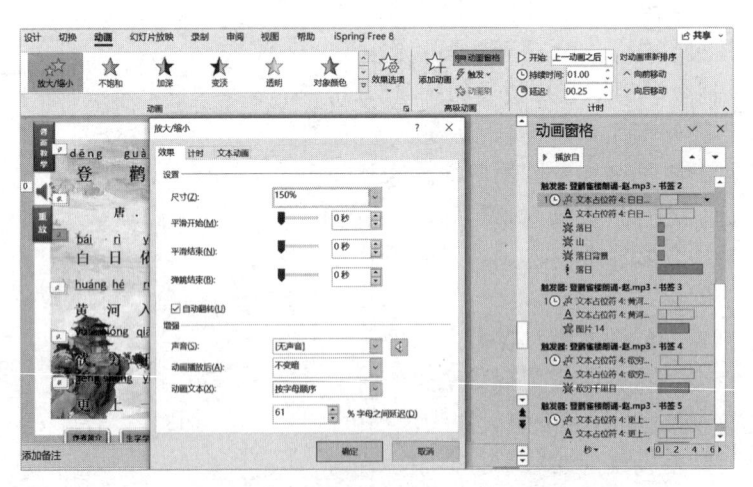

图 14-132　第一句诗文的"放大/缩小"动画效果属性设置

❹选择第一句诗文，再为其添加一个"字体颜色"强调动画。在动画窗格的动画列表中，将"字体颜色"动画拖动到"书签 2"中，置于"放大/缩小"动画的后面；将动画的"开始"方式更改为"从上一项开始"。

在动画窗格的动画列表中双击"字体颜色"动画，弹出"字体颜色"动画属性编辑对话框。在"效果"选项卡中，字体颜色设置为红色，样式设置为"由黑到红"，"增强"选项组中的"动画文本"设置为"按字母顺序",字母之间延迟百分比设置为61%,勾选"自动翻转"复选框;在"计时"选项卡中,"期间"设置为"快速(1秒)",勾选"播完后快退"复选框。

使用同样的方法制作其他诗文文本书签触发器动画。最快捷的方法是使用动画刷。

第六步,制作与诗文文本同步播放的图解动画。

首先,制作第一句诗文"白日依山尽"的图解动画。

❶绘制山,效果如图14-133所示。

使用任意多边形绘制"山"的形状。

在绘制的形状上单击鼠标右键,在弹出的快捷菜单中选择"编辑顶点"命令,编辑和修饰绘制的山。

选择形状,在"形状格式"选项卡的"形状样式"功能区中,设置形状填充为"黑色",形状轮廓为"无轮廓"。

❷绘制落日。插入落日图片,进行适当的裁剪后,将图片放到画框内部,将落日图片置于绘制的山的底层,效果如图14-134所示。

绘制一个椭圆形并单击鼠标右键,在弹出的快捷菜单中选择"设置形状格式"命令,弹出"设置形状格式"对话框,"填充"选择"纯色",颜色设置为"橙色";"线条颜色"选择"无线条";"发光和柔化边缘"中的发光颜色设置为"橘红色的光",大小设置为54磅;柔化边缘大小设置为20磅;旋转椭圆形状。

图 14-133 绘制的山效果

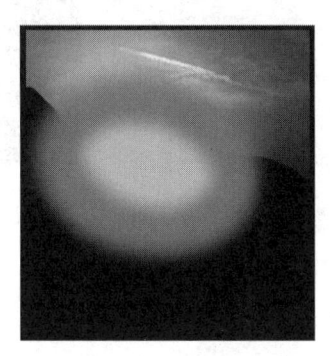

图 14-134 绘制的落日效果

❸制作落日动画。动画设置如图14-135所示。

图 14-135 落日动画设置

给落日添加动画，并完成书签的触发。选择落日，为其添加"自定义路径"动画。单击"落日"的几何中心确定路径的起点，抬起鼠标向下移动，单击确定路径的终点，路径终点的位置恰好是使落日能够露出一点点余晖的位置，按 Esc 键结束路径的绘制。

打开动画窗格，在动画列表中双击落日的"自定义路径"动画项，动画属性设置为：在"效果"选项卡中，取消平滑开始和平滑结束的设置，使落日匀速运动；在"计时"选项卡中，"期间"设置为 7 秒，"开始"设置为"从上一项开始"。

将绘制的山置于顶层，将落日稍稍下移。在动画窗格的动画列表中，将落日动画拖动到"书签 2"下面的第一句诗文"白日依山尽"文本动画的后面。

在诗文朗读到"白日依山尽"之前，落日背景图片、落日和山不应该出现。因此，为这三个对象添加进入动画，放在"书签 2"中路径动画的上面。

为了方便选择，在"选择"窗格中为三个对象分别命名，将绘制的山命名为"山"，将绘制的落日命名为"落日"，将添加的落日背景图片命名为"落日背景"。

为"山""落日""落日背景"三个对象添加"淡出"效果的进入动画，设置"持续时间"为 0.5 秒；将动画拖动到"书签 2"中，放在路径动画的上面。

其次，制作第二句诗文"黄河入海流"的图解动画，动画设置如图 14-136 所示。

图 14-136　"黄河入海流"图解动画设置

❶插入"黄河入海流"图片。

❷编辑图片。应用"裁剪"工具，裁掉上面的落日和山的部分，保留下面的黄河部分；将图片的"亮度"设置为 4%，"对比度"设置为 33%。

❸将图片放到画框中，进行"水平翻转"。

❹添加动画。选择"黄河入海流"图片，添加"擦除"效果的进入动画，动画"效果选项"设置为"自底部"，"持续时间"设置为 3.5 秒（第二句诗文的朗读时间）。

在动画窗格的动画列表中，将图片的"擦除"效果的进入动画拖动到"书签 3"触发器下，放在第二句诗文"黄河入海流"文本动画的后面，将动画的"开始"方式设置为"从上一项开始"。

再次，制作第三句诗文"欲穷千里目"的图解动画，动画设置如图 14-137 所示。

图 14-137 "欲穷千里目"图解动画设置

❶插入"欲穷千里目"图片。

❷编辑图片。调整图片的大小、位置，将其放入画框中；在画框内部绘制一个白色矩形，作为图片的背景；打开"选择"窗格，白色矩形默认的名称是"矩形 18"，单击"选择"窗格右下角的"下一层"按钮，将其置于图片的底层；选择两个对象进行组合，命名为"欲穷千里目"；关闭"选择"窗格。

❸添加动画。给"欲穷千里目"组合添加"淡出"效果的进入动画，动画的"持续时间"设置为 3.5 秒（第三句诗文的朗读时间）；在动画窗格的动画列表中，拖动"欲穷千里目"组合添加"淡出"效果的进入动画到"书签 4"触发器下，放在第三句诗文"欲穷千里目"文本动画的后面，将动画的"开始"方式设置为"从上一项开始"。

最后，制作第四句诗文"更上一层楼"的图解动画，动画设置如图 14-138 所示。

图 14-138 "更上一层楼"图解动画设置

❶插入"更上一层楼"图片。

❷编辑图片。为了提升视觉效果，删除图片背景，保留图片下面的部分，删除上面的部分；将处理后的图片放入画框中。

❸添加动画。给"更上一层楼"图片添加"浮入"效果的进入动画，动画"效果选项"设置为"上浮"，"持续时间"设置为 3.5 秒。在动画窗格的动画列表中，将图片的"浮入"效果的

进入动画拖动到"书签5"触发器下,放在第四句诗文"更上一层楼"文本动画的后面,将动画的"开始"方式设置为"从上一项开始"。

至此,整个案例制作完成。

拓展学习资源

1. 陈光海. 信息化教学理论、方法与途径[M]. 重庆:重庆大学出版社,2018.
2. 刘成新,李兴保等. 现代教育技术:信息化教学理论与方法[M]. 北京:电子工业出版社,2009.
3. 吴彦文. 信息化环境下的教学设计与实践[M]. 北京:清华大学出版社,2018.

课后思考题

1. 结合自己的学科特点,谈谈信息化教学资源的概念、特点及类型。
2. 说说你都知道哪些信息化教学资源、各属于什么类型、各具有什么特点。
3. 线上学习《中小学教师信息技术应用能力标准(试行)》。

第 15 章 微课设计与制作

15.1 微课概述

在信息化时代，技术的发展推动着社会的进步，尤其是互联网及移动通信技术的发展，促进了信息技术与教育教学的快速融合，使得人人都处在教育变革的中心，改变着人们的学习和生活方式，引领着教育教学方式的变革不断深化。

教育信息化的高速发展使得知识越来越碎片化和数字化，富媒体的表达受到学习者的欢迎，学习者可以利用碎片化的时间快速获取知识。微课是一种短小精悍的微型化在线视频，为开放式学习和个性化学习提供了有效支撑。

15.1.1 微课的概念

1. 微课的产生

微课（Micro-Lecture）最早见于美国北爱荷华大学 LeRoy A.Mc Grew 教授提出的 60 秒课程（60-second Course），以及英国爱丁堡纳皮尔大学 T. P. Kee 提出的一分钟演讲（The One Minute Lecture）。

2008 年秋，美国新墨西哥州圣胡安学院教授戴维·彭罗斯（David Penrose）首创了"一分钟的微视频"的"微课程"，将其定义为对细小知识点（Knowledge Burst）进行讲解，强调知识的碎片化及教学和学习的解析化，要求教学内容与教学目标紧密联系，产生更加聚焦的学习体验。

2012 年，美国的顶尖大学陆续设立网络学习平台，在网上提供免费课程，Coursera、Udacity、edX 三大课程提供商的兴起给更多学生提供了系统学习的可能。大型开放式网络课程（Massive Open Online Courses，MOOC）催生了全球网络教育的新形态，2012 年被业界广泛认为是 MOOC 元年。

在我国，2011 年，数字故事类微课兴起，李玉平系列微课程开始实践，胡铁生首次提出微课的概念；2012 年，胡铁生微课的实践引起高层重视，全国中小学高校微课大赛启动，中国微课网开通，国家开放大学成立，启动 5 分钟课程建设工程项目，我国进入移动学习元年，国家教育资源公共服务平台开通，网易上线可行学院微视频课程，华师凤凰微课全球发布。

2. 微课的定义

从国外微课的产生和发展过程中可以看出，"微课程""微视频"的研究越来越受到重视，但其核心组成资源不统一，有的是教案，有的是视频；课程结构较为松散，主要用于学习及培训等方面，应用领域有待扩充；课程资源的自我生长、扩充性不够。国内的高校学者、区域教育研究者、一线教师等对微课的定义即使名称相同，其界定的范围、资源组织模式也不尽相同。

焦建利教授认为，微课是以阐述某一知识点为目标，以短小精悍的在线视频为表现形式，以学习或教学应用为目的的在线教学视频。

胡铁生老师认为，微课又名"微课程"，是"微型视频网络课程"的简称，它是以微型教学视频为主要载体，针对某个学科知识点（如重点、难点、疑点、考点等）或教学环节（如学习活动、主题、实验、任务等）而设计开发的一种情景化、支持多种学习方式的在线视频课程资源。

李玉平老师认为，微课是指将课堂中的小现象、小问题、小策略以 PPT 数字化的方式呈现在屏幕上的一种教学方式。

郑小军教授认为，微课是为了支持翻转学习、混合学习、移动学习、碎片化学习等多种新型学习方式，以短小精悍的微型流媒体教学视频为主要载体，针对某个学科知识点或教学环境而精心设计开发的一种情景化、趣味性、可视化的数字化学习资源包。

杨上影老师认为，微课是一种以短视频或 H5 等新媒体为载体，将知识点或技能点（如重点、难点、疑点、热点等）按照一定结构组合并视听化呈现，以进行网络化传播的教学资源。

教育部教育管理信息中心首届中小学微课大赛文件认为，微课的全称是"微型视频课程"，它是以教学视频为主要呈现方式，围绕学科知识点、例题习题、疑难问题、实验操作等进行的教学过程及相关资源的有机结合体。

本教程认为，微课是以较短时间的视频或新媒体为主要载体，针对学科知识体系中的重点、难点知识或技能，以一定结构化的视听方式，开发、设计情景化、可视化、完整的教学活动，可用于互联网时代的课堂教学与学生自主学习的学习资源。

微课围绕学科知识点或技能点，微课资源由微视频/新媒体、微教案、微课件、微习题和微反思构成。微视频/新媒体的教学时长应为 5～10 分钟；微教案是对教学活动的信息化设计和简要说明；微课件是指在教学过程中为了突破难点而设计的教学媒体课件；微习题是为巩固教学内容而设计的习题，习题要少而精；微反思是指教学后教育者的体会、反思及提出的改进措施等。

3. 微课的特点

微课只讲授学科重点、难点中的一两个知识点，课程体系不复杂，教学目标与教学对象具有较强的指向性，即"碎片化"。其特点表现为"短、小、精、悍"。

（1）短。即教学时间短。微视频/新媒体是微课的核心组成内容。根据中小学生的认知特点和学习规律，微课的时长一般为 5～8 分钟，最长不宜超过 10 分钟。

（2）小。即教学知识点小。微课主题突出、内容具体。一堂微课设计围绕一个主题，主要是为了突出课堂教学中学科的重、难点知识或技能的教学，能够充分使用辅助媒体。

（3）精。即教学设计精良。微课的呈现形式新颖、富有创意。可视化使信息传递更加立体，突出语言与情节设计的音视频艺术，构成一个主题鲜明、类型多样、结构紧凑的"主题单元资源包"，营造一种真实、有趣的"微教学资源环境"。

（4）悍。即教学效果强悍。微课的快节奏和碎片化学习效果令人震撼。微课能引发学习者的兴趣和思考或者情感上的共鸣。

15.1.2 微课的类型

微课的分类方式有很多种，一般从课堂教学方法和微课制作技术两大方面进行分类。

1. 按照课堂教学方法分类

教育者在教学中可依据教学设计如何优化和实现教学目标来选择不同的微课类型。从课堂教学方法这个角度，可以将微课分为讲授微课、演示微课、练习微课几种类型。

（1）讲授微课。讲授微课是以语言传递教学信息为主的课堂教学方法。在此类微课上，教师主要运用语言向学生传授知识，如描绘情境、叙述事实、解释概念、论证原理和阐明规律。此类微课要求教师语言规范、简洁，思维严谨，不能出现语言上的瑕疵和技术上的不流畅。

（2）演示微课。演示微课是以感知为主的课堂教学方法，如以展示和传递技能知识为主。在此类微课上，教师主要把实物或直观教具展示给学生，或者通过示范性操作展示操作过程，或者通过现代教学手段，让学生通过实际观察获得感性认识，以说明和印证所传授知识。此类微课适用于技能知识的教学，如手工、书法、制作和计算机软件操作等。此类微课要求教师操作规范、标准，画面清晰，注重细节部分的拍摄，细致展现知识内容。

（3）练习微课。练习微课是以实际训练为主的课堂教学方法。在此类微课上，教师主要对学生在测试或练习中常见的、典型的错误进行收集与整理，以视频形式模拟与学生面对面的教学方式。此类微课适用于工具性（如语文、外语、数学等）和技能性（如体育、音乐、美术等）的知识教学，重在分析问题，帮助学生发现和解决问题。

2．按照微课制作技术分类

微课从制作技术方面可分为录屏式、拍摄式、混合式、可汗学院式、交互式等类型。

（1）录屏式。使用录屏软件制作微课相对简单，是微课制作的主要形式，教师可以独立完成。常见的是录屏软件+PowerPoint 课件的微课制作组合。

（2）拍摄式。拍摄式微课就是使用拍摄设备拍摄教师及其讲解内容、操作演示等真实场景，并以视频的方式输出。在制作前需要做大量细致的准备，如准备拍摄设备、拍摄脚本、灯光影调、布景方案等，制作过程通常需要团队协作才能完成。

（3）混合式。混合式微课综合了录屏式与拍摄式两种微课制作方式，制作出来的微课既有录屏讲解的画面，又融合了人和物的真实拍摄画面。

（4）可汗学院式。可汗学院式微课就是通过手写板、麦克风和画图工具对教学过程进行讲解演示，使用屏幕录像软件，如 Camtasia Studio、屏幕录像专家等进行录制。

（5）交互式。交互式微课强调与学生的互动，通过互动活动设计不同的分支与问答，从而实现教学内容的推进。这种微课包含了相应的反馈练习与巩固应用，能更好地体现以教师为主导、以学生为主体的设计理念。交互式微课将 Animate 和 PowerPoint 两款软件的优点相结合，录制后的视频画面以幻灯片的形式呈现，每张幻灯片都包含独立的时间轴和图层，并且能实现交互设计。交互式微课的制作工具主要有 Adobe Captivate、iSpring、Articulate Storyline 等。

15.1.3 微课制作流程和技术要求

对于微课制作，在确定选题后，就要围绕教学目标进行一系列的资料收集和教学设计，最后将设计出来的课件录制或拍摄成微视频。微课的制作要遵循一定的技术规范和流程，这样可以提升微课的制作效果和质量。

1．微课制作流程

微课制作主要包括 4 个环节，虽然每个环节需要考虑的细节不一样，但都需要以教学目标为中心。

（1）教学分析。即确定选题。科学选题是微课成功的前提和基础。微课选题要慎重，同时要对相关的知识点进行科学的分析和处理，要符合学习者的认知规律，好的选题能够使教学达到事半功倍的效果。

（2）教学设计。设计可从撰写教案开始，根据选题及教学要求编写教学设计和教案，后期的微课开发以教学设计为脚本。教学设计包括确定教学目标、教学策略、教学顺序，设计辅助资源及选择适当的媒体工具等内容。

（3）微课开发。这一环节主要包括准备、制作与合成三个阶段。准备阶段主要是教学素材的获取和课件的制作；制作阶段主要是通过录屏、拍摄或混合的方法，将整个教学过程数字化；合成阶段主要是运用获取到的素材，通过视频编辑软件，如Premiere、AE等，将得到的视频场景组接到一起形成完整的视频。

（4）发布反思。当微课制作完成后，选择网络平台进行发布。更重要的是听取同行、学习者、微课制作爱好者观后的感受和反馈，查找设计、制作方面的不足，找到解决方法和途径，不断提升制作水平。

2. 微课制作技术要求

（1）微课整体输出要求。整体输出要求包括长度、画面、声音、字幕、格式5个方面。

❶视频长度一般为5~8分钟，最长不要超过10分钟。

❷视频画面整洁，板书清晰，视频最低分辨率建议为1280像素×720像素；视频图像无抖动跳跃，色彩无突变，剪辑点处图像衔接稳定，整体色彩、亮度一致。

❸声音方面要求教学语言规范，采用标准普通话配音，使用适合教学的语调；声音采样率最小为128kHz，声音和画面同步，无电流声和其他杂音，伴音清晰、饱满、圆润，无失真和音量忽大忽小现象。

❹字幕清晰、美观，使用符合国家标准的规范字，不要出现繁体字、异体字、错别字，能够正确、有效地传达教学内容；字幕大小、字体、色彩搭配、摆放位置、停留时间、出入屏方式力求与视频中的其他要素如画面、声音、背景音乐等配合得当，不能破坏原有画面。

❺视频输出格式一般为FLV或MP4。

（2）拍摄技术要求。录制现场光线柔和、均匀，环境安静、整洁。视频采用PAL制式，通常采用16∶9画幅拍摄，标准视频的分辨率为1280像素×720像素，高清视频的分辨率为1920像素×1080像素，同一视频中各节点的视频分辨率要统一，不得将标清和高清混用。摄录画面无抖动跳跃，色彩无突变，无噪波、闪烁。

在视频信号源方面，全片图像同步，性能稳定，无失步现象，CTL同步控制信号必须连续；图像信噪比不低于55dB，无明显杂波；白平衡正确，无明显偏色，多机拍摄的镜头衔接处无明显色差，各机位的图像色彩还原准确、一致；视频全信号幅度为1Vp-p，最大不超过1.1Vp-p，其中，当消隐电平为0V时，白电平幅度为0.7Vp-p，同步信号为-0.3V，色同步信号幅度为0.3Vp-p（以消隐线上下对称），全片一致。

在音频信号源方面，中文内容音频信号记录于第一声道，音乐、音效、同期声记录于第二声道，若有其他文字解说则记录于第三声道（如果录音设备无第三声道，则记录于第二声道）；-12dB~-8dB声音应无明显失真、放音过冲、过弱；音频信噪比不低于48dB；声音和画面要求同步，无交流声或其他杂音等缺陷；伴音清晰、饱满、圆润，无失真、噪声杂音干扰、音量忽大忽小现象，解说声与现场声无明显比例失调，解说声与背景音乐无明显比例失调。

（3）视频压缩格式及技术参数要求。

❶视频压缩采用H.264/AVC（MPEG-4 Part10）编码、使用二次编码、不包含字幕的MP4格式。

❷视频码流率：动态码流的最高码流率不得高于2500 kbit/s，最低码流率不得低于1024kbit/s。

❸视频分辨率：当前期采用高清16∶9拍摄时，公开课的视频分辨率需要设定为1024像

素×576像素，微课的视频分辨率需要设定为1280像素×720像素；在同一课程中，各部分内容的视频分辨率应统一。

❹视频画幅宽高比：当分辨率设定为1280像素×720像素时，画幅宽高比选定为16：9；在同一课程中，各部分内容应统一画幅宽高比。

❺视频帧率为25帧/秒。

❻扫描方式采用逐行扫描。

（4）音频压缩格式及技术参数要求。

❶音频压缩采用AAC（MPEG4 Part3）格式。

❷采样率采用48kHz。

❸音频码流率为128kbit/s（恒定）。

❹必须是双声道，必须做混音处理。

15.1.4 微课相关概念辨析

微课的相关概念有很多，如微型课程、课堂实录、微课程和MOOC等。这些概念大多一字之差，很容易望文生义，令人混淆不清。

1．微课程（Micro-Course）和微型课程（Mini-Course）

二者虽都属于课程范畴，但也有不同之处。

❶时代背景不同。微课程是受终身学习需求和"微时代"发展所催化的产物，可借助移动技术和设备，在任何时间、任何地点以任何方式学习任何内容；而微型课程是针对学校教育中课程教学时间长、规模大的弊端而提出的。

❷适用领域不同。微课程主要适用于网络学习；而微型课程主要适用于学校课堂教学、校本研修、微格教学或者小粒度的网络课程。

❸容量不同。微课程不能被进一步划分成更小的单元；而微型课程是由一系列小容量的学习单元组成的。

❹适用学习类型不同。微课程可应用于正式学习和非正式学习，适合学生进行移动学习、泛在学习和碎片化学习；而微型课程针对学生的在校学习，主要应用于正式学习。

2．微课与课堂实录

课堂实录是对课堂教学进行的实时录制。不同于微课需要讲求制作精良，课堂实录更加讲求真实性，旨在展现上课时的真实情况，因此录制时间较长，一般需要录制1课时或者连续2课时的内容。微课以学习者为中心，聚焦学习内容；而课堂实录则以教师为中心，聚焦课堂的教学过程，比较适合评课和教学反思。

3．微课与微课程

微课针对的是某个知识点或技能点，具有个性化、个别化、可视化、趣味性、情境性等特征，但也存在缺乏系统性、缺乏深度、广度，容易导致浅阅读，加剧知识的碎片化等不足。微课程从一门课程的某个学习单元/模块/主题缜密的知识体系出发，选取其中的重点、难点、关键点、疑点、考点、易错点、易混淆点、热点和扩展点，设计和制作一系列既相对独立又环环相扣、相互联系的微课，配上一系列与之配套的教学活动（包括思考讨论、练习测试、实验实习、展示交流等），构成了单元式、模块式、主题式微课程，简称微课程。由此可见，微课与微课程不是一回事，二者既有联系又有区别。系列微课加上系列教学活动等同于微课程。

4．慕课与微课

慕课指大型开放式网络课程，即 MOOC。慕课由若干个单元、模块、专题微课程及系列教学活动等构成，而专题微课程又由系列微课和相关教学活动构成。微课是慕课的核心组成部分，如果把慕课比作一座座知识"大厦"，那么，微课就是不可或缺的基石。

15.2 微课的选题与设计

微课是在精细创意的教学设计方法指导下完成的有创意性的学习资源。它的开发以精心的选题、合理的教学策划为基础，以教学设计为核心。

15.2.1 微课的选题

1．选题的原则

好的选题就如同农夫选种，好的种子辅以精心耕作容易获得好收成，而不好的种子即使辛苦劳作也难以获得好收成。

（1）选题要遵循以学生为中心的原则。微课的使用对象是学生，观看时间基本是课外。要想让学生自主学习，就要遵循情境学习理论，善用信息技术为学生创设最佳的学习情境，帮助学生在最短的时间内迅速进入学习角色，并且在学习过程中保持最佳的学习状态。

要根据学生的思维特点组织教学内容，灵活运用教学策略。要想设计一堂好的微课，一定要先分析教学对象的特点，善于从学生的角度组织教学内容。比如问题引导就是一种常用的设计策略。学习的目的是解决问题，我们设计微课要结合学生的兴趣点、疑惑点、困难点，把教学内容分解成一系列小问题，一步一步引领学生深入学习，根据学生的思维特点重新组织知识的呈现顺序，在教学思路上要做到以学生为中心。

要从学生的视角设计画面。大多数教师习惯站在自己的角度看问题。学生在微课当中最需要了解的是知识和技能，而不是完整的教学过程，因此，像教师的形象、课堂提问、小组讨论、学习竞赛等非教学内容的因素和环节就可以不出现在微课里。在画面呈现方面，要从学生的视角设计画面，从方便学生观察、模仿、学习的角度，顺着学生的视角，采用同侧拍、俯拍的拍摄方式来拍摄画面，同时画面要形象直观和动感有趣。

要从学生的角度配置声音。教师温馨、耐心的讲解可以传递出亲和力、感染力，可以拉近师生间的心理距离，使学生感到轻松、自然。诙谐幽默、生动有趣和富有画面感的语言可以产生富有感染力的代入感。

（2）选题要遵循教育性和趣味性的原则。教育性是指微课要有实质性的教学内容，要重点突出、言之有物，能解决实际问题，切切实实对学习者起到帮助作用。因为微课是一种教学资源，它必须完成一定的教学任务，不能和文艺性、娱乐性的资源混为一谈。有些微课不注重自身的教学功能，只是泛泛地展示图片、音乐、动画，如风景欣赏、花卉欣赏等，没有实质性的教学内容，这样的微课是不合格的。此外，还要注意微课内容的科学性问题，即微课传播的知识和内容必须具有科学性、准确性。有创意、有趣、有感染力的学习资源容易引起学生的学习兴趣，设计独特、形式新颖、语言风趣幽默都是有效的教学策略。要想提升微课的趣味性，在内容的设计上，可以结合生活实际，使知识生活化、数据具体化、理论案例化；在媒体传输的设计上，可以利用画面的快切，加快解说节奏，提升学习者的注意力集中度；在媒体元素的设计上，可以融入动漫、游戏、影视等学生关注度高的元素，媒体信息要以清晰、简洁为主。

2．选题的技巧

教育实际上是由自我教育、他人教育与传播影响组成的，因此现代教学应该为学生营造良好的学习氛围，从而产生教与学的影响。微课的选题应该从学生生理与心理两个方面入手。信息时代成长起来的学生都是数字时代的原住民，他们喜欢的微课类型是足够有趣的、足够炫酷的、足够棒的。因此，教师在开发微课时，首先要考虑的是如何激发学生的学习兴趣、调动学生的学习动机、激活学生的情感、给予学生良好的学习体验，而这一切都源于精练、深刻的微课选题。

（1）要选取教学实用价值较高的课题。微课是以学习或教学应用为目的，以阐述某一知识点或技能点为目标，以短小精悍的在线媒体表现形式来展现教学内容的。因此，微课的选题必须足够精细，在10分钟内能够讲解透彻，原则上要围绕知识性、重要性、实用性展开，并按照深入浅出、由一般到具体的顺序来组织教学内容。在内容精度上要抓住重点、难点、疑点、热点等核心要点，平时需要教师反复讲解和强调的内容、学生容易出错的知识点、学生经常提问的问题等都可以作为微课的选题对象。非重点内容不选，大家都知道的不选，过时的话题不选，到底是鸡生蛋还是蛋生鸡这类讲不清楚的问题不选。但是，大家广泛关注的问题、当前流行的热门话题，如冰桶挑战、关注渐冻人等都是不错的选题。

（2）要选取适合数字媒体表现形式的课题。微课是以视频、音频或图像为载体的教学资源，选取符合传播特征的教学内容能够最大限度地发挥微课的优势。以连续的动态画面来呈现信息的教学内容，比如动作技能、操作过程、工作原理、变化过程等，就非常适合设计为微课。需要使用较多的图像和声音的教学内容，比如地形地貌、摄影摄像、广告设计、艺术欣赏、发音训练、乐器弹奏等，也非常适合设计为微课。不是所有的教学内容都适合采用音/视频的形式进行讲解，尤其是一些需要学习者亲身体验的实践技能类知识，如滑雪，看多少遍视频都不能保证会滑，还是要亲自到雪场体验一下的。

（3）选题要注意内容独立、目标单一。受时长的限制，在确定微课的选题时，要求内容相对独立，体量要小。可以选取一个独立的小话题作为切入口，把内容讲通、讲透。目标要明确，尽量具体化、可操作、可测量，不要设计抽象模糊、大而空泛的目标。一堂微课的教学目标不宜过多，一般设定一两个目标即可。在确定选题前先进行头脑风暴，将需要讲解的内容缩小到合适的范围，明确具体的主题，然后围绕选题来组织内容与信息化教学设计。重中之重是要以学生为中心来确定选题，即尽量站在学生的角度进行思考，如学生学习的动力是什么、学习的兴趣点在哪里等。有新意、有创意的选题就是好的选题，好的选题是微课成功的一半。

15.2.2 微课的教学策略

微课教学的关键在于教学设计，教学设计的核心是采用什么样的教学策略。教学策略是在教学目标确定以后，根据已定的教学任务和学生的特征，有针对性地选择与组合相关的教学内容、教学组织形式、教学方法和技术，形成的具有效率意义的特定的教学方案（袁振国定义）。

微课的主要特点包括：教学内容属于间接经验；信息是单向传递的；学生是自主学习的。根据微课的特点，选择教学策略的关键应该放在激发学生学习兴趣和促进有意义的学习上。微课常用的教学策略如下。

1. 先行组织者策略

先行组织者是美国教育心理学家奥苏伯尔提出的教育心理学范畴的一个重要概念，它是先于学习任务本身呈现的一种引导性材料，一般可以分为比较性组织者和说明性组织者两大类。比较性组织者与新的教学内容之间是平行的关系，在教学中可以起到类比的作用，能够帮助学生更好地理解新知识，例如，在讲雷达工作原理的时候，就可以用"回音"作为先行组织者。说明性组织者是当前教学内容的上位概念，它具有统摄、概括、包容当前教学内容的作用，例如，在讲等腰三角形的时候，就可以用三角形的概念作为先行组织者。先行组织者在微课教学中起到了链接新旧知识的作用。作为一种教学策略，我们要先呈现先行组织者，再呈现新的教学内容，最后厘清当前教学内容和学生原有认知结构之间的关系，促进新旧知识的融会贯通。

2. 基于问题的教学策略

提出问题是学习的开始，解决问题是学习的最终目标。在自主性学习中，解决问题往往是学生最重要、最直接的学习驱动力。巧妙的提问设计不仅能够有效地激发学生的学习兴趣，而且能够统领教学内容、引导学生的学习思路。在微课教学中可以利用巧妙的提问串联起教学内容，搭建起知识的框架，在提问—分析—回答问题的过程中完成知识的传递。需要注意的是，微课是基于数字媒体来单向传播信息的，不适合双向交流，所以微课教学过程中的提问一般采用自问自答或者与虚拟人物对话的形式。

3. 情境化、案例化、故事化的教学策略

学生都喜欢听故事，因此，在微课教学中使用情境创设、案例分析、讲故事的方法能够较好地吸引学生的注意力。通过讲述故事，巧妙地将教学内容融入其中，整个教学过程充满了故事性，能够取得良好的教学效果。微课通常以视频为载体，而视频非常适合创设情境、展示案例、讲述故事，所以很多教学内容都适合采用情境化、案例化、故事化的教学策略，比如操作规范、文明礼仪、网络安全等。从某种意义上讲，所有的教学内容都可以在现实生活中找到相对应的情境，只要教师用心设计，是不难找到教学内容与现实生活的关联点的。

15.2.3 微课的表现手法

数字媒体主要通过视觉和听觉两条信息通道来传递信息。

1. 视觉信息设计

在视频类教学资源中，通过视觉信号传递的信息量约占总教学信息量的80%。微课中的视觉信息主要包括教学内容的可视化处理和视频画面的艺术性处理两个方面。在教学内容的可视化处理方面，主要任务是把教学信息尽量可视化。视频的优势并非传递抽象的文字信息，而是传递具体、直观的图形、图像信息，特别是连续的、动态的图像信息。因此，将抽象的教学内容转换为具有较强可视性的画面信息，是微课设计的关键环节，也是决定微课质量的重要因素。

我们经常用到的可视化方法有三种。第一种，抽象概念形象化。把各种抽象的概念形象化，发挥视频的优势，帮助学生直观、有效地接收信息。第二种，数字、关系图示化。可以使用一些可视化工具，将枯燥、复杂的数据关系更加直观地呈现出来。还可以巧妙运用类比、比喻的手法来说明数据之间的关系，也会使得信息的呈现显得生动活泼。第三种，信息呈现动态化。深入分析教学内容，挖掘教学信息中的动态元素。针对本身具备动态性特征的教学内容，可以根据教学内容自身的连续变化直接用视频的形式来呈现，比如动作技能类的体育运动、乐器弹奏、手工制作等，以及操作过程类的实验操作、实施过程等，都可以考虑直接用拍摄的方法来制作微课。但一定要注意给画面添加必要的标注和提示符号。针对工作原理、发展历程、迁徙路线等具有隐性动态性的教学内容，可以根据教学内容的主次关系和时间的先后顺序动态地呈现教学信息。针对理论知识、数学解题等没有明显可动性的教学内容，可以根据学生分析问题的思路动态地呈现教学信息。总的来说，我们要把教学信息形象化、图表化、可视化、动态化，充分发挥视频媒介的优势。

2．听觉信息设计

听觉信息主要分为两类：解说词和背景音乐。

解说词是对画面信息的必要解释、说明、提示、补充，而不是对画面文字的简单重复，照本宣科是很容易令人生厌的。一般将解说词按照一定的组织顺序拼接成多个相互关联的组成部分，各组成部分之间有明确的层次结构。通常按照实物陈列的顺序或画面推移的顺序编写解说词。在解说词的录制中要注意语音、语速、语调、节奏、情感等因素的配合，让学生听起来有亲切、自然的感觉。另外，解说词应该注意口语化，要通俗易懂。

好的背景音乐会增强课程的感染力。在选择背景音乐时，一定要考虑音乐的内涵，而且背景音乐和教学内容一定要相匹配，至少不相违背。如果在教学中需要使用几段不同的背景音乐，则要注意主次分明，即以一种音乐为主旋律，首尾呼应；以其他音乐为辅助，穿插使用。但背景音乐过多会显得杂乱。

总而言之，微课设计要充分发挥视频媒介的优势，合理地设计视觉信息与听觉信息，以取得更好的表达效果。

15.2.4 微课的教学设计

微课的教学设计属于信息化教学设计的范畴。信息化教学是指在信息化环境中，教师与学生借助现代教育媒体、教育信息资源和教育技术方法进行的双边活动。其特点是以数字媒体技术为支撑，以现代教育教学理论为指导，强调新型教学模式的构建，教学内容具有时代性和丰富性，教学更适合学生的学习需要和特点。

1．教学设计的要求

（1）明确设计目的。微课作品要做到信息来源可靠，能够传递有效信息；教学内容的表达要准确、传递要有效；教学内容的表述要优雅，要适合学生自学；要突破时空约束，使学生拥有较大的自主空间，适合学生自我掌控，给学生提供良好的学习体验。

（2）遵循教学规律。良好的教学设计应该是循序渐进的，不能跳跃式发展。因此，在教学设计中，要根据不同年龄阶段学生的特点确定教学目标，选用恰当的教学媒体，采用符合学生身心特点的教学策略。

（3）内容言简意赅、科学严谨。教学设计要紧紧围绕在较短时间内运用恰当的教学方法和策略讲清楚、讲透彻一个知识点或技能点，让学生在最短的时间内完全掌握和理解一个有价值的知识点的制作理念，对教学环节、内容、过程等方面进行精确的时间控制，同时对脚本语言进行反复修订，做到内容简洁、精练，有效提高教学效率。

（4）画面和解说词要高度同步。微课最终是以数字媒体的形式呈现给学生的，属于影视艺术的范畴。在微课上用画面来展现教学内容时，画面和解说词要高度同步，这样可以增强画面的真实感，提升视觉感染力，调动学生学习的兴趣、积极性、主动性。

2. 微课的教学结构设计

微课虽然在形式上微小，但教学结构也要完整。微课的教学结构设计一般包括教学导入、教学内容的讲授、练习测评、教学小结4个环节。

（1）教学导入。由于微课的视频长度只有5～10分钟，因此，在设计微课时，教学导入要力求新颖、快速，导入内容要紧凑。常用的教学导入方法有直接导入、旧知导入、情境导入、故事导入、问题导入等。

直接导入又称开门见山式导入，是最简单和最常用的一种导入方法。这种导入方法不用借助其他材料，教师只需概述新课的主要内容及教学程序，明确学习目标和要求，引起学生的思想重视并准备参与教学活动即可。

旧知导入又称温故导入，是通过复习拓宽旧知识，搭建新旧知识的联结点，顺理成章地引出新知识的一种导入方法。它由已知导向未知，过渡流畅、自然，适用于导入前后连贯性和逻辑性较强的知识内容。

情境导入是通过创设具体的、生动的情境，让学生在课堂教学开始时就置身于某种与课堂教学内容相关的情境之中，促使学生在形象、直观的氛围中参与课堂教学的一种导入方法。这种导入方法更有利于激发学生的探究思维和学习兴趣。

故事导入是利用学生都爱听故事的特点，在讲授新知识前，先叙述一个与教学内容紧密联系的故事或生活实例的一种导入方法。这种导入方法既可以避免平铺直叙，达到寓教于趣的效果，也可以激发学生的想象力和提高学生的学习兴趣。

问题导入又称悬念导入，是在课程开端创设带有悬念性的问题，给学生营造一种神秘感，从而激起学生的好奇心和求知欲的一种导入方法。这种导入方法利用悬念激发学生的好奇心，引发学生思考，启迪学生思维，往往能取得事半功倍的效果。

（2）教学内容的讲授。教学内容的讲授要目标明确、突出重点、解决难点。在讲授重点内容时必须做到精而简，力求案例论据充分、准确，不会引发新的问题。教学内容的结构设计要注意巧妙启发、积极引导。

当教学内容之间存在并列关系时，依次讲解即可，如在设计二元一次方程的多种解题方法的微课时，就可以依次讲解各种解题方法的要点；当教学内容之间存在逐层递进的关系时，就要捋清楚知识的逻辑关系，可以采用递进式讲解方法，如在分析生活中的实际问题时，就可以层层深入，从表象一路分析到本质规律；当教学内容之间存在因果关系或情节的展示流程时，就可以采用倒叙式讲解方法，如在故事叙述型微课中，可以先把事件的结局或某个重要片段放在前面讲解，再从事件的开头按事件原来的发展顺序进行叙述。采用倒叙式讲解方法既可以增强微课的生动性，容易产生悬念，引人入胜，也可以避免讲述的平板、单调。

（3）练习测评。在讲完新知识后，可以通过练习测评来进一步帮助学生理解知识或检验学习成果。由于微课具有小而精的特点，因而练习测评部分的试题要经典，既要有覆盖教学新知的基础性，也要有让学生"跳一跳"才能摘到桃子的挑战性。

（4）教学小结。在课程的最后，通过教学小结强调重点、突出难点。好的教学小结可以起到画龙点睛的作用，加深学生对所学知识的印象，减轻学生的记忆负担。教学小结应快速总结前面讲授知识的框架与要点，加深和引导学生对知识点的理解、记忆和应用。

常用的教学小结包括概括式、悬念式、首尾呼应式等。概括式小结是指教师用简短的语言或思维导图的方式归纳、梳理知识点，要做到全面、准确、简明扼要。悬念式小结是指教师结合教学内容，在课程结尾提出具有启发性、趣味性的悬疑问题，激发学生的求知欲望，调动学生的积极性。首尾呼应式小结是指教师根据教学内容，将教学小结设计为与开篇导入时设置的悬念遥相呼应，以此来激发学生的学习兴趣。

15.2.5 微课的脚本设计

依据微课的制作流程，在完成微课的选题及教学结构设计工作后，开始编写脚本，作为制作微课的直接依据。规范的脚本可以提升微课的制作水平。下面讲解如何设计和编写微课的脚本。

1. 文字脚本

文字脚本是按照教学过程的先后顺序，建构起讲授的主线，呈现各个教学内容的层次结构和逻辑关系的文本表现形式，即教学讲稿，也是微视频中的解说词。文字脚本体现了微课的教学设计情况。文字脚本一般由学科教师编写，并由具有较高的学术水平和丰富的教学经验的学科专家进行审核。

1）编写文字脚本的基本原则

（1）结构化。在教学内容讲解上要求逻辑结构清晰，按照一定的组织顺序进行有机的衔接，形成具有明确层次结构的文字脚本。通常我们按照要点序列编写脚本，这样便于组织语言。结构清晰的脚本也便于学生学习。

（2）通俗化。微课是音、视频结合的艺术，教学讲稿应该口语化，通俗易懂、幽默诙谐的讲解更能吸引学生的注意力，更易于学生接受。

（3）情感化。微课的讲解应融入教师的情感元素。带有情感的讲解会使微课具有代入感。情感可根据教学内容来定，激情的讲解可以表达愉快、喜爱的情感，低沉的讲解可以表达神秘、苦闷的情感。

脚本的编写在微课的设计中起着非常重要的作用，它是微课视频制作的蓝本，一份好的脚本是一堂优秀微课的开端。

2）文字脚本案例

《美妙的数学模型》文字脚本

大家好，本堂微课是"美妙的数学模型——一道提高探究能力的三视图好习题"。

首先，我们来看一下题目：一块木板上有三个孔（方孔、圆孔、三角孔），试设计一个几何体，使它能沿三个不同方向不留空隙地通过这三个孔，并画出该几何体的三视图。

在学完三视图后，我们已具备一定的认图与识图能力，对于画出简单几何体的三视图，以及给出三视图还原成实物图都已基本掌握，但是对于这类仅给出一些几何体的信息来探讨其三视图和实物图的问题仍感到困惑，这也是我们学习的难点。

对于题目中的信息"几何体能沿三个不同方向不留空隙地通过三个孔"，可以将其理解成从三个角度来看几何体的投影图形。

三个投影图形分别是正方形、圆形、三角形，即几何体大略的三视图。其他的边界轮廓不能在这些图形中反映出来。下面我们通过这三个投影图形大致想象，它会是一个什么样的几何体呢？先观察前两个投影图形，会想到它大概是一个什么样的几何体呢？对了，有的同学已经想出来了，是圆柱体，它可以不留空隙地通过前两个孔。那它能够通过第三个孔吗？我们注意到，它是不能通过第三个孔的，怎么办呢？我们发现三角形的底与圆的直径是相等的，那么这个圆柱体的底部是能够通过第三个孔的底部的，但是上面无法通过。我们能否将几何体进行适当的变形，以满足我们的要求呢？有的同学已经想出来了，是不是只需要将几何体的上面部分截成三角形就能够得到我们需要的几何体呢？

下面我们来看看这个几何体是否能沿三个不同方向通过这三个孔。如果能，那么这便是我们需要的几何体。我们看到它首先不留空隙地通过了第一个方孔，紧接着不留空隙地通过了第二个圆孔，最后不留空隙地通过了第三个三角孔，这真是一个非常漂亮的几何体。

下面我们画出该几何体的三视图。我们看到三视图与开始的三个投影图形是基本一致的，并反映出了其他的边界轮廓。

在处理这类问题的时候，大家需要注意两个方面：第一，在由三视图还原实物图时要注意观察，想象图形与几何体之间的联系，一般采用的思路是先选择两个图形想象出一个大概的几何体，再将这个几何体进行变形以满足第三个图形的要求；第二，在由简单几何体画三视图时要注意三个投影图形的位置，以及实线和虚线的用法。

这道习题在教材中出现过，在知识上，它对我们所学的画出简单几何体的三视图和给出三视图还原成实物图的知识进行了整合；在能力上，它提高了学生的空间想象能力及探究能力。这不失为一道好题。

谢谢大家。

2．模板式脚本设计

1）脚本模板

《　***　》微课脚本设计

录制时间：　　　　　　　　　　　　　　　　　　　　　　　微课时长：

微课名称	
知识点来源	□学科：　　　年级：　　　教材：　　　章节：　　　页码： □不是教材上的知识，自定义：
基础知识	在学习本微课之前需要了解的知识：
教学类型	□讲授型　□问答型　□启发型　□讨论型 □演示型　□实验型　□表演型 □自主学习型　□合作学习型　□探究学习型 □其他
设计思路	
教学过程	
讲稿内容	画面	时间
片头（20秒以内）	您好，这堂微课重点讲解	第__张PPT	（20秒以内）
教学内容（5分钟左右）		第__张PPT	秒
		第__张PPT	秒
		第__张PPT	秒
梳理总结（60秒以内）		第__张PPT	秒
片尾（20秒以内）	感谢您认真听完这堂微课	第__张PPT	（20秒以内）
教学反思 （自我评价）	

2）模板式脚本实例

《美妙的数学模型》微课脚本设计

录制时间：2021 年 7 月 1 日　　　　　　　　　　　　　　　　　　　　　　　　　　　　　　　微课时长：6 分钟

微课名称	美妙的数学模型——一道提高探究能力的三视图好习题			
知识点来源	学科：数学　年级：高一　教材：按照课程标准设计，适合各版本教材 章节：必修 2 第 1 章第 3 节（三视图）			
基础知识	简单几何体的三视图，由三视图还原实物图			
教学类型	探究学习型			
设计思路	在学完组合体的三视图后，教材从逆向思维的角度对这两节内容进行了有机的结合，使学生认图、识图的空间想象能力有了一定的提高，但对于如何利用三视图和实物图解决问题仍感到困惑，因此我们制作了本堂微课			
教学过程				
	讲稿内容		画　　面	时　　间
片头 （20 秒以内）	大家好，本堂微课是"美妙的数学模型——一道提高探究能力的三视图好习题"		第 1 张 PPT	20 秒以内
教学内容 （4 分 20 秒左右）	1. 导入 　首先，我们来看一下题目：一块木板上有三个孔（方孔、圆孔、三角孔），试设计一个几何体，使它能沿三个不同方向不留空隙地通过这三个孔，并画出该几何体的三视图。 　在学完三视图后，我们已具备一定的认图与识图能力，对于画出简单几何体的三视图，以及给出三视图还原成实物图都基本掌握，但是对于这类仅给出一些几何体的信息来探讨其三视图和实物图的问题仍感到困惑，这也是我们学习的难点		第 2 张 PPT	1 分钟以内
	2. 点拨 （1）对于题目中的信息"几何体能沿三个不同方向不留空隙地通过三个孔"，可以将其理解成从三个角度来看几何体的投影图形。 （2）通过这三个投影图形大致绘制出几何体		第 3 张 PPT	2 分 20 秒以内
	3. 展示 　利用 Flash 动画展示几何体		第 4 张 PPT	1 分钟以内
梳理总结 （1 分钟以内）	4. 分析 （1）在由三视图还原实物图时要注意观察，想象图形与几何体之间的联系，一般采用的思路是先选择两个图形想象出一个大概的几何体，再将这个几何体进行变形以满足第三个图形的要求。 （2）在由简单几何体画三视图时要注意三个投影图形的位置，以及实线和虚线的用法		第 5 张 PPT	1 分钟以内
片尾 （20 秒以内）	点评：这道习题在教材中出现过，是一道好题，既能对所学知识进行整合，又可以提高学生的空间想象能力及探究能力		第 6 张 PPT	20 秒以内
教学反思 （自我评价）	当学生学到三视图这一节时，学习内容已经有了一定的深度与难度。对于那些不喜欢三视图的学生，关键是要消除他们的畏难情绪。本堂微课设计了美妙的几何模型，通过精彩的动画展示，让学生在直观的环境下轻松地学习，效果非常好			

15.3　录屏式微课制作

　　录屏式微课是指通过录屏软件录制计算机屏幕或其他设备屏幕上呈现的教学内容与过程，同步录制教师在计算机屏幕或其他设备屏幕上演示的内容和讲解操作过程，并同步录制讲解声音或旁白，最终生成视频或网页格式的文件。

　　这种制作微课的方法简单实用、画面清晰；在录制过程中，教师一般不需要出现在画面中，其注意力更加集中于教学过程；可操作性强，可以充分体现多媒体的优势；生动的教学视频及形象的图片、动画不仅可以增加知识的趣味性，还可以提高学生的学习积极性，帮助学生更好地理解和接受新知识。录屏式微课更适合录制以语言阐述、知识讲授为主的教学内容。

15.3.1 录屏式微课的一般制作流程

录屏式微课的制作首先要进行选题，根据教学选题形成文字脚本，由教学讲稿可以生成微课的拍摄脚本；然后根据脚本的画面设计收集文本、图片、音频、视频等素材，制作成相应的教学课件；最后通过录制屏幕生成教学视频，通过后期编辑给视频添加字幕，渲染合成。一般制作流程如图 15-1 所示。

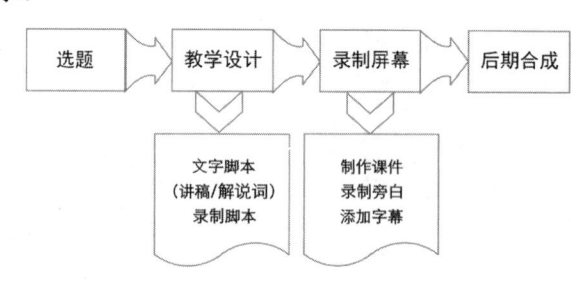

图 15-1　录屏式微课的一般制作流程

15.3.2 常用的录制方法

根据录制设备的不同，录屏式微课主要有两种录制方法。

1．移动设备录屏法

录制需要的设备有手机或平板电脑，并安装录屏 App，以设备内录的方式录制移动设备播放的教学内容。

操作方法：首先在移动终端开启录屏 App 和需要展现的教学内容；然后录制教学内容的演示过程；最后输出视频格式的文件。

2．计算机录屏法

录制需要的设备有计算机、麦克风、摄像头，通过 EV、Camtasia Studio 等录屏软件同步或异步录制计算机屏幕上呈现的画面和音频，最终导出视频成品。这种录制方法简单、快捷，成本低，可操作性强，普及率高。

计算机录屏法从应用广度上可细分为书写录屏法和 PPT 录制法。书写录屏法是指使用计算机手写板等硬件工具配合书写类软件如 Small Store 等进行解说与书写，用录屏软件录制解说与书写过程。PPT 录屏法是指使用 PowerPoint 作为教学内容的呈现载体，使用录屏软件录制其演示过程。PPT 录屏法的优点是操作简单、画面清晰，可以充分发挥 PowerPoint 的优势，可以添加丰富的图文声像资源和动感的动画效果。

15.3.3 常用的录屏软件及其特点

录屏的全称是"录制屏幕"，即采用数字方式录制计算机屏幕输出的视频，也被称为屏幕视频捕获，常含音频旁白，可使视频更具吸引力，主要用于视频图像和教学视频的制作。下面介绍几款常用的录屏软件。

1. Microsoft Office PowerPoint

Microsoft Office PowerPoint（以下简称 PowerPoint 或 PPT）是一款简易的录屏软件。从 PowerPoint 2013 开始，微软便在其中加入了屏幕录制功能。只要在计算机中安装了 PowerPoint 2013 及以上版本，就可以在其中直接使用屏幕录制功能。

本教程以 PowerPoint 2021 为例。单击"插入"选项卡"媒体"功能区中的"屏幕录制"按钮，如图 15-2 所示，打开"屏幕录制"面板，如图 15-3 所示，其中包括录制、时间、选择区域、音频、录制指针 5 个功能选项。

图 15-2　单击"屏幕录制"按钮

图 15-3　"屏幕录制"面板

在默认情况下，PowerPoint 自动录制音频和鼠标指针。如果用户不想录制音频和鼠标指针，则可以通过单击"音频"和"录制指针"按钮将其关闭。单击"选择区域"按钮，拖动十字光标确定要录制的屏幕区域。可以录制的最小区域为 64 像素×64 像素。在确定录制区域后，单击"录制"按钮开始录屏。录制结束后，视频会直接插入 PPT 的当前工作页面中，用鼠标右键单击视频框，可以另存屏幕录制内容，如图 15-4 所示，或者对视频进行裁剪和简单的样式编辑。

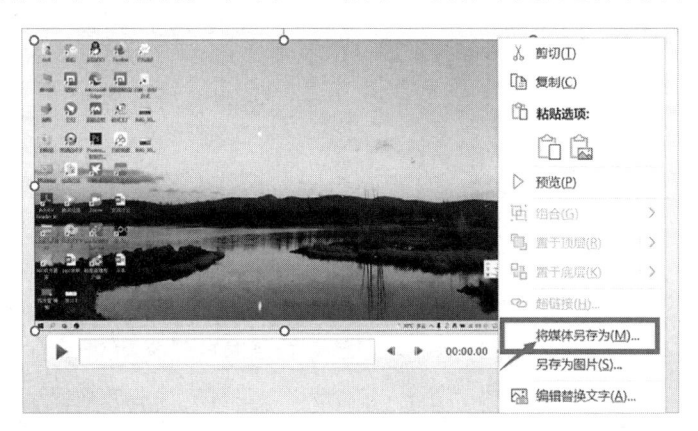

图 15-4　另存屏幕录制内容

2. Windows 10 系统自带的录屏程序

按 Windows+G 组合键，即可唤醒 Windows 10 系统自带的录屏程序，实现屏幕录制。该程序兼具屏幕截图功能，视频输出格式为 MP4，视频画质中等，视频文件较大，切换程序后录屏操作自动终止。

3. EV 录屏软件

EV 录屏软件支持添加"文字水印"和"图片水印",支持"录制存盘"和"本地直播",支持"定时录制",支持"麦克风""仅系统音"等多种音频录制,支持桌面"任意选区"录制与"全屏"录制,支持嵌入摄像头,可开启悬浮,支持"分屏录制",能够同时录制图片、摄像头、计算机桌面。视频画质清晰,收音效果好,最终生成的视频文件很小,便于发送和上传。其缺点是不能在软件内执行剪辑视频和添加字幕等操作,但可下载"EV 剪辑"软件对视频进行后期编辑。

4. 万彩大师录屏软件

万彩大师是国内功能较全面的一款录屏软件,具备屏幕录制、视频编辑、后期加工等众多功能,还可以添加动画人物解说角色及各种动画特效。目前,此软件分免费版本和收费版本,其中免费版本录制的视频画质清晰,制作工具全面,但功能和素材相对较少,生成的视频文件也较大,在网络上传输较困难。

5. Camtasia Studio

Camtasia Studio 也是一款功能强大的录屏软件,它除具备上述基本功能外,还可对录制的视频进行剪辑,如删减视频片段、调节音量大小、修改出错的配音和画面、添加片头和片尾、添加标注和字幕等,是一款非常专业的录屏软件。其录制的视频画质清晰、重点突出,但生成的视频文件较大,运行时需要的内存也较大,如果计算机配置较低,则可能会出现视频卡顿或无声音等问题。

每款录屏软件都有各自的优缺点,建议大家选择能够满足录制需求的录屏软件即可,没有必要选择功能最强大的录屏软件。

15.3.4 录屏注意事项

在录屏时有以下几点注意事项。

(1)检查教学媒体。通常大家使用的教学媒体都是 PPT 演示课件,要确保演示课件的准确无误,否则会影响录制进程。

(2)在录制前要反复研读讲稿,熟悉教学内容;在录制时要保证内容缜密、易于理解,并且要合理地控制录制用时。

(3)注意讲稿内容的可视化处理,即讲稿媒体化的过程。可以先将大段文本提炼成简练的语句,再提取语句中的关键词,最后利用 SmartArt 将其转化为图形,即可实现讲稿内容的可视化。

(4)在录制讲稿时,建议以段为单位,以方便后期剪辑。通常录制时的语速应保持在每分钟 160~230 字。由于微课视频可以反复观看,所以录制时的语速可以适当加快,保持在每分钟 200 字左右即可。

(5)要避免生硬式的照稿宣读,旁白尽量口语化并富有感情,可以适当添加幽默诙谐的解说,这样可以激发和调动学习者的学习兴趣。

(6)录制环境的设置。要选择安静的地方录制,避免杂音的干扰。在录屏过程中,不仅要注意摄像头画面的光线是否充足(光线灰暗会影响视频的观看效果),还要注意摄像头的角度和位置。

(7)在播放课件时要注意鼠标指针的位置,不可乱晃鼠标指针。

15.3.5　PowerPoint 录屏式微课制作

在当前中小学教学中，使用 PowerPoint 制作教学辅助课件来突破教学重、难点，仍是比较常见的微课制作方法。因此，通过给 PowerPoint 课件添加旁白，设置排练计时，直接发布为微课视频，是一种制作简单、易于上手操作的实用方法。

本小节采用 PowerPoint 录屏方式制作《大卫，不可以》绘本故事，封面效果如图 15-5 所示。

图 15-5　绘本故事《大卫，不可以》封面效果

1. 制作课件

具体操作步骤如下。

第一步，创建课件框架。启动 PowerPoint 2021，单击"插入"选项卡"图像"功能区中的"相册"按钮，在弹出的下拉列表中选择"新建相册"选项，创建相册。"相册版式"选项组中的"图片版式"选择"一张图片（带标题）"，"相框形状"选择"矩形"。

第二步，添加故事文本。为每页 PPT 添加故事文本，可以作为后期录制旁白时的提词器使用。

第三步，调整图片质量。调整各页图片的质量，如调整图片的形状、去除多余的水印信息、使图片自然地与页面融合等。还可以适当进行图片效果处理。

第四步，保存为"大卫不可以.pptx"。课件整体效果如图 15-6 所示。

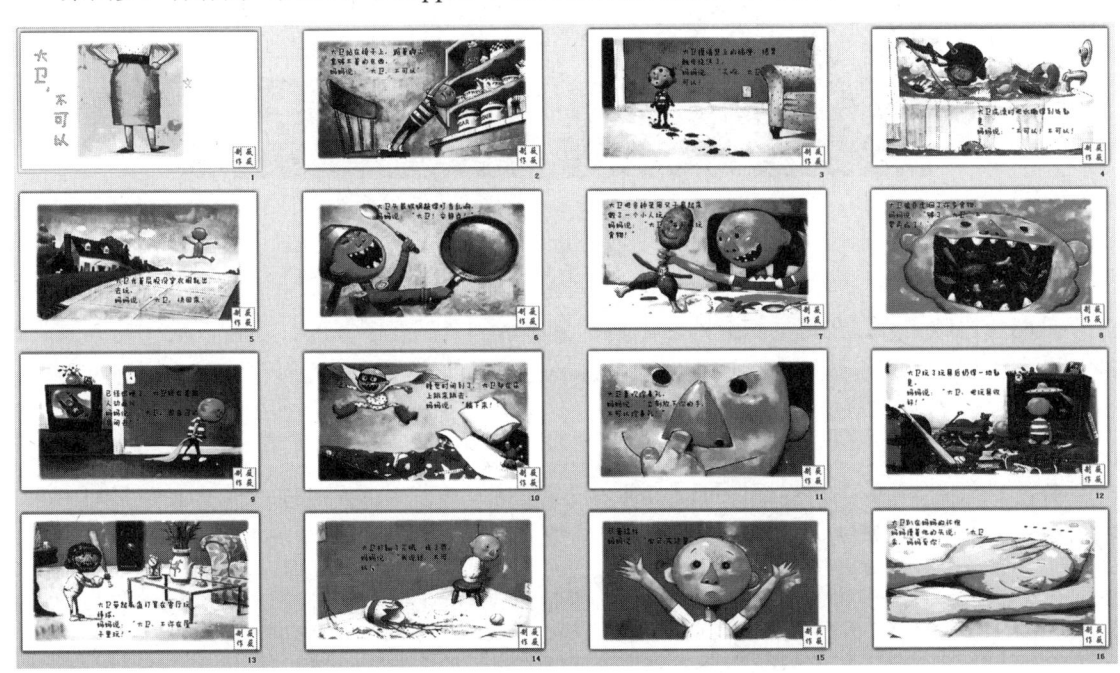

图 15-6　《大卫，不可以》课件整体效果

2. 录制旁白

具体操作步骤如下。

第一步，前期准备。在录制旁白前，准备好《大卫，不可以》绘本故事的文字脚本。

第二步，调试课件。试着播放课件查看效果。此时不要添加"页面切换"效果及对象动画，"换片方式"选择"单击鼠标时"。

第三步，开始录制。

（1）单击"幻灯片放映"选项卡"设置"功能区中的"录制"按钮，如图15-7所示。

图15-7　单击"录制"按钮

（2）进入演示文稿的录制模式，如图15-8所示。

❶单击"设置"按钮，在弹出的下拉列表中选择打开麦克风，也可以单击界面右下角的麦克风按钮和摄像机按钮切换打开和关闭状态。

❷如果在讲解过程中需要添加标注，则可以在界面下方选择一种笔的样式并进行颜色设置。

❸单击"录制"按钮，开始对照文本配置解说。在完成本页的录制后，可以单击"进入下一张幻灯片"按钮，继续下一页旁白的录制。在录制过程中，在界面左下角会显示两个时间，前者记录的是当前幻灯片的排练时间，后者记录的是作品整体的排练时间。

图15-8　演示文稿的录制模式

3. 音频处理

录制旁白结束后，在每页幻灯片右下角都会显示一个声音图标。但是，录制的旁白或多或少存在由环境噪声引起的杂音过大或音量过小、前后的空白较长等问题。有两种解决办法：一是在PPT中进行简单处理；二是导出旁白，使用外部音频软件进行处理后重新插入PPT中。

（1）在PPT中进行简单处理。

❶调节音量大小。单击幻灯片页面右下角的图标，在弹出的播放条上单击播放按钮，可以播放旁白；单击音量喇叭图标，会弹出音量控制条，可以调节旁白音量的大小，如图15-9所示。

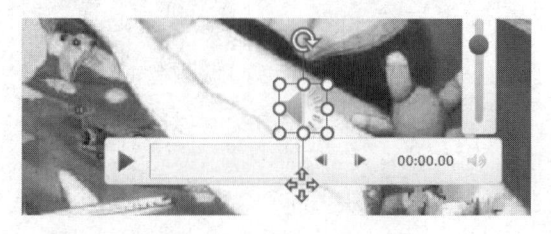

图15-9　音频图标及播放条

❷剪裁音频。单机"播放"选项卡"编辑"功能区中的"剪裁音频"按钮，如图15-10所示。

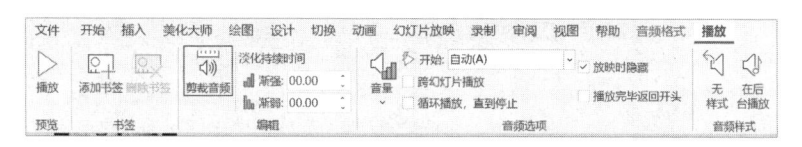

图 15-10　单击"剪裁音频"按钮

弹出"剪裁音频"对话框，如图 15-11 所示，通过设置绿色的开始时间滑块和红色的结束时间滑块，可以对旁白进行剪裁。

（2）使用外部音频软件进行处理。

❶导出旁白。先将录制好旁白的作品保存，将其扩展名.pptx 更改为.rar，然后解压该文档，如图 15-12 所示。打开解压后的 PPT 文件夹下的 media 文件夹，可以看到作品中的图片、声音、视频等所有素材。

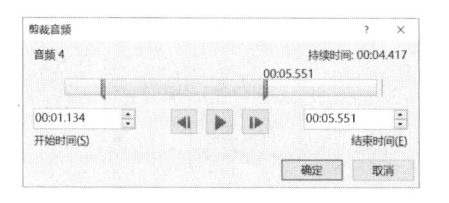

图 15-11　"剪裁音频"对话框

图 15-12　导出作品素材

❷使用 Cool Edit Pro 或 Adobe Audition 对旁白进行降噪、调节音量、设置音效等处理。

❸将处理后的旁白分别插入各页幻灯片中。注意音频在动画列表中的位置及音频开始方式的设置。

4．声画同步

具体操作步骤如下。

第一步，给文本添加进入动画。选择页面中的文本，单击"动画"选项卡"高级动画"功能区中的"添加动画"按钮，在弹出的动画列表中选择"进入"动画中的"擦除"效果，在"效果"选项卡中，"方向"选择"自左侧"，"动画文本"选择"按字母顺序"，字母之间延迟百分比设置为 10%，如图 15-13 所示。

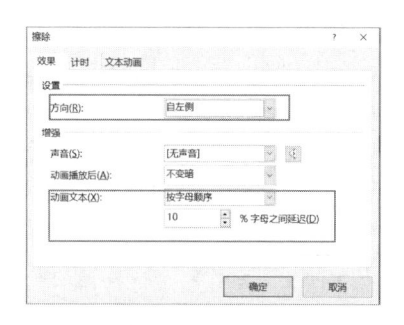

图 15-13　文本"擦除"效果的设置

第二步，给旁白添加书签。

❶单击页面中的声音图标。

❷播放旁白，找到音频的起始点。

❸单击"播放"选项卡"书签"功能区中的"添加书签"按钮，完成书签的添加，如图 15-14 所示。

图15-14　给旁白添加书签

第三步，给文本动画设置书签触发器。

❶打开动画窗格。

❷选择动画列表中的"文本框6"动画项。

❸单击"动画"选项卡"高级动画"功能区中的"触发"按钮，在弹出的下拉列表中选择"通过书签"→"书签1"选项，如图15-15所示。

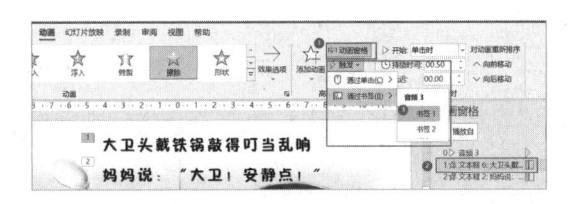

图15-15　给文本动画设置书签触发器

第四步，设置声画同步。所谓声画同步，就是文字出现的时长与旁白的时长一致。

在制作过程中需要注意旁白开始方式的设置。如果在播放幻灯片时旁白开始的时间设置为自动，那么什么时候开始可以通过延迟时间来确定。

5. 导出视频

有两种导出视频的方式：第一种是选择"文件"→"另存为"命令，注意保存类型选择为视频格式；第二种是选择"文件"→"导出"→"创建视频"命令，如图15-16所示，在"创建视频"设置区中单击"创建视频"按钮。

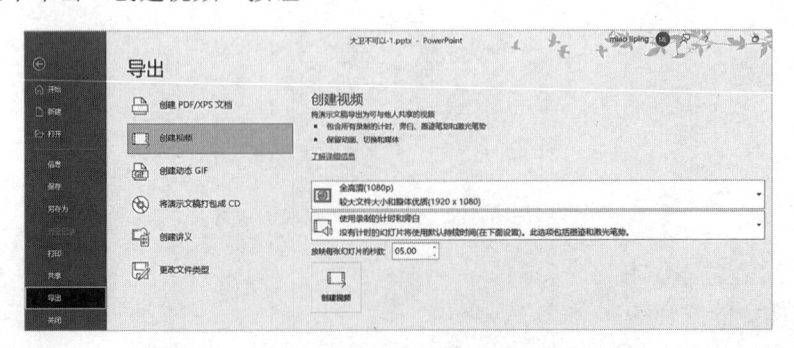

图15-16　导出视频

这两种方式的区别在于，第一种方式没有参数设置，只能存储为固定质量和放映时间的视频；第二种方式可以选择导出超高清（4K）、全高清（1080p）、高清（720p）和标清（480p）4 种不同质量的视频，还可以使用录制的计时和旁白。

6. 视频处理

在 PowerPoint 中只能对视频进行简单的编辑，如果要对视频进行专业的删除、组接、转场、添加背景音乐和片头片尾处理，则仍需要使用专门的视频编辑软件。

15.3.6 Camtasia Studio 录屏式微课制作

录屏式微课的制作核心是先使用录屏软件对展示教学内容的画面和音频采用同步或异步的方式进行录制，后期再进行合成。录屏软件有很多，本小节使用 Camtasia Studio 制作《声音播放进度提示动态效果》课件。

1. 录制前期准备

录屏式微课的制作包括前期准备、中期制作和后期合成发布三部分内容。前期准备指确定选题，制作教学课件或媒体，编写讲稿解说词；中期制作指依据教学课件或媒体进行录屏和录制旁白；后期合成发布指进行视频的编辑合成。

Camtasia Studio 是由美国 TechSmith 公司出品的屏幕录像和编辑软件套装，它同时包含强大的屏幕录像（Camtasia Recorder）、视频的剪辑和编辑（Camtasia Studio）两大功能。使用这款软件可以轻松地解决录屏、配音和后期合成发布问题，具有输出视频画面清晰、程序占用内存较小、输出文件较小等优点。

在使用 Camtasia Studio 进行录屏前，要做好录制环境的调试。一是准备好相关录制设备，如麦克风、监听耳机等。如果用户使用的是带有音/视频设备的笔记本电脑，则也要在录制前调试好机器自带的麦克风和摄像头。二是设置声音属性。

（1）清理计算机桌面。关闭与教学无关的、浮动的应用图标，保持计算机桌面的干净、美观，同时降低系统资源占用率。

（2）调整屏幕的分辨率。如果视频录制的屏幕分辨率要保持 16∶9 的画幅，则建议将计算机的分辨率设置为 1280 像素×720 像素；如果视频录制的屏幕分辨率要保持 4∶3 的画幅，则建议将计算机的分辨率设置为 1024 像素×768 像素。

（3）设置和测试麦克风。建议使用 USB 接口的麦克风。在连接计算机后需要进行音频设置。

❶用鼠标右键单击计算机桌面右下角的图标，在弹出的快捷菜单中选择"声音"命令。

❷弹出"声音"对话框，切换至"录制"选项卡。

❸用鼠标右键单击录制设备，在弹出的快捷菜单中选择"启用"命令启用联机的麦克风，启用后在图标的下方会有绿色选中的标记，右侧的电平指示屏会显示当前启用的麦克风的音量，如图 15-17 所示。

图 15-17 计算机音频设置

（4）准备好录制用的课件或媒体。
（5）准备好文字脚本，即教学讲稿。

2. 文字脚本

《声音播放进度提示动态效果》文字脚本

同学们好，本节课我们一起来学习《声音播放进度提示动态效果》，下面看一下案例效果的演示。我们开始《声音播放进度提示动态效果》案例的制作。

（1）创建一个新的演示文稿，将幻灯片的版式更改为"标题和内容"。

（2）用图片填充幻灯片背景。

（3）在标题占位符位置单击，输入标题文本"学唱歌曲-两只老虎"。

*单击"形状格式"选项卡，为标题文本应用艺术字样式。

*选择字体为"方正毡笔黑简体"。

*按住 Ctrl 键，调整标题占位符的宽度。

*单击"开始"选项卡，将段落对齐方式更改为"分散对齐"。

（4）在文本列表占位符中输入歌词。

*选择文本列表占位符，取消文本前面的项目符号显示。

*单击"开始"选项卡，设置文本段落行距为"两倍行距"。

*将字体更改为"方正华隶简体"，将字号更改为28号。

（5）插入《两只老虎》歌曲。

*选择"插入"→"音频"→"文件中的音频"命令，选择《两只老虎》歌曲。提示：如果选择"链接到文件"命令，那么歌曲将以外部文件形式与演示文稿相链接，必须执行打包操作后才能在其他计算机上正确播放。本案例选择插入方式，歌曲将被插入演示文稿内部，无论在什么情况下都能正常播放歌曲。

*调整声音图标的大小和位置。

*单击"音频格式"选项卡，调整声音图标的颜色。

*单击声音播放条中的播放按钮，预览声音。

*设置声音的播放属性。插入的声音在默认情况下是通过单击播放的。使用这种方法设定声音开始方式，在放映演示文稿时，必须通过单击播放条中的播放按钮来实现声音的播放或暂停。也可以通过单击声音图标来实现声音的播放或暂停。

*按 Esc 键退出幻灯片放映视图。

如果你希望在放映演示文稿时自动播放声音，那么必须将声音的开始方式设置为"自动"。

如果幻灯片中的其他对象包含自定义动画，则必须打开动画窗格，将播放声音的动画调整到动画列表的顶端。

（6）参考案例，制作歌词的播放进度提示动画。

*绘制歌词的播放进度提示矩形。

*单击"插入"选项卡，在形状列表中选择矩形，在歌词上拖动鼠标绘制恰好覆盖歌词的矩形。

*自动填充颜色方案中的颜色，更改颜色。可以在形状样式库中选择形状样式；也可以单击"形状填充"按钮更改颜色；还可以通过调整颜色方案更改颜色，单击"设计"选项卡，选择"颜色"，可以看到当前的颜色方案为"活力"，可以更改为"穿越"。

*选择绘制的矩形，单击"形状格式"选项卡，打开形状样式库，选择"浅色1轮廓，彩色填充-金

色，强调颜色3"。

＊在矩形上单击鼠标右键，将矩形置于底层。

＊适当调整矩形的高度和宽度，也可以通过"格式"选项卡中的大小命令组精确调整矩形的高度和宽度。

这样，第一句歌词的播放进度提示矩形就绘制完成了。

（7）为矩形添加动画。

＊选择矩形。注意，一旦取消了对矩形的选择，再次选择矩形时就会比较困难，因为矩形现在位于文本列表占位符的内部，在矩形上单击时，会出现文本输入提示光标。

有两种方法可以选择矩形：一种方法是将鼠标指针放到矩形之外，拖动鼠标框选；另一种方法是打开"选择"窗格，在其中双击"矩形13"，将其命名为"歌词1"，然后关闭"选择"窗格。

＊下面给矩形添加动画。确认已经选中了"歌词1"矩形。

＊单击"动画"选项卡，在"进入"动画中选择"擦除"效果，在"效果"选项卡中，将"方向"设置为"自左侧"。

＊确认打开动画窗格，添加的动画默认的开始播放方式是"单击鼠标时"，也就是在放映演示文稿的时候，无论在屏幕的哪个位置单击都会播放这个动画，而本案例的要求是必须在歌曲播放到对应的歌词位置时才能出现歌词播放进度提示动画。为了达到这一要求，我们可以为歌曲添加音频书签，通过音频书签触发器实现动画效果。

（8）添加音频书签和音频书签触发器动画。

＊单击插入的声音图标，单击"播放"选项卡，打开"书签"功能区，然后在每句歌词的开始位置定义一个音频书签。

＊下面就来为本歌曲添加书签。

首先，定义第一句歌词的书签。播放预览，在第一句歌词开始的位置暂停，然后添加书签。播放，暂停，添加书签1（提示：选择添加的书签，然后单击"播放"选项卡中的"删除书签"按钮即可删除该书签）；继续播放，暂停，在第二句歌词开始的位置添加书签2；继续播放，暂停，添加书签3；继续播放，暂停，添加书签4，书签定义结束。

＊接下来制作书签触发器动画。由于"歌词1的播放进度提示矩形"动画是在音频播放到书签1的位置时出现的，所以在动画窗格中选择"歌词1"动画，将"书签1"定义为它的触发器即可。单击"动画"选项卡"高级动画"功能区中的"触发"按钮，在对象列表中选择"书签1"（提示：书签触发器动画用于制作与声音同步播放的歌词、情景图片等动画，如制作歌曲MV等），这样就会出现书签1的触发器动画，当播放到书签1位置时就会触发播放"歌词1的播放进度提示矩形"动画。

＊接下来调整歌词的动画持续时间。第一句歌词的动画持续时间大约为3.5秒，所以需要将歌词播放进度提示动画的持续时间更改为3.5秒。放映演示文稿，预览效果。按Esc键退出。

（9）其他三句歌词的动画可以通过复制第一句歌词的动画得到。操作如下：

＊选择第一句歌词的矩形，然后连续按Ctrl+D组合键三次，复制三个矩形，将这三个矩形分别放到对应的歌词上，分别调整宽度，高度不变，然后将矩形置于底层。框选所有的矩形，设置为左对齐、纵向分布。

＊接下来设置歌词书签触发器动画。由于其他三句歌词的动画是通过复制第一句歌词的动画得到的，所以名称相同，既可以通过选择歌词的方法来区分，也可以为不同的歌词动画重新命名。选择第二句歌词的动画，打开"选择"窗格，将其命名为"歌词2"。使用同样的方法将第三句歌词的动画重命名为"歌词3"，将第四句歌词的动画重命名为"歌词4"。关闭"选择"窗格。

在动画列表中选择"歌词2"动画，为其添加书签触发器"书签2"。

在动画列表中选择"歌词3"动画,为其添加书签触发器"书签3"。

在动画列表中选择"歌词4"动画,为其添加书签触发器"书签4"。

由于歌曲节拍不变,所以其余三句歌词的动画持续时间与第一句歌词的动画持续时间完全相同,都是3.5秒,不需要更改。放映演示文稿,预览效果。

由于只有当前播放的歌词才需要显示播放进度提示动画,所以需要进一步编辑动画属性。按住 Ctrl 键,在动画窗格的动画列表中选择所有的歌词动画,在"效果"选项卡"增强"选项组的"动画播放后"下拉列表中选择"播放动画后隐藏"选项,单击"确定"按钮。放映演示文稿,预览效果。

本案例就讲解到这里。

3. Camtasia Studio 录屏

下面利用 Camtasia Studio 中的 Camtasia Recorder 录屏生成视频。课件最终效果如图 15-18 所示。

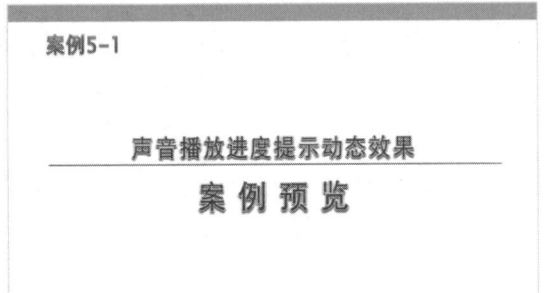

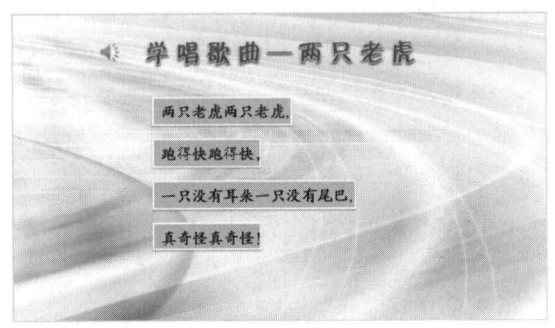

图 15-18 《声音播放进度提示动态效果》课件最终效果

微课视频效果如图 15-19 所示。

图 15-19 《声音播放进度提示动态效果》微课视频效果

具体操作步骤如下。

第一步,前期准备。准备好教学用的文字脚本,安装所需应用软件,进行计算机的音/视频设置,准备并调试录音用设备。

第二步,打开 PowerPoint,新建空白演示文稿,另存为"声音播放进度提示动态效果.pptx"。

第三步,启动 Camtasia 录像器。

启动 Camtasia Studio,进入程序主界面,如图 15-20 所示。单击左上角的 录制(R) 按钮,打开录制界面,如图 15-21 所示。

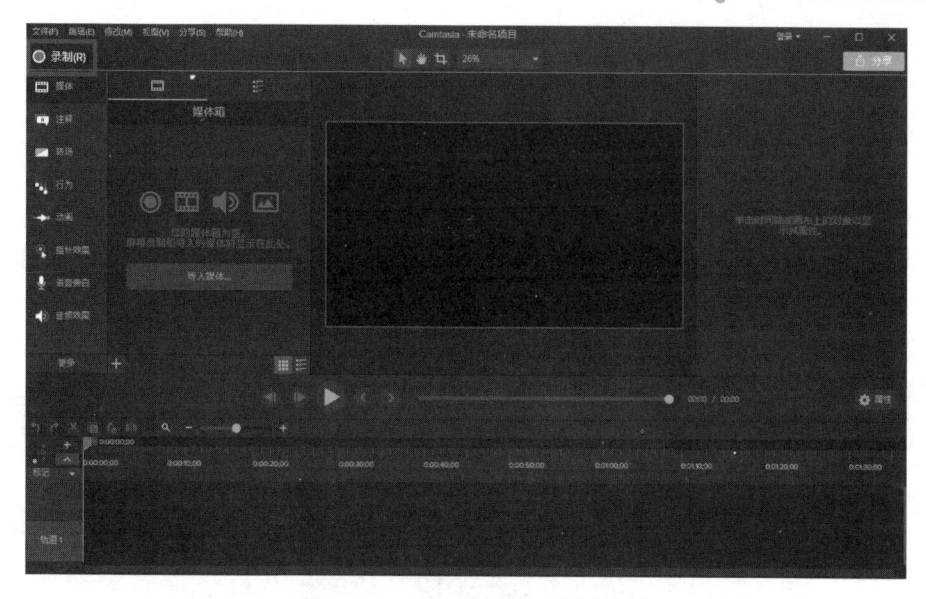

图 15-20　Camtasia Studio 主界面

图 15-21　Camtasia Studio 录制界面

设置录制区域。在"选择区域"区域中单击"全屏"或"自定义"按钮，在屏幕上会出现 8 个控制点和边界虚线，将鼠标指针移至相应的位置，可以调整录制区域，如图 15-22 所示。本案例的录制区域选择全屏。

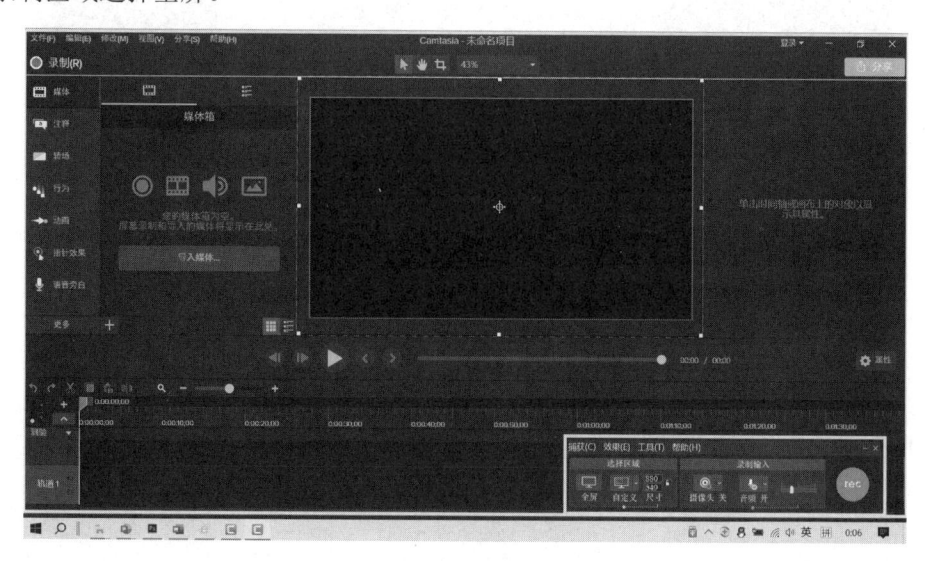

图 15-22　设置录制区域

设置麦克风和摄像头。在"录制输入"区域中可以设置麦克风和摄像头。如果不需要录制麦克风的声音，则可以选择"不录制麦克风"选项；如果需要录制系统自带的声音或课件中的声音，则可以选择"录制系统音频"选项，录制后在汇总时间轴上会占用一条轨道。建议在后期编辑时再添加背景音乐。由于本案例要一边演示操作过程一边录制旁白，因此，单击"音频"按钮右侧的下拉按钮，在弹出的下拉列表中选择"麦克风（Realtek Audio）"选项，如图15-23左图所示。

如果要呈现教师的讲授画面，则可以单击"摄像头"按钮右侧的下拉按钮，在弹出的下拉列表中选择开启摄像头选项，如图15-23右图所示。录制后的摄像头形成的画面会单独生成一条视频轨道，可以单独编辑，如果用户觉得效果不理想，则可以随时删除。

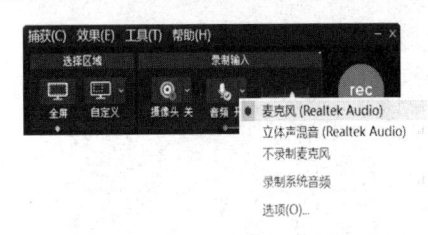

图15-23 设置麦克风和摄像头

第四步，开始录制。打开PowerPoint，进入编辑界面，打开"声音播放进度提示动态效果.pptx"演示文稿，进入首页放映模式。单击 rec 按钮或者按F9键开始录制，在界面中会出现如图15-24所示的开始录屏倒计时提示框。

在录屏过程中，可以按F9键暂停录制，录屏结束后按F10键终止，会直接进入Camtasia Studio的工作界面，如图15-25所示。

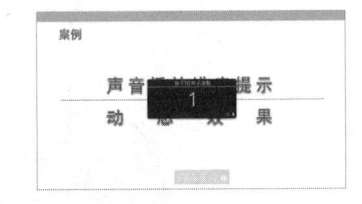

图15-24 开始录屏倒计时提示框

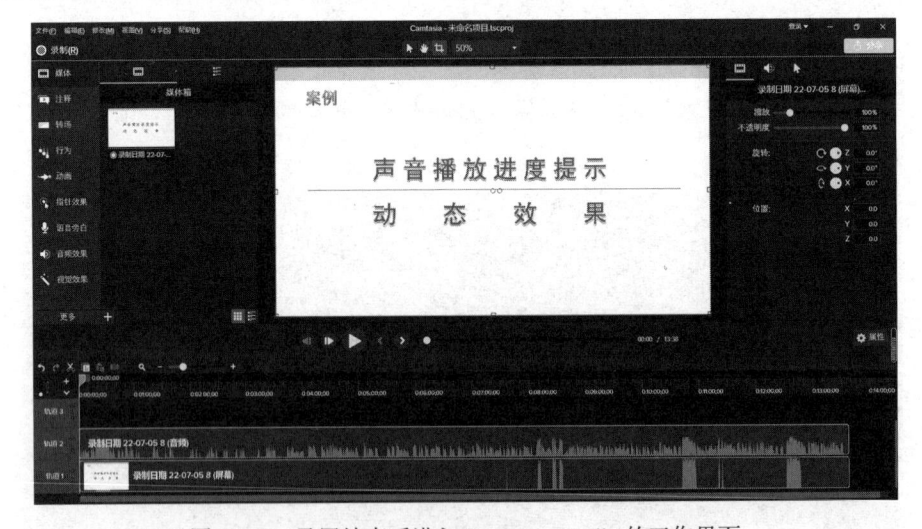

图15-25 录屏结束后进入Camtasia Studio的工作界面

Camtasia Studio的工作界面由时间轴、功能区、素材区、预览区、属性区五部分组成，如图15-26所示。时间轴以轨道的形式呈现，轨道可以承载视频、音频、图片、文字、标注等媒体类型。当前"轨道1"中导入的是录制的视频及系统声音；"轨道2"中导入的是课程讲授过程中录制的旁白。时间轴中的轨道高低是有优先顺序的，上面的轨道素材会覆盖下面的轨道素材。功能区中包含媒体、注释、转场、行为、动画、指针效果、语音旁白、音频效果、视频效果、交互式功能和字幕11个功能项，通过这些功能项可以实现视频的剪辑与特效的处理。选择某一功能项，在素材区中就会联动出现相应的功能设置素材，在属性区中则显示当前鼠标指针所在视频的相关功能的属性设置。

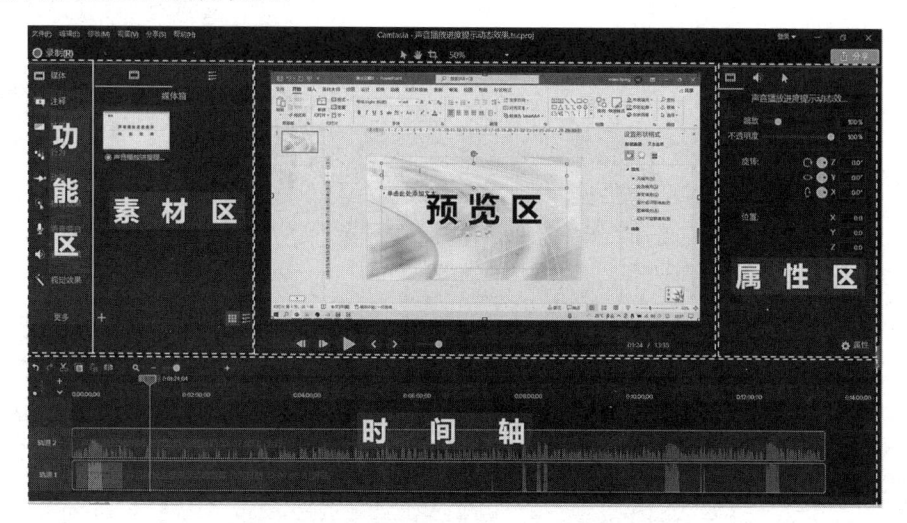

图 15-26　Camtasia Studio 的工作界面

第五步，保存项目。选择"文件"→"另存为"命令，在弹出的"另存为"对话框中输入文件名，选择保存类型，单击"保存"按钮，如图 15-27 所示。

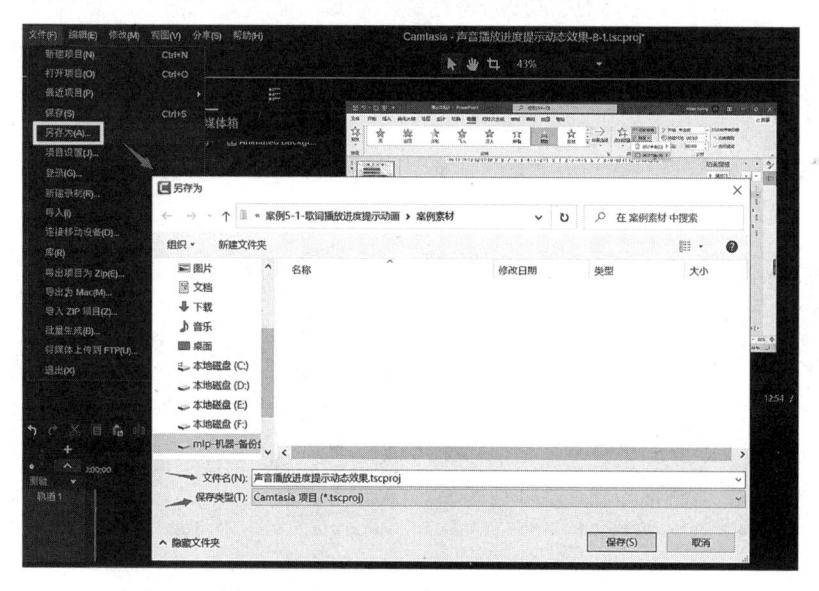

图 15-27　Camtasia Studio 的文件保存

录屏完毕，生成的视频直接在 Camtasia Studio 编辑模式中打开，可以在这里进行后期的编辑处理。录屏文件格式为.trec，这种文件格式只适合在 Camtasia Studio（后文简称为 CS）中进行编辑处理。为了方便后期处理，将编辑项目保存为"声音播放进度提示动态效果.tscproj"。建议创建一个文件夹，对录屏文件、音频文件、视频文件等相关素材进行统一管理。

4．Camtasia Studio 编辑视频

当视频录制完成后，需要对视频进行编辑处理。具体操作步骤如下。

第一步，项目设置。选择"文件"→"项目设置"命令，在弹出的对话框中进行相应的设置，如图 15-28 所示。

第二步，编辑视频。在编辑视频之前先反复观看视频，找出存在问题的地方，将它们删除。在 CS 中可以应用"分割"和"剪切"两种工具执行删除操作。第一种方法：在时间轴上将播放头移至问题视频片段的起始位置，单击"时间轴"工具栏中的"分割"按钮，即可完成对视频的分割；将播放头移至问题视频片段的结束位置，再次执行分割操作；选择要删除的视频，选择右键快捷菜单中的"删除"命令或按 Delete 键，即可将其删除，如图 15-29 所示。

图 15-28　项目设置

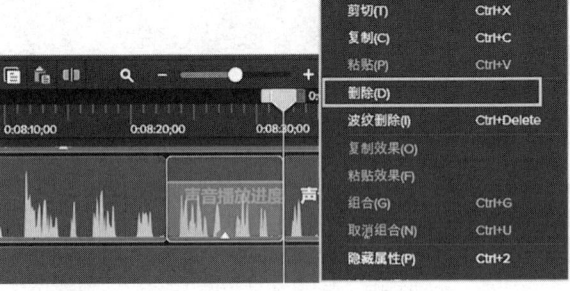

图 15-29　应用"分割"工具删除问题视频片段

思考

"删除"和"波纹删除"的功能有什么不同？

第二种方法：先确定问题视频片段的起始和结束位置，然后单击"剪切"按钮，即可完成对问题视频片段的删除，如图 15-30 所示。

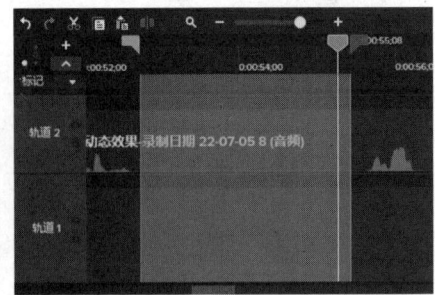

图 15-30　应用"剪切"工具删除问题视频片段

思考

应用"分割"和"剪切"两种工具删除问题视频片段有什么异同之处？

使用相同的方法，删除视频中的冗余信息。

第三步，添加文本。本节教学内容包含案例演示、更改版式、添加背景、添加文本、绘制提示条、添加动画、插入声音、给声音添加书签、给动画添加书签触发、调整声画同步 10 个知识点。为了使学生快速、准确地找到自己要学习的知识点，可以在视频的上方添加知识点文本加以提示。

可以使用"注释"功能中的标注来添加知识点文本。通过"注释"功能可以添加文本、箭头和线条、形状和高亮等类型以增强视觉效果，其他类型包括模糊、聚光灯、热点和按键标注等。具体添加方法如下。

❶在时间轴上将播放头移至添加文字的位置。

❷在功能区中单击"注释"功能项，在素材区的"标注"选项卡中选择"基础"样式中的"带有 ABC 的白色矩形"标注并拖动到轨道 3 上，如图 15-31 所示。

❸将播放头移至轨道 3 的文字标注上，预览画面就可以显示文本框。属性区包含视觉属性、文字属性、注释属性三个属性，可对注释文本进行相应的设置。

❹添加并设置文本。单击预览区中的文本标注，在 ABC 文字上双击，即可输入文字，并对文字属性如大小、字体、颜色等进行相应的设置，如图 15-32 所示。

图 15-31 添加注释

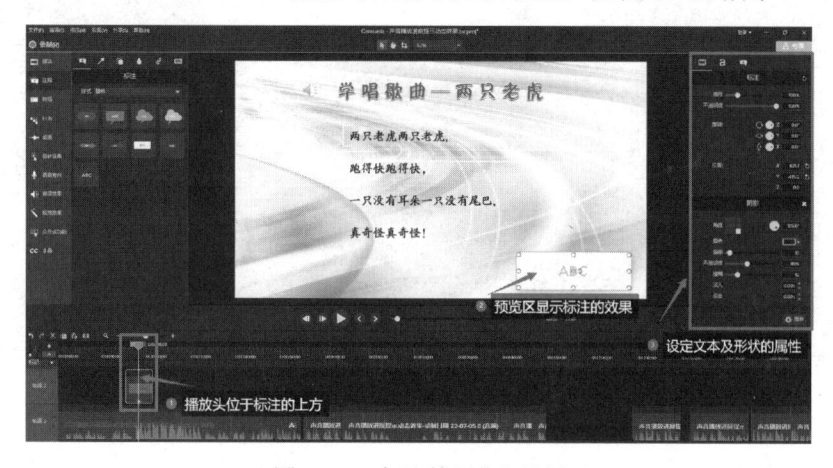

图 15-32 标注的预览和设置

❺设置演示时长。在轨道 3 中选中"案例演示"文本标注，将鼠标指针移至标注块的右端，当出现双向箭头⟷时拖动鼠标确定演示时长。

添加"案例演示"文本后的工具页面效果如图 15-33 所示。

图 15-33 添加"案例演示"文本后的工具页面效果

第四步，添加手绘效果的标注。给视频中的某个片段添加标注，可以提醒学生注意，引导视线的焦点。

❶在时间轴上将播放头移至手绘效果的位置。

❷在功能区中单击"注释"功能项，在素材区的"草图运动"选项卡中选择"矩形"标注并拖动到轨道4上。

❸当播放头移至轨道4的"草图运动"标注上时，预览画面就会出现"草图运动矩形"标注，将其移动到要进行标注的画面区域，如此处放置在"版式"命令图标上方，调整其大小，也可在属性区中对其视觉属性和注释属性进行设置。

❹在轨道4中选中"草图运动矩形"标注，将鼠标指针移至标注块的右端，当出现双向箭头时拖动鼠标确定时长。具体操作过程如图15-34所示。

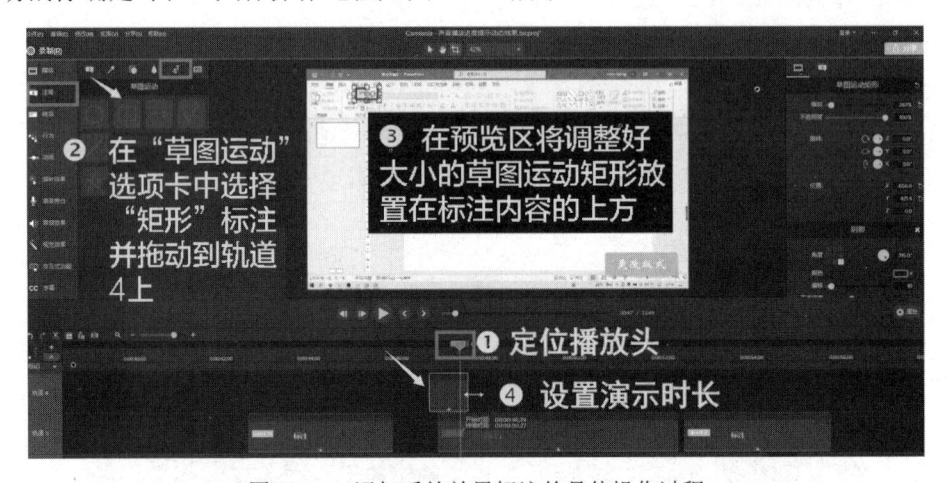

图15-34 添加手绘效果标注的具体操作过程

第五步，给文本添加动态的出现和消失效果。"行为"功能用于给文本或者媒体添加动态效果。使用方法就是将相应的动态方式拖动到时间轴或画布的媒体对象上，具体实现效果可以通过"属性"面板中的参数设置进行自定义。

尝试完成"调整声画同步"文本标注的动态效果的添加，具体操作过程如图15-35所示。

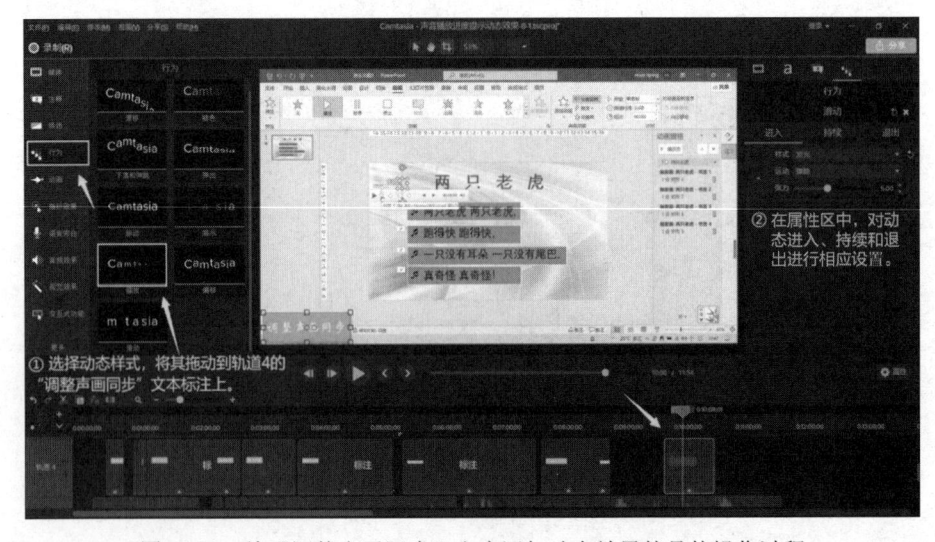

图15-35 给"调整声画同步"文本添加动态效果的具体操作过程

第六步，添加转场效果。转场效果主要添加到视频剪辑的开头和结束，用于表示时间推移和媒体之间的过渡。比如教师出场的画面，为了不产生"蹦出来"的突兀效果，可以给这个剪辑添加"褪色"或"黑色淡出"的转场效果。转场效果需要添加在两段视频之间，因此，在添加转场效果前需要将视频分割成两部分。

如案例中的片头与教学视频的衔接处必须采用转场，以便不同内容、不同画面进行自然跳转。将播放头置于这两部分的衔接处，单击"转场"功能项，具体操作过程如图 15-36 所示。CS 9 提供了三十多种转场效果，选择"褪色"转场效果并拖动到轨道上两段视频的衔接处。转场效果的默认持续时间是 1 秒，拖动转场区域的两端可以调整持续时间，从而改变转场过渡的时长。在删除转场效果时，只需用鼠标右键单击转场区域，在弹出的快捷菜单中选择"删除"命令或者按 Delete 键即可。需要注意的是，如果转场效果位于前段视频的结束帧位置和后段视频的开始帧位置，则有可能会损耗视频中需要看到的部分内容。

图 15-36　添加转场效果的具体操作过程

第七步，添加变焦效果。在"动画"功能项中，可以通过"缩放和平移"功能，在时间轴上添加变焦效果，实现在某一时间段内通过缩放区域来突出画面中相应教学内容的效果。具体操作过程如图 15-37 所示。

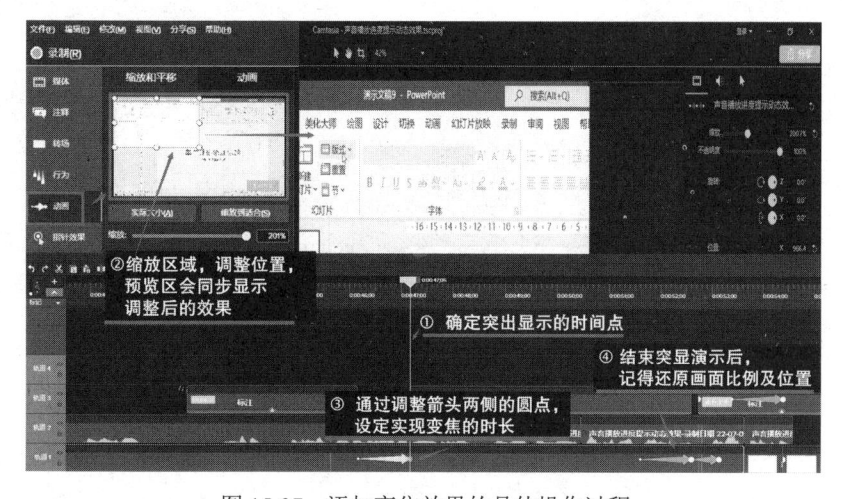

图 15-37　添加变焦效果的具体操作过程

❶在时间轴上将播放头定位到需要变焦突出显示的画面位置。

❷在功能区中单击"动画"功能项,在素材区的"缩放和平移"选项卡中选择"缩放和平移"功能,在时间轴上会出现一个两端带圆点的渐变箭头。

❸在时间轴上单击渐变箭头左侧的圆点可以确定变化的起始时间,单击渐变箭头右侧的圆点可以确定变化的终止时间。

❹在时间轴上将播放头定位到需要还原显示比例的画面位置,再次选择"缩放和平移"功能,并调整实现还原的时长。

第八步,添加"视觉效果"。"视觉效果"功能主要用于给视频添加效果,如删除背景(抠屏)、阴影和剪辑速度。可在属性区中进行自定义。在案例的课程中添加授课教师的影像,采用了删除背景(抠屏)的方法进行处理,效果如图 15-38 所示。

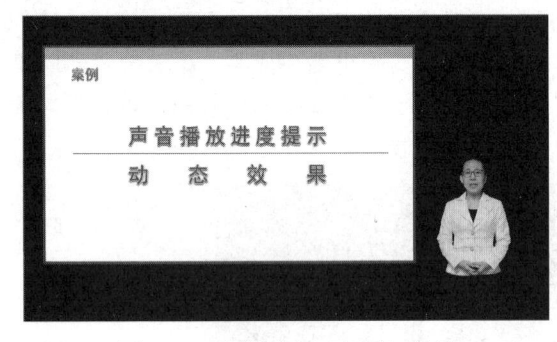

图 15-38 删除背景(抠屏)效果

❶单击"媒体"功能区,在"媒体箱"素材区中导入媒体"教师讲课蓝背景"视频,并将其导入轨道 4 中。

❷在属性区中,旋转 Z 轴-90°,调整图像至适当的大小。

❸单击"视频效果"功能区,在素材区中选择"删除颜色"并将其拖动到轨道 4 的视频块上。

❹在属性区中用颜色吸管拾取背景颜色,删除蓝色背景。

❺选择课程操作视频,单击"编辑"按钮,调整视频至适当的大小,并移动到适当的位置。具体操作过程如图 15-39 所示。

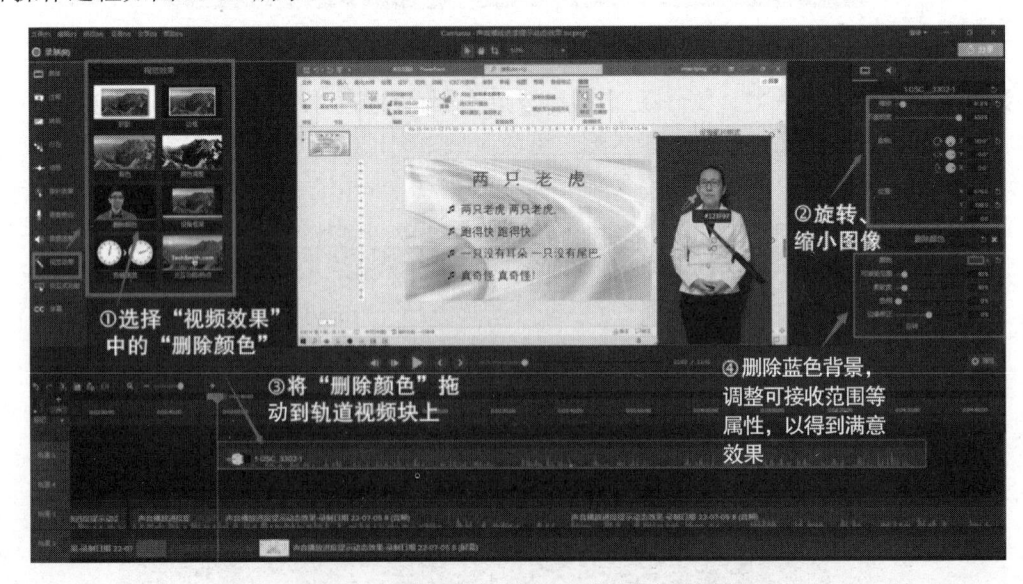

图 15-39 删除背景(抠屏)的具体操作过程

❻单击"媒体"功能区,在"库"中选择"动画背景"中的"山黎明背景"视频,在时间轴最下方添加一条新轨道,将选择的视频拖动到这条轨道上,效果如图 15-40 所示。

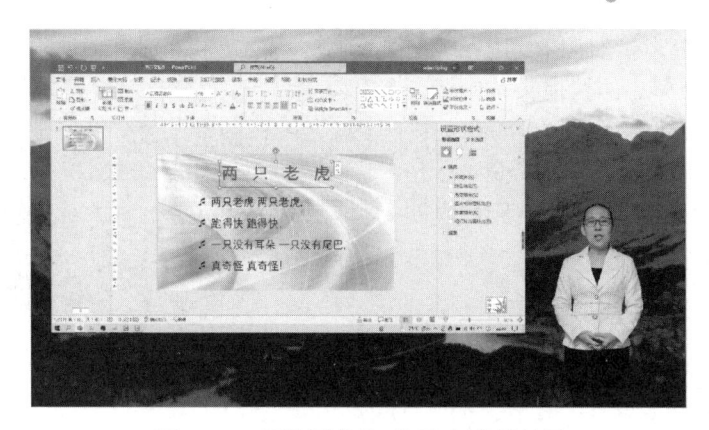

图 15-40　删除原背景后添加新背景效果

5．Camtasia Studio 编辑音频

具体操作步骤如下。

第一步，音频降噪。通常录制的视频中都会带有环境噪声、电流声或停顿、咳嗽、重复录制等噪声，对此可以通过"分享"功能单独导出录制的旁白，然后使用专业的音频处理软件如 Adobe Audition 等进行降噪、调节音量、美化音质等处理。另外，Camtasia Studio 也提供了简单的编辑音频功能，如图 15-41 所示。

使用"音频效果"功能可以增强和提高音效，实现对音量的调节，删除背景噪声或调整剪辑速度，给音频添加淡入、淡出效果。

使用"语音旁白"功能可以在时间轴上边预览边录制声音，即同期声录制。在"语音旁白"素材区中可以输入旁白文本以方便录制时阅读。

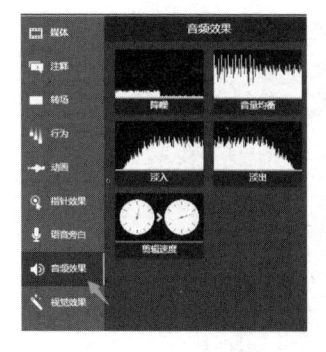

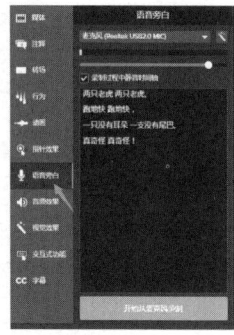

图 15-41　Camtasia Studio 中的编辑音频功能

第二步，将音频和视频分离。选择时间轴"轨道 2"中的视频，单击鼠标右键，在弹出的快捷菜单中选择"分离音频和视频"命令，如图 15-42 所示，将系统录制的声音分离出来，并删除。

第三步，在音频轨道上可以可视化修正音量，整体提升或降低音量。单击音频剪辑，在波形的上方会出现一条亮绿色的线，上下拖动这条线可以整体提升或降低音量，两侧会出现具体的提升或降低音量的数值，如图 15-43 所示。

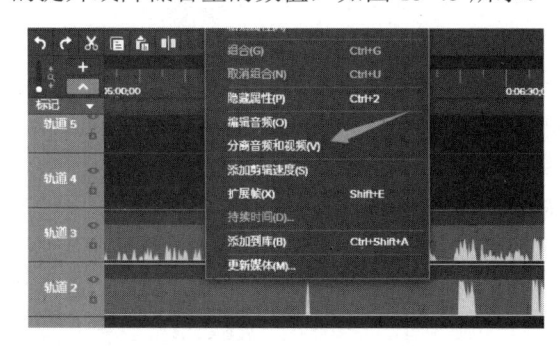

图 15-42　选择"分离音频和视频"命令

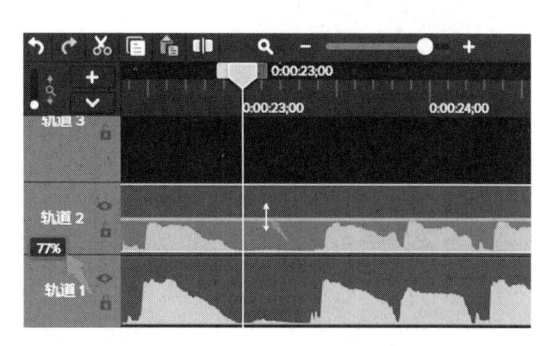

图 15-43　整体提升或降低音量

还可以进行部分音量的调节。用鼠标右键单击音频剪辑，在弹出的快捷菜单中选择"添加音频点"命令，可以确定调节音量的区域，改变音频剪辑某一段声音的音量；选择"添加剪辑速度"命令，可以改变音频剪辑速度，如图15-44所示。

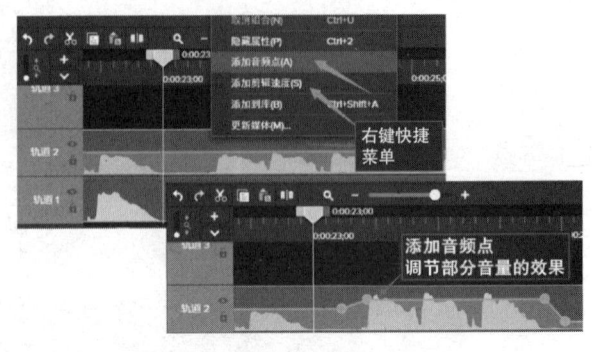

6．Camtasia Studio 设置交互

CS 9 中的"交互式功能"可以通过添加测试的形式检测学生对知识点的掌握程度。

图15-44　通过添加音频点调节部分音量

每个测试只能进行一次，测试完毕可以查看正确答案，对没有掌握的知识点可以返回重新学习。

CS 9 提供了单选题、填空题、简答题和判断题四大题型。单击"交互式功能"功能项，然后单击"添加测验到时间轴"按钮，如图15-45所示，在时间轴上播放头所在的时间点处会生成一个"测验1"标注点。用鼠标右键单击该标注点，可以在弹出的快捷菜单中选择"重命名""编辑问题""删除"命令，如图15-46所示。

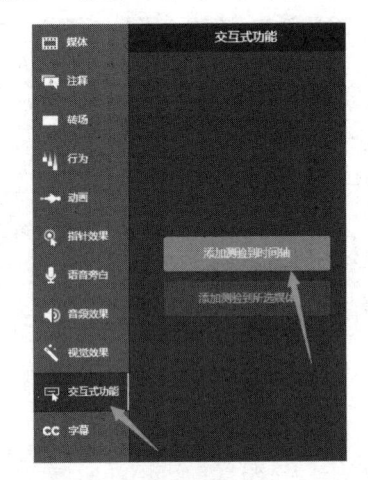

图15-45　单击"添加测验到时间轴"按钮 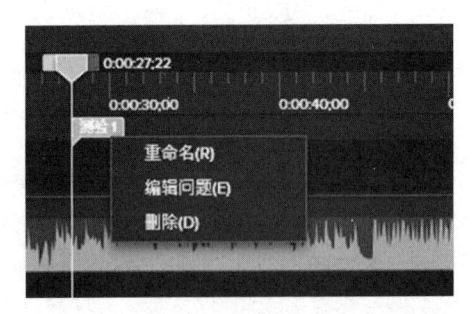　　　图15-46　"测验1"标注点的右键快捷菜单

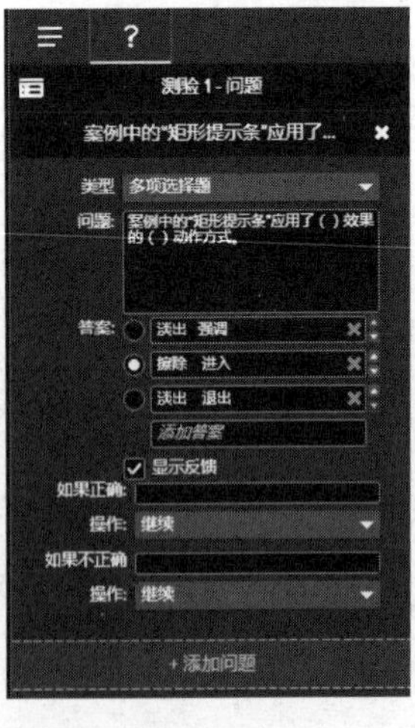

选择"编辑问题"命令，打开属性区的测验问题属性选项卡 ?，如图15-47所示，可以在"类型"下拉列表中选择测试的题目类型，在"问题"文本框中填写题目内容，然后根据题目类型填写或选择正确答案，同时可以调节备选项的顺序。在同一个测试中，单击"添加问题"按钮即可添加一道新题目。切换至测验选项卡 ≡，可以更改测试题目，选择"观众可查看测验结果"和"统计测验分数"，可确保学生在完成测试后能够查看该测试题目的正确答案。

当微课视频播放到测试标注点时，会自动暂停播放，出现"Replay Last Section（重播最后一节）"和"Take Quiz Now（开始测验）"提示，如图15-48所示，学生可以任选一个提示。单击"Replay Last Section"按钮可以重新观看测验之前的视频片段；单击"Take Quiz Now"按钮即可进入如图15-49所示的测试界

图15-47　测验问题属性选项卡

面。在测试界面右上角显示的是测试的总题数和第几题，左上角显示的是测试题目，作答后单击"Submit Answers（提交答案）"按钮即可看到正确答案。

图 15-48　交互提示

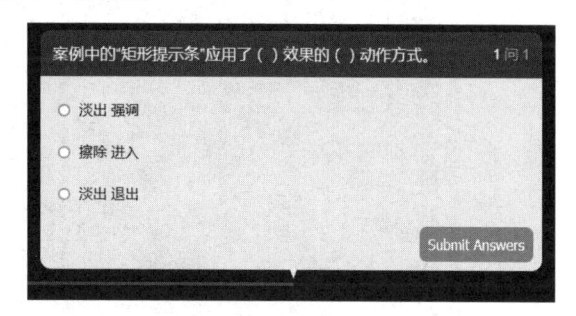

图 15-49　测试界面

需要注意的是，当添加了测试的交互式功能的视频被导出后，需要放到网站上切换至网页格式才能实现交互式功能，如果只观看 MP4 格式的视频，则无法使用交互式功能。

7. Camtasia Studio 制作片头与片尾

完整的微课应包括片头、授课视频和片尾。俗话说"良好的开端是成功的一半"，视频的片头很重要。制作片头的方法有很多，既可以使用 PPT 制作后保存为视频，也可以使用 CS 内部的片头素材快速制作出精美的片头效果。

（1）组合素材。由于微课中包含视频、音频、文本等多种素材，同时进行了诸多的参数设置，为了方便整体移动，需要对当前作品进行组合。

按 Ctrl+A 组合键选择所有素材，在时间轴上单击鼠标右键，在弹出的快捷菜单中选择"组合"命令或者直接按 Ctrl+G 组合键，即可将所有素材组合在一起，如图 15-50 所示。

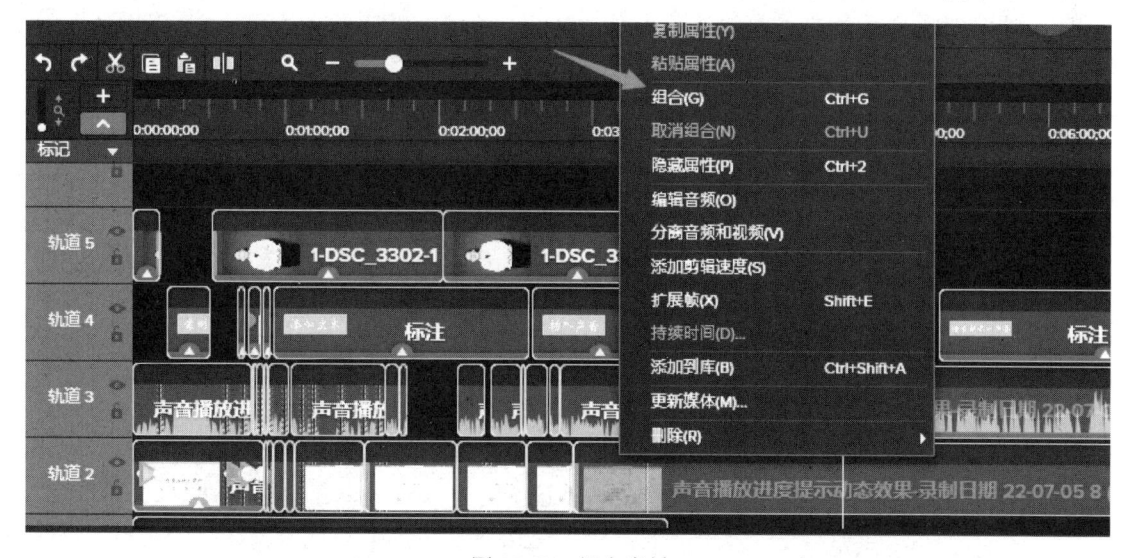

图 15-50　组合素材

（2）制作片头。"媒体"功能项下的"库"（内置素材库）中包括动画背景、动态图形、图标和音乐曲目 4 类素材，媒体库视图如图 15-51 所示。

图 15-51　媒体库视图

具体操作步骤如下。

第一步，选择"动画背景"中的"飞行 App 背景"，将其拖入轨道 2 中。

第二步，剪裁"飞行 App 背景"，只保留开头 3 秒左右的长度；通过"添加剪辑速度"命令将时长延长到 15 秒。

第三步，添加课题。单击"注释"功能项，添加背景透明文本到轨道 3 中，并对文本进行修饰。

第四步，添加音乐。单击"媒体"功能项，在"库"中选择"音乐曲目"中的"萤火虫"添加到轨道 4 中，剪裁声音只保留前 15 秒，在声音结尾处通过添加音频点设置音频淡出效果。

第五步，组合所有元件。全选片头视频、标题、音频，在时间轴上单击鼠标右键，在弹出的快捷菜单中选择"组合"命令或按 Ctrl + G 组合键完成组合。

第六步，将组合好的片头放置在课程内容组合的前面。

（3）片尾的制作方法与片头的制作方法相同，这里不再赘述。

8．Camtasia Studio 制作字幕

字幕是对语音的有力补充，可以提升学生对语音理解的通用性和一致性。使用 CS 中的字幕功能可以导入 SAMI 或 SRT 文件。制作字幕的具体操作过程如图 15-52 所示。

图 15-52　制作字幕的具体操作过程

第一步，提前准备好字幕脚本，然后找到结尾部分的第一句"那么，今天我们的这个内容就讲到这里"，复制该文本。

第二步，在时间轴上将播放头移至要插入字幕的位置（10′58″29）。

第三步，单击"字幕"功能项，在素材区中单击"添加字幕"按钮。

第四步，在素材区和预览区中分别弹出输入字幕文本的区域，按 Ctrl + V 组合键，将复制的字幕文本粘贴进来，并设置全局字幕的文本样式。

第五步，在时间轴上会出现相应的文本框，调整文本框两侧可以增加或缩短字幕的显示时长。

后面的字幕文本依此操作逐一添加即可。

9. Camtasia Studio 微课分享

完成视频后期编辑后，需要将时间轴上的媒体、图像和效果合成为常用的视频格式，以便教学使用。CS 除了可以导出视频格式，还可以导出帧、音频、字幕等多种形式的媒体。具体操作步骤如下。

第一步，单击工作界面右上角的"分享"按钮，选择"本地文件"命令，或者选择"分享"→"本地文件"命令，如图 15-53 所示，弹出"生成向导"对话框，如图 15-54 所示。

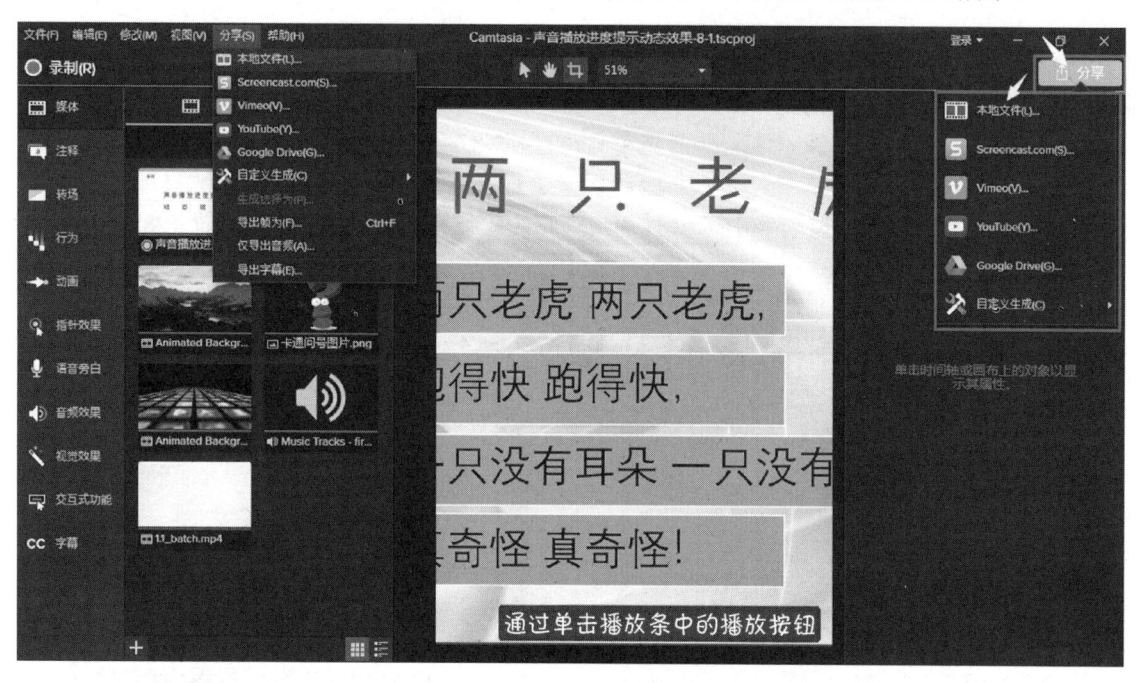

图 15-53　分享微课

第二步，设置导出类型和文件格式。在"生成向导"对话框中选择导出视频的格式，考虑到兼容性，一般选择 MP4 格式。在 CS 生成视频时支持的视频格式中，MP4/FLV/SWF 选项可以将输出的视频包含在资源包中，从而方便后期共享到网络上。在这里选择"自定义生成设置"选项，单击"下一步"按钮，在弹出的文件格式选择界面中选择"推荐"的 MP4 - Smart Player（HTML5）格式，单击"下一步"按钮，如图 15-55 所示。

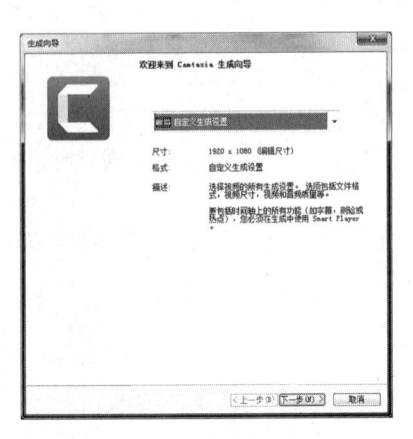

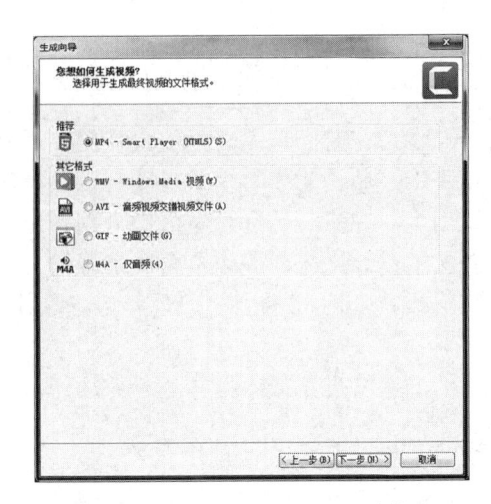

图 15-54 "生成向导"对话框   图 15-55 选择"推荐"的文件格式

第三步，Smart Player 选项设置。这一步是生成交互式微课的重要步骤。在"控制条"选项卡中，勾选"生成控制条"和"自动隐藏控制条"复选框（否则控制条一直位于微课播放界面下方），"视频播放完成后"默认选择"显示停止与重播按钮"，也可以根据需要选择其他选项，如图 15-56 所示。

对于导出的视频大小、视频设置和音频设置一般采用默认值，除非有特殊的要求才进行修改。为了保证导出的视频能正常显示字幕和在网络上播放时具有交互式功能，在"选项"选项卡中一定要勾选"字幕"和"测验"复选框，如图 15-57 所示，否则字幕和测验将无法显示。

在"视频设置"选项卡中，可以对视频质量进行调节，但质量越高，视频文件越大，越不利于传输。在"音频设置"选项卡中可以对音频编码的比特率进行调节，建议设置 128～320 kbit/s 之间的值。

图 15-56 "控制条"设置   图 15-57 "选项"设置

第四步，"视频选项"设置。具体包括视频信息、水印、图片路径和 HTML 选项设置，一般采用默认值，如图 15-58 所示。

第五步，"生成视频"设置。逐一设置输出文件的项目名称、保存路径、生成后选项等，如图 15-59 所示。单击"完成"按钮，CS 9 将自动按照上述设置生成交互式微课视频。

图 15-58　"视频选项"设置　　　　　　　图 15-59　"生成视频"设置

15.4　拍摄式微课制作

拍摄式微课是指通过手机、数码相机等具有影像摄录功能的设备完整地记录教师针对教学内容的讲解、操作、演示等真实场景，经过适当的后期处理生成的微课。拍摄式微课教学信息齐全，画面展示多元化，能够给学生带来身临其境的感受。

15.4.1　拍摄式微课的一般制作流程

制作拍摄式微课，首先要选择微课主题，即教学内容，完成详细的教学设计，形成讲稿，制作拍摄用脚本；其次要进行拍摄前准备，包括选择录制地点、布置场景（要求环境无噪声、光线充足）、准备设备、准备提词器；接着进行实地拍摄，在此过程中，教师既可以应用黑板或电子白板展示教学过程，也可以采用画图、书写、标记等方式来突出教学内容；最后将录制好的视频导入编辑软件中进行后期剪辑与合成，输出视频影像文件。一般制作流程如图 15-60 所示。

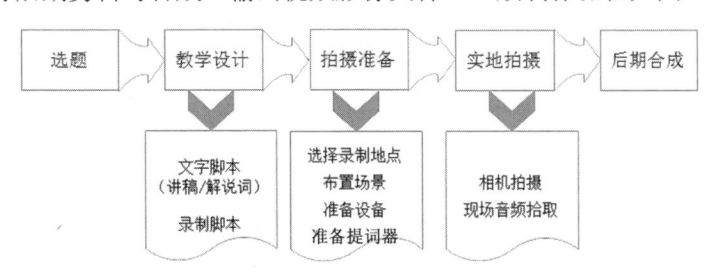

图 15-60　拍摄式微课的一般制作流程

拍摄式微课制作的核心环节是实地拍摄。拍摄流程包括：第一，在拍摄前期确定拍摄细节，授课教师要与拍摄人员确定拍摄的知识点、授课风格、拍摄场地等；第二，在开拍前授课教师要熟悉拍摄场地，进行试拍以适应镜头；第三，正式拍摄，授课教师要注意着装，以保证画面的效果；第四，制作人员采用专业的视频剪辑、音频处理、图像处理等软件完成视频、音频及特效的后期剪辑与合成；第五，对制作的视频课程进行审核与修改，确认无误后按照要求的格式输出、发布。

15.4.2 常用的拍摄方法

按照拍摄设备的专业化程度，常用的拍摄方法可以分为简单拍摄法和专业拍摄法。

简单拍摄法是指使用智能手机、平板电脑、高拍仪等设备进行拍摄的一种拍摄方法。操作过程是先将拍摄设备用支架固定，然后拍摄书写的部分或对象，并进行同步讲解录音，最后输出拍摄视频。

专业拍摄法是指按照影视化的制作流程，通过专业的摄像设备对教学过程进行全程拍摄，之后进行非线性剪辑，添加特效，并输出拍摄视频的一种拍摄方法。专业拍摄法可通过真实场景来完成教学内容的传达，常用于 MOOC 课程教学视频制作。这种拍摄方法在前期需要做大量细致的准备工作，如准备拍摄设备、拍摄脚本、灯光影调、布景方案等，制作过程通常需要团队协作才能完成。

15.4.3 拍摄注意事项

（1）微课拍摄过程需要授课教师配合演示文稿进行讲解，因此，在录制前要求授课教师对演示文稿的内容十分熟悉，否则会影响拍摄进度。

（2）在演示课件时，画面要保持连贯，控制好鼠标指针的移动，因为观众的视线是跟随鼠标指针移动的，所以不要随意晃动鼠标。此外，还可以使用电子教鞭等辅助工具同步演示，使教学过程更加生动、有趣。

（3）选择合适的拍摄环境。可随意选择教室、办公室、校园等环境进行拍摄。在拍摄前要对拍摄地点进行检查。为了避免过多噪声干扰，一般选择比较安静的教室、录音室或摄影棚。授课教师最好提前熟悉环境，能让自己感觉轻松自在、尽情发挥、畅所欲言的场所就是合适的拍摄环境，因为在这样的环境下，一个人很容易进入录影状态，可以提高录制效率。场地背景不要过于杂乱。为了帮助授课教师放松心情、舒缓情绪，在开拍前授课教师需要与摄影师进行简单的沟通与交流，选择最为舒适的合作方式，从而消除紧张感。授课教师可以先在镜头前试拍，或者对着镜子练习，了解自己的姿态，从而找出最佳的表现方式。

（4）同步录音要注意控制环境噪声，特别是要关闭空调等可能产生声音干扰的设备。同时，解说要注意口语化，语调要抑扬顿挫，语速可比通常讲课时的语速快一些。

（5）架设拍摄设备。如果使用摄像头拍摄，则应该将摄像头架设在被摄主体正前方大约 50 厘米处；如果使用数码相机、DV 或专业摄像机拍摄，则应该将设备架设在被摄主体正前方 2～5 米的位置。但要注意的是手机的固定问题，因为手机比较轻巧，所以应尽可能使用手机支架或自拍杆来固定，根据不同的需求选择不同的架设方式。镜头的架设高度应与授课教师的眼睛同高，或者在眼睛下方一个指节的位置，这样拍摄出来的脸型与眼神才会自然。

（6）为了避免在拍摄过程中出现授课教师忘词、卡顿、说错等情况，可以利用平板电脑或笔记本电脑制作简易提词器。提词器的放置高度应与授课教师的眼睛同高，并放置在摄像头附近，因为教师适当看镜头，会产生与学生的交流感。录音设备也应尽可能靠近授课教师，但不宜出现在画面中。

（7）架设录音设备。声音也是微课的关键媒体表现元素。在制作拍摄式微课时，会同步进行收音，用到的设备应有麦克风、无线话筒、录音机等，还有一些辅助性设备，比如挑杆、防风罩、耳机等。

（8）架设照明系统。由于在拍摄时仅依靠环境的自然光或教室里的灯光通常不能提供足够的亮度，因而需要额外布光。布光应遵循三点原则，即主光源、辅光源和轮廓光。一般在被摄主体左右两侧各加一盏灯，个人录制可以采用 LED 台灯进行简易布光，或者使用专业灯光系统进行布光。架设照明系统可以使被摄主体显得精神饱满，使拍摄画面更清晰。

（9）服装造型。拍摄时授课教师的服装造型也十分重要。尽量选择纯色的衣服，不要选择带有细条纹或带状花纹的衣服。衣服的颜色要尽量与个人肤色相匹配，肤色为淡冷色的，就尽量选择淡暖色，如红色、橙色的衣服；肤色较亮的，就不要选择橙色、黄色、紫色、蓝色的衣服。

15.4.4　常用的视频编辑软件

前面介绍了一款较为专业的视频编辑软件 Premiere，在这里为喜欢自录自编的教师介绍两款易于上手的视频编辑软件。

1. 快剪辑

2017 年 6 月 15 日，360 公司正式推出了国内首款在线视频剪辑软件——快剪辑。它是功能齐全、操作简捷、可以在线边看边剪辑的 PC 端视频剪辑软件，它的推出大大降低了视频制作门槛，提高了视频制作效率，用户可以简单、快速地完成并分享自己的作品。

快剪辑主要有录制视频、视频剪辑和效果处理三项功能。其中，视频剪辑有快速和专业两种模式。快速模式是向导式操作，可方便、快速地完成任务。在添加视频后，视频处理功能包括基础设置、动画、裁剪、特效、字幕、贴图、标记、二维码、马赛克等，可对视频进行简单的处理。在专业模式下可以添加视频、音乐、音效、特效、字幕、抠图、滤镜等多种素材，视频处理功能包括基础设置、裁剪、贴图、标记、二维码、马赛克等，适合精细编辑。

具体操作步骤如下。

第一步，运行视频编辑软件。选择"开始"→"所有程序"→"快剪辑"命令，启动"快剪辑"应用程序，其工作界面如图 15-61 所示。

图 15-61　"快剪辑"的工作界面

第二步，快速模式下的视频编辑。具体操作过程如图 15-62 所示。

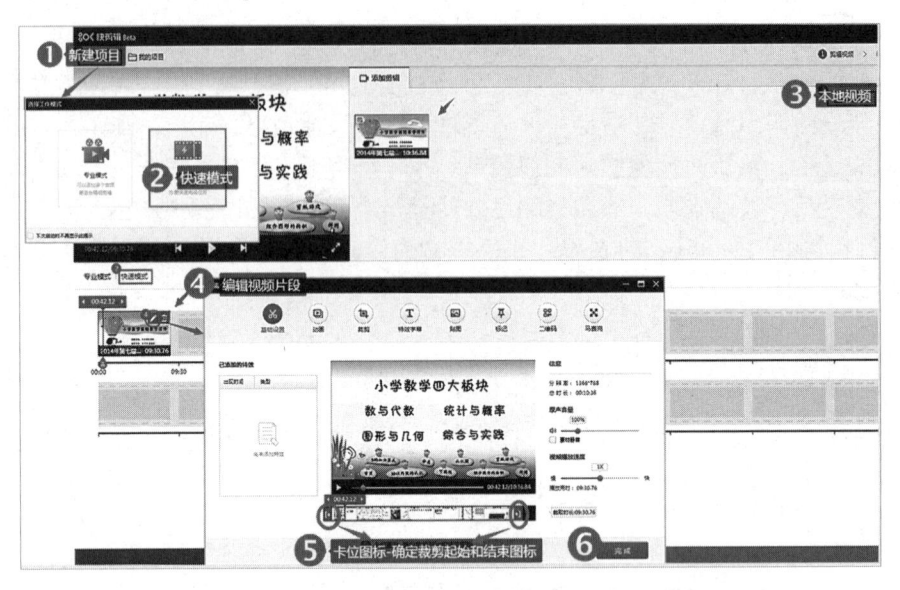

图 15-62 "快剪辑"快速模式下的视频编辑具体操作过程

❶单击左上角的"新建项目"按钮，弹出"选择工作模式"对话框。
❷选择"快速模式"。
❸添加视频，即导入本地视频素材。
❹单击视频素材右上角的"编辑"按钮，进入视频编辑界面。
❺移动左、右卡位图标确定要裁剪的视频区域。
❻单击"完成"按钮。

第三步，专业模式下的去除水印。具体操作过程如图 15-63 所示。
❶单击"新建项目"按钮，切换为专业模式。
❷单击"本地视频"按钮，导入需要去除水印的视频素材。
❸单击画笔图标，进入视频编辑界面。
❹单击右上角的"马赛克"按钮，在需要去除水印的地方绘制马赛克，使其刚好覆盖水印。
❺马赛克添加完成后，单击"完成"按钮。

图 15-63 "快剪辑"专业模式下的去除水印具体操作过程

2. 剪映

剪映是抖音官方推出的一款手机视频编辑软件，带有全面的剪辑功能，支持变速，有多样滤镜和美颜的效果，还有丰富的曲库资源。自 2021 年 2 月起，剪映支持在手机移动端、Pad 端、Mac、Windows 计算机全终端使用，支持 Windows 7 及以上操作系统。

目前这款软件被广泛应用于影视编辑领域，如广告视频制作、电视节目制作、抖音等平台的小视频制作，成为视频编辑爱好者和专业人士必不可少的视频编辑软件。它提供了采集、剪辑、调色、美化音频、添加字幕、输出、去除水印、批量编辑的一整套流程，足以完成在编辑、制作、工作流上遇到的所有挑战，能满足创建高质量作品的要求，并且可以提升用户的创作能力和创作自由度。

下面制作《剪映》案例，效果如图 15-64 所示。

图 15-64 《剪映》案例效果

具体操作步骤如下。

第一步，运行视频编辑软件。选择"开始"→"所有程序"→"剪映专业版"命令，弹出登录界面，如图 15-65 所示；单击"开始创作"按钮，弹出编辑界面，如图 15-66 所示，编辑界面由素材区、预览区、属性区和时间轴四部分构成。

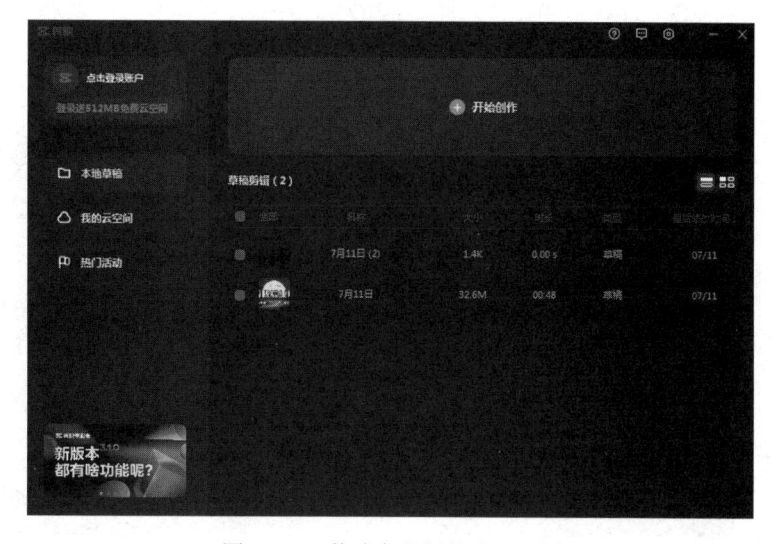

图 15-65 剪映专业版的登录界面

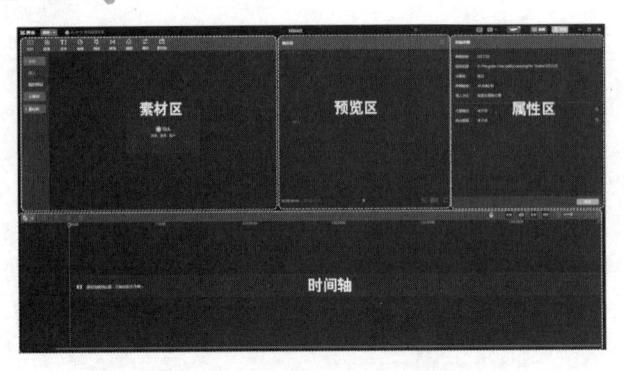

图 15-66　剪映专业版的编辑界面

第二步，定义视频的基本属性。在属性区中单击"修改"按钮，弹出"草稿设置"对话框，在这里可以设置草稿名称、输出视频的大小等属性，单击"保存"按钮保存设置，如图 15-67 所示。

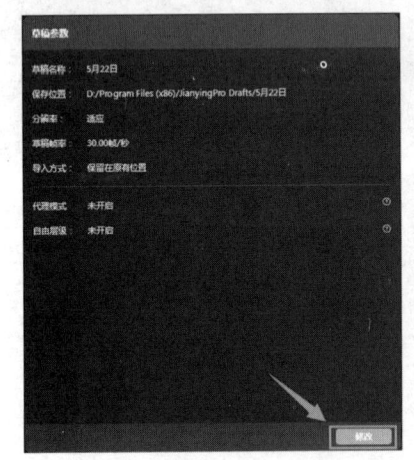

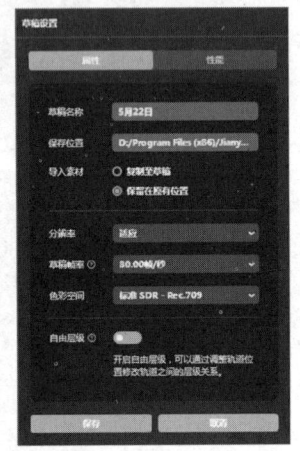

图 15-67　定义视频的基本属性

第三步，设置视频比例。在预览区中单击右下角的 适应 或 自定义 按钮，设置视频比例，如图 15-68 所示。适应 表示使用的是视频的原始比例；单击 自定义 按钮，可以在弹出的下拉列表中选择视频比例，通常选择 16∶9，如果要制作手机用视频，则应选择 9∶16。

第四步，添加背景。在素材区的"媒体"选项卡中选择"素材库"下的"背景"功能项，可以在素材区中选择一种背景，如图 15-69 所示。

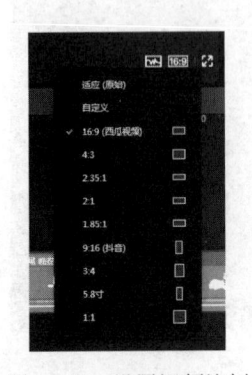

图 15-68　设置视频比例　　　　图 15-69　添加背景

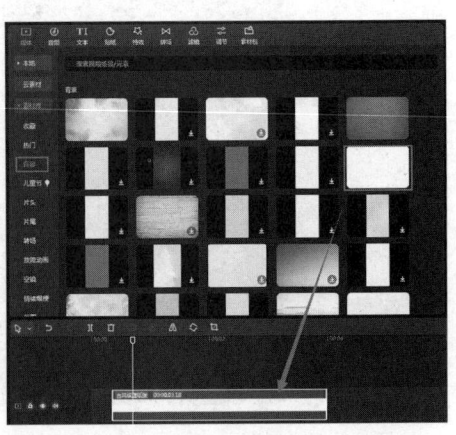

第五步，导入素材。

❶单击"素材库"功能项，选择"情绪爆梗"中的"搞笑表情 nice 大叔"片段，拖动素材或单击素材右下角的➕图标，将素材添加到轨道上。

❷在素材库中选择"片头"→"小王子"片段，置于"搞笑表情 nice 大叔"片段的后面。

❸在素材库中选择"热门"→"冰川"片段，与"搞笑表情 nice 大叔"片段添加到同一轨道上。

❹在素材库中选择"片尾"→"晚安 good night"片段，置于"小王子"片段的后面。

❺在素材库中选择"绿幕"→"老式电影片头"和"鲨鱼"片段，添加到"搞笑表情 nice 大叔""小王子""冰川""晚安 good night"片段所在主轨道上方的轨道上，如图 15-70 所示。

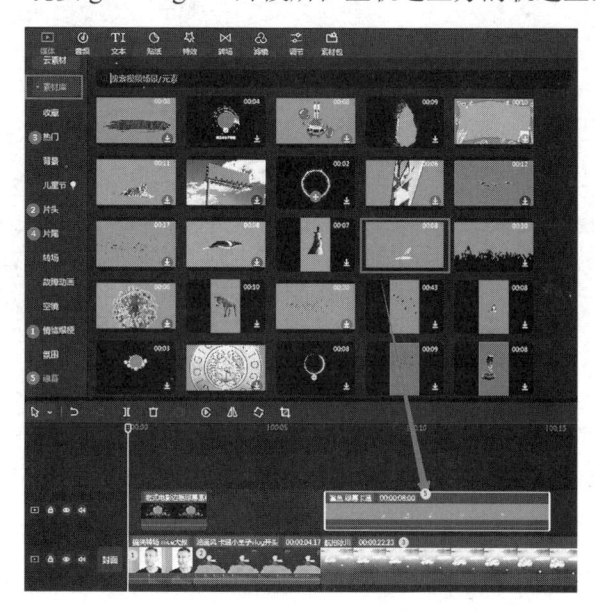

图 15-70　导入素材

第六步，处理素材——剪辑工具的使用。剪辑工具位于时间轴的左上角，如图 15-71 所示。在时间轴中选择"冰川"片段，将播放头定位在要分割的时间点，单击"分割"按钮或按 Ctrl＋B 组合键，可以将视频成功分割；选择分割的后面一段视频，单击"裁剪"按钮，可以裁剪画面的大小；将播放头放置在 17″06 的位置，先执行"分割"操作，再执行"裁剪"操作将后面分割出来的画面还原；选择裁剪的片段，单击"镜像"和"旋转"按钮进行画面效果的调整。如果操作有误，则可以"撤销"操作或"恢复"原状。对于不需要的片段，可以单击"删除"按钮将其删除。

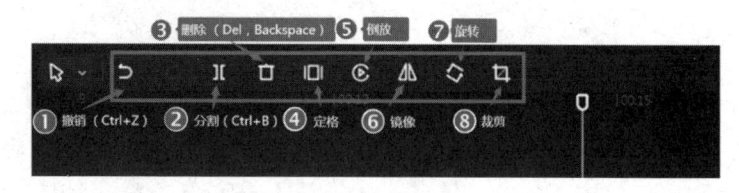

图 15-71　剪辑工具

第七步，处理素材——色度抠图的使用。

❶选择上方轨道中的绿幕素材"老式电影片头"片段，在属性区"画面"选项卡的"抠像"功能项中勾选"色度抠图"复选框，激活色度抠图功能，如图 15-72 所示；单击吸管图标🖉，

将鼠标指针放置在画面绿色部分吸取绿色,通过调整强度和阴影,即可抠出画面中的绿色区域,露出主轨道上"搞笑表情 nice 大叔"片段的画面。

❷选择主轨道中的"搞笑表情 nice 大叔"片段,在预览区中拖动画面的控制点调整其大小和位置,如图 15-73 所示。

❸使用同样的方法抠出"鲨鱼",可以多次复制鲨鱼的画面放在不同的位置,注意调整画面大小。

图 15-72　激活色度抠图功能

第八步,处理素材——关键帧和变速的应用。1 秒视频由 24 张图片组成,当连续播放图片时,就会形成动态的视频,构成视频的每张图片称为一帧。关键帧是指角色或物体运动、变化过程中关键位置的帧。

❶在时间轴中选择上方轨道中的第二段绿幕素材"鲨鱼"片段,将播放头定位在素材的起始位置,在属性区"画面"选项卡的"基础"功能项中勾选"位置大小"复选框,拖动"缩放"滑块至 19%,单击缩放功能右侧的◆按钮添加关键帧。

❷向后移动播放头到一定位置,拖动"缩放"滑块至 40%,单击缩放功能右侧的◆按钮添加关键帧。

❸使用同样的方法依次定义其他关键帧。

❹同理设置"位置"和"旋转"的关键帧,如图 15-74 所示。

图 15-73　调整"搞笑表情 nice 大叔"画面的大小和位置

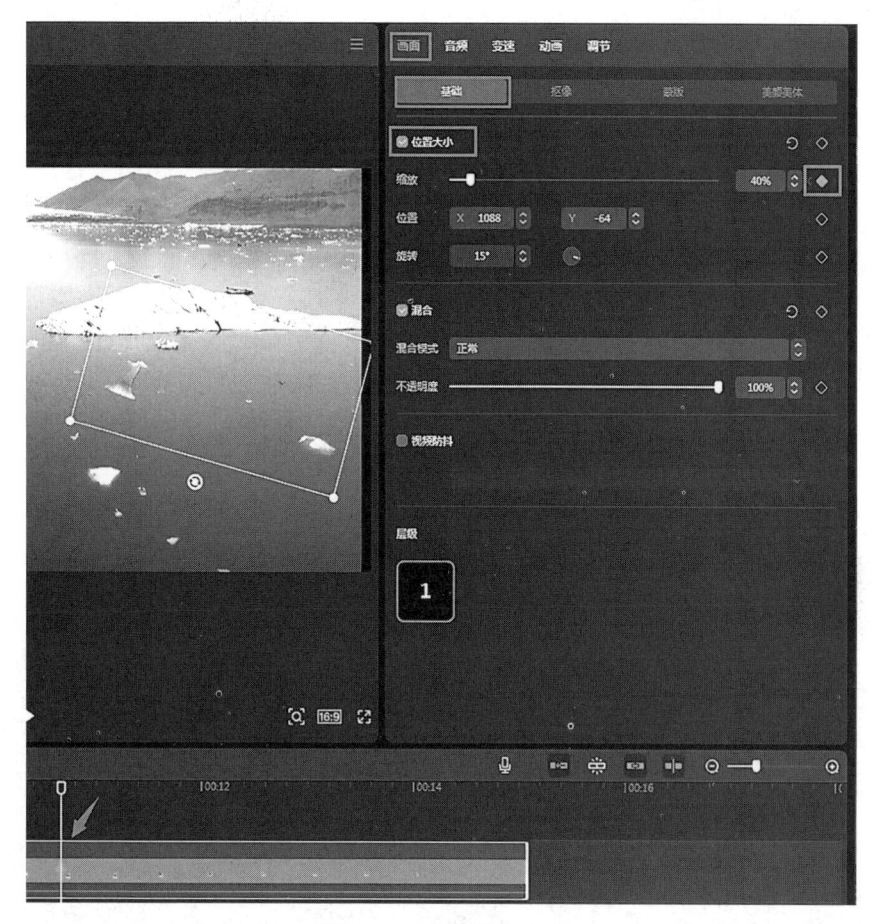

图 15-74　关键帧的应用

在时间轴中选择上方轨道中的第二段绿幕素材"鲨鱼"片段,在属性区"变速"选项卡的"常规变速"功能项中,拖动"倍数"滑块至 5.1x,如图 15-75 所示。

图 15-75　变速的应用

第九步,添加字幕及朗读。

❶选择素材区上方的"文本"功能,选择添加"默认文本",将播放头置于轨道上的"文本"块上。

❷切换至属性区的"文本"选项卡,在文本框中添加文本"这是我的一个秘密,再简单不

过的秘密：一个人只有用心去看，才能看到真实。事情的真相只用眼睛是看不见的。"，在"基础"功能项中美化文本，设置文本的字号、颜色、字体及样式。

❸通过对文本的"混合"项添加关键帧的方法，制作文本的淡入及淡出效果，如图 15-76 所示。

❹选择轨道上的"文本"剪辑，切换至属性区的"朗读"选项卡，选择"萌娃"朗诵效果，单击"开始朗诵"按钮，音频轨道会形成"萌娃"朗诵效果的语音剪辑，如图 15-77 所示。

❺选择轨道上的"文本"剪辑，切换至属性区的"动画"选项卡，给文本添加"缩小"效果的"入场"动画，"动画时长"设置为 0.5s，如图 15-78 所示；给文本添加"放大"效果的"出场"动画，"动画时长"设置为 1.9s。

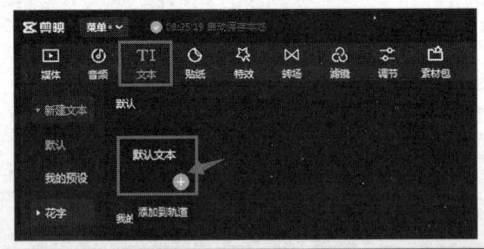

图 15-76 添加字幕

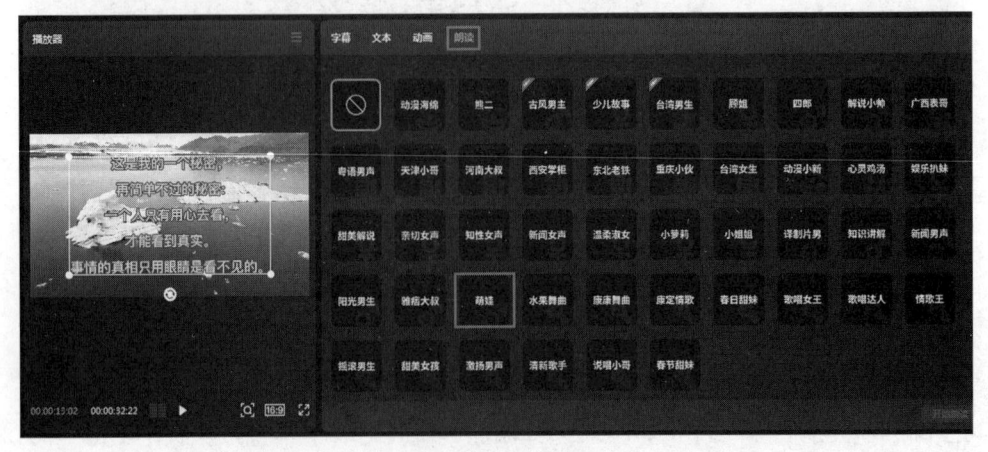

图 15-77 添加朗读音频

图 15-78 添加"缩小"效果的"入场"动画

第十步,制作封面。

❶选择素材区上方的"媒体"功能,导入背景图片,并添加到主轨道"搞笑表情 nice 大叔"片段的后面。

❷选择素材区上方的"文本"功能,选择"片头标题"中的"探店"模板,添加到轨道上,起始时间与背景图片的起始时间一致,选择轨道上的"文本"块,通过调整两端的白色矩形块位置,设置文本的展示时长,如图 15-79 所示。选择轨道上的"文本"块,在属性区中选择"文本"选项卡的"基础"功能项,修改"第 1 段文本"和"第 2 段文本"的内容及各项设置,如图 15-80 所示。

第十一步,添加转场。选择素材区上方的"转场"功能,选择"基础转场"中的"叠化"效果,分别拖动到两组场景相邻的位置,如图 15-81 所示。

图 15-79 封面背景设置

图 15-80 封面文本设置

图 15-81　添加转场

第十二步，添加背景音乐。选择素材区上方的"音频"功能，选择"轻快"中的"飞雪.mp3"片段，将其导入音频音轨上，通过添加关键帧来调节不同时间段的音量，如图 15-82 所示。

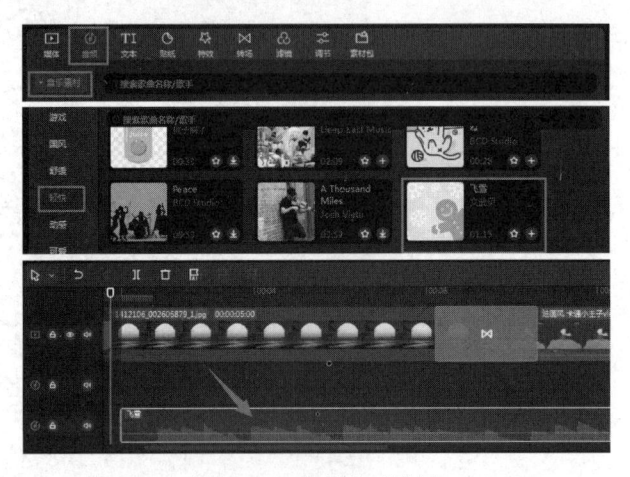

图 15-82　背景音乐设置

第十三步，导出视频。单击编辑界面右上角的"导出"按钮，弹出"导出"对话框，在这里可以为作品命名，选择导出视频的位置，确定导出视频的分辨率及格式，单击"导出"按钮即可导出视频，如图 15-83 所示。

图 15-83　导出视频

15.5 创新式微课制作

除了录屏式微课和拍摄式微课，在教学中也可以根据实际情况，选择适当的工具，制作合适的微课，如"录屏+拍摄"的混合式微课。大家也可以尝试制作动画式微课、交互式微课、手绘式微课、H5 页面式微课等创新式微课。本节介绍几款制作创新式微课的软件。

15.5.1 动画式微课制作——Focusky

Focusky 是一款简单易用的动画 PPT 演示制作软件。其操作便捷，主要通过缩放、旋转、平移特效使演示变得生动有趣。它采用从整体到局部的演示方式，以路线的呈现方式模拟视频的转场特效，同时加入生动的 3D 镜头缩放、旋转和平移特效，能够带来强烈的视觉冲击力。

1．工作界面

Focusky 的工作界面和 PowerPoint 的工作界面很相似，如图 15-84 所示。顶部是菜单栏；菜单栏下面是常用的工具栏，包括位置、旋转、放大、缩小、网格撤销等工具；左侧是路径窗口，用来设置演示的内容和顺序；右侧是插入内容元素的一系列操作按钮和编辑窗口；位于视觉正中央的就是编辑界面。

2．软件优势

在教学内容的呈现上，Focusky 以思维导图的方式组织内容结构，以非线性跳转的方式呈现具体内容，有利于思维发散和内容聚焦，非常符合人类大脑的思维方式。另外，它还提供了丰富的单人和多人动漫角色，涵盖了书画、思考、喜怒哀乐及一些具体的场景，增加了教学内容展示的趣味性和互动性，并且支持情境式教学。

在视觉效果上，Focusky 使用镜头语言来呈现内容，通过推、拉、平移来制造强烈的视觉冲击力；拥有丰富的进入、强调、退出和路径动画效果，其中包含手写和手绘动画效果；提供了多种内嵌的 3D 幻灯片演示样式，使一组图片的呈现不再单调；提供了手写注释功能，可以直接在演示文稿中添加箭头、线段等标注，便于观看者集中注意力；还提供了倒计时功能。

图 15-84 Focusky 的工作界面

3．使用方法

下面通过制作《静夜思》案例，学习应用 Focusky 制作动态演示教学课件。案例整体页面效果如图 15-85 所示。

图 15-85　《静夜思》案例整体页面效果

具体操作步骤如下。

第一步，新建项目及自定义背景。启动 Focusky，在创建界面中单击"新建项目"按钮，如图 15-86 所示；弹出"新建工程"对话框，选择一种版式，设置显示比例为 16∶9，选择一种背景颜色，单击"创建设计"按钮，如图 15-87 所示，进入工作界面。

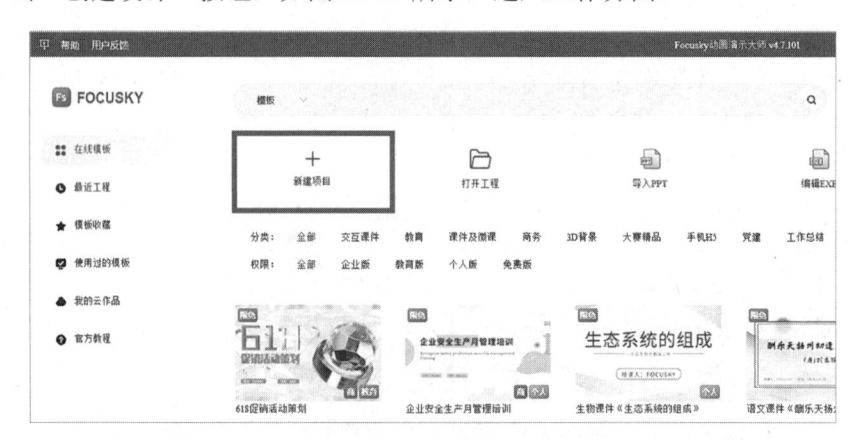

图 15-86　单击"新建项目"按钮

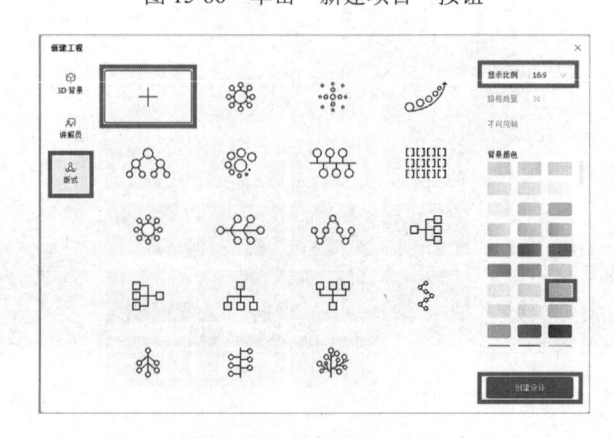

图 15-87　自定义背景设置

第二步，添加帧到路径中。在路径窗口中单击"新建镜头帧"按钮，拖动到编辑界面中，创建帧，如图 15-88 所示。单击"新建镜头帧"右侧的下拉按钮，在弹出的下拉列表中可以选择帧的类型，包括镜头帧、矩形帧、方括号帧、圆形帧和不可见帧 5 种类型，如图 15-89 所示。在创建帧的同时自动添加了路径。在画布上可以旋转、放大/缩小、移动帧。通过帧右侧的快捷工具，如图 15-90 所示，可以执行改变图形、导出、放大进入物体、添加到路径、等比例添加到帧大小及删除等操作。

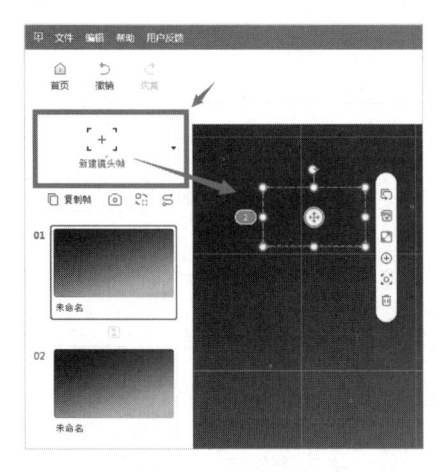

图 15-88　创建帧　　　　　　　　　　　图 15-89　帧的 5 种类型

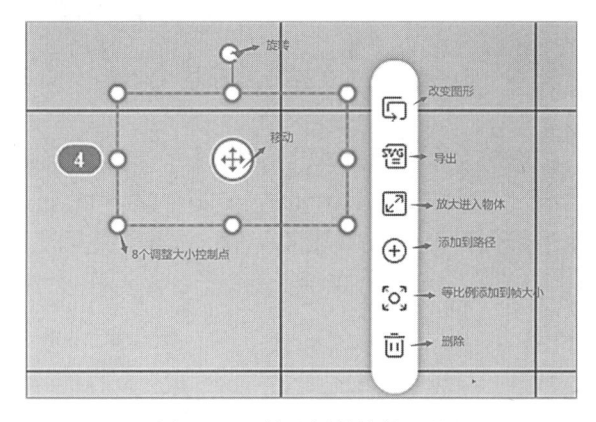

图 15-90　帧右侧的快捷工具

作品最终的帧及路径布局如图 15-91 所示。

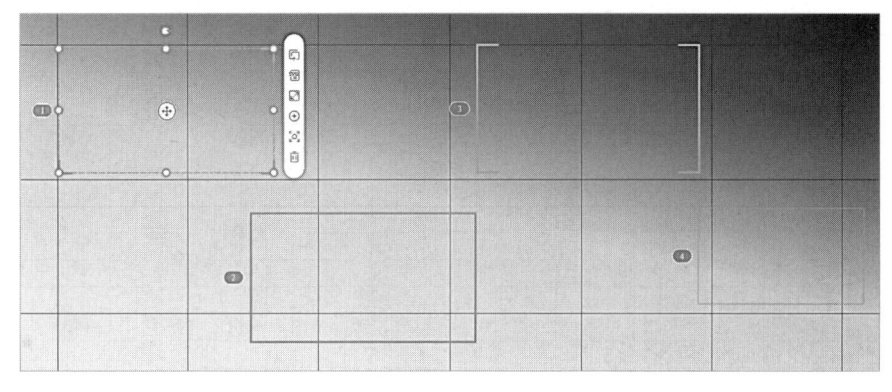

图 15-91　作品最终的帧及路径布局

第三步，添加演示内容到帧中。

第一帧添加背景图片和课程标题，效果及具体设置如图 15-92 所示。

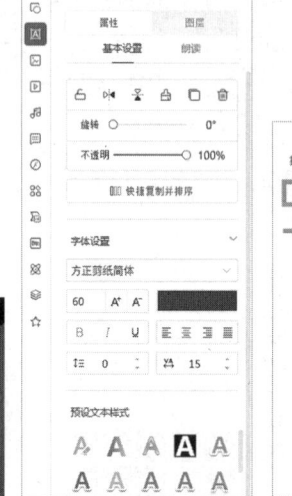

图 15-92　第一帧效果及具体设置

❶单击帧右侧快捷工具中的"放大进入物体"按钮，全屏显示帧的编辑区。

❷选择"插入"→"图片"命令，或者在操作按钮区中单击"图片"按钮，找到相应的背景图片并添加。

❸选择"插入"→"文本"命令，或者在操作按钮区中单击"文本"按钮，在编辑界面出现的文本框中输入文本。

❹选择输入的文本，在编辑窗口中对文本的字号、颜色、间距等属性进行调整。

❺单击菜单栏中的"角色"菜单项，在官方角色中选择"站-讲解（正面）"中的"小圆"角色。

第二帧添加背景图片"指示牌""植物""卷轴"，输入文本，效果及具体设置如图 15-93 所示。

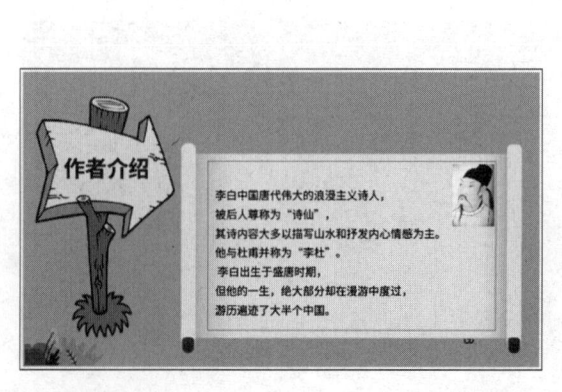

图 15-93　第二帧效果及具体设置

第 15 章　微课设计与制作

第三帧添加背景图片，插入音频，输入文本，效果及具体设置如图 15-94 所示。

图 15-94　第三帧效果及具体设置

第四帧添加背景图片，插入音频，输入文本，效果及具体设置如图 15-95 所示。

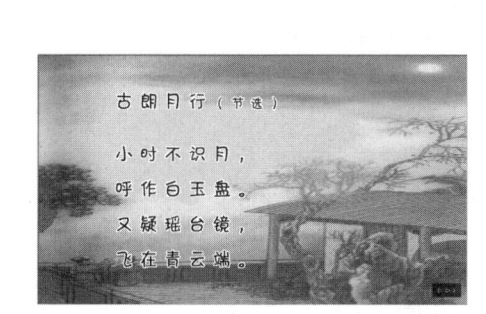

图 15-95　第四帧效果及具体设置

第四步，添加和编辑路径。

❶添加路径。选中元素，单击右侧的"添加到路径"按钮⊕，添加路径，如图 15-96 所示。在帧中添加元素时，会自动添加到路径中。

图 15-96　添加路径

293

❷编辑路径。单击路径窗口上方的编辑按钮 S，在弹出的下拉列表中有"编辑路径"和"调整路径（顺序/时间）"两个选项。选择"编辑路径"选项，单击任何一个物体加入路径列表中，通过拖动路径节点可以插入、删除、替换路径，如图15-97所示。

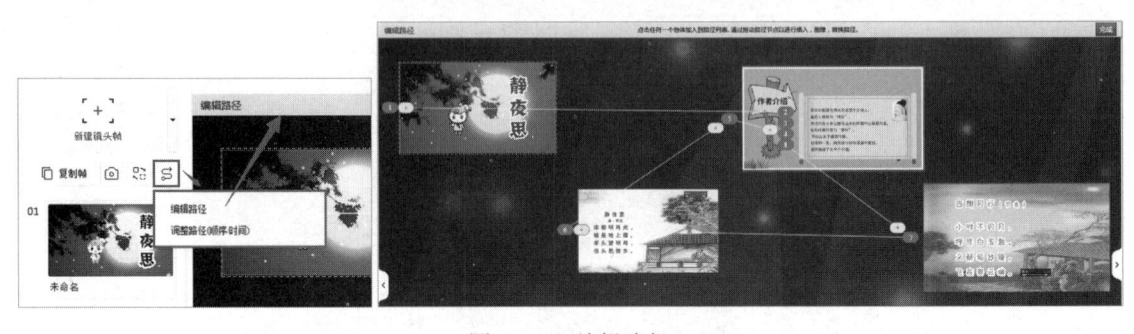

图15-97 编辑路径

选择"调整路径（顺序/时间）"选项，会弹出"自定义路径"对话框，在对话框中拖动缩略图可以修改帧的播放顺序，还可以分别定义单个帧的停留时间，如图15-98所示。

图15-98 自定义路径

图15-99 "动画"对话框

第五步，添加动画效果及预览。

选择要添加动画的帧，单击菜单栏中的"动画"菜单项，弹出"动画"对话框，如图15-99所示。在对话框上方有"预览选中动画"选项，单击 ▶ 按钮可以预览当前动画效果；中间是动画列表，列表中显示已添加的动画；下方有"添加动画""增加笔迹动画""动画刷""选择对象"4个命令按钮。

在动画列表中，每个动画左侧的数字表示动画的次序；第二个图标表示动画触发方式，其中，🖱图标表示动画"单击"开始，🔗图标表示"与上一个一起"，⏱图标表示"在上一个之后"；第三个图标 手写字 是动画对象采用的动画效果名称，单击该图标，即可弹出"选择一个动画效果"对话框，如图15-100所示，在这里可以选择、更改、预览动画效果。

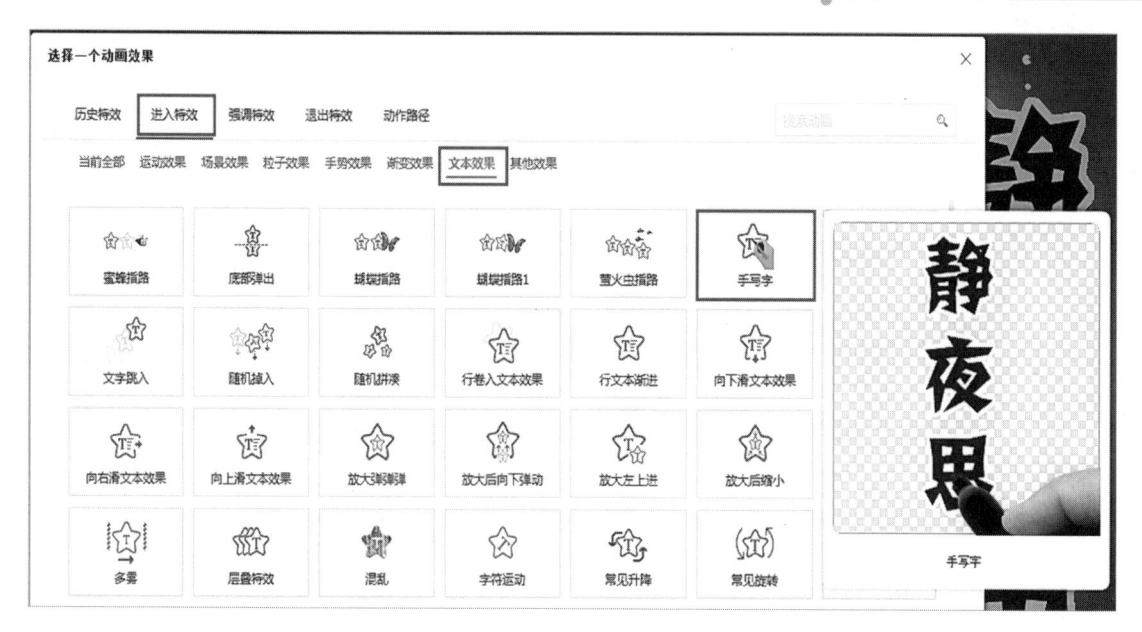

图 15-100 "选择一个动画效果"对话框

单击最右侧的第四个图标,会展开动画的功能菜单,如图 15-101 所示。单击"更改动画效果"按钮可以更改动画效果;在"触发方式"下拉列表中可以选择不同的动画开始方式;"动画时长"选项用于设置动画的持续时间;"延迟"选项用于设置动画开始时间;单击"添加声音"按钮可以添加音频;单击"删除"按钮可以删除当前的动画效果。

图 15-101 动画的功能菜单

第六步,添加声音和字幕。在本案例中,首页添加了背景音频;第二页作者介绍的内容通过"声音合成",选择"标贝悦读角色"中的新闻播报类语音,由教育科普蓉蓉机器人诵读;第三页和第四页的诗歌诵读选用的是已处理好的音频。

第三帧诗歌诵读的添加:在路径窗口中选择第三帧,进入第三帧的编辑区;选择"插入"→"音乐"命令,或者在操作按钮区中直接单击"音乐"按钮,弹出"音乐"对话框,如图 15-102 所示,对话框上方提供了"本地音乐""声音合成""背景音乐设置""录音"4 个功能按钮,下方提供了大量的音频素材。

图 15-102 "音乐"对话框

第七步,发布输出。当作品制作完成后,单击工作界面右上角的"保存"按钮,可以保存文件;单击"输出"按钮,弹出"格式输出"对话框,如图 15-103 所示,可以在其中选择一种格式进行文件的最终保存。

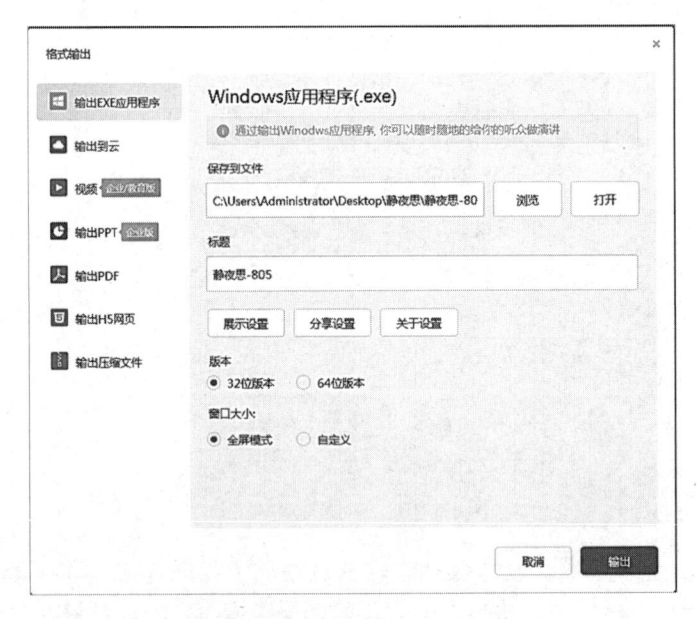

图 15-103 "格式输出"对话框

15.5.2 动画式微课制作——万彩动画大师

万彩动画大师是一款 MG 动画视频及微课视频制作软件,其功能非常强大,界面简洁,易上手,可以制作出专业的动画效果,常用于制作企业宣传动画、动画广告、营销动画、多媒体课件、微课等。

1. 基本界面

万彩动画大师的开始界面如图 15-104 所示。

图 15-104　万彩动画大师的开始界面

万彩动画大师的工作界面主要由菜单栏、工具栏、元素工具栏、场景编辑区、画布-工作编辑区、素材区和时间轴组成，如图 15-105 所示。

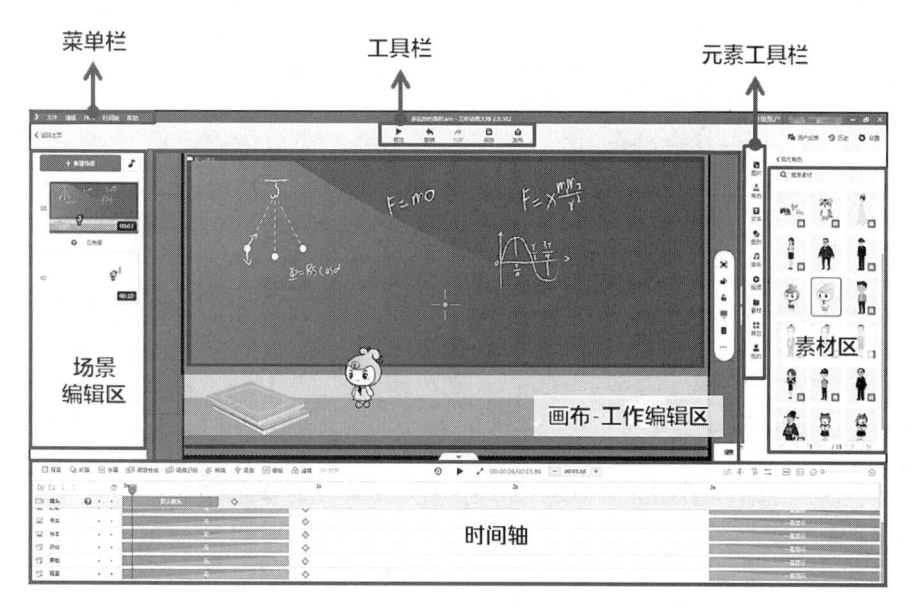

图 15-105　万彩动画大师的工作界面

2. 软件特点

万彩动画大师的界面简洁，操作简单，在短时间内便可学会制作；拥有大量简洁、大方的动画模板，涵盖多个主题内容，可轻松下载并替换模板内容，快速制作出炫酷的动画宣传视频、微课视频等；拥有多种多样的图形，可自由地将各种图形任意组合成新图形，将创意与想象完美结合,制作出让观众耳目一新的动画效果;可轻松地自定义输出设置,快速发布动画视频作品;可将手绘动画特效灵活地应用到视频中,提高动画宣传视频和微课视频的美感与时尚感,让宣传与课堂更具趣味性。

3. 使用方法

下面通过制作《多边形的面积》案例,学习应用万彩动画大师制作动态演示教学课件。案例整体页面效果如图 15-106 所示。

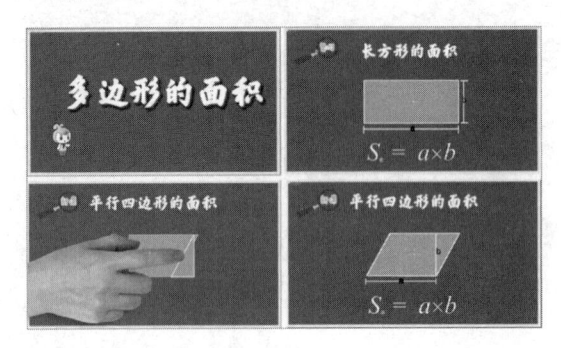

图 15-106 《多边形的面积》案例整体页面效果

具体操作步骤如下。

第一步,创建新工程文件。万彩动画大师提供了两种方式来创建新工程文件:一种是在开始界面中单击"新建空白项目"按钮,如图 15-107 所示,开始编辑工程;另一种是打开一个在线模板,然后在动画视频编辑过程中,按照自己的主题内容的需要添加本地视频,让动画更具视觉效果,更有吸引力。

图 15-107 单击"新建空白项目"按钮

第二步,新建场景。单击场景编辑区上方的"新建场景"按钮,就可以新建一个场景,如图 15-108 所示。既可以使用场景模板,也可以创建一个新的场景。下面完善第一个场景。

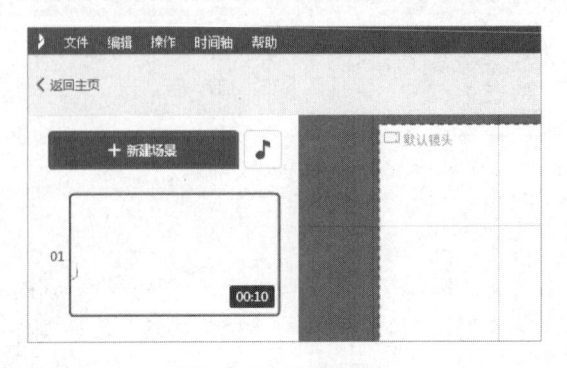

图 15-108 新建场景

第三步，添加素材。第一个场景由背景、角色和标题三部分构成，效果如图 15-109 所示。
❶绘制背景。绘制一个圆角矩形，修改其属性，并将其移至底层，如图 15-110 所示。

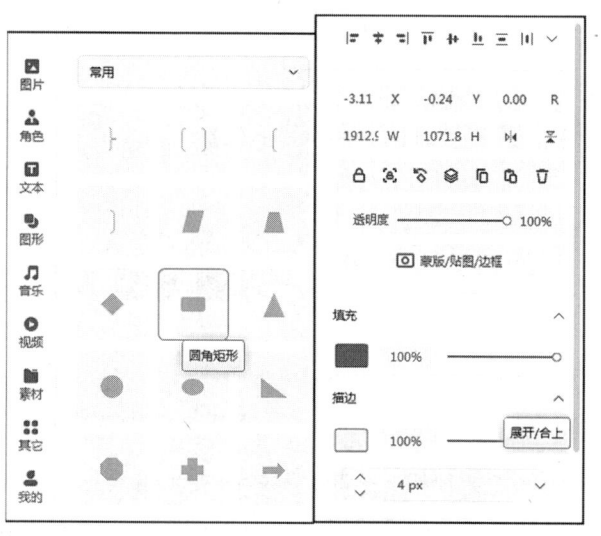

图 15-109　第一个场景效果　　　　　　　　图 15-110　绘制背景设置

❷添加角色。单击元素工具栏中的"角色"按钮，在素材区中找到角色"小圆"，在下一级窗口中单击"站-讲解"标签，如图 15-111 所示。

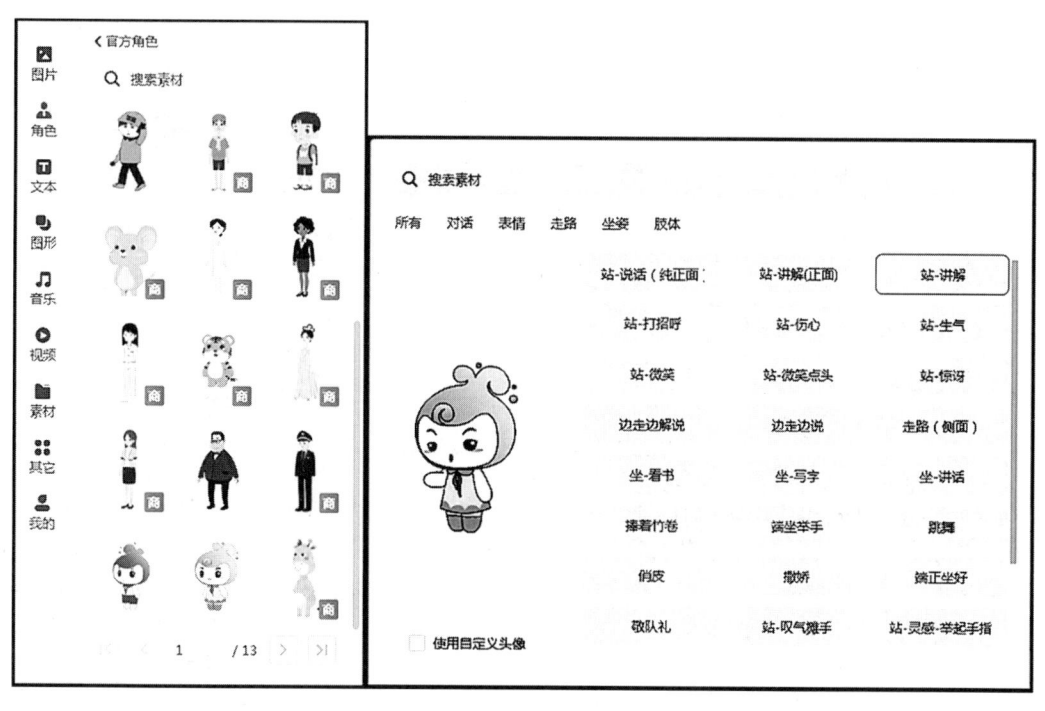

图 15-111　添加角色

❸添加标题。单击元素工具栏中的"文本"按钮，添加标题文本，并对文本属性进行设置，如图 15-112 所示。

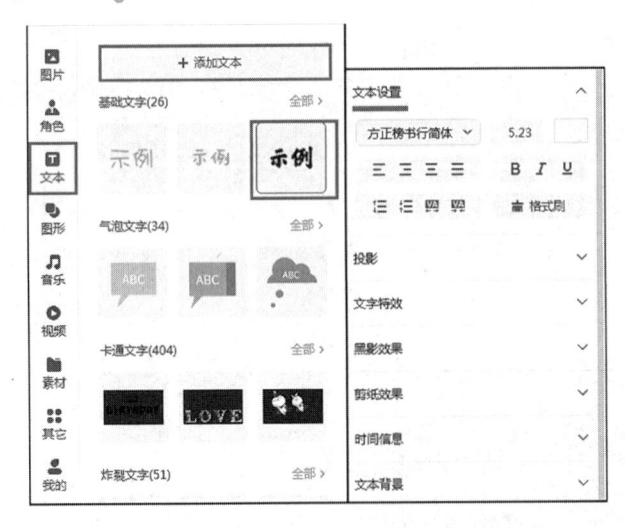

图 15-112　添加标题文本并进行属性设置

注意：在插入素材之后，只要单击素材对象，就可以对素材的属性进行编辑。

第四步，制作动画。在添加素材后，就要考虑给各个素材对象添加动画。

❶添加动画。在画布-工作编辑区中选择素材，在时间轴上双击"进场"时间轴，在弹出的对话框中选择某个动画效果，单击"确定"按钮，如图 15-113 所示。时间轴由"进场""强调""退出"三部分构成，在各时间轴上双击就可以添加相应的动画效果。

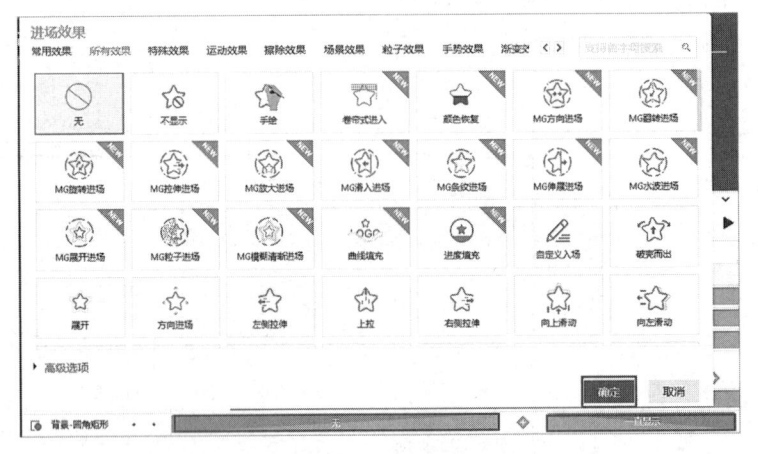

图 15-113　添加进场动画

❷添加场景转场。在场景编辑区中单击场景与场景之间的"添加转场"按钮，在弹出的"过渡动画"对话框中选择一种过渡效果即可，还可以设置时长、方向和声音，如图 15-114 所示。

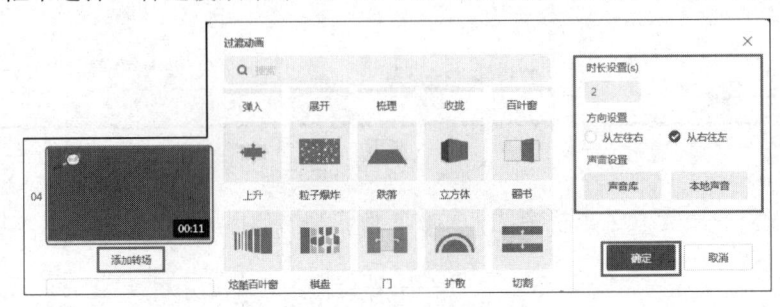

图 15-114　添加场景转场

至此，我们完成了第一个场景的制作，其他三个场景的制作请大家自行完成。

第五步，发布作品。单击工具栏中的"发布"按钮，弹出"发布作品"对话框，在对话框左侧选择发布类型为"本地视频"，在右侧设置视频属性，单击"发布"按钮即可发布作品，如图 15-115 所示。

图 15-115　发布作品

15.5.3　交互式微课制作——Articulate Storyline

Articulate Storyline 是一款可以独立使用的多媒体互动开发工具，具有无可比拟的交互功能，其界面类似于 PowerPoint 的界面，提供了多种字体、动画及多样化的页面模板。使用它制作课件不需要从头开始，可以利用软件自带的模板进行课件制作。

使用 Articulate Storyline 中的滑块、按钮、热点、标记、动作路径、时间轴、触发器、变量等功能，可以轻松制作强大的交互式微课。可设置的测试题型有单选题、多选题、判断题、拖曳式互动题等，能够轻松、快捷地进行测试与评估。同时，它自带录屏、录音、视频编辑、音频编辑、外接摄像头等特色功能，操作简单，非常适合广大教育者使用。

下面通过制作《创新式微课》案例，学习应用 Articulate Storyline 制作动态演示教学课件。案例整体页面效果如图 15-116 所示。

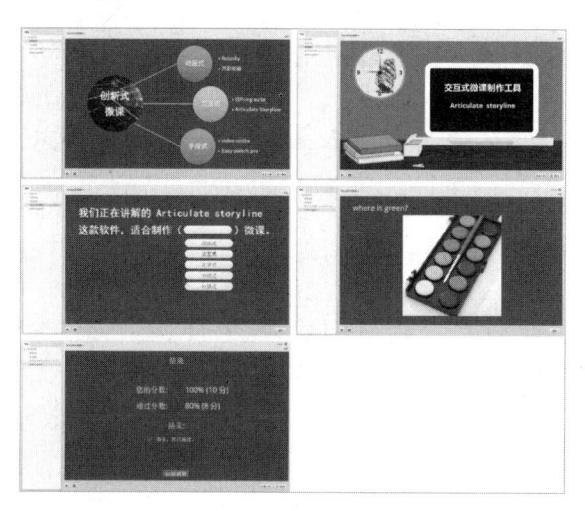

图 15-116　《创新式微课》案例整体页面效果

1. 创建一个项目

启动 Articulate Storyline，单击界面左侧的"新建项目"按钮，进入其工作界面，如图 15-117 所示。

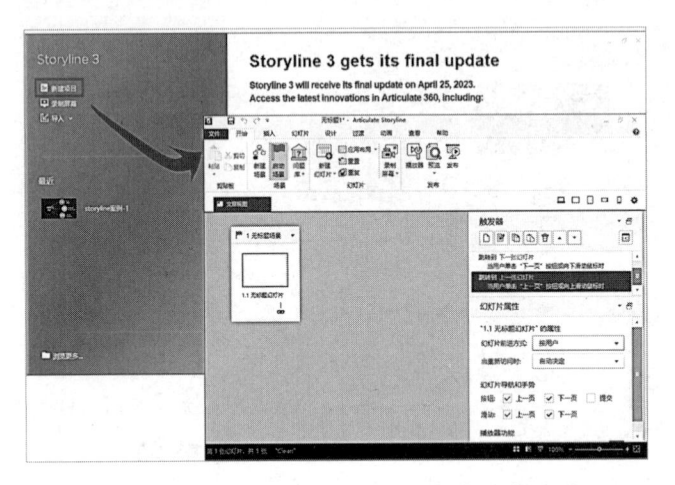

图 15-117　进入 Articulate Storyline 的工作界面

2. 视图的切换

在进入新项目的工作界面后，可以看到"文章视图"中新建了一张空白幻灯片，双击空白幻灯片，即可进入此幻灯片的编辑界面，如图 15-118 所示。

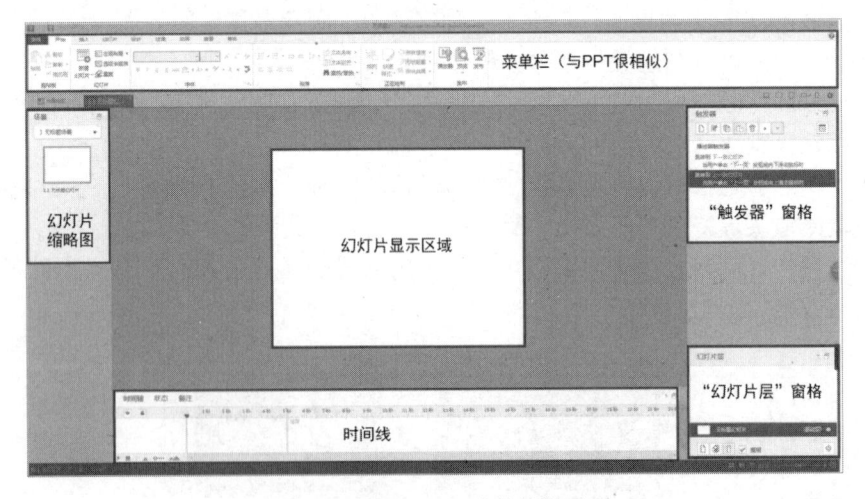

图 15-118　进入幻灯片的编辑界面

编辑界面上方是菜单栏；左侧是幻灯片缩略图，也可称为场景编辑区；中间是幻灯片显示区域，场景的具体编辑操作都在此区域内完成；右侧是控制整张幻灯片的动作属性设置窗格，其中包括"触发器"窗格和"幻灯片层"窗格；下方是幻灯片内容的时间轴、状态和备注。

在每个窗格的右上角都有一个"停靠"按钮，单击该按钮，可以自由拖动改变窗格的位置，再次单击该按钮即可恢复初始排列的位置。

3. 设置幻灯片背景

具体操作步骤如下。

第一步，在制作作品前，首先在"设计"菜单中为作品设置统一的风格，即设置幻灯片尺寸、配色方案、字体等。单击"设计"选项卡"设置"功能区中的"幻灯片尺寸"按钮，在弹出的"更改文章大小"对话框中设置作品的页面分辨率，如图 15-119 所示。

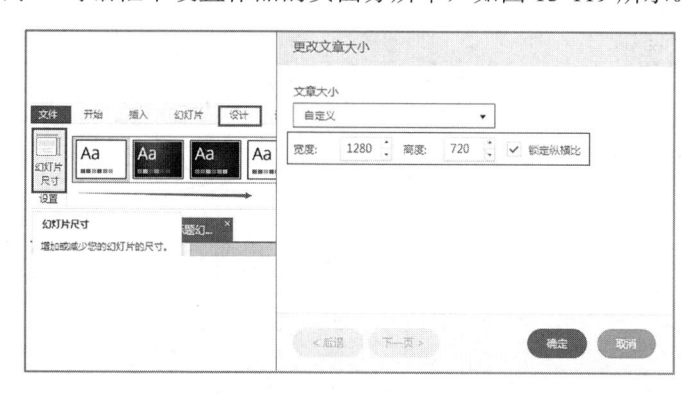

图 15-119　设置作品的页面分辨率

第二步，为所有幻灯片设置统一背景。单击"查看"选项卡"视图"功能区中的"幻灯片母版"按钮，如图 15-120 所示。进入母版后与 PowerPoint 母版的操作相同，大家可自行设置。

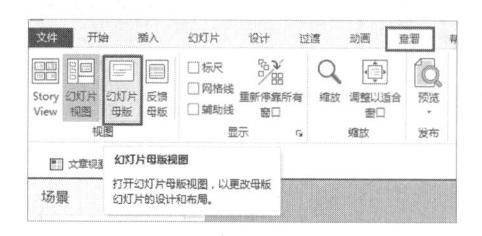

图 15-120　单击"幻灯片母版"按钮

第三步，为单张幻灯片更换背景。既可以单击"插入"选项卡"媒体"功能区中的"图片"按钮，直接插入处理好的图片；也可以在场景编辑区中单击鼠标右键，在弹出的快捷菜单中选择"设置背景格式"命令，在弹出的"设置背景格式"对话框中进行相应的设置，如图 15-121 所示。

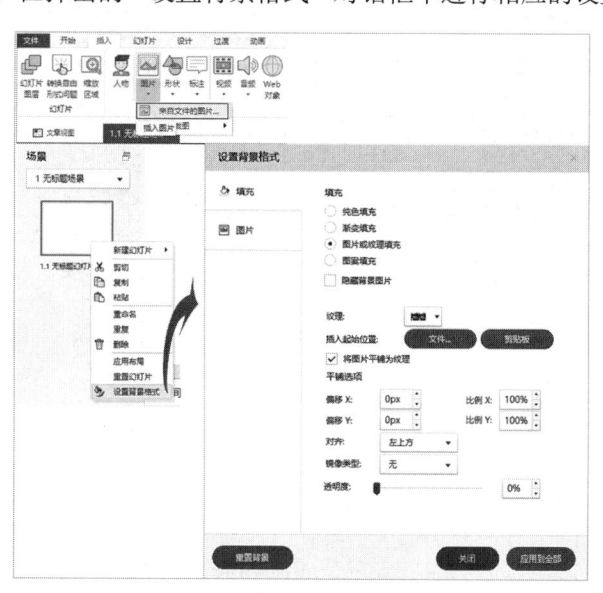

图 15-121　插入图片及设置背景格式

第四步，绘制背景。

❶单击"插入"选项卡"媒体"功能区中的"形状"按钮，在弹出的形状列表中选择"矩形"形状，如图 15-122 所示，然后在幻灯片显示区域中绘制一个覆盖背景区域的矩形，填充主题蓝色。

❷使用同样的方法，用矩形绘制桌面，填充纹理。

❸用"基本形状"类别中的"立方体"形状绘制叠放的书，用"任意多边形"形状绘制粉笔盒，用"圆形"和"立柱"形状绘制粉笔盒中的粉笔及外侧的整支粉笔。绘制完成的背景效果如图 15-123 所示。

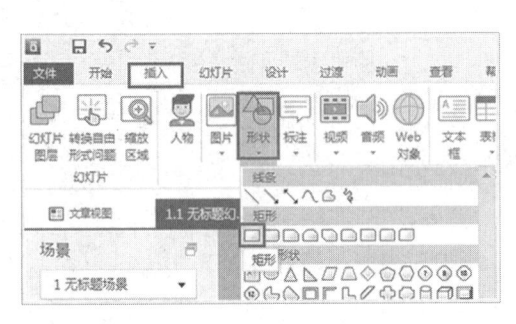

图 15-122 选择"矩形"形状

图 15-123 绘制完成的背景效果

4."底层图层"的编辑

具体操作步骤如下。

第一步，给"底层图层"命名，如图 15-124 所示。既可以双击"底层图层"幻灯片下方的文字重新命名；也可以选择场景上面的标签，双击标签文本重新命名；还可以双击"幻灯片层"窗格内的基础层的名称重新命名。

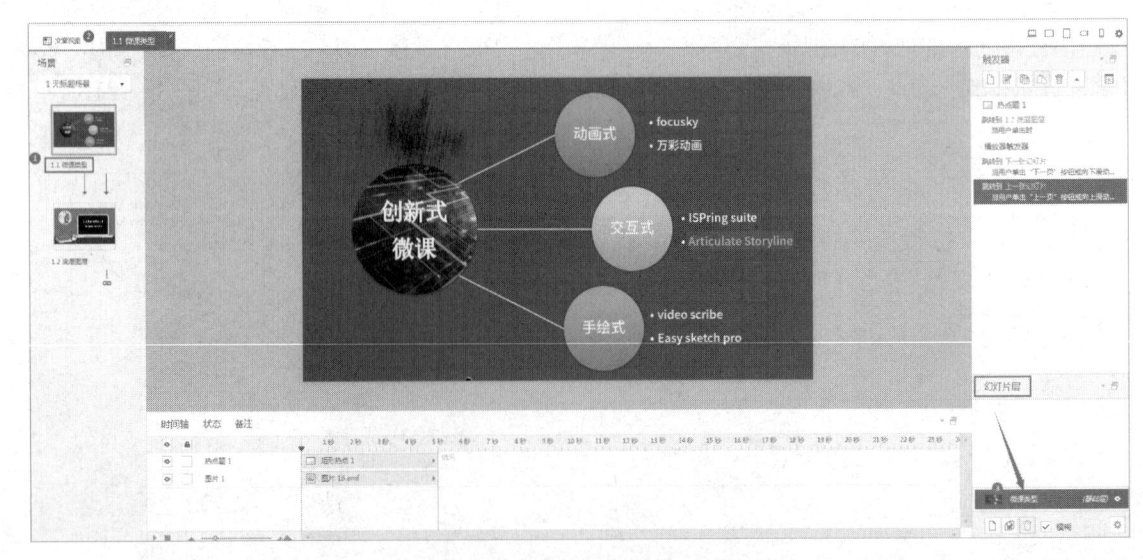

图 15-124 给"底层图层"命名

第二步，设置图形的组合。在背景上绘制一台笔记本电脑，然后全选各个组成图形，单击鼠标右键，在弹出的快捷菜单中选择"组"→"组"命令（或按 Ctrl+G 组合键），如图 15-125

所示，将图形组合在一起。使用同样的方法将书籍、粉笔盒、粉笔分别进行组合。

第三步，给对象添加动画效果。在完成组合设置后，选择笔记本电脑组合，在"动画"选项卡中为其添加浮入动画中的"浮入"效果，设置持续时间为 1 秒，如图 15-126 所示。

图 15-125　设置图形的组合　　　　图 15-126　给对象添加动画效果

背景左上角的位置有些空旷，在这里绘制了一只钟表，并将其进行组合。在时间轴的对象名称栏中双击，将组合对象重命名为"钟表 15"，如图 15-127 所示。

为"书 1"添加"向上飞入"动画效果，持续时间保持默认设置即可；为"粉笔盒 14""粉笔"添加"向上浮入"动画效果，持续时间保持默认设置即可；为"钟表 15"添加"自旋和增大"动画效果，持续时间设置为 1 秒。在动画效果添加完成后，单击"动画"选项卡"发布"功能区中的"预览"按钮即可预览动画效果。有三种预览方式可供选择，分别是"此幻灯片""此场景""整个项目"。

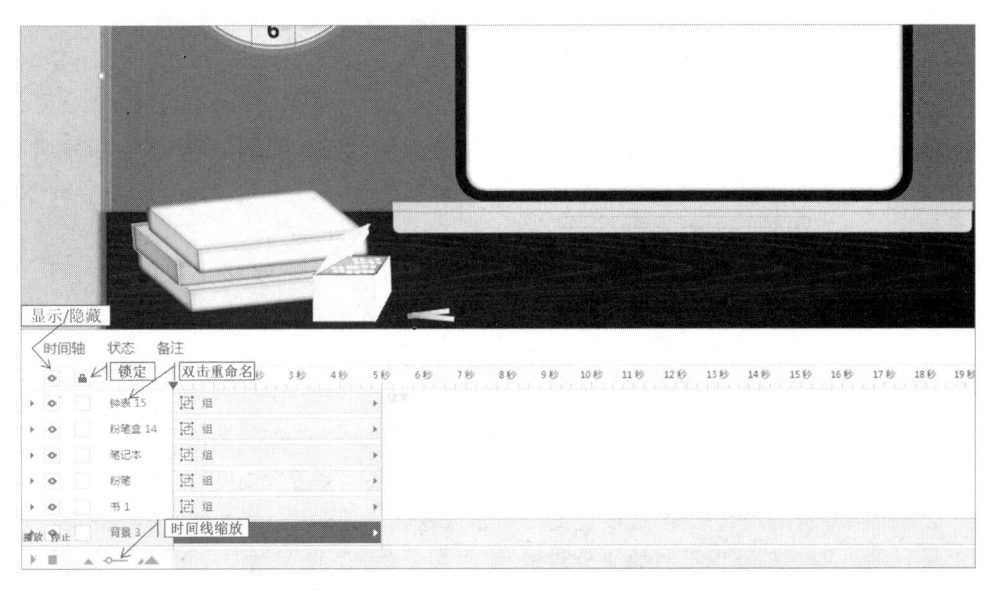

图 15-127　对象重命名

给对象设置不同的出现时间。选中动画物体，在时间轴中选择对象对应的动画时间线，当鼠标指针移动到时间线左侧变成左右箭头形状时，单击并向右侧拖动即可延迟该动画进入场景的时间。

时间线左侧的 ◎ 为"显示/隐藏"按钮； ▲ 为"锁定"按钮，当下面对应的复选框中出现 ▲ 图标时，表示该对象被锁定，不能进行编辑。时间轴左下角的 ▶ 为"播放"按钮， ■ 为"停止"按钮，分别单击这两个按钮可以预览播放和停止动画效果的演示； ▲—◇—▲ 为"时间线缩放"按钮。

5．幻灯片图层的添加与图层内容的编辑

Articulate Storyline 提供的交互功能非常强大，可以简单、快速地制作各种交互式效果，如单击呈现文本或图片等元素、悬停呈现素材、拖动呈现素材等。具体操作步骤如下。

第一步，添加、编辑幻灯片图层。在场景编辑区中选择"底层图层"幻灯片，添加三处触发：第一处是单击上一层书籍，会进入"软件介绍"幻灯片层；第二处是单击表盘，会进入"主要功能"幻灯片层；第三处是单击 Articulate Storyline 文本，会进入"工作界面"幻灯片层。具体效果如图 15-128 所示。

具体操作为：单击"插入"选项卡"互动对象"功能区中的"热点题"按钮，选择"任意多边形"，然后沿着

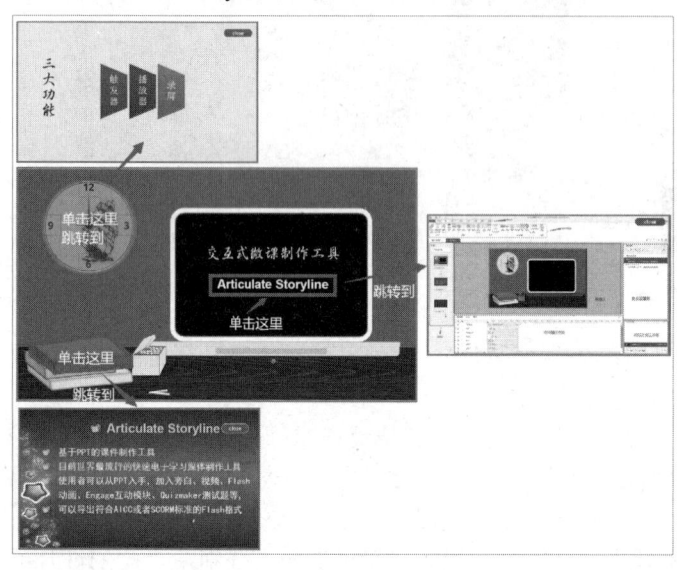

图 15-128　场景触发效果

上方书籍绘制触发区域，在时间轴中将绘制的形状命名为"软件介绍-触发器"。

在笔记本电脑屏幕上方插入"文本框 1"，输入文本"Articulate Storyline"；插入"文本框 2"，输入"交互式微课制作工具"。

在场景编辑区中选择"底层图层"幻灯片，单击"幻灯片层"窗格下方的"新建层"按钮，新建一个空白的图层，将其命名为"软件介绍"；在该图层幻灯片中先插入一张蓝色的图片作为背景，再绘制一个圆角矩形放置在幻灯片的右上角，输入"close"。

在场景编辑区中选择"底层图层"幻灯片，单击"幻灯片层"窗格下方的"新建层"图标，新建一个空白的图层，将其命名为"工作界面"；给该图层幻灯片填充浅色背景，将"软件介绍"幻灯片层中的"close"圆角矩形复制粘贴到该幻灯片的右上角。

使用同样的方法创建另外的幻灯片层。

第二步，为对象内容添加交互设置。在场景编辑区中选择"底层图层"幻灯片，选择"软件介绍-触发器"形状，单击"触发器"窗格中的"触发器向导"按钮 ▯，弹出"触发器向导"对话框，如图 15-129 所示，"操作"设置为"显示图层"，"图层"设置为"软件介绍"，"时间"设置为"用户单击"，"对象"设置为"软件介绍-触发器"。在设置触发交互后，"触发器"窗格中显示的内容如图 15-130 所示。

在场景编辑区中选择"底层图层"幻灯片，选择"文本框 1"，单击"触发器"窗格中的"触发器向导"按钮 ▯，弹出"触发器向导"对话框，如图 15-131 所示，"操作"设置为"显示图层"，"图层"设置为"工作界面-2-复制"，"时间"设置为"用户单击"，"对象"设置为"文本框 1"。在设置触发交互后，"触发器"窗格中显示的内容如图 15-132 所示。

图 15-129 "触发器向导"对话框（1） 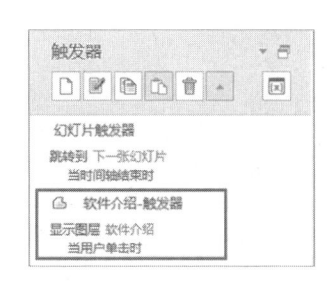　　图 15-130 "触发器"窗格中显示的内容（1）

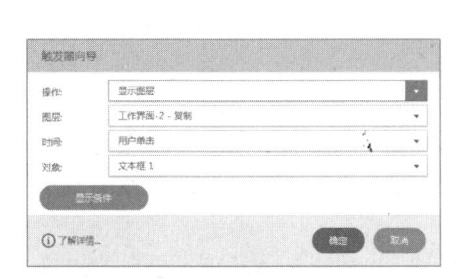

图 15-131 "触发器向导"对话框（2） 　　图 15-132 "触发器"窗格中显示的内容（2）

为"close"按钮添加退出页面的交互设置。在"幻灯片层"窗格中选择"软件介绍"幻灯片层，如图 15-133 所示；单击"触发器"窗格中的"触发器向导"按钮，弹出"触发器向导"对话框，如图 15-134 所示，"操作"设置为"隐藏图层"，"图层"设置为"此图层"，"时间"设置为"用户单击"，"对象"设置为"矩形 1"。在设置触发交互后，"触发器"窗格中显示的内容如图 15-135 所示。

图 15-133 选择"软件介绍"幻灯片层 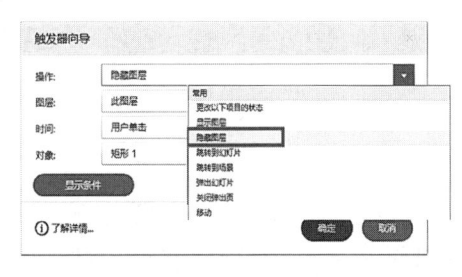　　图 15-134 "触发器向导"对话框（3） 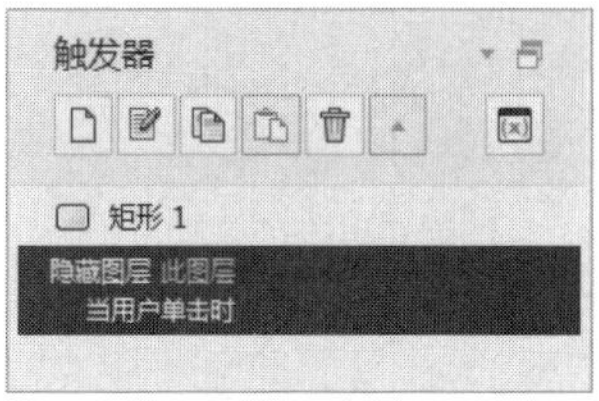　　图 15-135 "触发器"窗格中显示的内容（3）

使用同样的方法为页面内的其他对象内容添加交互设置。

6. 添加测试题和测试结果

单击"开始"选项卡"幻灯片"功能区中的"新建幻灯片"按钮，在弹出的下拉列表中选择一种题型，包括评分问题、调查问题和自由形式的问题三种题型。具体操作步骤如下。

第一步，添加一道"词库题"。选择"评分问题"选项，在弹出的"评分问题"对话框中选择"词库题"选项，单击"插入幻灯片"按钮，如图 15-136 所示。

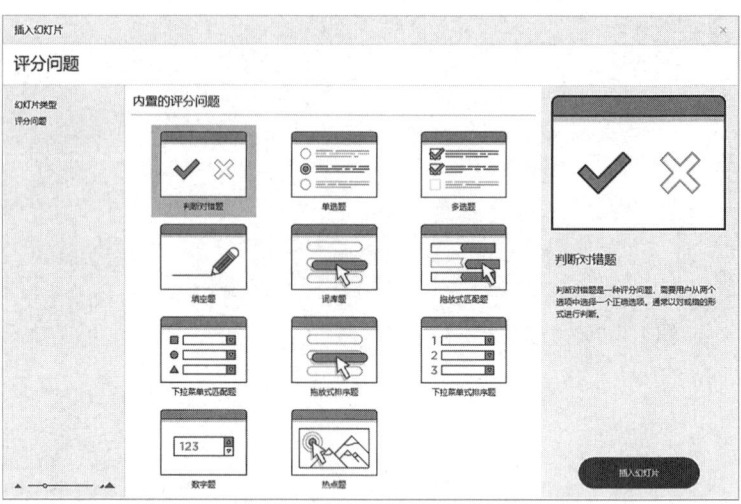

图 15-136 添加"词库题"

在插入"词库题"后,在"输入问题"文本框中输入问题文本,在"输入选项"选项组中输入选项并标出正确答案,在"设置反馈和分支"选项组中修改反馈信息并设置页面的跳转,如图 15-137 所示。

在"问题"联动选项卡中可以对显示与计分进行设置,也可以插入声音或图片,如图 15-138 所示。

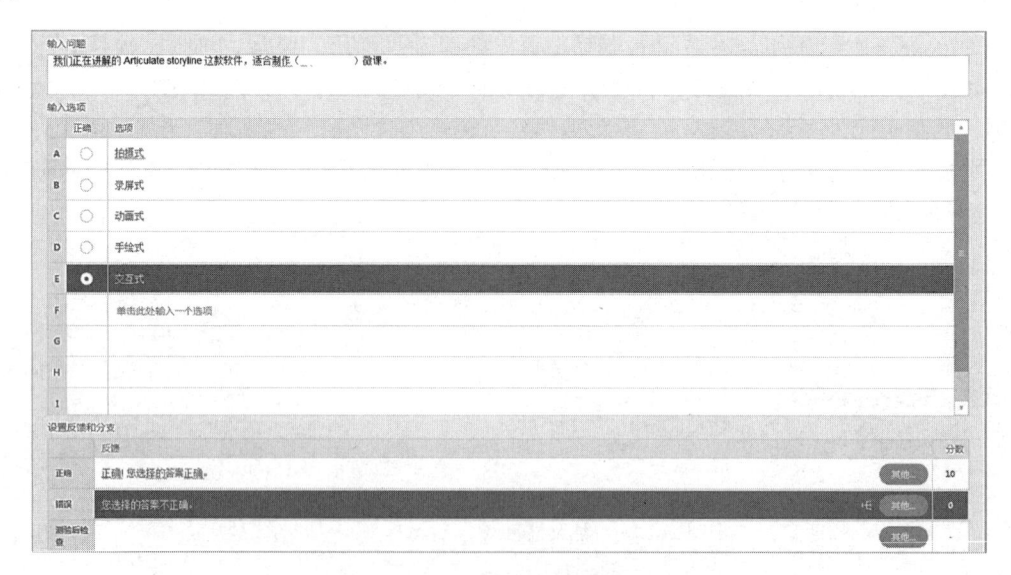

图 15-137 词库题设置

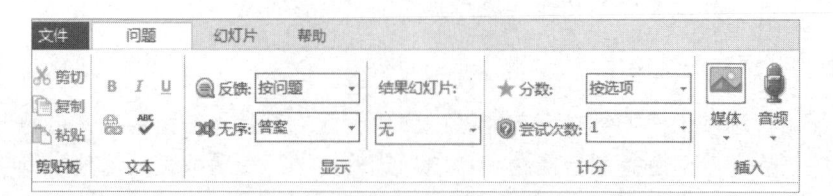

图 15-138 设置"问题"的显示与计分

在右侧的"问题"窗格中,当前显示的是"表单视图",单击"幻灯片视图"按钮切换至幻灯片视图，调整文本，设置文本的大小、颜色等属性，如图 15-139 所示。

图 15-139　设置文本属性

第二步，添加一道"热点题"。单击"开始"选项卡"幻灯片"功能区中的"新建幻灯片"按钮，在弹出的下拉列表中选择"评分问题"选项，在弹出的对话框中选择"热点题"选项，单击"插入幻灯片"按钮。

在"输入问题"文本框中输入问题文本；在"添加热点"选项组中单击"选择图片"按钮，导入图片；单击"添加热点"按钮，在"矩形""椭圆形""任意多边形"三种形状中选择一种，在图片上绘制热点；在"编辑热点"链表中可以对添加的热点进行更正；在"设置反馈和分支"选项组中修改反馈信息及设置页面的跳转。

在"问题"窗格中单击"幻灯片视图"按钮切换至幻灯片视图，调整文本，设置文本的大小、颜色等属性，如图 15-140 所示。

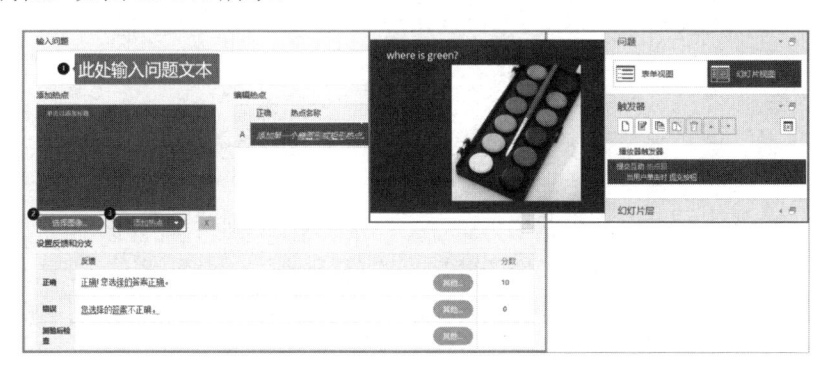

图 15-140　添加"热点题"并进行相应设置

第三步，添加"评分结果幻灯片"。单击"开始"选项卡"幻灯片"功能区中的"新建幻灯片"按钮，在弹出的下拉列表中选择"结果"选项，在弹出的"插入幻灯片"对话框中选择"评分结果幻灯片"选项，单击"插入幻灯片"按钮，如图 15-141 所示。

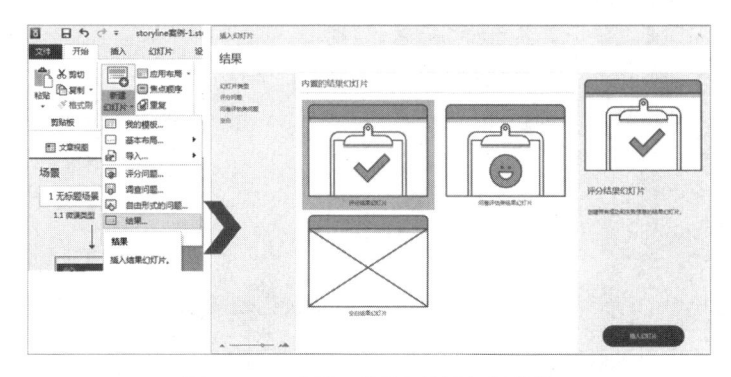

图 15-141　添加"评分结果幻灯片"

在"问题"窗格中单击"编辑结果幻灯片"按钮，弹出"结果幻灯片属性"对话框，"计算结果"设置为"选定问题"，在"问题"选项组中既可以选择要计分的问题，即勾选问题后面的复选框，也可以设置"通过分数"及"结束测验所需时间"，如图 15-142 所示。

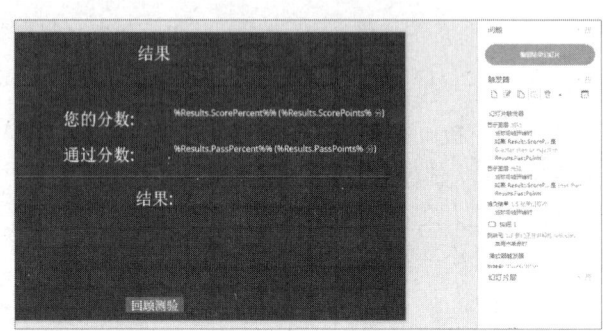

图 15-142　编辑"评分结果幻灯片"

当微课制作完成后，可以单击"动画"选项卡"发布"功能区中的"预览"按钮，选择"整个项目"预览整体的制作效果。

7．录屏功能

在制作微课时，我们常常需要用到录屏功能，尤其是在讲解操作类软件时，录屏更是必不可少的工具。录屏的具体操作步骤如下。

第一步，新建一个场景，然后单击"幻灯片"选项卡"录制"功能区中的"录制屏幕"按钮，在弹出的下拉列表中选择"录制您的屏幕"选项，如图 15-143 所示。

第二步，选择需要录制屏幕的大小范围，单击左下角的红色"录制"按钮开始录制，如图 15-144 所示。

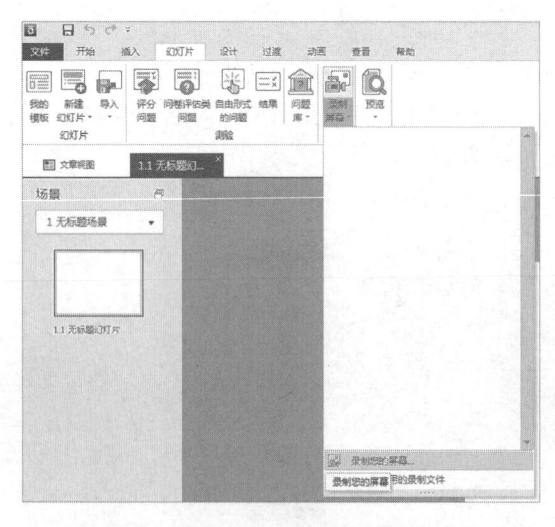

图 15-143　选择"录制您的屏幕"选项 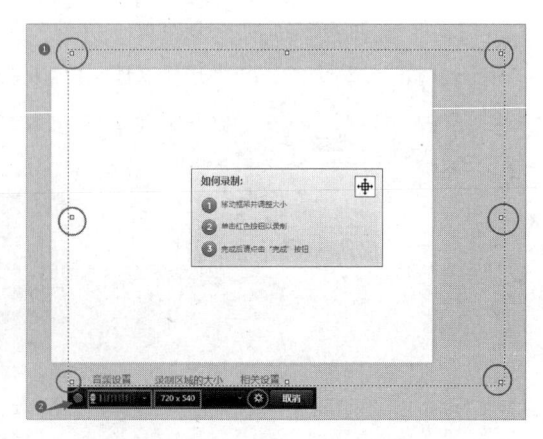　　　　图 15-144　设置录制区域并开始录制

第三步，单击录制功能条上的"完成"按钮即可完成录制。

第四步，在完成录制后，有两种插入幻灯片的方法，分别为"单张幻灯片上的视频"和"分步幻灯片"，选择其中一种，将录屏视频插入幻灯片中，如图 15-145 所示。

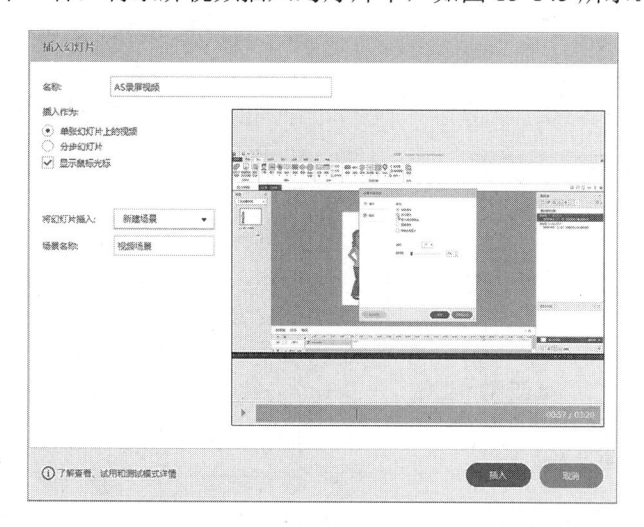

图 15-145　将录屏视频插入幻灯片中

8．发布作品

具体操作步骤如下。

第一步，保存项目。当微课制作完成后，需要对项目进行保存，以方便日后的修改。只需选择"文件"→"保存"或"另存为"命令即可保存项目。

第二步，发布微课。

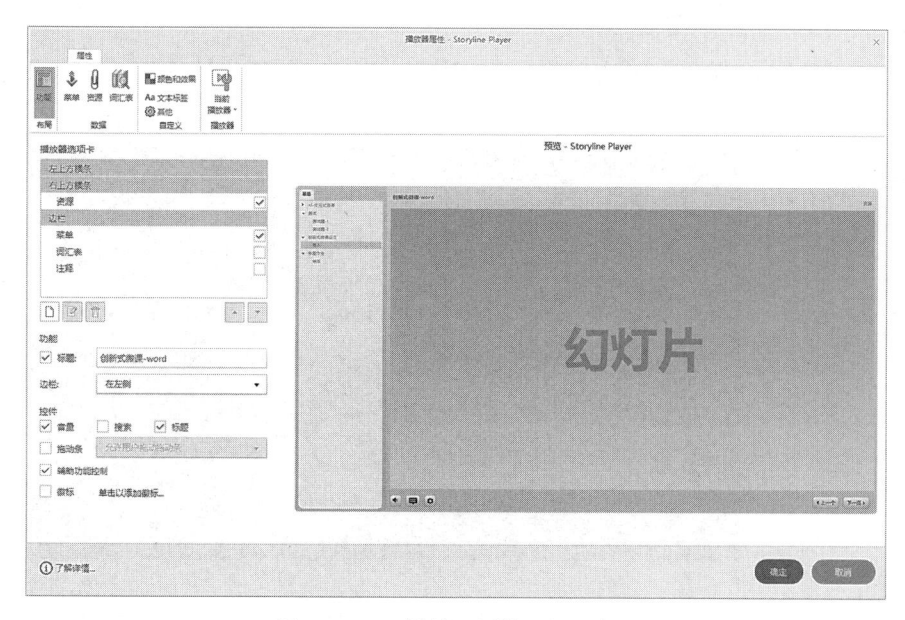

❶播放器的设置。单击"开始"选项卡"发布"功能区"属性"区中的"播放器"按钮，弹出"播放器属性"设置窗口，其中包括功能、菜单、资源、词汇表、颜色和效果、文本标签、其他等设置项，如图 15-146 所示。

图 15-146　"播放器属性"设置窗口

单击"自定义"功能区中的"文本标签"按钮，可以看到"播放器"的语言选项，默认是"English"，在这里选择"中文简体"。

在"颜色和效果"选项中可以选择内置的任意一种配色方案；播放器功能选项的主要功能是添加自己作品的 Logo 和添加"进度条"。在设置完成后，单击"确定"按钮即可。可按 F12 键预览播放器的设置效果。

❷ 单击"开始"选项卡"发布"功能区中的"发布"按钮，弹出"发布"设置窗口，如图 15-147 所示，可以发布网页、LMS、光盘、Word 4 种形式的文档。本案例选择"LMS"选项，定义微课标题，设置保存位置，其余选项保持默认设置，单击"发布"按钮，即可发布微课。

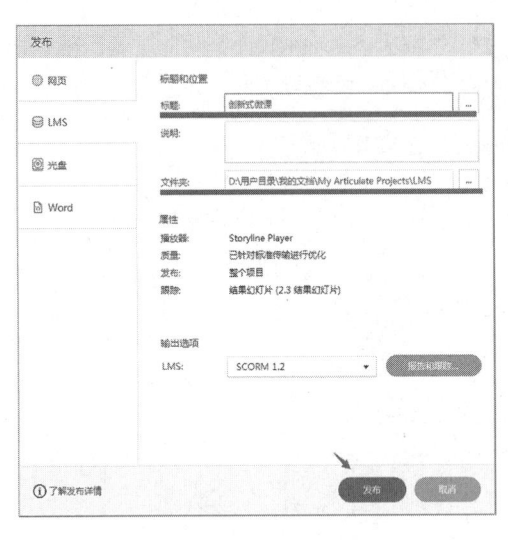

图 15-147 "发布"设置窗口

❸ 发布完成后，会弹出"发布成功"提示对话框，如图 15-148 所示；同时作品已生成"创新式微课"文件夹，如图 15-149 所示；双击文件夹中的 story.html 文件，即可用浏览器打开我们制作的微课，如图 15-150 所示。

图 15-148 "发布成功"提示对话框

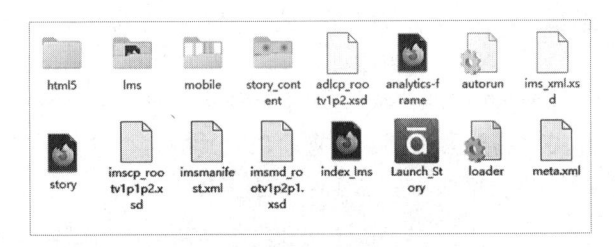

图 15-149 作品文件夹

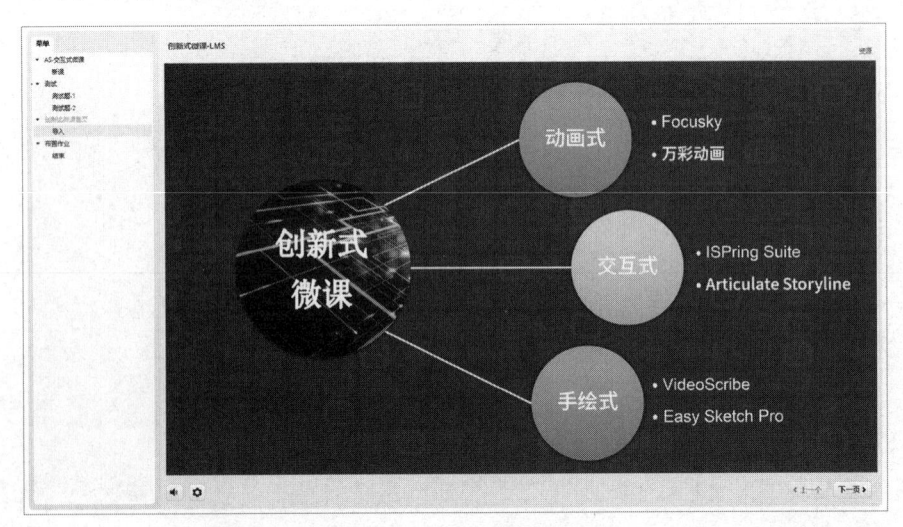

图 15-150 作品播放预览

15.5.4 手绘式微课制作——VideoScribe 和 Easy Sketch Pro

手绘式微课是采用视频制作软件，通过动画展示形式，以故事和对话的形式表达内容，学生能够看到虚拟创作者用画笔等形式快速勾勒可视化对象的手势和过程，使得视频具有真实感，增加信息呈现的生动性和有趣性的一种微课形式。

手绘视频作品可广泛应用于商业广告、网络营销、兴趣娱乐等领域，应用于微课则会使学生有耳目一新之感。

1．VideoScribe

VideoScribe 是一款以手绘的方式来快速、轻松地创建引人入胜的动画或者视频的软件，通过简单的操作，便可以轻松地将多媒体对象如手写文本、图像、背景音乐、旁白等添加到设计的创意作品中。2015 年，国内开始出现应用 VideoScribe 制作的微课、宣传广告、营销视频和创意视频。

下面通过制作《媒体》案例，学习应用 VideoScribe 制作手绘效果媒体。案例关键帧画面效果如图 15-151 所示。

图 15-151　案例关键帧画面效果

（1）VideoScribe 的开始界面。打开软件，进入 VideoScribe 的开始界面，如图 15-152 所示。界面比较简单，包含新建项目、云端存储、案例项目三个主要功能项，右下角有导入文件、默认文件设置、关于和帮助三个设置按钮，左下角有排序及滤镜效果设置按钮。

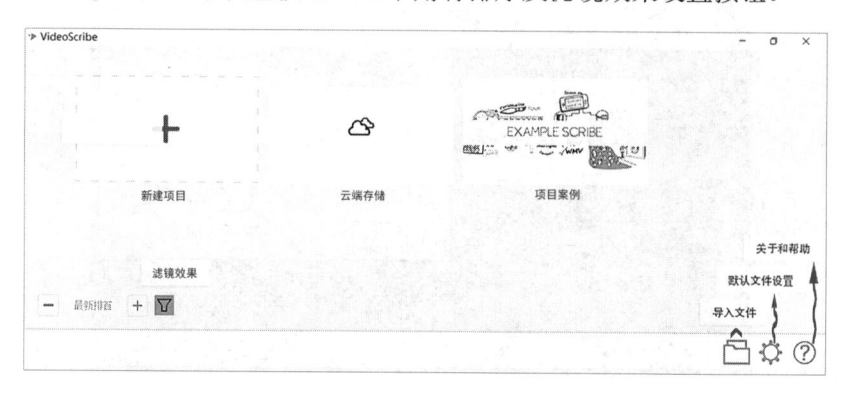

图 15-152　VideoScribe 的开始界面

（2）VideoScribe 的使用方法。

具体操作步骤如下。

第一步，创建新的项目。在注册并安装完成手绘视频软件 VideoScribe 后，就可以看到 VideoScribe 的开始界面。在这里可以看到保存在本地的所有项目，单击左下角的排序按钮可对项目进行排序，单击"新建项目"功能项即可创建一个新的项目，这时会看到编辑界面和一个新的空白项目。

VideoScribe 的编辑界面由工具栏、画布和场景布局三部分构成，如图 15-153 所示。单击工具栏中的按钮可以依次实现保存，添加图像、文本、音乐和录音，设置背景和手势，播放和导出视频等功能；画布是 VideoScribe 绘画的区域；场景布局主要用来设置各元素的时间、状态和动作，调整场景的顺序。

图 15-153　VideoScribe 的编辑界面

第二步，编辑场景。

❶添加图像。要添加的图像素材可以在软件自带的素材库中搜索找到，目前只支持通过英文关键词搜索素材，也可以导入 SVG 格式的图像素材，非 SVG 格式的图像素材被添加后在展现时没有手绘效果。单击工具栏中的"添加图像"按钮，即可按上述方法将图像添加到画布中。

图像在画布中的展现有绘画、移动、变形三种效果；可以为图像设置画笔效果、移动效果、透明效果、翻转效果等；通过设置每个场景的动画持续时间、画面保持时间和画面过渡时间，可以更好地展现图像的动画效果，如图 15-154 所示。

图 15-154　图像属性设置

单击工具栏中的"添加文本"按钮Ⓣ，在文本框中输入文本，并设置字体、样式和字体颜色，如图15-155所示。因为VideoScribe能够将文本转换成SVG格式的图像，所以文本效果设置与图像效果设置相同。目前VideoScribe只支持英文输入。如果我们要输入中文，则可以利用Adobe Illustrator将中文转换成SVG格式的图像，这样在画布中就会看到中文的手绘效果。

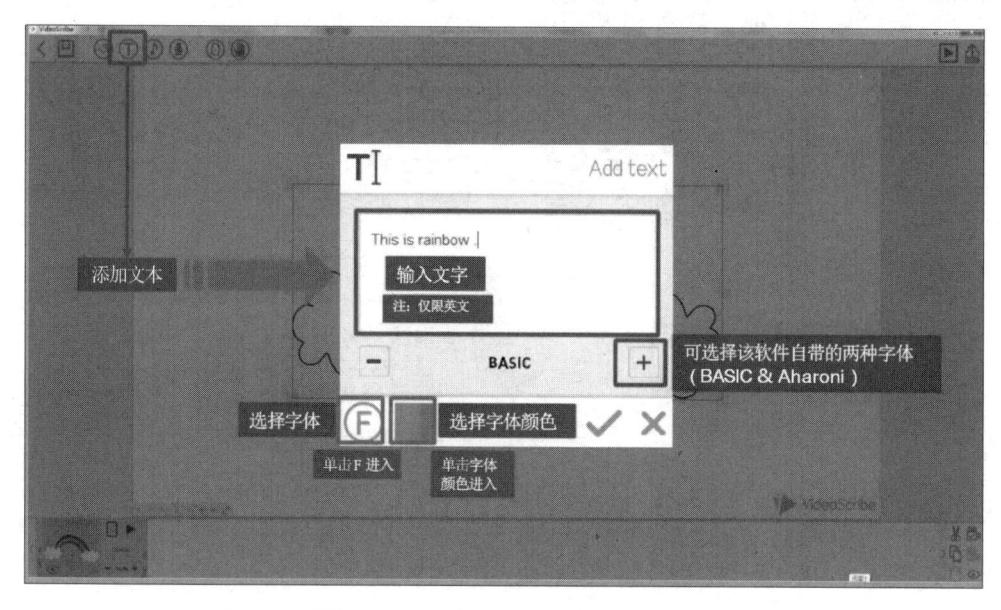

图 15-155　添加文本并设置文本属性

❷添加音乐。VideoScribe既可以导入音乐，也可以录音。单击工具栏中的"添加音乐"按钮♪，可以选择添加素材库中自带的背景音乐或者导入MP3音乐文件，如图15-156所示。在添加音乐后，可使整个动画的展现效果更佳。

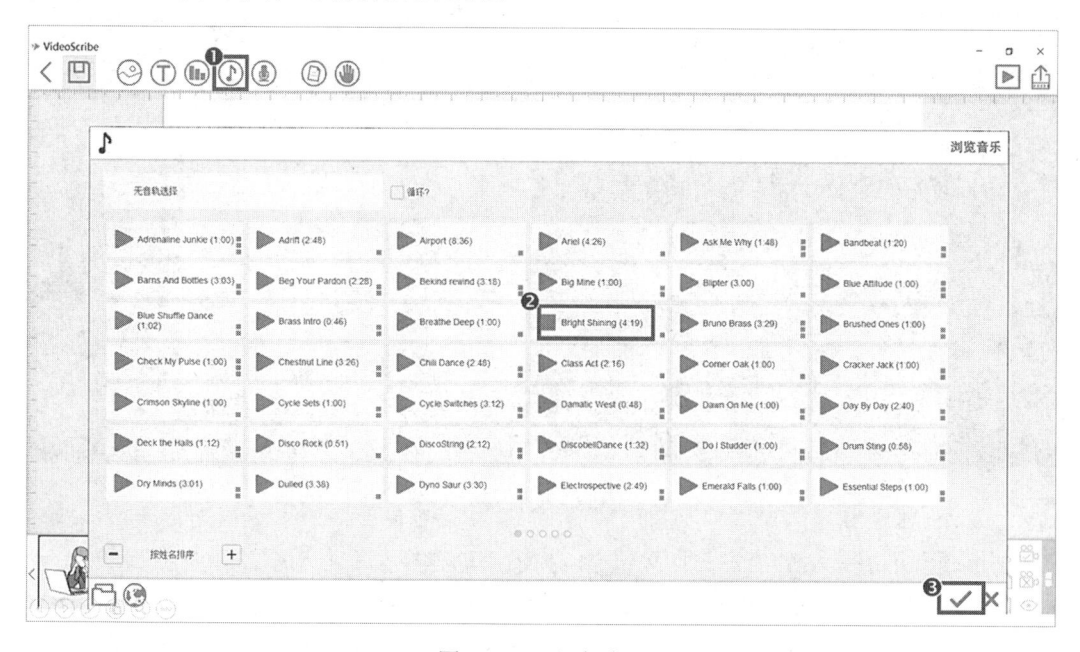

图 15-156　添加音乐

❸设置场景布局。VideoScribe将创作的多个场景按照时间轴顺序排列在下面的场景布局区

中，场景布局设置如图 15-157 所示。在场景布局区中可以根据实际情况修改每个场景的次序，以便更好地展示动画的情节，给观看者以视觉上的冲击。

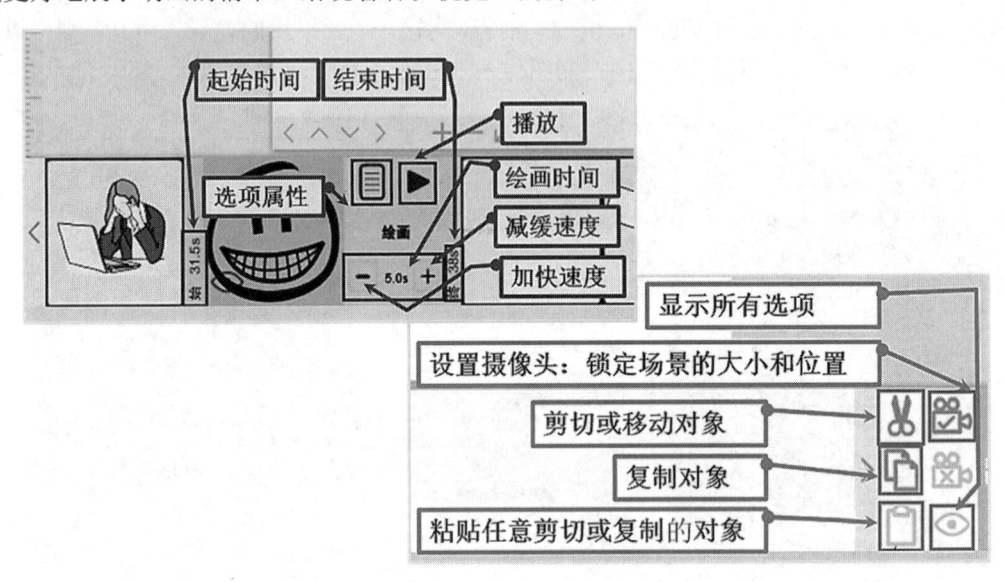

图 15-157　场景布局设置

第三步，输出微视频。文件保存操作如图 15-158 所示。

图 15-158　文件保存操作

单击编辑界面右上角的"发布"按钮，弹出"创建视频"对话框，如图 15-159 所示，单击对话框下方的图标，可以依次实现发布为一个视频文件、分享到 YouTube 网站、贴到 Facebook 墙上、创建一个 VideoScribe 视频到 PowerPoint 演示文稿等功能。VideoScribe 可以输出 WMV、MOV、FLV 三种微视频格式，通常选择 WMV 格式。微视频尺寸有 360p、640p、1520p 和 1080p 四种，通常选择 720p。输入微视频名称，选择保存路径，之后导出即可。

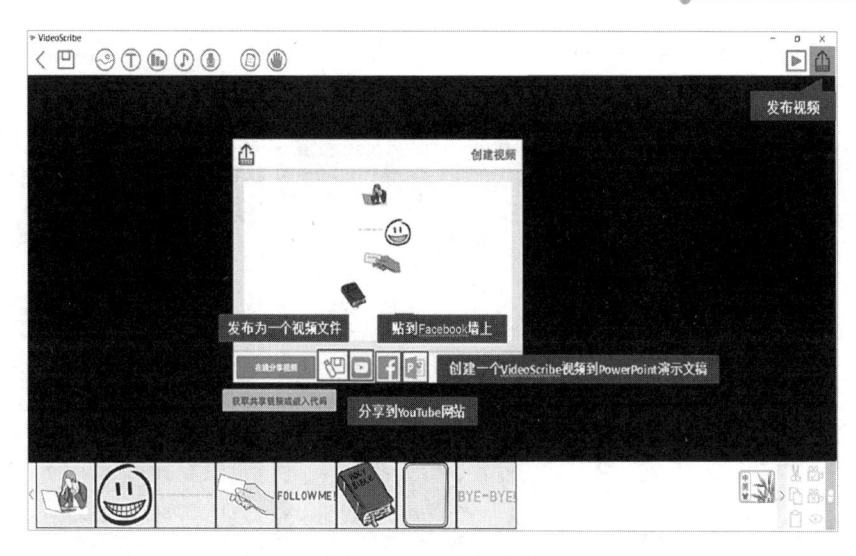

图 15-159　发布作品

导出微视频后，可以配合使用录屏软件制作微视频课程，比如加入片头和片尾、添加字幕或者说明、控制微视频尺寸大小和时长、在微视频之间添加转场效果等。

2．Easy Sketch Pro

Easy Sketch Pro 是一款功能强大的手绘视频制作软件，其特点是在视频中用真实的手或笔将文字、图片用手绘的方法呈现给观众，同时可以为手绘动画配音和融入动感的背景音乐，是一种新颖的视频表现形式。

这款软件支持中文输入；支持图片自动生成手绘效果；支持导入视频素材，也就是可以将原始视频导入编辑场景中，而且可以将视频的开始画面生成手绘动画，之后进行视频播放，且与其他图片和文字素材的运用不冲突，还可以在视频素材上添加文字和图片元素；输出视频速度快、容量小，支持 MP4 格式输出；屏幕分辨率有 7 种，分别为 1920 像素×1080 像素、1280 像素×720 像素、800 像素×600 像素、720 像素×480 像素、640 像素×480 像素、480 像素×320 像素、320 像素×240 像素。

（1）Easy Sketch Pro 的工作界面。Easy Sketch Pro 的工作界面由工具栏、幻灯片窗格和工作区三部分构成，如图 15-160 所示。

图 15-160　Easy Sketch Pro 的工作界面

（2）Easy Sketch Pro 的使用方法。下面通过制作《Easy Sketch Pro 介绍》案例，学习应用 Easy Sketch Pro 制作手绘动态演示教学课件。案例关键帧画面效果如图 15-161 所示。

图 15-161　《Easy Sketch Pro 介绍》案例关键帧画面效果

具体操作步骤如下。

第一步，新建项目，设置项目的基本属性。单击"New Project"按钮新建一个项目；单击"Settings"按钮，弹出"Properties"对话框，在"Canvas Size"下拉列表中设置画布大小，在这里选择"1280×720"，根据作品风格选择背景颜色，单击"Save"按钮，如图 15-162 所示。

图 15-162　新建项目并设置项目的基本属性

第二步，添加背景。单击"Backgrounds"按钮，弹出"Backgrounds Library"对话框，在左侧选择作品的大小"1280×720"，在右侧的背景素材库中选择作品需要的背景，如图 15-163 所示。

第三步，添加图片。单击"Image"按钮可以添加本地的图片或者软件自带的图片，如图 15-164 所示。在工作区中添加图片后，在图片上会显示一个数字，这个数字表示的是播放顺序，可通过图片四个角的控制点调整其大小，拖动图片可调整其位置，如图 15-165 所示。

图 15-163　添加背景

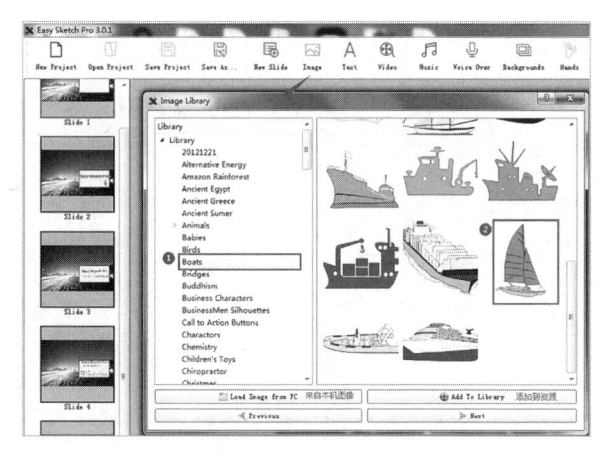

图 15-164　添加图片 　　　　　　　　　　　图 15-165　图片的编辑

第四步，添加文本。单击"Text"按钮，弹出"Text"对话框，可以在其中添加文本和调整文本的大小、样式及颜色等，如图 15-166 所示。在编辑好文本后，单击"OK"按钮，即可将文本添加到工作区中。在工作区中选择文本，单击鼠标右键，在弹出的快捷菜单中选择"Edit"命令，如图 15-167 所示，即可再次打开"Text"对话框进行文本编辑。

图 15-166　添加文本 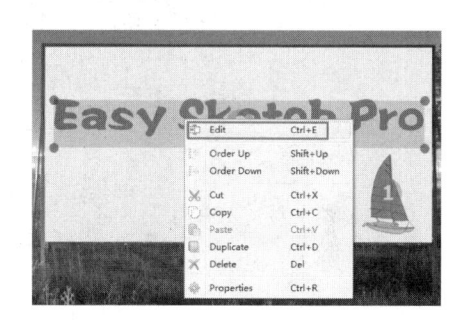　　　　　　　　　　　图 15-167　选择"Edit"命令

第五步，设置对象的手绘动画属性。选择帆船对象，单击鼠标右键，在弹出的快捷菜单中选择"Properties"命令，如图 15-168 所示，在弹出的"Properties"对话框中可以设置手绘类型、绘制时间、渐变时间及开始和延迟时间等参数，如图 15-169 所示。

第六步，添加一张新的幻灯片。单击"New Slide"按钮可以添加一张新的幻灯片，如图 15-170 所示。用鼠标右键单击新幻灯片的缩略图，在弹出的快捷菜单中包含调整幻灯片的顺序和删除命令。

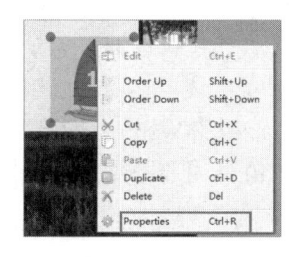

图 15-168　选择"Properties"命令 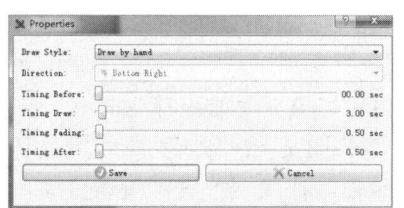　　　图 15-169　手绘动画属性设置 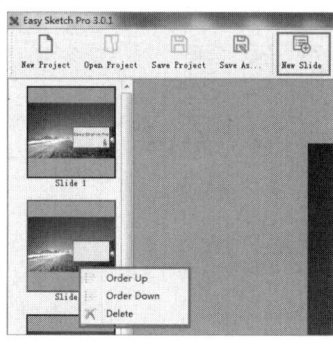　　　图 15-170　添加一张新的幻灯片

319

第七步，使用相同的方法添加第二张幻灯片上的文本内容，注意通过调整手绘动画的属性来控制对象的出现顺序和时间。

第八步，添加背景音乐。单击"Music"按钮，弹出"Music Library"对话框，如图15-171所示，在其中选择音乐。在选择音乐的过程中，在试听满意后，可以调节音量和设置循环播放，单击"Add"按钮即可将其添加到幻灯片中。

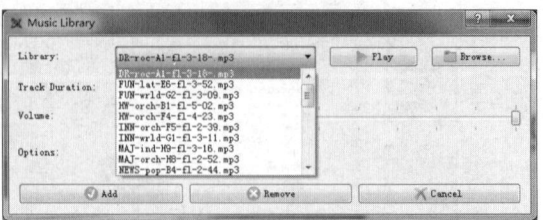

图15-171 "Music Library"对话框

第九步，预览作品。单击"Preview"按钮，即可预览作品，如图15-172所示。

图15-172 单击"Preview"按钮预览作品

第十步，生成视频。单击"Save As"按钮，可以保存项目文件，文件格式为ESP3。单击"Export"按钮，就可以生成视频，如图15-173所示。

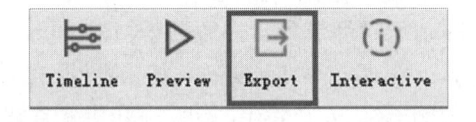

图15-173 单击"Export"按钮生成视频

15.5.5 H5页面式微课制作

H5页面常用的推广渠道有微信朋友圈、QQ空间、微博、微信公众号等，可通过移动端进行查看。H5页面包括图文、动画、视频、音乐，以及丰富的表单等多种形式。它既可以用于发布招聘启事、产品宣传、数据报告、节日贺卡或者邀请函，也可以用于制作Web小游戏。简单地说，H5就是适合手机观看，具备图文、声像、动画效果及丰富的交互应用与数据分析功能的外部内容展示页，结合微博、微信等社交平台进行快速传播。

1. H5 概述

H5 是 HTML5（HyperText Markup Language 5）的简称。HTML5 允许程序通过 Web 浏览器运行，并且将视频等多媒体信息纳入其中，使浏览器成为一种通用的平台，教师可以通过笔记本电脑、智能手机或平板电脑等任意终端访问相同的程序和基于云端的信息完成多媒体的集成，不受位置和设备的限制。从 2014 年开始，H5 页面式微课借助微信、微博等社交平台，越来越多地被教师引入教学中。

目前有很多 H5 在线场景设计平台，主要分为定制型和非定制型两大类。定制型 H5 在线场景设计平台有 Epub360（意派）、iH5（互动大师）、Mugeda（木疙瘩）等，这些平台具有较强的可操作性，可以实现更多更加炫酷的动画效果，从而带给使用者更为丰富的交互体验，并且拥有强大的逻辑功能，但学习成本较高。非定制型 H5 在线场景设计平台有易企秀、初页、MAKA等，这些平台操作简单，有大量的模板可以套用，但在制作炫酷的动画效果方面略显不足，一般应用于商业宣传、信息收集与展示等。

了解这些 H5 在线场景设计平台有助于教师更好地按教学需求进行选择。下面介绍几个常用的平台。

2. 易企秀

易企秀的功能比较齐全，素材、案例、模板相较于其他平台也更为丰富，字体有百种之多。它具有 H5 场景制作、在线智能作图、制作长页、在线问卷表单、互动抽奖小游戏、视频智能创作等主要功能。易企秀首页如图 15-174 所示。

（1）工作界面。登录后，单击"工作台"按钮，进入工作界面，其中包括团队创建和管理、创建设计、内容管理、营销管理及创建工具等内容。内容中心如图 15-175 所示。

（2）创建作品界面。单击"创建设计"按钮，进入创建作品界面，如图 15-176 所示，其中包括 H5、表单、长页、互动、海报、电子画册、视频等类型的场景。选择一种类型的场景，可以在类型的前端创建空白场景，也可以使用平台提供的模板进行二次创作。

图 15-174　易企秀首页　　　　　　　　图 15-175　内容中心

图 15-176　创建作品界面

（3）场景设计界面。新建"长页"场景，进入场景设计界面，如图 15-177 所示。其中，左侧是功能栏，包括"文字""图片""图文""装饰""组件""API 对接""我的"7 个功能项；中间是作品编辑区；右侧是作品设置和背景设置区；上方是生成及发布功能区。

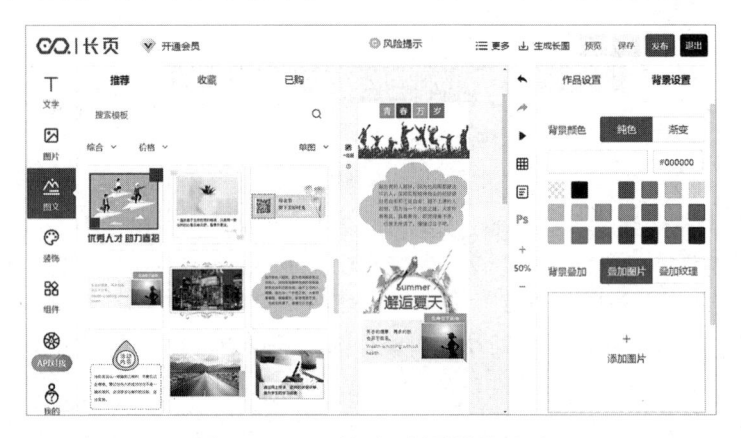

图 15-177　"长页"场景设计界面

"H5"场景设计界面如图 15-178 所示。

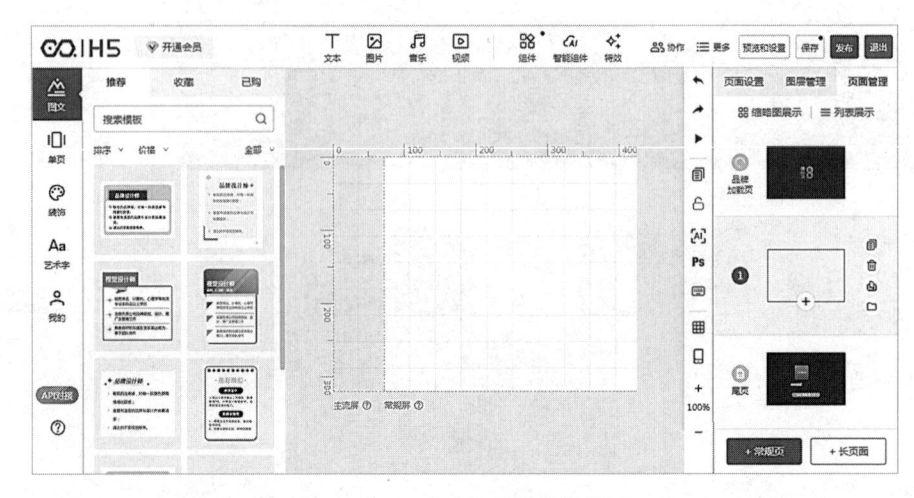

图 15-178　"H5"场景设计界面

在场景设计界面中，可以对场景进行相应的设置，还可以保存与发布场景。单击场景设计界面右上角的"发布"按钮，会弹出"预览"对话框，如图 15-179 所示。发布场景后会自动生成场景二维码及场景链接。可将二维码一键发布到微博、微信、QQ 空间等社交平台上。可升级企业账号对场景进行推广。易企秀提供了广告推广、短信推广等推广方式。还可对发布的场景进行效果统计，主要包括访问统计、分享统计、页面统计、访客统计、互动统计、扩展网址统计等。

图 15-179 "预览"对话框

3. MAKA

MAKA（码卡）是一个 H5 在线创作及创意工具，拥有众多精美的模板，如图 15-180 所示，支持 PC 端、移动端同步操作，提供全面、详细的数据监控，可将作品一键分享到微信、微博、QQ 空间等社交平台上。

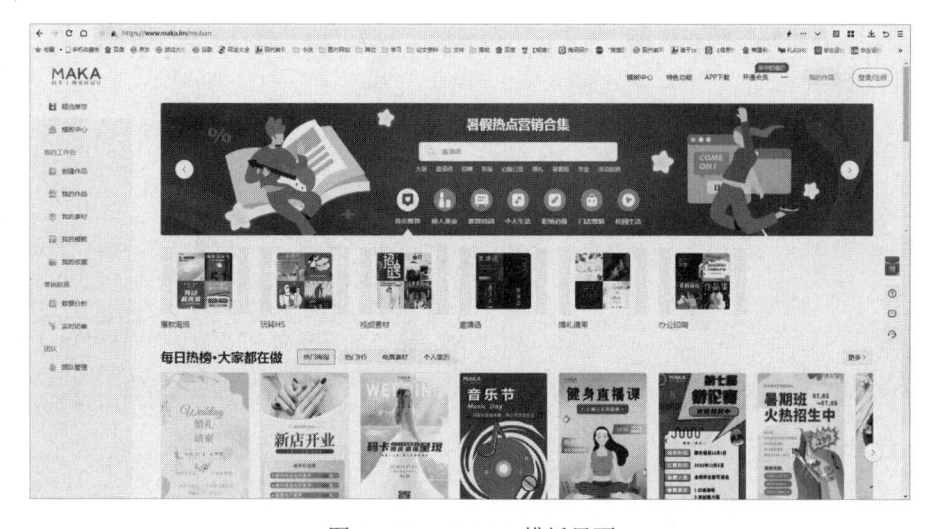

图 15-180 MAKA 模板界面

登录 MAKA，进入编辑界面，如图 15-181 所示。底部是页面管理区，在这里可以对作品的页面执行切换、排序、新增、删除、复制等操作；左侧是元素内容区，在这里提供了丰富的图文素材，单击素材即可添加到画布中，还可以通过手机或计算机上传本地素材；中间是画布编辑区，在画布中可以用文字、图片等素材排列组合成想要的效果，在这里单击任意元素就可以开始编辑作品；右侧是元素属性区，选中任意元素，就会出现该元素对应的属性栏，可以设置属性样式、位置尺寸、跳转链接、动画等属性；右上角是"预览/分享"按钮，单击该按钮可以预览/分享作品；上方右侧是作品设置功能区，在这里可以设置作品的分享、翻页样式、背景音乐等，还包括"去除尾页 Logo""互动弹幕""菜单栏"等会员专享功能。

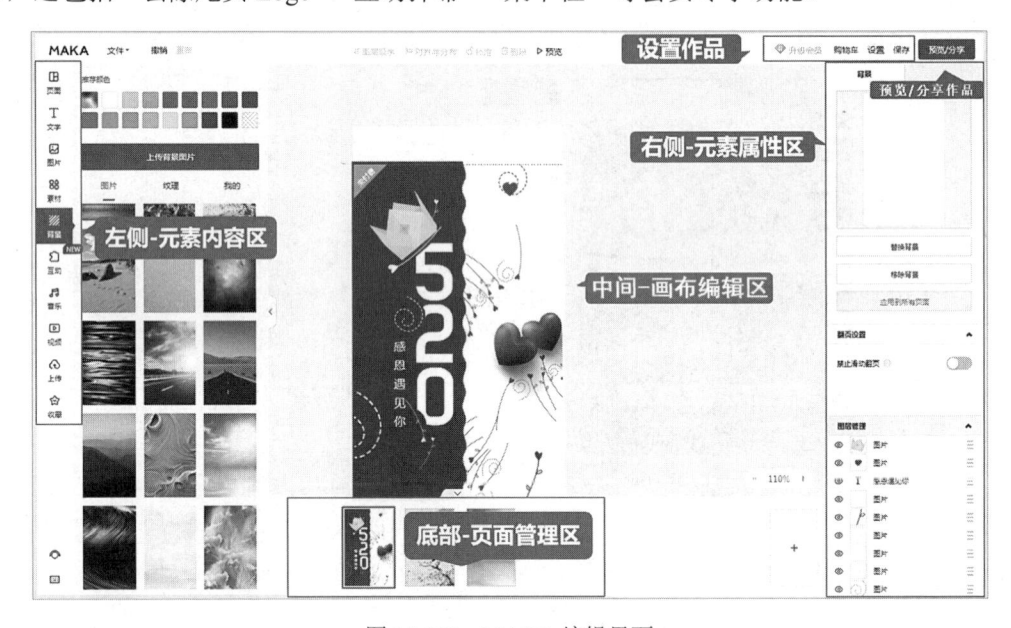

图 15-181　MAKA 编辑界面

4．Mugeda

（1）Mugeda 概述。Mugeda（木疙瘩）是一个专业级 H5 交互动画制作云平台，基于云平台计算框架，不需要任何下载和安装，在整个平台搭建上更多地专注于功能上的实现。Mugeda 首页如图 15-182 所示。

图 15-182　Mugeda 首页

（2）Mugeda 的编辑界面。Mugeda 有专业版、简约版及模板编辑三种界面。专业版编辑界面如图 15-183 所示。菜单栏中包含基本的操作菜单，如文件、编辑、视图、动画、我的作品、帮助等。工具栏中包含保存、预览等常用的快捷访问工具。工具箱中包含选择、媒体、绘制、预置考题等工具。在页面编辑面板中主要执行页面的添加、复制、删除、插入等操作。位于界面中央的是舞台，在舞台周围留有一定的编辑缓冲区域，该区域内的对象不会出现在最终的内容展示上，用于组织暂时不在舞台上出现的对象。右侧是功能面板，单击相应的功能选项卡会进入相应的功能面板。如单击"属性"选项卡，下面会展示"属性"面板，可以设置元素的位置、大小、旋转、行为等属性。"元件"面板主要用于管理元件，如生成文件夹及新建、复制、删除、引入元件等。一个元件是一个包含独立时间线的动画片段，既可以反复在舞台上使用，也可以创建比较复杂的组合动画。

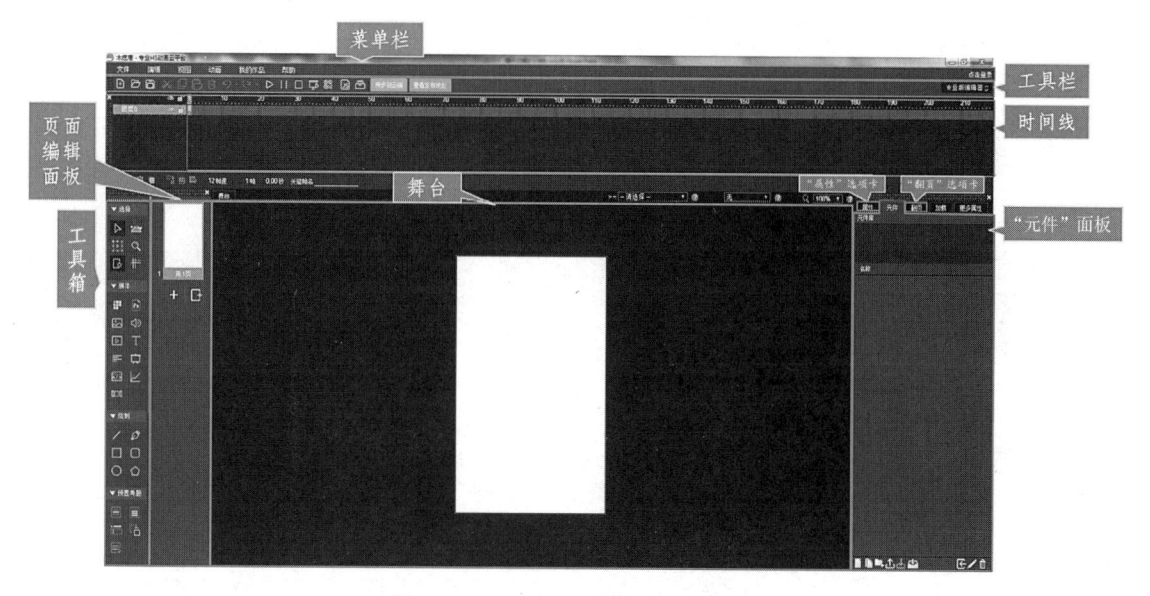

图 15-183　Mugeda 专业版编辑界面

（3）H5 制作的一般流程。

第一步，前期构思与文案设计。文案脚本的设计要充分考虑学生的需求，每页文本都需要精心地推敲和提炼。好的标题和文本是信息传播过程中的关键要素。文案设计要考虑情节的故事性，易于图像化展示，要有创意，能激发学生的学习兴趣。

第二步，原型设计与素材准备。作品的原型就是作品的框架设计，利用线框描绘的方法将页面中的模块、元素、人机交互的形式表现出来，也就是在制作作品前要绘制好页面的框架。这一环节要先确定作品风格、页面规格、内容结构布局及页面交互设计，然后围绕原型设计准备所需的图片、文本等素材。

第三步，页面开发。登录 Mugeda，进入个人工作后台，如图 15-184 所示。单击"新建作品"按钮，在弹出的列表中选择"H5（专业版编辑器）"选项，进入 Mugeda 专业版编辑界面。也可下载离线版来使用。

（4）《小熊不刷牙》绘本故事案例。

下面通过制作《小熊不刷牙》绘本故事案例，学习应用 Mugeda 制作 H5 微课。案例整体页面效果如图 15-185 所示。

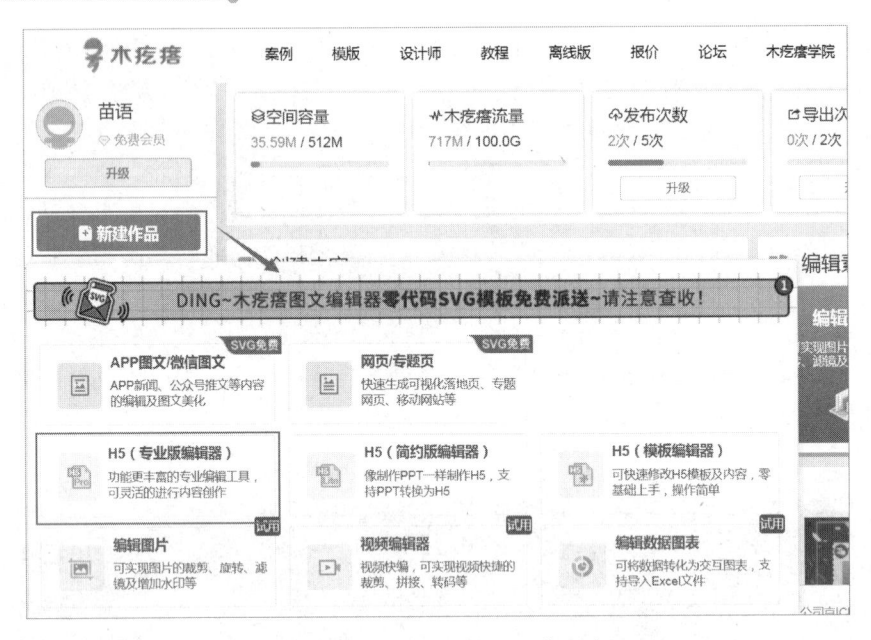

图 15-184　Mugeda 个人工作后台

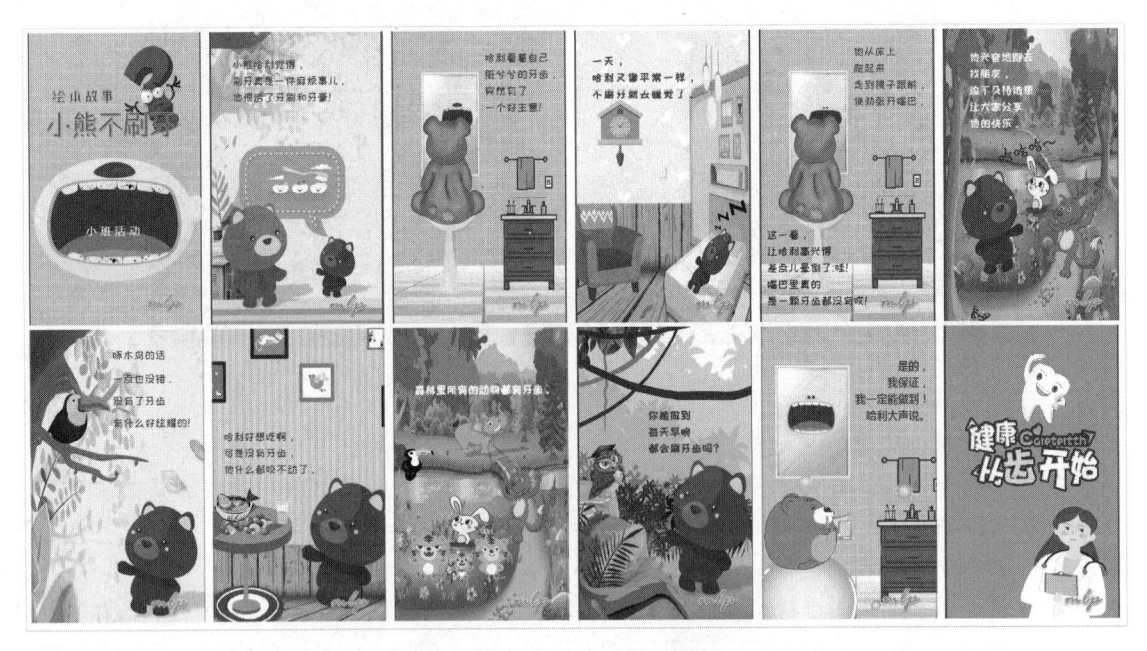

图 15-185　《小熊不刷牙》案例整体页面效果

具体操作步骤如下。

第一步，新建 H5 文档。选择应用"H5（专业版编辑器）"，进入 Mugeda 专业版编辑界面。选择"文件"→"新建"命令，弹出"新建"对话框，在"从空白新建"选项组中选择"自定义"选项，单击"创建"按钮，如图 15-186 所示，进入编辑界面。在舞台的右上方选择设备类型可以为舞台设置并显示内容安全框，如果当前帧中的元素位于安全框之内，则安全框显示为绿色，否则显示为红色，这样可以更好地对内容进行排版，如图 15-187 所示。

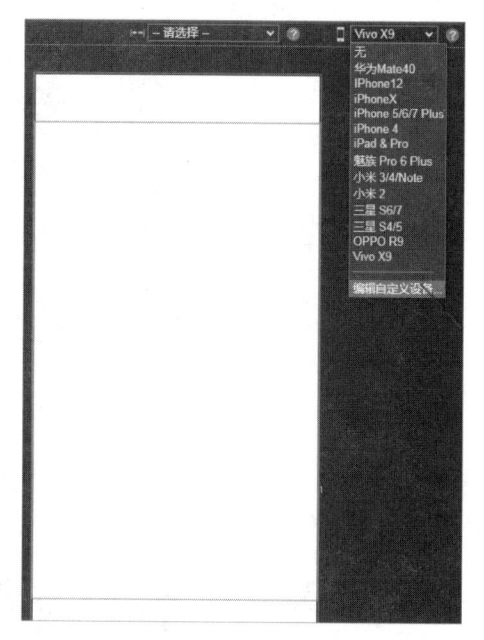

图 15-186　自定义创建页面　　　　　　　图 15-187　选择设备类型

第二步，导入素材。在工具箱中单击"素材库"按钮，弹出"素材库"对话框，切换至"图片"选项卡，单击"新建文件夹"按钮，新建"小熊不刷牙"文件夹；单击新建文件夹中的"添加"按钮，弹出"上传文件"对话框，将处理好的素材导入新建的文件夹中，如图 15-188 所示。

图 15-188　导入素材

添加图片。单击工具箱"媒体"组中的"导入图片"按钮，从打开的素材文件夹中导入"背景-1"图片；使用同样的方法导入大嘴的图片；单击工具箱"选择"组中的"变形工具"按钮调整图片的大小，也可以在"属性"面板中设置相关的参数，如图 15-189 所示。

327

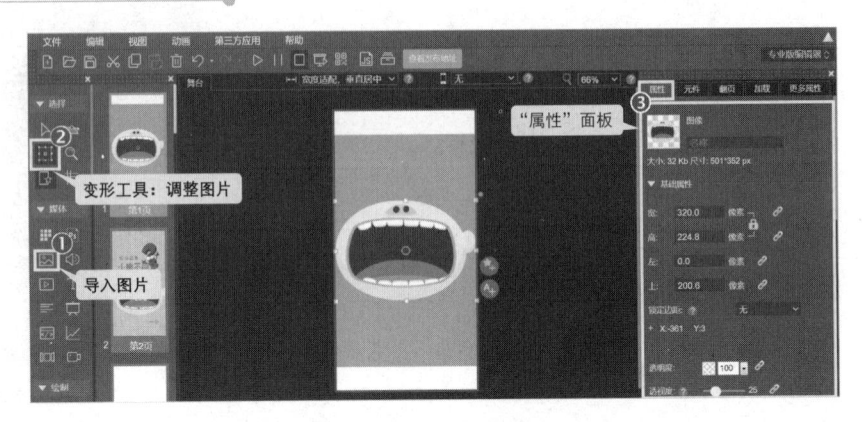

图 15-189　添加图片并设置图片属性

添加文本。在工具箱中单击"文本工具"按钮**T**，在文本框中输入文本，在"属性"面板中设置文本的字号、颜色、行距等属性，如图 15-190 所示。

图 15-190　添加文本并设置文本属性

添加新页面。在页面编辑面板中单击页面下方的 ➕ 按钮，即可在当前页面的后面添加一个新的页面；单击页面左上角的绿色加号按钮，即可在当前页面的前面插入一个新的页面；在"属性"面板中设置页面的属性，如图 15-191 所示。

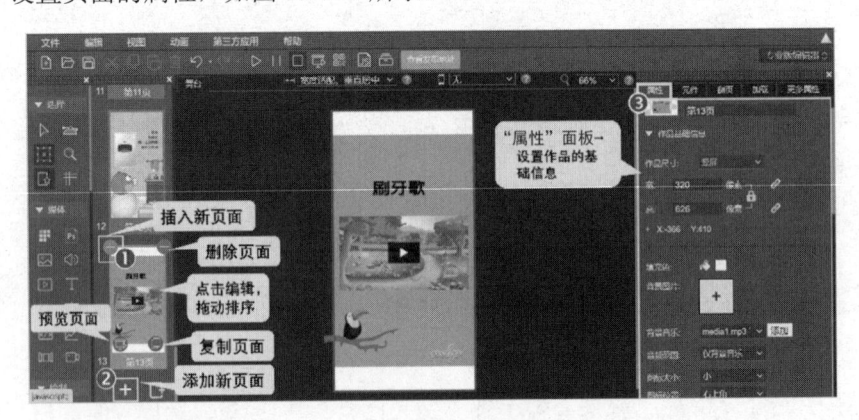

图 15-191　添加页面并设置页面属性

第三步，保存作品。当作品制作完成后，选择"文件"→"另存为"命令保存作品，如图15-192所示。

第四步，添加动画。选择要添加动画的对象，单击对象右侧的"添加预置动画"按钮，在弹出的动画列表中选择一种动画效果，如图15-193所示。可以在"属性"面板的"高级属性"栏中调整动画效果，如图15-194所示。

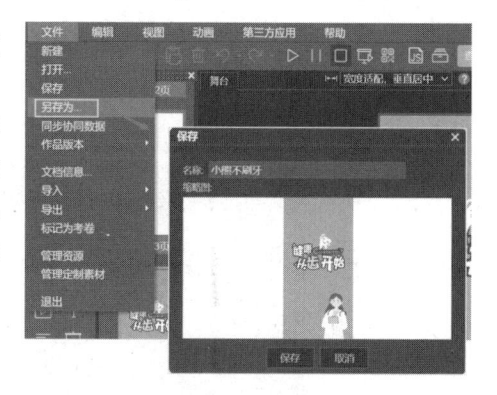

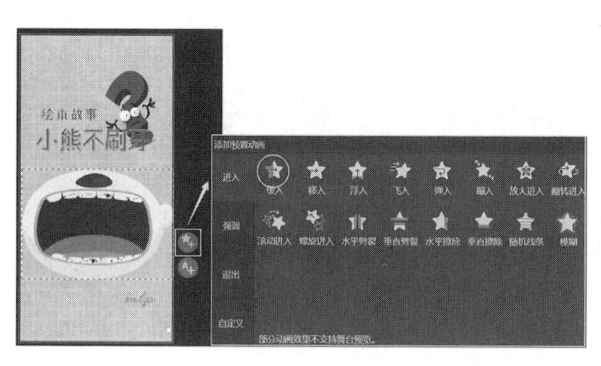

图15-192 保存作品

图15-193 添加动画

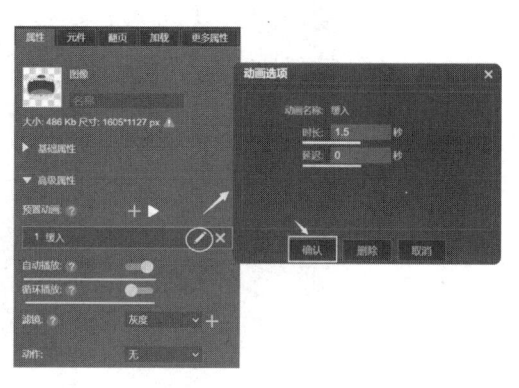

图15-194 调整动画效果

第五步，添加音频。在Mugeda中可以添加两种音频：一种是音效；另一种是背景音乐，支持MP3格式。在工具箱中单击"导入声音"按钮，弹出"素材库"对话框，在"音频"选项卡中单击"新建文件夹"按钮，添加"小熊不刷牙"文件夹，然后将录制好的音频素材和背景音乐导入，接着选择"1.mp3"声音文件，单击"添加"按钮确认添加，如图15-195所示。

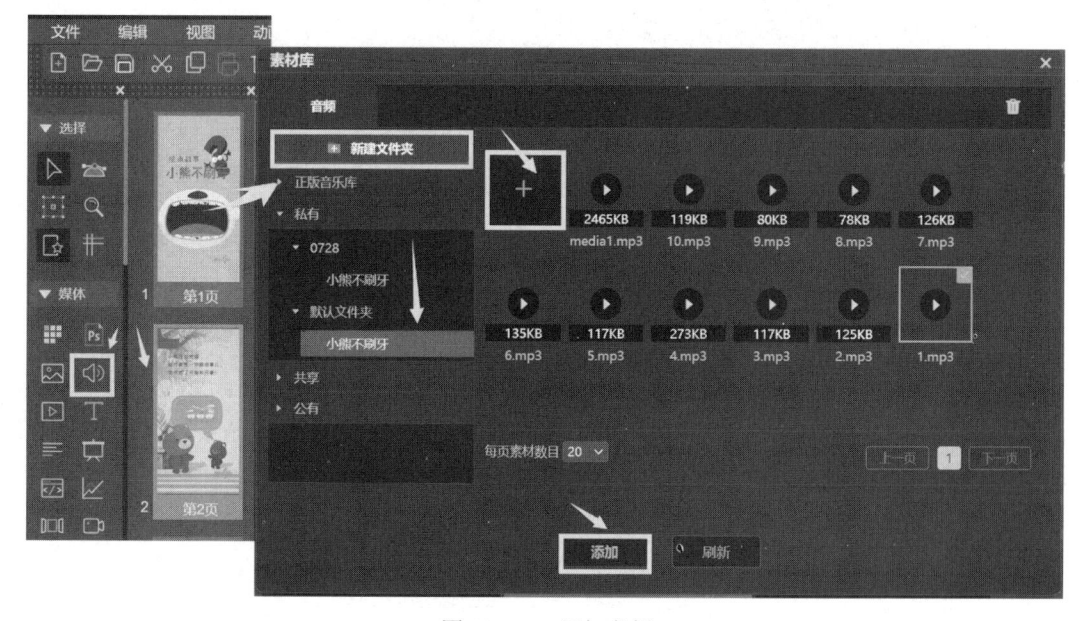

图15-195 添加音频

选择已添加的音频图标，在"属性"面板中可以设置音频属性，如图 15-196 所示。如果在播放时不希望显示音频图标，则可以将图标移至作品展示区的外面。要想添加背景音乐，只需先在舞台空白区域单击，然后在"属性"面板中的背景音乐项中添加即可。

图 15-196　音频属性设置

第六步，发布作品。当作品制作完成后，单击工具栏中的"内容共享"按钮，弹出"内容共享"对话框，其中显示的二维码用于效果预览；单击"内容共享"对话框中的"发布"按钮，在弹出的发布界面中显示的二维码和发布地址可用于分享，如图 15-197 所示。

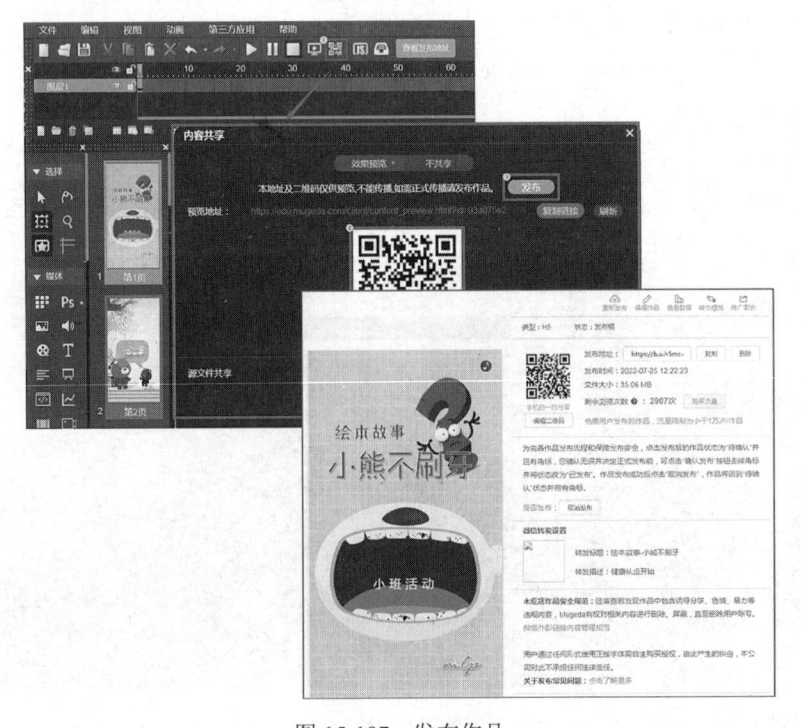

图 15-197　发布作品

5. iH5

iH5（互动大师）的整体界面较为清晰、明朗，具备丰富的物理引擎，具有滑动时间轴、交互视频、多屏互动等功能，适合专业制作用户使用。其界面布局逻辑与 Adobe 的图形处理界面相当类似，左侧是各类工具条，右侧是图层，可以对各个图层进行细致的调整。在功能上支持导入演示文稿和视频文件，这是大多数免费 H5 在线场景设计平台都无法做到的，但各类动作需要自定义，有一定的上手难度。同时，iH5 有足够的模板可供使用。

（1）iH5 的工作界面。iH5 的工作界面分为 5 个工作区域，分别是预览发布区域、工具栏区域、属性面板区域、舞台区域与对象树区域，如图 15-198 所示。

❶预览发布区域。在这里可以随时保存、预览和发布作品，也可以调整舞台的显示比例和撤销操作，还可以参照模板和教学视频等获取帮助。

❷工具栏区域。在这里包括进行页面制作的文字、图片、中文字体、事件、数据库、框图等工具。

❸属性面板区域。在这里可以进行选定工具的属性设置与修改，包括宽、高、背景颜色、光标等参数。

❹舞台区域。这是使用各种工具进行编辑、排版的工作区，在这里可以确定元素的位置，进行效果预览和展示。

❺对象树区域。在这里以图层的形式展示作品元素的排列顺序，可以为舞台添加页面、事件组等工具，也可以拖动各区域改变其位置，还可以单击各区域右上角的按钮改变其展示形态。

图 15-198　iH5 的工作界面

（2）账户注册与登录。基于 iH5 的移动微课一般选取 Google 或火狐浏览器进行设计与制作。在首次使用 iH5 时，在浏览器的地址栏中输入"http://www.ih5.cn/"，即可自动链接到注册页面，如图 15-199 所示。注册成功后，单击"登录"按钮，输入账号信息，即可登录到开发后台。

图 15-199　iH5 的注册页面

（3）创建作品/舞台。单击开发后台右上角的"创建作品"按钮，如图 15-200 所示，在弹出的"新建作品"对话框中选择版本，单击"确定"按钮，即可进入 iH5 的工作界面，完成舞台的搭建，默认舞台大小为 640 像素×1040 像素，如图 15-201 所示。

图 15-200　单击"创建作品"按钮

332

图 15-201　iH5 的舞台搭建

（4）添加页面。H5 页面类似于教学幻灯片课件中的每一张幻灯片。在创建作品框架后，开始添加 H5 页面。通过单击对象树区域下方的"页面"按钮，或者单击工具栏中的"页面"控件工具，都可以添加页面。在对象树区域中用鼠标右键单击已添加的页面项，在弹出的快捷菜单中可以对页面执行重命名、剪切、复制、粘贴等操作，如图 15-202 所示。在"页面 1 的属性"面板中可以设置页面的前翻效果、后翻效果、背景颜色等参数，如图 15-203 所示。

图 15-202　页面的右键快捷菜单　　　　图 15-203　页面属性面板

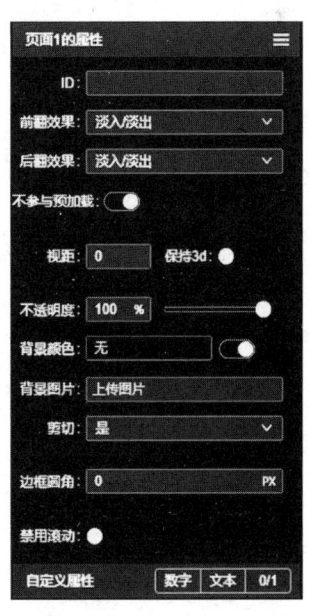

（5）添加元素。在创建页面后，就要根据教学设计给每个页面添加相应的媒体元素。元素是教学媒体制作的重要资源，元素的选取应该符合移动微课的直观、易理解、美观、交互等设计原则。同时，页面的布局和参数的设定要符合页面展示的要求。

❶添加图片。选择对象树区域中的"页面1",在工具栏区域中单击"图片"按钮,在弹出的"打开"对话框中选择要添加的图片,单击"打开"按钮,添加图片到舞台区域中,调整图片的大小和位置,在图片属性面板中设置图片的相关属性,如图15-204所示。

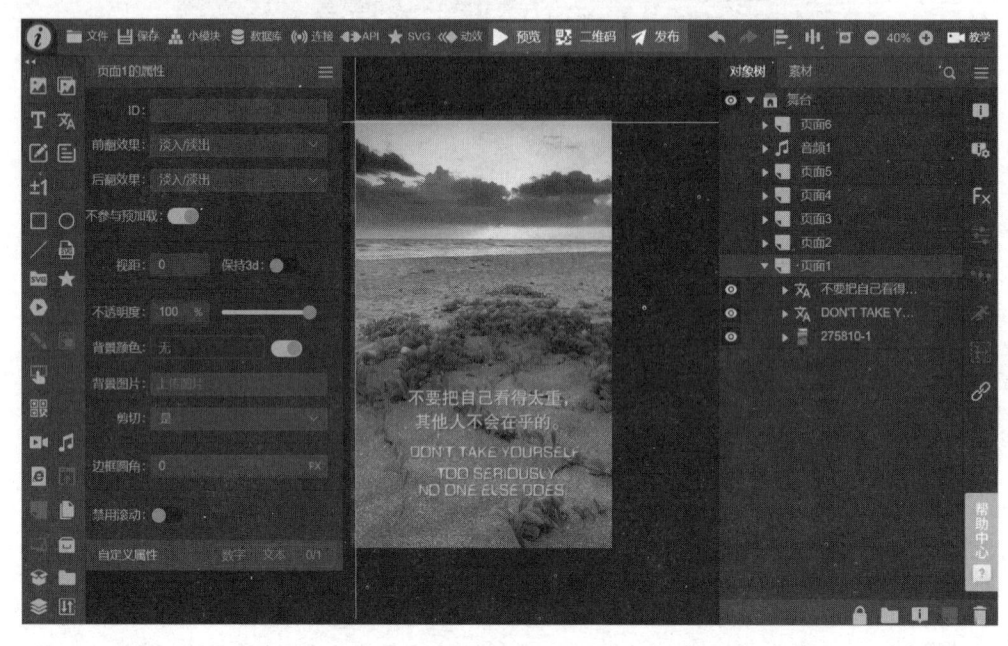

图15-204 给"页面1"添加图片并设置图片属性

❷添加文本。选择对象树区域中的"页面2",在工具栏区域中单击"中文文本"按钮,在弹出的"文本内容"对话框中输入文本,单击"确定"按钮,添加文本到舞台区域中,在文本属性面板中设置文本的相关属性,如字体、字号、字体颜色、行距等,如图15-205所示。

图15-205 给"页面2"添加文本并设置文本属性

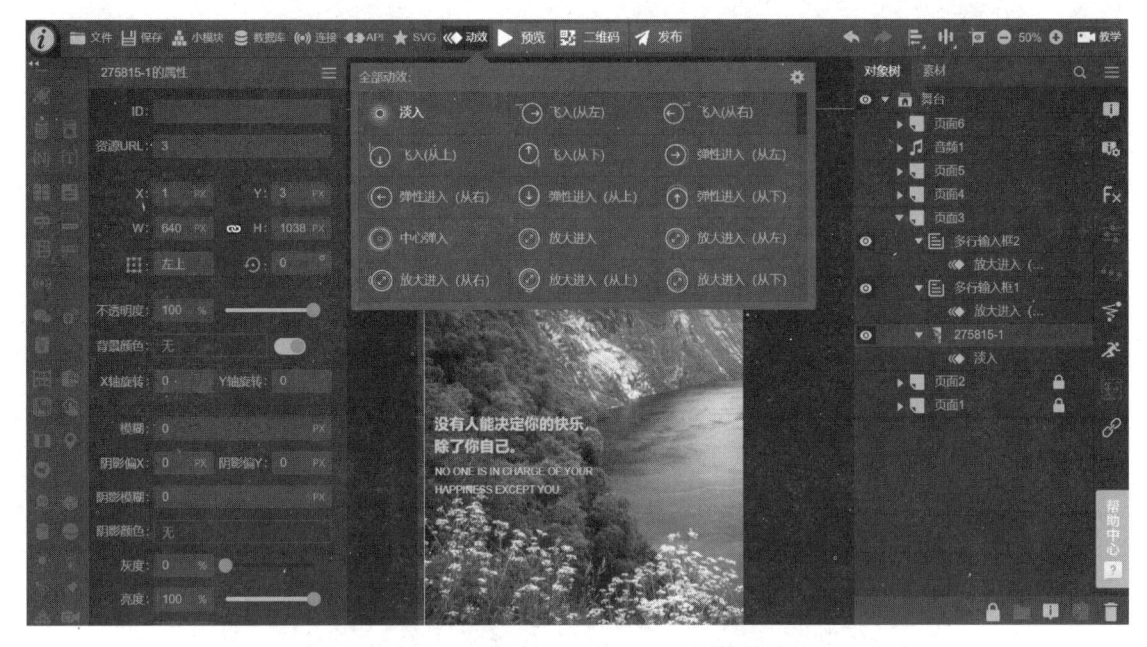

❸添加动画效果。展开对象树区域中的"页面 3",选择其中的"275815-1"对象,单击"动效"按钮，在弹出的"全部动效"对话框中选择"淡入"效果,如图 15-206 所示。选择对象树区域中的动画项,在淡入效果的属性面板中设置图片的动画属性,如时长、速度、延时等。

图 15-206 给"页面 3"的背景图片添加动画效果

❹添加音频。选择对象树区域中的"舞台",在工具栏区域中单击"音频"按钮，在弹出的"打开"对话框中选择要添加的音频,单击"打开"按钮完成添加,在音频属性面板中设置音频的相关属性,如音量、速度及自动播放等,如图 15-207 所示。

图 15-207 给"舞台"添加音频并设置音频属性

使用同样的方法给其他页面添加媒体元素。作品整体页面效果如图 15-208 所示。

图 15-208　作品整体页面效果

（6）预览。可以通过单击"预览"按钮来观看整体效果，以便对作品进行改进。

（7）发布作品。在预览发布区域中生成二维码和链接，发布作品，如图 15-209 所示。

图 15-209　发布作品

拓展学习资源

1. 杨上影. 微课设计与制作[M]. 北京：高等教育出版社，2017.
2. 方其桂. 微课制作实例教程[M]. 2 版. 北京：清华大学出版社，2019.
3. 微课设计与制作. 中国大学国家精品慕课.
4. 碎片式教与学——微课设计与应用. 智慧树.
5. 慕课网。
6. 优课网。

7. 全国高校微课教学平台。
8. 焦建利. 中国大学信息化教学能力之五项修炼. 中国大学国家精品 MOOC.
9. 林雯. 信息化教学方法与技术. 中国大学 MOOC.
10. 杨上影. "互联网+"时代教师个人知识管理. 中国大学 MOOC.
11. 戴仁俊. 影视编辑与合成. 中国大学 MOOC.
12. 卢锋. 数字视频设计与制作技术. 中国大学 MOOC.
13. 杨上影. 教学动画制作与实战. 中国大学 MOOC.
14. 潘勇. 新媒体文案创作与传播（微课版）[M]. 北京：人民邮电出版社，2021.
15. 倪彤，许文静，张伟. 信息化教学技术[M]. 北京：清华大学出版社，2020.
16. iH5（互动大师）开发平台。
17. 万彩动画大师官网。
18. Focusky 动画演示大师官网。
19. 易企秀官网。
20. MAKA（码卡）官网。
21. Mugeda（木疙瘩）专业融媒内容制作与管理平台。

课后思考题

1. 在信息时代背景下，结合自己所学的专业谈谈你对微课的理解。
2. 结合自己所学的专业谈谈你了解的微课类型及其特点。
3. 说一说微课的制作流程、制作要求、注意事项。
4. 谈谈如何进行微课选题。
5. 结合自己所学的专业谈谈微课教学可以采用哪些策略。
6. 结合自己所学的专业谈谈如何进行微课教学设计。
7. 结合自己所学的专业选择一个微课课题，并进行教学设计。
8. 常用的录屏方式有哪些？各有什么特点？
9. 总结录屏式微课的制作流程、制作要求、注意事项。
10. 你知道的录屏软件有哪些？各有什么优缺点？
11. 选择与自己所学专业相关的主题，应用一款录屏软件制作有关数字故事或专业知识的教学微课。
12. 总结拍摄式微课的制作流程、制作要求、注意事项。
13. 你知道的视频编辑软件有哪些？说说它们的优缺点。
14. 尝试编写一份与所学专业相关的主题的影片式脚本，自编自导。
15. 学会一种抠像方法，让自己走进教学的视频世界。
16. 总结动画式、交互式、手绘式等几种微课的制作流程及其异同。
17. 说一说什么是 H5、它有什么特点。
18. 总结 H5 页面式微课的制作流程。
19. 选择三款 H5 在线场景设计平台，比较其功能的异同。
20. 请你分享一个优秀的 H5 作品或者自己制作的 H5 作品。

参考文献

[1] 傅钢善. 现代教育技术[M]. 2版. 北京：高等教育出版社，2021.
[2] 祝智庭. 现代教育技术——走向信息化教育[M]. 北京：教育科学出版社，2002.
[3] 何克抗. 论教育信息化发展新阶段[M]. 北京：北京师范大学出版社，2016.
[4] 张剑平. 现代教育技术——理论与应用[M]. 北京：高等教育出版社，2006.
[5] 冯奕競. 教育技术技能训练与评价[M]. 北京：高等教育出版社，2003.
[6] 段爱峰. 美国教育技术思想发展研究[D]. 保定：河北大学，2016.
[7] 吉丹霞. 教育传播理论视阈下的高校德育实效性研究[D]. 北京：北京工业大学，2020.
[8] 胡晓玲. 信息化教学有效性解读[J]. 电化教育研究，2012（05）：33-37.
[9] 尹俊华. 教育技术学导论[M]. 北京：北京师范大学出版社，1992.
[10] 何亚莉，杨成. 网络环境下基于问题解决的学习模式研究[J]. 中小学电教，2012（Z1）：68-70.
[11] Hamdan N,Mcknight P,McknightK,etal. A Review of Flipped Learning [EB/OL].
[12] 刘成新，李兴保等. 信息化教学理论与方法[M]. 北京：电子工业出版社，2005.
[13] 王以宁. 教学媒体理论与实践[M]. 北京：高等教育出版社，2007.
[14] 陈莹. 现代教育技术与小学信息技术教学[M]. 北京：高等教育出版社，2012.
[15] 孙杰远. 信息技术与课程整合[M]. 北京：北京大学出版社，2002.
[16] 李凤来，马东元. 中小学教师需要掌握的10项信息化教学技能[M]. 北京：高等教育出版社，2018.
[17] （英）马克西姆·亚戈. Adobe Audition CC 经典教程[M]. 2版. 赵阳光，译. 北京：人民邮电出版社，2020.
[18] 张新贤. 数字音频制作实践[M]. 北京：北京师范大学出版社，2014.
[19] 陈佐瓒，蒋炎华. 教育信息技术应用实训教程[M]. 成都：西南交通大学出版社，2015.
[20] 胡玉娟. 信息技术教育应用实践指导[M]. 北京：清华大学出版社，2016.
[21] 周玉娇. Audition CC 全面精通[M]. 北京：清华大学出版社，2020.
[22] 杨上影. 微课设计与制作[M]. 北京：高等教育出版社，2017.
[23] 方其桂. 微课制作实例教程[M]. 2版. 北京：清华大学出版社，2019.